当代中国教育学人文库

会通与范导

劳凯声　蔡　春　康丽颖　主编

教育研究的方法论问题

中国人民大学出版社
·北京·

序

  初入教育研究之门的人要成为学科的内行,做出专门化的学术工作,必须经过严格的学术训练。这是因为他们普遍缺乏对人文社会问题的了解和掌握,理论基础无法满足学习与研究的需要。因此这种学术训练不仅要增进其学术素养、提升其理论水平,更重要的是还要从人文社会科学的广阔背景上使其深刻理解学术研究的基本问题。研究方法是研究者由已知的此岸到达未知的彼岸所必须经过的一座桥梁,是研究者的一种表达的可能性。一般来说,研究方法主要有定量方法和定性方法之别,许多人以为这就是自然科学和人文社会科学在研究方法上的分野。其实,自然科学与人文社会科学在研究方法上的根本区别并不在于形式上的不同,甚至也不在于内容和手段上的不同。二者的区别主要表现在科学与社会的关系方面。人文社会科学极为关注的是人类社会的自身存在,是活生生的人的生活世界和意义世界、命运与处境。就此而言,对教育研究者的学术训练要使其学会借鉴自然科学的方法,但这种借鉴又不应是简单的、不加分析的,不仅要掌握教育研究的具体方法,还要对人文社会科学研究的方法论问题具有深刻的理解,如此才能为学术工作打下良好基础。

  教育研究的问题既不是单纯的逻辑实证问题,也不是单纯的语义分析问题,而首先是历史观、价值观的问题,是社会批判、文化批判所依据、所坚守的理想与信念的问题。因此,教育研究者进行教育研究方法论的训练,不仅在于掌握学术研究的具体方法,更重要的是要拓宽学术研究视野,理解人文社会科学研究的基本特征,否则就很难增强自己的学术研究能力,进入学术研究的高地。为此,我认为教育研究的学术训练应当强调如下的方法论特征:

  第一,不排斥其他学科的研究方法。同传统的以沉思、辨析、怀疑、批判为基本特征的定性研究方法不同,教育研究除了要继承传统方法的长处之外,还要博采各家之长,提倡多样化的呈现方式。教育学界多年来对自然科学的定量研究方法(对研究"信度""效度"等)有一种盲信,在很大程度上束缚了学者的研究视野。教育研究除了要借鉴自然科学研究方法,还应着重吸取哲学(现象学、结构主义等)、人类学、社会学、人种志研究中的成熟方法以及口述史研究、扎根理论研究、个人生活史研究、文学作品研究、叙事研究、行动研究等方法。这种多样化的研究方法既有别于传统的定性方法，又有别于自然科学的定量方法，目的在于创设一个沟通事实与价值、科学与人文的途径，较好地处理研究过程中的各种价值冲突和矛盾，直面生活及其意义，展示人性，分享人生经验，从而提升自己的表达力。

第二，不排斥价值问题的研究。与实证主义不同，教育研究从一开始就不得不面对价值问题，因此在研究过程中不可能把事实与价值截然分开，信守价值中立。其实，价值问题对于教育研究是一个不可避免的事实，关键是如何把它置于一个适当的位置，使之不会影响到研究结论的客观性。教育问题的研究者必须深入被研究对象的生活世界和意义世界，体会和分享他们的喜怒哀乐。教育问题研究所关注的不是应否涉入价值的问题，而是如何涉入价值、确立价值基础的依据是什么、一个具体的研究会受到哪些方面的价值态度的影响、不同的价值观如何平衡和协调、教育研究应如何创造一种新型的人际态度和思维方式等这样一些贯穿于教育研究始终的基本问题。

第三，不刻意强调教育研究的学科边界，或者更确切地说，是把教育学看成一门科学、一个专门化的研究领域。强调教育学的这样一种学科特点，并不是要贬低它的地位；相反，这样一种定位提升了具有人文特质的教育学在学术领域中的地位。因为狭义的"科学"虽然能为我们提供人类活动的目的和手段所依据的许多事实细节，但它还是不能代替我们做出决定。教育学虽然不是严格意义上的科学，但是这并不意味着对教育的研究可以任意而为。作为一个专门化的研究领域，教育研究有严格的专业界限和专业要求，有学术共同体认同的一套语汇、语境、逻辑、方法，由此也就有内行和外行之别。

第四，不排斥被研究者对研究过程的介入和影响。事实上，教育研究经常都是以被研究者为中心来展开的，这是因为教育研究所面对的研究对象都是活生生的人，这些研究对象在研究过程中不仅是学术研究的客体，而且会作为关系主体主动地参与到研究过程中来，产生某种价值态度，导致研究者和被研究者之间产生频繁而强烈的互动，既使研究者的属性有所变化，又使认知客体派生出许多新现象。因此，教育研究的过程不单纯是研究者对一个既定假设的验证，而是研究者和被研究者之间互动、共创和分享的过程，研究者不再是传统意义上的评判者，被研究者也不再是传统意义上的认知客体，二者应构成和谐、宽容和极具亲和力的研究氛围。

第五，不追求所谓的确定性假设。教育问题大多数是在无规律的非决定论系统中发生的，在这里，主体的选择和行动起着决定性作用。社会历史的发展中存在着多种可能性和偶然性，这些可能性和偶然性在一定的条件下可以表现为一种或多种发展趋势，因此人们可以进行预言，但预言并不是客观的东西，它具有主体的价值性。在社会活动的全过程中，主体的价值选择不仅体现着对人的需要的某种满足，而且体现着人的主动追求。如果教育研究试图寻求一种普遍的人文规范来统摄人的生命欲求、遮盖人的价值世界，就会出现理性与价值关系的严重失衡，导致得出偏颇的结论。在大多数情况下，社会历史不过是人们在比较、鉴别、协调、平衡的基础上进行价值选择的结果，一般情况下并不存在类似于自然领域的所谓"规律"。因此，教育研究的目的就不是追求那种现实中一般并不存在的假设的东西，而应是揭示看似自然的事实背后的利益关系、价值选择和价值冲突。

本书以"会通与范导"为名，意在强调人文社会研究的基本特征。"会通"有汇集、通达之义，表明人文社会研究应当融汇百家学说，会通古今流变。朱熹有曰："举一而三反，闻一而知十，及学者用功之深、穷理之熟，然后能融会贯通，以至于此。"而"范导"一词则是借用了康德哲学的重要概念，以纪念1776年康德在哥尼斯堡大学讲坛上所做的教育学演讲。后由赫尔巴特发表《普通教育学》一书，标志着教育学的学科独立进程完成。这里所用的"范导"，含示范、引导之义，强调在教育中既要提供示范和案例，又要进行引导，以帮助学生理解和应用知识，进而引导我们的日常生活、行为、追求。对人文社会科学而言，各学科都会有自己公认的一套概念范畴、理论逻辑、价值逻辑等，对学术共同体成员的学术工作起着一种定向和规范的作用。我把这些要素看成是人文社会学科的范导，以此区别内行和外行、专业和非专业。

我在北京师范大学和首都师范大学两所高校工作期间曾常年开设"人文社会科学方法论问题"的博士生课程，旨在对学生进行学术研究的方法论能力的训练，激发其求知欲望和创造精神，帮助其掌握学术研究的规范和路径，培育其严格、客观、朴实、敬业的研究态度。现将我和同事在方法论课上的演讲整理成书，以飨读者。我们力求清晰、严谨地表达对于教育研究方法论的意见，希望读者借此能系统地接触到本学科领域的基本理论问题，从而提升学术品位和研究能力。本书作者分工如下：劳凯声：导论、第四讲；丁东红：第一讲；刘铁芳：第二讲；于述胜：第三讲、第十讲；宁虹：第五讲；石中英：第六讲；刘复兴：第七讲；蔡春：第八讲；王陆：第九讲；康丽颖：第十一讲；焦宝聪：第十二讲；田汉族：第十三讲；丁邦平：第十四讲；郑新蓉：第十五讲；檀传宝：第十六讲。

是为序。

劳凯声
2024 年 10 月 20 日

目 录

导　论　20世纪80年代以来中国教育学研究的新生长点 …………… 1
　　一、源于不确定性的苦恼 ………………………………………… 3
　　二、规律还是趋势 ………………………………………………… 8
　　三、超越事实与价值 ……………………………………………… 10
　　四、教育学：一个专门化的学术研究领域 ……………………… 11
　　五、剖析20世纪80年代以来流行的几种教育学话语 ………… 13
　　六、宏观教育研究：中国教育学研究的新生长点 ……………… 15

第一讲　人文社会科学研究的哲学意识 ………………………………… 19
　　一、哲学与哲学问题 ……………………………………………… 21
　　二、哲学中的人文主义精神 ……………………………………… 28
　　三、哲学中的科学理性精神 ……………………………………… 37
　　四、当前我国社会发展面临的理论问题与哲学意识的提升 …… 41

第二讲　教育研究的人文意识 …………………………………………… 45
　　一、人文社会科学研究的人文意蕴：问题与背景 ……………… 47
　　二、人文社会科学研究的人文意蕴：义理与内涵 ……………… 48
　　三、人文意蕴的显现：从生活世界到理念世界 ………………… 51
　　四、人文研究中的价值关涉与价值无涉 ………………………… 52
　　五、培育人文研究者的人文敏感性 ……………………………… 54

第三讲　教育研究的历史意识 …………………………………………… 57
　　一、问题的提出 …………………………………………………… 59
　　二、历史意识中时间的意义：过去、现在与未来 ……………… 60
　　三、历史意识中知识的意义：历史事实、历史思维和历史观 … 62
　　四、问题意识体现了历史意识的超越性 ………………………… 64

五、人文意识是历史意识的"价值-精神"向度 ················ 65

第四讲　教育研究的问题意识 ················ 69
一、问题介乎认识的此岸与彼岸 ················ 71
二、知识的进化与学科的产生 ················ 74
三、学科的发展与问题的隐匿性 ················ 76
四、教育学的赫尔巴特问题 ················ 78
五、构建学科与问题的沟通桥梁 ················ 81

第五讲　教育研究的实践取向 ················ 87
一、严格科学的实践取向：在张力关系中开辟道路 ················ 89
二、方法论：作为实践经历的道路 ················ 92
三、严格科学的实践取向：具有范式变革意义的探索 ················ 97

第六讲　教育研究中的概念分析 ················ 101
一、教育研究中概念分析的必要性 ················ 103
二、教育研究中概念分析的主要类型与路径 ················ 105
三、教育研究中概念分析需要注意的几个事项 ················ 115

第七讲　教育研究中的事实与价值 ················ 119
一、讨论事实与价值关系问题的背景 ················ 121
二、事实与价值的关系是一个永恒的哲学话题 ················ 125
三、作为人文社会科学方法论的事实与价值关系的难题及其解答 ······ 127
四、拓展性思考：价值无涉何以可能 ················ 136

第八讲　教育叙事研究的基本理论问题 ················ 141
一、理解叙事 ················ 143
二、教育为什么需要叙事 ················ 144
三、让叙事成为研究 ················ 147

第九讲　大数据驱动下的课堂教学研究方法 ················ 155
一、大数据与课堂教学研究 ················ 157
二、基于大数据的课堂观察方法 ················ 159
三、基于大数据的课堂写真方法 ················ 169

  四、基于大数据的课堂分析方法 ……………………………………… 175
  五、结束语 …………………………………………………………… 190

第十讲　教育研究的民族话语探寻　193
  一、问题的提出 ……………………………………………………… 195
  二、理论话语和研究主体同研究对象的分离 ……………………… 197
  三、探寻民族话语 …………………………………………………… 200

第十一讲　社会学与教育学的双向视阈融合　203
  一、教育研究者的双重身份 ………………………………………… 205
  二、教育研究的学科话语 …………………………………………… 207
  三、教育学：一个专门化的学术研究领域 ………………………… 213

第十二讲　博弈论与人文社会科学研究　217
  一、双赢或多赢：博弈论的核心思想 ……………………………… 219
  二、博弈论研究的特征 ……………………………………………… 219
  三、案例分析：囚徒困境博弈 ……………………………………… 220
  四、博弈论的分类 …………………………………………………… 222
  五、从博弈论视角看教育内卷 ……………………………………… 227
  六、启示与展望 ……………………………………………………… 228

第十三讲　教育研究的经济学视野　231
  一、教育研究的学术视野 …………………………………………… 233
  二、教育研究的经济学视野 ………………………………………… 235
  三、教育经济学学科视野的维度 …………………………………… 236
  四、现代经济学对教育研究的必要性 ……………………………… 243
  五、案例分析 ………………………………………………………… 244
  六、运用经济学进行教育研究的条件 ……………………………… 248

第十四讲　教育学的跨文化比较与中国教育学的重建　251
  一、中国教育学的反思与定位 ……………………………………… 253
  二、西方教育学的两大传统与中国教育学 ………………………… 255
  三、教育学若干核心概念的跨文化比较 …………………………… 257
  四、重建 21 世纪中国教育学的思考 ……………………………… 268

第十五讲　教育研究的性别平等议题 ························ 275

　　一、国际发展潮流：对教育性别平等持续的关注 ·············· 277
　　二、我国在妇女教育方面取得的主要进展与成就 ·············· 278
　　三、有待改进的问题与面临的挑战 ························ 285
　　四、平等与赋权：未来发展的对策建议 ···················· 291
　　五、结　语 ·· 293

第十六讲　德育美学观与欣赏型德育模式 ···················· 295

　　一、反思：基于对陶冶论和技艺论的超越 ·················· 297
　　二、理论建构：德育美学观的"三论" ···················· 298
　　三、欣赏型德育模式的试验 ···························· 310

参考文献 ·· 313

导　论
20世纪80年代以来中国教育学研究的新生长点

一、源于不确定性的苦恼

二、规律还是趋势

三、超越事实与价值

四、教育学：一个专门化的学术研究领域

五、剖析20世纪80年代以来流行的几种教育学话语

六、宏观教育研究：中国教育学研究的新生长点

在200多年的学科发展中，教育学一直在为自己的学科内涵和研究方法的不确定性而苦恼，为教育学这门学科的科学化和规范化而求索。在教育学理论中，教育活动经常被解释成一种既定的、受某种"规律"左右的过程。教育学为自己规定的任务就是"揭示教育规律，指导教育实践"。然而在大多数情况下，教育活动不过是人们在比较、鉴别、协调、平衡的基础上进行价值选择的结果，一般并不存在类似于自然领域所谓的"规律"。因此，教育学不应追求那种现实中并不存在的假设的东西，而应揭示看似自然的事实背后的利益关系以及由此而产生的一系列价值选择活动。这种价值选择既有政治的价值取向，也有经济的价值取向；既有社会的价值取向，也有个人的价值取向；既有科学的价值取向，也有人文的价值取向。为此，教育学注定会成为一个边界不断扩大的专门化的多学科研究领域。实际上，多学科的话语已经表明教育学知识体系正在向开放和多元方向发展。在这一发展过程中，来自教育实践的问题正成为研究者关注的重要对象，并由此产生了一系列新的学术领域和研究课题。

20世纪80年代，中国的教育学研究开始出现某种变化，多学科话语向教育领域的渗透正在缓慢地改变着教育学的学科形象，使教育学出现一种向边缘化发展的趋向。本讲旨在揭示这种转向产生的原因，以及这种转向的特征及其历史走向，并试图对其做出评价。

一、源于不确定性的苦恼

（一）自然科学与人文社会科学的分立

在人类历史的早期，人们对世界、对自己的认知都相当贫乏，因此知识生活的形式和内容也相对比较简单。在这种情况下，长者就是年轻人的教师，个人就有可能成为百科全书式的学问家。中国春秋末期的孔子，集思想家、政治家、教育家、儒家学派创始人于一身，因此被称为"大成至圣先师"。文艺复兴时期意大利的达·芬奇，除了画家身份以外，还是一位雕塑家、建筑设计师、哲学家，著有哲学方面的书籍。历史之所以会造就这样的百科全书式人物，是因为那个时代积累下来的知识不多、专业性不强，只要博闻强记、遍览天下书目，就有可能成为"无所不知"的学者。那个时代也会对知识进行分类，为的是知识传承的需要，因而具有典型的教育意味，而非严格意义上的学科分类，与后来出现的学科不可同日而语。如《周礼》记载的古"六艺"指西周时期教育的六门学科，包括礼、乐、射、御、书、数；儒家提出的"六艺"则是指"六经"，即《诗》《书》《礼》《易》《乐》《春秋》。欧洲提出的古典教育"七艺"

又称"自由七艺",意即自由人应该具备的学识;到西欧中世纪早期,"七艺"特指学校中的七门课程,包括文法、修辞、逻辑、算术、几何、天文、音乐。

到了18、19世纪,人类知识的创新明显加快,但积累起来的知识杂乱无章,给有效地保存和传承知识带来了极大的困难。为此必须对人类知识进行新的分类,根据知识储存、传承和创新的需要,把知识按照相同、相异、相关等属性划分成不同类别的知识部门,即学科。学科的产生意义重大,人类知识通过学科这一载体得到了范式化、定型化的管理,所有的知识都须纳入某一知识体系,都要在学科范围内获得检验并使之合理化。以往杂乱无章的知识据此得以依理分类,以类归属,确立不同知识在知识分类框架中的应有位置和相互关系。以学科形式对人类知识的有效控制不仅可以系统地储存和传承知识,而且使人类可以有逻辑地解决各自面对的许多问题,从而促进知识创新的规范性和效率。

在我看来,一门学科的成熟须有两个标志:一是有自己独特的研究对象和专门化的语汇、语境、逻辑和方法,通过这些要素能把某一领域的相关知识内在地联系在一起,使之成为一个知识的逻辑体系;二是必须具有公认的学术价值,成为大学中的一门课程甚至是一个专业,在大学的讲台上讲授。只有具备了这两个条件,人们才会承认它是一门独立的学科。根据现有资料考证,教育学应该是人文社会科学中较早形成的一个学科。18世纪末,德国哲学家康德最早在哥尼斯堡大学开设了教育学讲座;1806年,康德教育学讲座的继任者、德国教育家约翰·弗里德里希·赫尔巴特的《普通教育学》一书出版,标志着教育学的独立。而当时其他的大多数社会学科都还未诞生。我们再来看看其他社会学科的发展情况。如我们所知,人的心理问题虽然很早就是哲学家研究的对象,但一直未从哲学中分化出来。1879年,德国心理学家冯特在莱比锡大学建立了世界上第一个心理学实验室,才宣告心理学脱离哲学而成为独立的学科;社会学最初也包含在哲学这门学科中,直到1890年美国堪萨斯大学开设了社会学元素这门课程,才被承认为一个学科,可见这些学科的诞生比教育学晚了数十年。

18、19世纪的学科大发展首先表现在自然科学领域,人们迅速更新了对于自然界的知识,形成了一系列新学科,如物理学、化学、生物学等。自然科学大发展引发的一个直接结果就是与人文社会科学的分立,形成了人类知识树上自然科学和人文社会科学的两大分支。这种分立不仅是由于自然科学与人文社会两种知识之不同,更是由于两类学科在建立时的思维方法之不同。这种不同尤其表现在确定性构成了近代自然科学的核心,通过确定性的预设,近代自然科学为自己划定了科学知识的阈限,提供了一个合乎理性的结构,规定了严格的方法论原则,界定了最基本的范畴和概念。在自然科学大发展时期,人文社会科学也一直在谋求分化,虽然这一进程相对缓慢,但也形成了一批类似于自然科学的人文社会分支学科。然而在人类知识之树的图谱中，人文社会科学和自然科学的发展并非对称，因为在人文社会科学的发展过程中，不确定性一直是其挥之不去的苦恼。人文社会科学一方面极欲摆脱自然科学的确定性这一形而上学假设，另一方面却又拼命想把自己的学科建立在确定性假设的基础之上，这一矛盾状况循环往复，造成了人文社会科学百年发展史上的悲剧。

自然科学的确定性原则对人文社会科学的影响甚至可以追溯到各人文社会学科形成之初。19世纪30年代，法国实证主义哲学家、社会学家奥古斯特·孔德首次提出了"社会学"这一学科名称。在建立这一社会科学的框架和构想时，他一直深受自然科学的影响和束缚，尝试以一种物理学的方法来统一包括历史学、心理学和经济学在内的所有人文社会学科，以此建立能经受科学规则考验的各人文社会学科。[①] 教育学的学科发展也是如此，在其产生之初就不可避免地受到自然科学理性扩张的影响。赫尔巴特可以说是关注教育学学科化问题并力图推动教育学科学化的第一人，他认为教育学必须建立在心理学的基础上才能实现教育学的科学化，认为对心理学没有真知灼见的人很少能够真正地理解教育事件。[②] 赫尔巴特之后，19世纪末20世纪初在欧美一些国家兴起的实验教育学，进一步主张用自然科学的实验方法研究儿童发展及其与教育的关系。该学派受实证主义和自然科学研究方法的影响，反对传统教育学思辨式和经验式的研究方法，强调定量研究的方法，不过其影响不大，不可与赫尔巴特同日而语。从人文社会科学的发展看，虽然不同时代都有人强调学科的客观性、精确性和科学性，重视以经验归纳为主的科学理性，但人文社会科学不仅要揭示自然事实，还要揭示看似确定的自然事实背后的利益关系以及由此产生的一系列价值选择活动。为此，人文社会科学不可能以自然科学领域的所谓确定性假设为建立学科的标准。人文社会科学的科学性问题仍然在拷问着一代又一代的研究者。

（二）确定性对人文社会科学的影响

可以说，来自自然科学的影响是我们在讨论有关人文社会科学问题时绕不开的一个问题。大致说来，近代自然科学对早期人文社会科学的影响是双向的。作为人类对世界的一种理性把握，近代自然科学产生于三个先验的形而上学预设：自然一致性、实体永恒性和因果性。这三个预设暗含了一个共同的理念，

[①] 奥古斯特·孔德于1830—1842年在巴黎陆续出版了《实证哲学教程》一书。全书共6卷，作者主张用实证主义方法来研究人类社会，并为此创建了社会物理学，即最初的社会学，把其定义为一门用经验的实证方法研究人类社会现象的科学。

[②] 夏之莲. 外国教育发展史料选粹. 北京：北京师范大学出版社，1999：721-736.

就是确定性。确定性作为近代自然科学的形而上学原则，为科学思维提供了基本的逻辑形式。在自然科学分化与发展的过程中，确定性这一形而上学预设曾经是重要的思想武器，对自然科学各学科的形成有着重要的限定作用。但一些人把其看成是一种自然事实，并将其推向极端，导致了唯科学主义的产生。唯科学主义夸大了人类理性的力量，表现出一种面对宇宙的过分自信乃至自负的态度，不仅阻碍了自然科学自身的发展，而且给人文社会科学带来了极大的负面影响。早在20世纪初，梁启超先生在游历欧洲时，就曾考察欧洲的科学技术，对科学理性及逻辑思维的过分发达将会损害人的本能和意志、摧毁人的创造力的后果表示了极大的忧虑，产生了对于科学信任的一种质疑："宗教和旧哲学，既已被科学打得个旗靡辙乱，这位'科学先生'便自当仁不让起来，要凭他的试验发明个宇宙新大原理。却是那大原理且不消说，敢是各科的小原理也是日新月异。今日认为真理，明日已成谬见，新权威到底树立不来，旧权威却是不要恢复了。所以全社会人心，都陷入怀疑沉闷畏惧之中，好像失了罗针的海船遇着风遇着雾，不知前途怎生是好。……当时讴歌科学万能的人，满望着科学成功，黄金世界便指日出现。如今功总算成了，一百年物质的进步，比从前三千年所得还加几倍，我们人类不惟没有得着幸福，倒反带来许多灾难，好像沙漠中失路的旅人，远远望见个大黑影，拼命往前赶，以为可以靠他向导，哪知赶上几程，影子却不见了，因此无限凄惶失望。影子是谁？就是这位'科学先生'。欧洲人做了一场科学万能的大梦，到如今却叫起科学破产来。这便是最近思潮变迁一个大关键了。"[①]

这不独是20世纪初期中国人对科学理性的一种心态，德国历史学家斯宾格勒在那个时代也曾激烈地抨击过科学理性的独裁："它最明显的表达，即是对精神科学、对辩证法、对理论演证、对因果原则的崇拜。"他预言，人类将会压服科学本身的胜利意志。"精确科学必定要利用它本身的利剑发动攻击。首先，在18世纪，科学的方法已经用尽；接着，在19世纪，它的能力也告衰竭；而现在，它的历史角色已受到批判的反思。但是，从怀疑论的立场看，我们还有一段通向'第二信仰'的路途要走。然而，这已是文化的尾声，而不是序幕了。在那时，人们不再需要证明，人们只是欲望信仰，而不是解析。"[②]

这里我还想向大家介绍一个人和他的一本书：耗散结构论的提出者、诺贝尔奖获得者普利高津与他的《确定性的终结——时间、混沌与新自然法则》。[③]

---

① 梁启超. 欧游心影录. 北京：商务印书馆，2014：17-18.
② 斯宾格勒. 西方的没落：第1卷. 上海：上海三联书店，2006：404-405.
③ 普利高津. 确定性的终结：时间、混沌与新自然法则. 上海：上海科技教育出版社，1998.

当我们在人文社会科学领域里争论确定性问题之时，在自然科学领域，普利高津已经做出了明确的回答。他在这本书里强调了一个非常重要的观点，就是自组织的宇宙是一个自发的世界，而不是有规律的世界，这表达了一种与西方科学的经典还原论不同的整体自然观。普利高津把现代科学引进了中国哲学，他对中国哲学的兴趣在于，中国哲学所强调的是天人合一，而不是确定性。这本书让我们接近了两种文化传统的交汇点，把天地人整合在一起，成为一种整体的自然观。这本书带给我们的启示是，我们必须保留已被证明相当成功的西方科学的分析观点，同时必须重新表述包括自然的自发性和创造性在内的自然法则。这本书写于20世纪，首次出版于1996年，那时普利高津就已明确意识到，我们面对的是确定性的终结，而目睹的却是新科学的萌生。我们通过读这本书也可以从中感受到，我们面对的是困扰了人文社会科学数百年的形而上学假设的终结，而目睹的却是新人文社会科学的诞生，这是我们期待的一个结果。

（三）我国教育学百年发展探幽

教育学在我国属于西学东渐的产物，是源自西方的舶来品。独立的、具有现代内涵的教育学大约产生于19世纪与20世纪之交。19世纪末，在清帝光绪令各地兴办实业学堂的推动下，实业教育有了一个大发展，一场中国教育史上最为波澜壮阔的教育变革，即新学校运动由此揭开了序幕。作为这一制度的理论形态的西方教育学亦从斯时传入中国。经过中国学者的改造，和结合中国国情和中国实践进行的试验和推广，使教育学这门学科最终在中国扎下了根。作为一门独立的学科，教育学可以说是中国社会科学群中成形最早的学科之一，也是最早登上中国大学讲坛的一门社会科学。然而，在一百多年的学科发展中，教育学也一直在为自己的学科内涵和研究方法的不确定性而苦恼，为教育学这门学科的科学化和规范化而求索，至今没有完结。

教育学传入中国的一百多年间，其发展经历了一个曲折的过程，这一发展历程与西方国家教育学的发展有许多相同之处，但也有自己独特的发展轨迹。其间，曾出现过学术的泛政治化倾向，特别是20世纪60年代至70年代末这个哲学独显其尊的时代，哲学取代了其他分门别类的社会科学，哲学话语取代了其他社会科学的话语，社会科学出现了集体失语症。因此到了80年代初，当国内学者将目光又重新转向学科研究方法，并试图通过对教育学的实证改造来提升它的品质时，其心态是极其复杂的。由于痛感教育学这门学科几十年来的不良形象和自我存在价值的危机，人们试图重新赋予它一种确定的科学面貌，为此对定量研究寄予了厚望。许多人认为，教育学的科学化取决于能否揭示教育现象背后所谓的确定性，并且希望依靠新的研究技术和过去大多只应用于自然科学的实证的和计量的方法来揭示教育领域的确定性，从而赋予教育学这门学科一种"科学"的性质。于是，确定性又成为一种学术研究的时尚。

20世纪80年代至90年代，在中国学术界曾经进行过一次有关元教育学的理论讨论。这场讨论可以看成是为教育学这门学科的确定性所做的一次最新努力，但讨论至今尚未取得共识，这表明中国的学者仍然被有关教育学的学科性质问题困扰。有关元教育学的理论讨论在学科信念、研究范式、知识构成、话语规则以及教育学研究者共同体的学术生存方式等方面都取得了一些成果，推动了教育学这门学科在中国的发展。但是这一讨论就其初衷而言，并不是为了增加实际的教育知识，而是源于许多人对教育学的一个基本看法，即教育学是一门尚不成熟、尚不确定的学科。作为一种反身抽象，元教育学研究试图把教育学的基本理论和基本问题对象化，做整体性的反省。这种反省或是试图进行自我确证，为该学科进行价值定位；或是试图寻找学科发展的新路。总之，人们希望有关元教育学的讨论最终能形成有关教育学的确定性知识，进而影响教育学的学科建设与发展。[①]

似乎可以这样说，这场以教育学自身为研究对象的元理论研究，证明教育学是一门建立在确定性基础上的科学，这是研究者孜孜以求的一个基本目标。相当多的学者持这样的观点，即教育学必须成为一门真正意义上的科学，而教育学的科学化则取决于能否按照科学的逻辑提出一套类似于自然科学的学科范式，这些范式应该能为整理人类有关教育的知识提供确定的理论框架。然而教育学在追求这种所谓的确定性的过程中，始终不能避免一个两难的问题：一方面，它要同自然科学一样进行事实的研究，必须保持一种价值的中立；另一方面，它又不能不关注现实，关注社会，关注人的问题，因此又不可能如同自然科学那样回避价值问题，也就是说，必须把价值作为所关注问题的一个出发点。我们看到的事实是，为了追求这种确定性，教育学正在事实与价值、确定性与选择性之间，不断地做出痛苦的两难抉择。

二、规律还是趋势

在我上大学时，我的老师曾经告诉我，教育学这门学科的任务是"揭示教育规律，指导教育实践"，并给我们列举了大大小小数十条教育规律。几十年过去，今天回头看，这些所谓必须遵循、不能违背的规律似乎都已不再成立，使

---

① 瞿葆奎.元教育学研究.杭州：浙江教育出版社，1999；唐莹.元教育学.北京：人民教育出版社，2002.

我不能不对"规律"采取一种批判和质疑的态度。在我看来，人文社会科学的使命应当是表达、传播、捍卫常识和真相，而不是去用一种客观世界中本不存在的虚幻之物去遮蔽常识和真相。长期以来的社会问题的研究经历使笔者深感"规律说"带给人文社会科学的不幸，"常识""真相"话语体系的颠覆导致了人文社会科学的失语，甚至导致学术生活中种种不良的现象。因此，人文社会科学的研究者绝不能被规律假象框住和蒙蔽，而应认真地去寻找和理解我们所面对的人文和社会问题，揭示事物的本来面貌。

似乎可以这样说，人文社会科学热衷的所谓规律其实就是一种确定性的形而上学预设，是来自自然科学的确定性预设向人文社会领域扩张的一种表现。可能有人持不同观点，因为在实际生活中，人们经常会感受到确实有一种神秘的力量在和自身博弈，左右着自身的思维和行动，早期的人们称之为"神"或者"命"，于是就有了"天命论""命定论"的不同解释。这些解释都具有一种"宿命论"的意味，太粗陋，太不可信。到了现代，人们开始用一种"决定论"的观点来解释这一现象，于是就有了"规律说"。规律左右着社会的各个方面，人们用它预测社会发展的大势，或将其作为思维和行动的依据。人们相信规律不以人的意志为转移，只能遵循，而不能违背，否则就会受到历史的惩罚。

但是社会生活中并非真的存在这样一种可以控制社会发展、制约人类思维和行动的力量。社会生活中的这种神秘力量与其叫作规律，不如叫作趋势。趋势与规律之不同何在？鲁迅在其小说《故乡》的最后部分对此做了很好的诠释。他说："我想：希望是本无所谓有，无所谓无的。这正如地上的路，其实地上本没有路，走的人多了，也便成了路。"我理解的趋势就是鲁迅先生所说的路。欧洲人说条条大路通罗马，无论从哪个方向，最后都能走到罗马，但是其中必有一条路或者最近，或者最好走，因此成为大家都最愿意走的路，所以趋势就是大家都在走的那条路。趋势与规律的最大不同在于：规律只能遵循，不可违背，因此是一种看似事实的、不以人的意志为转移的力量；而趋势则由价值决定，取决于人的主观选择。规律是先于人们的认识而存在的理念，而趋势则可以归结为我们所要研究的问题范畴。所以我们与其去研究现实中并不存在的规律，莫如去研究现实生活中处处存在的趋势，去研究趋势背后的价值选择。

但在现实生活中，趋势也时常会表现出某种与规律相似的确定性质，让人误以为真有规律存在。但这种所谓的确定性，其实并非真的确定性，而是一种强制性。人们在这种强制性面前往往会将某些人的社会选择看成是一个自然的事实，而不是主观选择的结果。所以趋势也经常会表现为左右人们意志的一种外在力量，让人们误以为这是一个确定的过程。这意味着趋势所表现出来的选择性并非总是与个人的主观选择相联系，在更大程度上，这是人们一系列选择综合起来的结果。这就是鲁迅先生所说的，路不是一个人走出来的，必须是许多人都去走，最终才会成为一条路。为此，研究趋势问题不是去研究个别人的主观选择，而应研究在某种趋势的背后，有哪些人在做出选择，为什么会做这样一种选择，在选择中决定性影响是如何形成的，选择的理论基础是什么，选择的价值取向是什么，选择的导向是什么，以及选择是一个怎样的认同过程，等等。讨论这些问题有助于我们真正抓住人文社会问题的要害，有助于问题的解决。

由此可见，人文社会的历史在一般情况下不过是人们在比较、鉴别、协调、平衡的基础上进行价值选择的结果，并不存在类似于自然领域中的所谓"确定性"，因此在人文社会问题的研究中，研究趋势比研究规律可能更重要，而盲信和遵从所谓的规律，不仅不能解决它所面临的事实与价值之间的矛盾与冲突，反而会把学术研究导向一条荆棘丛生的道路。

三、超越事实与价值

我国教育学一百多年来的发展表明，在基于确定性的螺旋式历史发展中，我国的学者始终受到"科学"眼光和标准的困扰，而缺少一种社会科学研究本应有的人文意识的培育。在学科的研究任务方面，人们过分注重教育知识的确定性，相信那些所谓的教育规律，追求那种现实中一般并不存在的假设的东西。在研究方法方面，人们盲目相信定量方法，试图建立学术研究的中立形象，而未能揭示看似自然的事实背后的利益关系以及由此产生的一系列价值选择、价值冲突和价值整合。

近代发展观念中的胚胎发育式隐喻（metaphor）对中国教育学的影响实在是太大了。很长一段时间里，我们一直认为在社会发展与生物体的自然成长之间具有某种内在的一致性，所以社会历史发展的机械决定论被人们看作是自然的、无须考究的事实，人们看不到社会历史的发展与人类自己的价值选择密切相关，意识不到社会和人的发展的价值基础或文化基础。中国教育学的理论体系起始于两个基本的问题，即教育与社会发展的关系问题和教育与个人发展的关系问题。这两个基本问题又可以分解为教育与政治、教育与经济、教育与科学技术、教育与文化、教育与个人的社会化、教育与身心发展阶段、教育与个性特征的关系等一系列更为具体的问题。在讨论这些问题时，教育学的研究者们特别喜欢使用规律这个概念，认为万事万物都是有规律的，因而是确定的。多年来人们一直沿用着这样一种决定论的观点，用一种既定的胚胎发育式的发展论来解释教育问题，试图把教育现象解释成一种既定的、受某种规律左右的过程。中国的教育学在很长时间里为自己规定的任务就是寻找和揭示教育规律，并用以指导教育实践。

其实有关确定性的形而上学假说只是科学思维的一种逻辑形式,尽管它是一种重要的思维工具和手段,但并不能代替目的本身。因此,确定性不是也不可能是解决人类所有社会问题的灵丹妙药。不仅在人文社会科学领域,人们力图突破原先的科学范式,就是在自然科学领域,人们也在反思确定性思维范式的片面性。因为在一个变化万千的自然界中,在一个被科学和技术支配的世界中,传统的科学理性和科学范式难以解释和包容当今社会中的许多问题,如环境问题、能源问题、生态问题、人口问题等等。因此科学的价值问题和不确定性问题也在引起人们的关注。自然科学的发展需要一个科学的传统,同时也需要一个人文的传统,没有人文传统的支持,自然科学"创新"恐怕是难以持久甚至难以实现的。正因为如此,许多科学家已经从传统自然科学的理性形而上学中走出来,注重自然现象的不确定性和选择性问题,从而使自然科学发展成为一个庞大的综合性的和相互交叉的体系。[1] 一些科学家和教育家因此还提出了STS教育思想,即重视科学、技术、社会(science, technology, and society, STS)三者之间关系的研究,强调科学技术在社会生产和人类生活中的应用,培养学生正确的科学精神和科学的社会观。STS教育思想表明科学的问题并不仅限于传统眼光中的那些问题,科学与人文有关,它不仅包括事实问题,也包括价值问题和伦理问题,它存在于现实世界的各个方面。科学应当有助于激发人们对科学、技术和社会相互作用的兴趣,提高对科学技术在社会中的作用的认识,包括积极的作用和消极的作用。如:提高对工业的认识,了解它的经济基础,它是如何工作的,在社会的财富创造和积累中起什么作用;了解科技活动对环境的影响,如何将现代科技所带来的环境危害减少到最低程度;提高对使用自然资源的认识,精心地保护我们共有的家园;等等。以上事实表明,自然科学发展到今天,也不能不面对科学事实与价值选择之间的冲突与矛盾,原先的学科范式已不再是铁板一块。

在这种情况下,教育学应当如何重新定位、如何确定自己的学科性质,这是每个研究者必须予以回答的问题。

四、教育学:一个专门化的学术研究领域

其实,源远流长的教育学的学术传统并不简单是一种用确定性方式表达的精确定理,而是一种原则、一种信仰。与自然科学产生于对物质世界的观察不

---

[1] 普利高津. 确定性的终结:时间、混沌与新自然法则. 上海:上海科技教育出版社,1998.

同，教育学产生于对人类社会以及人类自身问题的关注。孔子和苏格拉底开创的教育学传统，从一开始就有对人的自然本性的珍视和对人类自身有限性的承认。孔子的"因材施教""不愤不启，不悱不发"，苏格拉底的"产婆术"之说，无非是在强调对人性价值的追思和对均衡状态的遵从，强调有效的教育过程并不是人为设计出来的，必须顺从人类本性所表达的自然秩序。但这种对人类理性有限性的认识和对人的本性保持敬意的直觉表达在现代教育学中并没有完全得到理性的继承和解说，所以教育学的主要功能，恰恰在于纠正由科学理性所引致的人类对自身理性的过度夸大和狂妄自大。就此而言，我们似乎可以这样说，教育学并不是一门建立在确定性意义上的科学，教育学的意义远不是一些公式和数据所能表达的。因为教育学不仅仅是一种关于职业的知识或技艺，不仅仅是一堆结论或者一组定量的数据，甚至不仅仅是一种逻辑或分析方法，更重要的是，它影响到了人的内心的道德、意志和信念。对社会和人的问题的思考，就其最高境界而言，应当关注人的现实、人的命运与发展、人的心灵世界，为理解我们自身及我们生活于其中的世界贡献智慧。因此，对于教育学而言，更重要的问题并不是所谓的确定性问题，而是事实与价值的关系问题。

  一直到20世纪80年代后期，中国的教育学才开始发生一些根本性的变化。人们开始体会到，社会历史的发展过程，意味着人类对自我的不断超越和改变，而超越则意味着一种不同于预想的因素参与进了社会历史的发展，这就是价值。价值因素穿插在现实以及对现实的超越之间，是教育学必须面对的客观存在。我们看到的事实是，在教育领域，一个事件如何发展、何者在未来的发展中获得优先权、哪种因素或关系获得重视、哪些问题得到优先解决，都要直接受到参与这件事的各方主体的价值选择的影响。这种价值选择既有政治的价值取向，也有经济的价值取向；既有社会的价值取向，也有个人的价值取向；既有科学的价值取向，也有人文的价值取向。因此，不同的人从不同的学科视角出发，用不同的话语来分析教育现象背后的价值问题，来讲述对教育问题的不同理解，教育学的发展由此呈现出某种多元化的特点。20世纪80年代以来，从教育学与其他一些学科的边缘交接之处，正在发展出一系列新的交叉领域和学科，如教育经济学、教育社会学、教育政治学、教育法学、教育人类学、教育文化学、教育生态学等等。

  教育已经成为多学科共同关注和研究的对象，在这种情况下，教育学的学科边界越来越模糊，越来越不确定。教育学在自身发展的过程中不再追求确定的学科范式，不再主张把学科的方法、知识绝对化，不再把理论看成是人类一切价值生活的决定者，以一种先在的、不变的客观规律假说来解释教育的问题，就此而言，教育学这门学科可以说是"法无定法"。同时，这种研究又总是处处透露着一种人文关怀、一种价值追思，因此教育学这门学科又可以说是"道有常道"。尽管教育学在其发展过程中还会有共同使用的语汇、语境、逻辑和方法，还会有共同认可的原理、原则、理论和学说，因而还会形成相对稳定的学术研究共同体及其共同关注的问题领域，但是教育研究正逐步成为一个边界不断扩大的专门化的研究领域，多学科的渗透使教育学的研究范式越来越模糊，因而缓慢地趋向于多元化。这一现象不仅发生在中国，也是一个世界性的现象。尽管不同的国家产生这种变化的原因和路径不尽相同，但是变化的结果却是非常相似的。[①]

因此，教育学的问题既不单纯是逻辑实证的问题，也不单纯是语义分析的问题，而首先是历史观、价值观的问题，是社会批判、文化批判所依据、所坚守的理想与信念的问题。就此而言，教育学并不是严格意义上的一门科学，而是一个专门化的研究领域，或者更确切地说，教育学既是一门科学，又是一个专门化的研究领域。强调教育学不是一门严格意义上的科学，其实并没有降低它的地位；相反地，这样一种定位提升了具有社会、人文特质的教育学在学术领域中的地位。因为科学即使可能为我们提供教育目的和手段所依据的许多事实细节，但它还是不能代替我们做出决定。

五、剖析20世纪80年代以来流行的几种教育学话语

教育学的学科知识正在发生深刻的转换，多学科的话语典型地体现了知识体系向开放的和多元的方向发展。为印证这一观点，下面试对20世纪80年代以来我国教育学界的若干典型教育学话语略做分析。

（1）教育的产业化。这是一种经济学话语，是一种经济学的学校产业假设。学校作为一种典型的社会组织，与其他社会组织，特别是与产业化的社会组织如企业的异同何在，这是讨论问题的出发点。

由于教育兼有公共消费和私人消费的双重特性，作为一种公共消费，教育在许多情况下都是由政府免费或不以成本价格提供的。鉴于人力素质对社会发展的重要性，世界各国都把一定程度的教育（通常是初等教育和中等教育）当作个人的基本权利，因而政府支出在大多数国家中都是教育投资的主要来源。而作为一种私人消费，教育的价格是由市场决定的。市场正在培育一类新型的

---

① 可以列举大量的学术文献来证明教育研究的这种多元化发展趋势，如：Apple M. Ideology and Curriculum. 2nd ed. Chapman and Hall, Inc., 1990; LaMorte M W. School Law: Case and Concepts. 7th ed. Allyn & Bacon, 2002.

消费者，他们的需要和兴趣正在影响着教育，特别是高等教育和职业培训领域。

当前中国教育发展中的许多问题，凸显出中国公共教育体制正在面临挑战。计划经济时代的教育政策主要解决公共消费问题，而不是私人消费问题。这些具有典型的计划经济色彩的政策，曾经是很有效的政策，但是这些政策在大多数情况下都是以社会需要为出发点的，一般并不涉及个人对受教育问题的需求。20世纪90年代以来，由于中国社会中的利益多元化和市场对教育的介入这两个因素，这些带有计划经济色彩的做法越来越受到人们的质疑，教育的私人消费问题成为当前人们普遍关注的一个热点问题，学习者切身利益的得失越来越受关注，并成为对社会发展满意程度的一个主要评价尺度。教育的产业化问题由此成为一个热点问题。

(2) 教育的"上层建筑说"或"生产力说"。这是一种典型的哲学话语。教育的"上层建筑说"所要回答的是教育作为一种特殊社会实践活动的质的规定性，是对教育本质的一种理解，因此它是定义教育的一个核心问题。

该问题最早是由苏联教育学者在20世纪50年代初提出并加以讨论，并且最终认同了教育的"上层建筑说"。我国学者曾于同一时期将苏联学者对这一问题的讨论介绍到国内。从20世纪70年代末开始，我国教育学界就这一问题又一次提出疑问，一直持续到90年代。许多重要的教育学者都参与了这场讨论。这是我国教育学史上的一次重要理论论争，对于我国20世纪最后20年的教育思想清理、教育理论发展和教育改革实践都产生了巨大的影响。讨论中由于各自的视野不同、立场不同，出现了各种各样的观点，就其大者而言，有些人仍然坚持"上层建筑说"，更多的人则赞成一些新的观点，如"生产力说""多质说""本质规定说"等。论争没有最后的结论，但对原有的教育"上层建筑说"而言已有了极大的突破。这一话语的转换反映了近20年来中国教育界对社会发展的一种新认识，反映了他们试图从社会转型和一个正在逐步成熟的社会主义市场经济体制出发，从社会经济发展的实用性角度来看待教育的本质和功能。

(3) 教育学本土化。这可以看成是一种文化学或现代化研究的话语。本土化的背后是一个如何看待传统的东西，亦即本土的东西与外来的东西的相互关系问题。

在历史上，中国的知识分子对待外来的文化曾有过"西学中用""中学西用""全盘西化"等不同的观点和逻辑，当然也有完全拒绝外来文化的封闭的心态和做法。可以这样说，本土化立足于这样一个前提，即在现代社会中，各种文化不可避免地都要遭遇碰撞和交融，对其他民族文化中的优秀的东西一定要很好地吸收。而任何一种外来的理论学说，只有通过本土化，才能被吸收，才能为我所用。在当前信息科技迅速发展以及世界经济、政治逐步趋向一体化的格局中，东西文化都相继迈入了传统与现代融合、东方与西方汇通的新时代。对此，中国知识界表现出强烈的惶惑和焦虑。现代社会日益突出的种种弊端迫使中国知识分子重新审视和评价许多外来的观念、范畴、理论和方法，并且重新思考外来文化与本土文化各自的价值，以及外来文化与本土文化整合的必要性及整合途径等。

教育学的本土化问题是一个复杂的问题。在中国，教育学是一门引进的学科，最初是从日本照搬德国赫尔巴特的教育学体系，后来又学习苏联的凯洛夫教育学。20世纪80年代以来各种流派的教育学体系又一次涌入。这一次的西学东渐热潮使中国的学者们有了一次比较鉴别的极好机会。

（4）素质教育和应试教育。这可以看成是一种中国教育学的独特话语。素质教育和应试教育是近年来中国教育学界借以表达对教育现状看法的一对范畴。尽管许多人对这一表述仍有这样或那样的意见，但是这一范畴背后的问题却是实实在在的。

从根本上说，学校教育是一种培养人的社会活动，通过对个体传递社会生产和生活经验，促进个体身心发展，使个体社会化。这是学校区别于其他社会组织的本质特征。在现代社会，学校的这种本质是通过两种不同取向的功能实现的：学校对个人发展的促进功能，是指学校根据社会对每一个人的基本素质要求和个人身心发展的基本规律以及不同的个性特征对受教育者施加影响；学校的选拔功能，是指学校根据一定的社会价值标准形成判断、评价其成员的模式，并对受教育者做出鉴别。在现代社会中，学校的这两种功能是缺一不可的。社会发展的不同时期对学校功能的发挥提出的要求不是要哪一个、不要哪一个的问题，而是如何在两种功能之间取得一种适度平衡，使教育的作用可以得到最大的发挥。因此学校的这两种功能是不能相互取代的。中国教育学界所讨论的素质教育与应试教育问题，其本质就是教育的这两种功能在当前情况下的相互关系问题。

我国学校功能的发挥曾有一些偏差，比如过分强化选拔功能，使学校在促进个人发展方面的功能难以发挥，部分学校和教师不再关注学生的个性发展，不再培育和保护学生的好奇心和原创力，只是努力去训练他们成为应试的高手。可喜的是，这种情况正在得到有效改善。

六、宏观教育研究：中国教育学研究的新生长点

20世纪80年代以来，教育学的研究文献中开始越来越多地用新的话语、新的理论来讨论一系列新的问题。在这一发展过程中，来自实践的各种教育问

题已经成为教育学研究者关注的一个重要领域。人们所讨论的问题领域相当广泛,例如,国家与教育、市场与学校、政府的教育功能、市场介入教育的可能性、教育与社会分层、教育发展中的地域不平等和人群不平等、学校的法律地位及其办学自主权、教师的法律地位及教师与学校的法律关系、构建学习型社会、终身教育和全民教育等等。我们可以看到,对于教育问题的高度关注使许多具有不同学科背景的研究者集合到一起,用不同的话语来讨论共同关心的教育问题,教育学的面貌因此发生了很大的改观,并由此产生了一系列新的学术研究领域和研究课题。这种研究的变化已经导致教育学思维方式、话语方式、研究方式的一系列变化。

以 2002 年《教育研究》所刊载的论文主题及其篇数为依据,说明教育学研究的这种转向。① 该期刊 2002 年共开设了与教育议题相关的 19 个栏目(总共 21 个栏目),刊登各类教育学术论文 216 篇(不包括书评与学术动态两个栏目的 16 篇论文)。论文涉及教育基本理论、课程与教学、高等教育、德育、教育心理等 19 个方面(见图 0-1)。

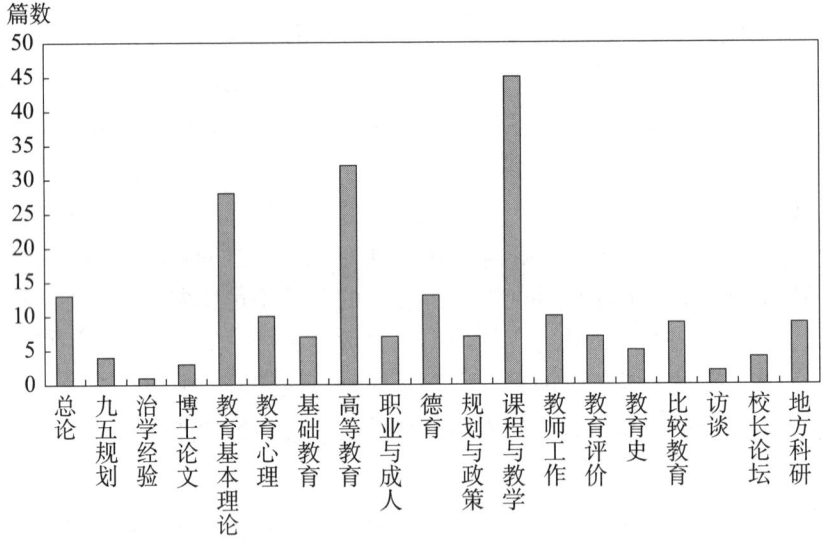

图 0-1 教育研究领域

在众多研究领域,最为突出的是课程与教学、高等教育、教育基本理论方面的论文,数量分列前三名,共计 105 篇,占 2002 年全年论文总数的 48.61%。这表明,课程与教学、高等教育、教育基本理论正成为当前教育研究工作者关注的重点。这种情况与当前中国教育改革的发展密切相关,说明教育理论工作

---

① 数据引自北京师范大学教育政策与法律研究所课题组研究报告《当前教育研究的现状与问题分析:以 2002 年〈教育研究〉杂志所发论文为例》(未发表)。

16

者非常关注教育改革的具体实践，并努力使教育理论研究服务于教育实践。

从教育研究的主题（论文可重复统计）看，研究的视野涉及教育改革政策的各个方面，包括素质教育、社会转型、教育创新、教师教育、主体性、教育政策、制度创新、WTO与教育等等（见图0-2）。其中有关素质教育问题、社会转型中的教育问题研究，内容更丰富，研究更深入。

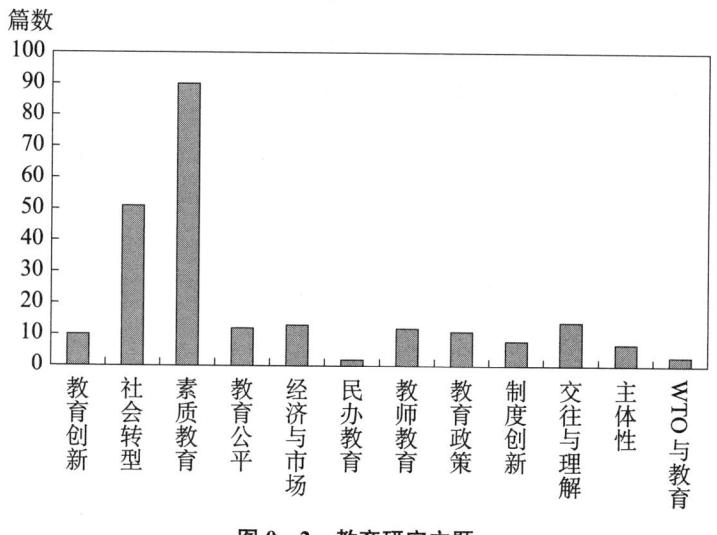

图0-2 教育研究主题

从研究的类型看，研究的范围涉及基础研究、应用研究、发展研究、评估研究和预测研究等方面（见图0-3）。其中以基础研究、应用研究和发展研究为甚。相当多的论文是以问题为研究的出发点的。

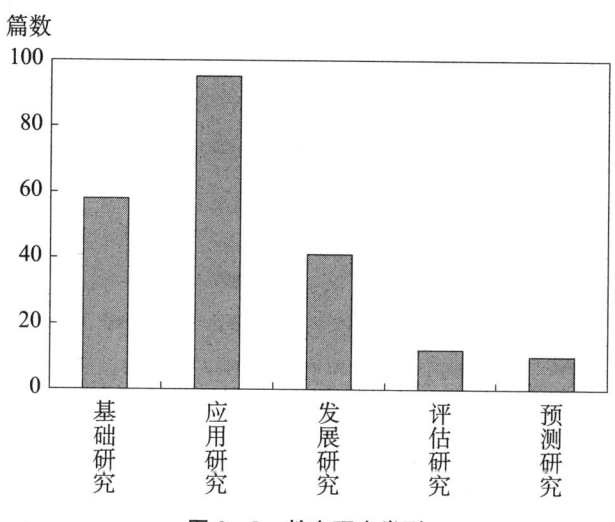

图0-3 教育研究类型

以上数据说明，教育学的研究视野、话语、方法都有了极大的转变，上述变化也可以说明问题研究已经成为教育学发展的一个重要特征，体现了教育学的新的研究趋势。尽管这些研究是从不同的学科背景出发来论述问题，但是讨论的仍然是教育学原理中的重要问题。谁又能说，这些不是教育学应该研究的范围呢？

通往人和社会的可理解之路本来就是很多的，问题在于我们能否跨越它。

（劳凯声，首都师范大学特聘教授、教育科学学院首席专家、博士生导师。主要研究领域为教育政策与法律、教育学原理。）

第一讲
人文社会科学研究的哲学意识

一、哲学与哲学问题
二、哲学中的人文主义精神
三、哲学中的科学理性精神
四、当前我国社会发展面临的理论问题与哲学意识的提升

哲学在我们的学习、工作、生活中占有重要地位，它是从总体上把握世界的人类智慧，也是人们认识世界和改造世界的根本方法。人类独有的反思能力使人的精神生活有了对意义和价值的追求，通过哲学思考，可以无限地拓展自己的精神生活空间。只要人类生存着，人的哲学思维就不会停止。哲学不仅给我们人生提供指导，也给各门学科提供宏观的方法论指导和终极、完整、绝对的范导理念，使这些当下具体、暂时的东西与永恒、高尚的东西相连接，从而获得意义与价值。对于哲学中的人文主义精神、科学理性精神的深刻探究，可以提升我们的哲学意识，为解决当前我国社会发展面临的理论问题提供重要借鉴。人文社会科学研究中的哲学意识直接关系到我们民族的思想理论建设、国家的政治健康和科学文化的繁荣，因此我们必须重视哲学意识的培养。

一、哲学与哲学问题

做任何学术研究，特别是人文社会科学研究，都必须具有哲学意识，也就是需要哲学世界观、方法论的指导，这是我们进行研究的基础性前提。

1. 为什么会有哲学

谈到哲学意识，首先就会遇到这样的问题，什么是哲学？什么是哲学意识？哲学（philosophy）这个词源自古希腊，它的本义是爱智，就是对智慧的追求。大约在公元前6世纪，古希腊就有很多思想家在关注哲学问题，那时的哲学是包罗万象的，所有的知识、智慧都包含在哲学里，还没有具体的学科划分。近代以来，自然科学和社会科学的各门学科相继从哲学中独立出来，比如物理学、生物学、化学、天文学、教育学、法学、历史学等，哲学自身所研究的对象越来越少，最后还剩下什么呢？

哲学就剩下两样东西：一个是逻辑方法，另一个是形而上学思辨。我们经常说形而上、形而下。形而下的东西就是物质层面的东西，看得见、摸得着；形而上的东西就有点玄了，看不见摸不着，但是对人来说它的确存在着。如果说哲学只剩下逻辑方法和形而上学思辨，这样的哲学还有没有意义呢？也就是说它还有没有存在的必要，或者说它会不会最终消亡呢？如果说它依然要存在，那么存在的依据又是什么呢？

宇宙万物之中，唯有人类有各种各样的哲学，其他生物包括高等动物都还没有哲学思考。那么为什么人有哲学？因为人除了有其他生物那样的物质生存状态，还有独特的精神生活领域。当然高等动物也有一定的智力，甚至有一些还会使用工具,但是跟人相比,它们缺少精神生活及其中的一种重要能力——反思能力。什么叫反思能力呢?就是做过一件事情以后还要回过头来看看做得怎么样,给出一个评价(这件事做得对不对、好不好、成功不成功)。人类独有的反思能力使人的精神生活有了对意义和价值的思考,即价值判断。在价值的比较和无穷尽的追求过程中,人的精神生活就有可能超越眼前的世界,不是仅仅生活在当下,仅仅思考当下的问题,还思考过去、思考未来,人的眼界、思维可以向后去追寻,向前去延伸。这样一种能力非同小可,让人成为地球上最高等的生物。可能有人会说,动物也有对未来的考虑,秋天来了以后,很多小动物都会储存过冬食物,它也是考虑到未来了。但是我们知道,那个相对来说是比较近期的考虑,是对天气渐冷的一种行为反应。就算它们想得再远,它们的思考也仅限于此生,不会对更遥远的未来做思考。而人通过反思能够不断地去追求终极的东西。最后的、最高级的、绝对的、完美的那个东西是什么?这些都是抽象的东西,这样一种追求属于哲学层次的思想活动。通过哲学思考,人可以无限地拓展自己的精神生活空间。

反思能力和超越性精神追求都源自人的本性,所以只要人类生存着,人的这种追求就不会停止,人的反思能力总要表现出来。那么,哲学会消亡吗?哲学不会消亡,哲学思索也永远不会停止。为什么会有哲学?这是出自人的精神活动的本质。

2. 哲学有什么用

人既然有这样的能力,有这样的精神活动,那么这些精神活动对现实的人生有什么用呢?关于哲学的作用,我们可以借用德国诗人海涅评价康德的一段话,他说:这个聪明人打碎了一条街上所有的路灯,然后站在黑暗中向我们说:"瞧,没有了这些路灯的光亮,我们什么都看不见了。"光亮虽然不是我们所看见的一个个具体事物,但是所有事物的显现都需要光的照耀。哲学虽然没有衣食住行的现实效用,然而没有它的指引,人生就会失去方向,就没有了意义和价值的考量。这就是康德所强调的彼岸世界(本体界、实践理性、道德律令)对于此岸世界(现象界、认知理性、应用知识)的范导作用。海涅深深领会了康德所讲的"范导原则",即彼岸的至高至善照亮了我们的前行之路;那个东西我们是永远也不可能达到的,但它能够引导并规范我们的现实生活,给我们以生活的意义。

哲学不仅给我们的人生提供指导,也给各门学科提供宏观的方法论指导和终极、完整、绝对的范导理念,使这些当下、具体、暂时的东西与永恒、高尚的东西相连接,从而获得意义与价值。

新康德主义思想家文德尔班说："所谓哲学，按照现在习惯的理解，是对宇宙观和人生观一般问题的科学论述。"[①] 所谓"一般"，就是普遍的、抽象的、总体的。各学科研究分门别类的学问，它们的对象是个别的、具体的、片断的；为什么要研究这些对象，这个学科存在的意义是什么，它将向什么方向发展，它的研究方法如何突破，这就是哲学要回答的问题，哲学对各门学科和人类的行为做价值引导和价值判断。所以可以说，哲学是关于宇宙和人生的价值学说，也就是我们平常所理解的人生观、世界观、方法论。

今天的高校都有不同学科的划分，划分的依据是什么呢？这就需要一定的哲学思考。另一位新康德主义代表人物李凯尔特在他的《文化科学和自然科学》一书中，以研究对象和研究方法的不同区分人文科学和自然科学。他认为，自然科学的对象是那些从自身中生长的东西，人文科学的对象则是人们按照预定目的生产出来的，或者虽然早已存在，但由于它所固有的特质而被人们特意保护着的东西。价值是区分自然和人文的标准。一切自然的东西都不具有价值，它就是自然而然地在那里，只有人文的产物或者可以从人文的视角去考察的东西，才是有价值的。也就是说，有了人的涉入、有了人看问题的眼光，才有价值判断，才有价值。离开了人，自然界的山川河流是无所谓价值的。落日好看还是旭日好看？无所谓，它就是自然而然地存在着。自然科学旨在发现对一般事物和现象都有效的普遍联系和规律，因此它所采用的是普遍化的方法。历史的人文科学则关注不同对象的特殊性和独特性。"越是民族的，越是世界的"这句话，表明了文化的多样性本质。千篇一律的东西没有原创性价值，个性化的东西才具有文化意义；所以人文科学采用的是个别化的方法。当然这些区分是很粗浅的，但是从事实与价值的角度对学科分类的哲学思考，对后来的学科发展具有重要启迪。

3. 哲学所关注的问题有哪些

哲学关注什么问题呢？我们以罗素的思路为例来做一点研究。罗素提出了"思辨的心灵所最感兴趣的"一大堆哲学问题，对于这些问题，分门别类的自然科学都没办法回答；神学家们倒是信心百倍地做了回答，却不能令人信服。而这些问题恰恰就是哲学所关注的。我们来看看这些问题。

世界分为心和物吗？如果是那样，那么心是什么？物又是什么？心从属于物吗？还是它具有独立的能力呢？（物质与精神的关系问题）

---

① 文德尔班. 哲学史教程：上卷. 北京：商务印书馆，1997：绪论.

宇宙有没有任何的统一性或者目的呢？它是不是朝着某一个目标演进呢？（目的论问题）

究竟有没有自然律？还是我们信仰自然律仅仅是出于我们爱好秩序的天性呢？（规律问题，规律是客观存在的还是人的主观联想）

人是不是天文学家所看到的那种样子，是由不纯粹的碳和水化合成的一块微小的东西，无能地在一个渺小而又不重要的行星上爬行着呢？抑或他是哈姆雷特所看到的那种样子？也许他同时是两者吗？（人学本体论问题）

有没有一种生活方式是高贵的，而另一种是卑贱的呢？还是一切的生活方式全属虚幻无谓呢？假如有一种生活方式是高贵的，它所包含的内容又是什么？我们又如何能够实现它呢？（人生意义问题）

善，为了能够受人尊重，就必须是永恒的吗？或者说，哪怕宇宙是坚定不移地趋向于死亡，它也是值得追求的吗？（道德价值问题）

究竟有没有智慧这样一种东西？还是看来仿佛是智慧的东西，仅仅是极精炼的愚蠢呢？（精神世界的存在意义问题）

一是物质与精神的关系问题，这是哲学的首要问题。二是从中古时代以来哲学特别关心的目的论问题：我们看到的大千世界，为什么这么有规律、这么有秩序？为什么这么美好？它的目的是什么？是上帝根据他的想法造出来的还是怎么回事呢？整个宇宙的发展、变化、演进是不是有一个既定目标呢？这是个哲学问题，也是神学特别爱回答的问题。三是规律问题：有没有规律？休谟说，比如因果律这个规律，不过是人的习惯性联想罢了。这个见解对吗？规律是本身客观存在的，还是人把它造出来用于解释自然界的呢？四是人学本体论问题：怎么看人本身？人类是怎么回事？有人说，人就是地球上的牛皮癣。本来地球是很好的一颗星球，人把它破坏了。当然这也是一种反思，是人类对自身活动的一种批评。但是人到底是什么？是渺小的尘埃，还是伟大的宇宙精神？这是本体论问题。五是我们的人生意义问题：什么样的生活是有意义的？我们应该怎样度过我们的一生？六是道德价值问题：什么样的行为是善、是具有道德的，什么样的行为是恶？七是我们的精神世界是怎么回事？现在西方有一种心灵哲学，说人死了以后灵魂还活着，这个灵魂是怎么回事？灵魂可以超越三维空间而活动在六维空间吗？诸如此类的问题应该说是永恒的哲学问题。所以，凡是遇到哲学问题，大家就要小心谨慎，不要轻易地下最终的、绝对的结论。因为后人不断会有新的探索，我们还会遇到新的现象，会有新的解释，我们要给未来多留出一些解释空间。

哲学旨在研究这些形而上学问题，但是永远没有最终答案，哲学的旨趣在于它无穷无尽地刨根问底，哲学存在的依据正是人永无止境地探索的本性。

罗素对哲学有一个颇有启发性的阐释："哲学，就我对这个词的理解来说，乃是某种介乎神学与科学之间的东西。它和神学一样，包含着人类对于那些迄今仍为确切的知识所不能肯定的事物的思考；但是它又像科学一样是诉之于人类的理性而不是诉之于权威的，不管是传统的权威还是启示的权威。一切确切的知识——我是这样主张的——都属于科学；一切涉及超乎确切知识之外的教条都属于神学。但是介乎神学与科学之间还有一片受到双方攻击的无人之域；这片无人之域就是哲学。"①

哲学在人类生命中的位置是这样的：如果把我们的生活分为形而下的（有形的物质生活）和形而上的（无形的精神生活），那么支撑前者的是所有的自然科学，它们追寻是或不是的确切答案；支撑后者的就是宗教神学和哲学，神学喜欢给出确切答案，而哲学的答案是无止境的探索。自然科学、神学、哲学，这就是当前一般人所理解的学问。

哲学和神学都在回答人的精神生活、精神世界的问题，这二者有没有区别呢？肯定是有的。这个区别我们从学理上来分析的话，可以有这么几条：(1) 神学与信仰相连，哲学与理性相连。信仰是有或没有什么证据你都会去信；而哲学要通过推理、证明以至实践验证，告诉你这件事是这样，你才去相信它。(2) 神学以表象表达为主，哲学以概念表达为主。《圣经》、《古兰经》、佛教经典，都有许多关于神迹的记述，也就是描述、举例等表象表达。而哲学以概念表达为主，讲究抽象的逻辑关系和推理演绎。(3) 神学寻求对外在力量的皈依，哲学寻求与外在力量的联系。神学认为冥冥之中有一种巨大的操控着我们命运的外在力量，你必须对它顶礼膜拜、俯首帖耳。哲学总是在寻求与外在力量的联系，比如我们寻求与地球之外的智慧的联系，而这种寻求是以肯定人类自身力量为前提的。

哲学的研究对象是概念、观念、思想，而不是具体的事物及其性状，所以从方法上来看，它更注重概念的确立和抽象的思辨，而不是直接的、实证的方法，这也是它同其他学科的区别。即使实证主义哲学，也是对于经验的思考而不是直接去证实具体事物。

哲学的理论意义包含两个方面，一方面是从宏观角度为自然科学提供普遍的抽象概念和相互连接的逻辑框架，这就是哲学认识论；另一方面是为人的生活实践提供有关天职使命和正当行为方面的教导，这就是哲学的伦理学和美学。认识论解决人和外部世界的关系问题，伦理学解决人和人的关系问题，美学解决人的精神性超越需求问题。康德的三大批判就是开创这个思路的先驱，他据

---

① 罗素. 西方哲学史：上卷. 北京：商务印书馆，1977：绪论.

此建立了一个真善美的庞大哲学体系。从德国古典哲学到现代，我们所关切的所有哲学问题，都没有超出真善美的范畴。

4. 哲学学科在当代的发展

我们把眼界放到世界的范围，现代世界哲学大体可以分为四个部分：人本主义哲学思潮、科学理性主义哲学思潮、马克思主义哲学思潮和宗教哲学思潮。以现代西方哲学为例，我们把这四个部分列表展示一下（见表1-1至表1-4）。

表1-1　现代西方人本主义哲学思潮

19世纪下半叶	20世纪上半叶	20世纪下半叶
唯意志主义	现象学	哲学解释学
尼采哲学	存在主义	发生认识论
生命哲学	哲学人类学	科学人本主义
新康德主义弗莱堡学派	新黑格尔主义	后现代主义
弗洛伊德主义	新弗洛伊德主义	社会、政治哲学新思潮

表1-2　现代西方科学理性主义哲学思潮

19世纪下半叶	20世纪上半叶	20世纪下半叶
实证主义	分析哲学 心灵哲学	后分析哲学
马赫主义	科学哲学	科学哲学的历史主义学派
实用主义	结构主义	后结构主义
新康德主义马堡学派	实在主义	新实在主义

表1-3　现代西方马克思主义哲学思潮

19世纪下半叶	20世纪上半叶	20世纪下半叶
罗莎·卢森堡、李卜克内西的马克思主义	法兰克福学派	晚期资本主义理论
		新社会革命理论
	存在主义的马克思主义	交往行为理论
		女权主义
卢卡奇、柯尔施、葛兰西的马克思主义	结构主义的马克思主义	分析的马克思主义
		生态学的马克思主义

表 1-4　现代宗教哲学思潮

新托马斯主义
人格主义
传统基督教异端
传统宗教的边缘、变异教派
新兴宗教

人类自 19 世纪中叶以来，先后出现了几十种形形色色的哲学流派和思潮，科学理性主义和现代人本主义的分野、对立、争斗，构成了现代西方哲学的主流。马克思主义在世界上依然具有影响力，它在中国的信念坚守和实践推进，最好地体现了它的生命力。西方马克思主义的发展趋势，基本上可以归到科学理性主义和现代人本主义中。而宗教哲学思潮，我国学者对它关注不多，但它毕竟是不可忽视的某种哲学意识形态。

在现代西方哲学众多的思潮、流派中，可以理出四条发展线索：

第一条线索来自德国古典哲学传统，也就是我们一般讲的西欧大陆哲学传统，所涵盖的国家有德国、法国、荷兰、意大利、比利时等等，当今影响大的主要是现象学和存在主义，以胡塞尔、海德格尔、萨特等为代表。

第二条线索来自经验主义传统，主要是英美的分析哲学思潮。分析哲学又分不同形态和派别。还有科学哲学，几乎每一门自然科学都有它的哲学，比如物理哲学、生物哲学、天文哲学还有技术哲学等等。这条线索的代表人物众多，如弗雷格、罗素、维特根斯坦、摩尔、石里克、卡尔纳普、蒯因、密尔、库恩、拉卡托斯、波普尔、戴维森、塞拉斯、莫里斯、赖尔、奥斯汀、斯特劳森、达米特、普特南等。

第三条线索还是来自经验主义传统，但是它在美国这个比较特殊的环境之中，又产生了一种新的形态——实用主义，它就是经验主义在美国的本土化。代表人物有皮尔士、詹姆斯、杜威、米德、布里奇曼等。

第四条线索就是第二次世界大战结束以后，随着西方社会哲学、政治哲学的崛起，出现了很多研究社会政治哲学的重要思想家，如罗尔斯、哈贝马斯、阿伦特、卢曼等。[1]

科学理性主义和现代人本主义的分野和对立，为西方哲学的发展提供了内在的动力。一般而言，德国、法国等欧洲大陆国家人本主义哲学比较发达，而英国和美国则科学主义思潮更盛。其他的思潮、流派，比如说西方马克思主义

---

[1] 江怡. 走向新世纪的西方哲学. 北京：中国社会科学出版社, 1998.

或宗教哲学思潮，或多或少地总是受到它们的影响。

18—19世纪的西方哲学是产生巨星的时代，康德、黑格尔等哲学大师和他们的恢宏体系就是一座座高耸的山峰，对那个时代的理论思维和思想方法都有着统领性的影响。进入20世纪，群星璀璨的时代来临，出现了许多新的哲学流派和新的哲学观点，各家哲学纷呈迭现，几十种学说争奇斗胜。这种生灭变幻、分散多元的局面，从今天来看，可能还会延续很长时间。

哲学流派众多使研究领域划分得更细了，哲学的应用化趋势也随之加强，体现了从抽象的形而上学转向生活世界本身、从理论理性优先转向实践理性优先的趋势。哲学研究的范围扩大了，从民族、种族问题到人权、女权问题，从科技、工程问题到环境、发展问题，从经济、管理问题到社会、政治问题，等等。哲学走下了王者的宝座，在具体学科和世俗生活中寻求生存的机会。在这种多元化、应用化的趋势中，再要求哲学拿出大一统的包罗万象的权威体系已经不太可能了，但这并不妨碍许多具有原创力的理论观点、观察视角、分析框架和思维方法的涌现。自然科学方法与人文社会科学方法的相互渗透和交融，促进了这两大领域的互动，开辟了以往不曾有过的广阔的理论创新空间。

我们看到，今天在世界范围内，人们的哲学思维仍然是非常活跃的。特别是从20世纪70年代以后，也就是最近这四五十年，西方哲学又出现了新的发展动向，其中最为引人注目的是后现代主义的崛起和社会政治哲学的繁荣，当然西方的宗教哲学也有其活跃的表现。从中国来看，展望未来，以中国特色社会主义的创新实践为基点，马克思主义哲学理论的发展有望获得新的突破。

前面谈了什么是哲学以及哲学的存在状况、哲学研究的问题和哲学的研究领域，大家从横向的理论空间和纵向的历史发展中对于哲学意识有了一定的把握。下面我们再深入探讨哲学意识背后的精神支柱，也就是它的理论支撑是什么。我认为主要是人文主义精神和科学理性精神。

二、哲学中的人文主义精神

1. 人文主义精神的内核——人本主义哲学

谈到人文主义精神，它的内核是什么呢？其实，人文主义精神的内核就是人本主义哲学。当然，人本主义哲学到今天为止还只是一个思潮，它不是某个完整的哲学体系，不过是有许多流派在这个方向上发展着罢了。人本主义这种思想，其实古代就有。古希腊智者普罗塔哥拉提出"人是万物的尺度"，古希腊政治家伯里克利说"人是第一重要的"。这些都是把人作为世间万物之本的思想，但这些零散的观点和概念还没有形成理论体系或哲学流派。

作为一种哲学理论，人本主义同任何社会的主流意识形态一样，与新生产方式的产生相关联。14世纪，人类历史发展进入一个转型期，在资本主义萌芽的催动下，新的生产方式即将出现。一场以"人文主义"为旗帜的大规模思想文化运动在欧洲掀起，这就是为资本主义生产方式呼风唤雨的文艺复兴运动。

"humanism"这个词，可以有三种不同的译法，即人文主义、人道主义、人本主义。这三种译法带有鲜明的时代特色，同时在内涵上也有着一定的区别。人文主义主要用于文艺复兴时期，所谓"复兴"指的是对古代文化的重新发现。公元476年西罗马帝国为日耳曼人所灭，落后的文明征服了进步的文明，欧洲历史进入了漫长的中世纪。到14世纪，一批激进思想家在中东地区发现了被阿拉伯人保存的欧洲古代文明的重要成果，于是举起复兴古希腊、古罗马文化（主要是城邦民主政治和自然哲学思想）的旗帜，要民主、要科学，直接针对封建专制主义。文艺复兴运动肯定人自身的价值，推崇人的理性能力，歌颂与神性对立的人性，在思想文化上树立起"以人为本"的原则，昭示了人文主义的基本内涵。随着思想启蒙运动的深入，第三等级和广大底层群众展开了争取人权和社会地位的政治斗争，于是"humanism"成为自由、平等、博爱的代名词，具有了人道主义的鲜明政治色彩，成为18世纪法国资产阶级革命的口号。此时德国人在做什么呢？德国人戴着睡帽的头脑里正在发生着思想风暴，这就是德国古典哲学。以人为本、人是目的这些振聋发聩的口号，是德国古典哲学提出来的。从今天的眼光看，以人为本是个习以为常的提法，但在250年前就是惊天动地的事。那时，神学已经统治了1 000多年，人们在宗教严苛的控制下，都成了被驯服的羔羊。提出"不要以神为本而要以人为本"，不仅是大胆的革命口号，简直就是对旧思想的颠覆！所以，人本主义是18—19世纪德国哲学革命的理论硕果，是德国古典哲学的精华。时代大潮中人本哲学理论形态的逐渐成熟，将人的主体性推上了至尊的哲学宝座。

从文艺复兴到德国古典哲学终结，也就是从14世纪到19世纪上半叶，是人本主义的产生和现代早期发展阶段。19世纪中叶以后，人本主义进入它的现代发展时期，我们称之为现代人本主义。可以说，人本主义是人类文明进程中的强大思潮，它几乎涵盖了整个西方文化史，是西方文化的基石，同时也是几千年人类文化价值理念的延续和发展。

有人说，中国古代有民本主义一说，这个民本主义不就是人本主义吗？这个问题一定要搞清楚。应该说，民本主义有它自己存在的历史价值，但如果民本主义可以从封建社会一直延续到今天，我们党为什么要重新提"以人为本"呢？民本主义和人本主义产生于不同的历史时代，其理论内涵有着很大的差异。民本主义与人本主义的本质区别主要有三点：（1）民本主义之中的"民"是相对于"官"而言的,讲的是统治者和老百姓上下之间的平衡关系,人本主义讲的是作为独立主体的人与人之间的平等关系;(2)民本主义只讲皇权,对人民只有体恤、施舍而不会把权力让渡给人民,而人本主义首先关注的就是人和人的权利、公民的权利;(3)民本主义是一种统治术,无论讲"民可使由之,不可使知之",还是讲"水能载舟,亦能覆舟",都是一种统治术略,人本主义以人本身为出发点和目的,是一种价值理念。这些实质性的区分是不能混淆的。

2. 人本主义哲学的基本理论

人本主义哲学的理论脉络,是围绕着以个体本位为核心的主体性原则展开的。什么是主体性原则?就是把人的尊严、能力、权利、生命意义和生存状态作为最高的价值目标,这是从人类这个层次说的。所谓个体本位,归根结底就是强调一点:国家和社会存在的根本在于每一个人的自由和权利,这是社会契约论的观点。每一个个体都生而自由,他们把自己的一部分权力让渡出来,让一些管理者来集中使用这些权力,保护民众的财产、生命,为大家谋取更多的福祉,所以西方人本主义哲学认为,国家政权和社会组织存在的理由和根基都在于此。个体本位作为人本主义的一个基本的核心理念,有它积极的正面意义,同时我们也看到它会有一些负面的影响,问题是怎么把它们剥离开来。

20世纪以来,各人本主义流派从不同角度对主体性原则做了大量阐释。从理论上讲,围绕着对于主体即人自身的研究,人本主义哲学的基本理论或研究的逻辑线索是这样的:首先,主体是生命体,他要活动,那么,这个生命体为什么要去打野兽?为什么要大家聚在一起点篝火?人采取主体行为的动力机制是什么?其次,当主体采取行动的时候,一定会与客观世界打交道,主体要和客体产生一种关系,也就是主体对客体的认识和把握,这就涉及主体的认知结构是怎样的。再次,主体对客体采取了行动,后果如何,需要有个判断,这就是主体价值选择的问题了。最后,主体的存在不是孤立的,总要与其他的主体打交道,这就涉及主体间性的问题,也就是人的社会性问题。

我们就按照上述四个方面来谈一谈,重点放在第二个方面,也就是哲学认识论问题。

一是对主体行为的动力机制的分析。

对主体行为的动力机制进行探讨,经历了一个从抽象到具体、从简单到复杂的发展过程。早期的思想家像柏格森、尼采,只是研究抽象的生命本能,不管动物也好,植物也好,都有一种促使它活动变化的生命本能;弗洛伊德专门研究人的本能,尤其研究人的性本能,西方马克思主义者弗洛姆还专门谈了人的革命本能;再到后来是马斯洛,他又从人的本能里提炼出人的"似本能",也就是在人的生理、安全等基本需求之上的发展需要,这是专属于人的精神性活动需要。比如人需要自我实现，需要理解、信仰、审美、信息、科学、哲学、艺术等等，这就不是笼统地谈人的本能，而是深入人的精神生活层面对人的行为动力的探索。

马斯洛的研究丰富了马克思关于需要是社会生产根本动力的观点，他强调需要是主体一切活动的根本动力，进而论证了人的精神性需要。这不仅成为现代管理学理论的重要依据，而且在哲学上推进了对主体行为动力和人性的探索，富有创新意义。

二是对主体认知结构的探索。

当主体以自身的需求为动力，推动着自身与外界打交道的时候，从哲学上说，就进入了认识论领域，也就是主体如何认识、把握客体。主客体的关系是认识论的核心问题，而其中的关键是主体的认知结构，也就是思维机制的问题。我们知道近代有机械唯物论，它是一种反映论，桌子是方的，杯子是圆的，把客体的性质反映出来，就完成了认识。所以在认识中，客体起着主导作用，认识的本质在于客体原本的特性。我们主体要想取得科学知识，要想完成认识过程，就得围着客体转。那么这个反映论对不对呢？后来的许多思想家都对它做了批判，比如说康德，他认为，如果认识都是让客体牵着鼻子走，那么主体就没有主动性了。他说应该倒过来，不是主体围着客体转，而是客体围着主体转，客体在主体面前展示各种各样的特征，红的、绿的、方的、圆的、冷的、热的，等等，主体根据自己的需要提取客体的特征，形成认识。这就是康德在认识论上的"哥白尼革命"。以主体的结构（范畴）去安排来自外部的感性材料，主张认识的本质在于主体自身的先天结构，这个理论就是先验论。

那么主体凭什么能够认识客体呢？康德说，人头脑里一开始就有一个认知结构，这个认知结构就是哲学意识里的逻辑的格。人的头脑中有前后左右之分，这是空间的格，还有时间的长短先后、速度、因果关系、实体等概念。这些最基本的概念就是把握客观事物特性时人头脑中固有的逻辑的格，客体的那些特征分别被放到这些格里，经过逻辑推演，就得到了知识。如果进一步追问，人头脑中的这套认知模式或者说逻辑的格（康德称为范畴，四组12个范畴）是从哪里来的呢？在康德那个时代，这个问题还难以回答，似乎生而为人，上帝就把这种逻辑思维能力放到人脑袋里了。其实康德本来想进一步探讨这个问题，《纯粹理性批判》在大段的客观演绎后面，还有一段主观演绎，这是第二版才加上去的，第一版里把这个撤掉了。为什么撤掉？因为，作为一个比较严谨的思想家，康德尽管有这样的猜测和推演，但拿不出太多的证据，他觉得论证不够严密，还只是一些设想。然而康德这个主观演绎恰恰指出了一个重要的探索方向，他实际上是在追问人的思维起源问题，也就是人的理性认识（逻辑能力）

31

是从哪里来的。

后来马克思主义提出能动的反映论是一个天才设想，这个理论既要求认识必须反映客观事物的本质，又反对被动、机械地去反映，主张主体能动地去捕捉客观事物的特征加以反映。但是马克思主义经典作家也没有从认知结构上对这个设想做出论证。马克思主义哲学讲感性认识到理性认识是一个飞跃，通过这样的飞跃就得到了抽象的理论。但是这个飞跃的过程、飞跃的机制是什么，都还没有给予说明。

皮亚杰通过对经验的分析，对理性认识的起源提出了一种新的解释。他把人的经验区分为源于外物的物理经验和源于操作的逻辑经验："一切认识在初级水平都是从经验开始，但是从一开始我们就能区别出从客体做出抽象的物理经验和从主体活动间的协调做出反身抽象的逻辑数学经验。"[①] 逻辑经验这个概念是皮亚杰的一个重大突破。他举了小孩通过玩石子产生数、量、空间、时间概念的例子。如果不让小孩动手，他就只能得到石子的颜色、形状甚至气味这些物理特性给他的刺激。但是如果让小孩动手玩石子，比如挪动石子，在操作的过程中，他就会产生前后左右的空间概念，还有时间概念、数的概念、速度概念等等，通过动手去干预石子，也就是主体作用于客体，这些抽象的概念和逻辑的格才会产生。可见，理性认识是从逻辑经验来的，不是从物理经验来的，物理经验的堆积，形成不了理性认识。

物理经验是感官对外物刺激的被动反映，是对零散感官知觉做出综合获得的感性经验，是对客体性质的抽象。逻辑经验是主体的操作引发的主动构造机制，这两种经验分别来自主体和客体。所谓主动操作，就是人类有目的的实践活动。人必须作用于客体，当你主动地去作用于客体的时候，你对这种主客体之间的状况，以及你作用于客体，使它发生了改变这样一些现象，就有了一个了解，这种了解反馈到头脑里，形成的东西是什么呢？就是主客体之间的关系这个抽象的逻辑概念，而不是简单的颜色、声音、气味。你对自身的活动以及这些活动与客体的关系进一步做出反身抽象，就会得出逻辑经验。没有人的主体操作活动的加入，没有人对自身动作模式的抽象和反思，是不可能达到理性认识的，所以操作（operation）才是理性认识的真正源泉。

传统认识论的误区有二，一是以为正确反映了外在物体的性质就算完成了认识的任务，这只是停留在动物的感知觉水平；二是以为通过对感性材料的抽象思辨就可以达到理性认识，这其实抽去了理性的实践基础，忽略了主体能动活动的作用。实际上，思想的真正源泉并不在于思辨，而在于实践。因此，认

---

① 皮亚杰. 发生认识论原理. 北京：商务印书馆，1981：74.

识的本质不仅限于反映,仅仅反映是远远不够的,认识应该是主体参与进去的一个能动性、创造性的建构。

皮亚杰又进一步从发生学的角度强调了操作的意义,并用建构理论来说明主体和客体的关系。他说,人之初时还不是实践意义上的认知主体,人脑的物质结构只是提供了认识的可能性。人通过遗传获得的不过是一些原始的动作图式(schema),如吮吸、抓握等。通过后天自发、能动的活动,与外部世界打交道,这些作为思维萌芽的图式得以不断分化、丰富,并逐渐内化为人的思维结构(逻辑的格),最终使人建构起主体意识。比如一个躺在摇篮里的婴儿,如果在摇篮上挂一个铃,铃下面拴一根绳子,当婴儿无意识抓到这根绳子时,铃就"叮当"作响,他关注到了这一现象。如此反复多次之后,当他为了听到铃响而主动去抓绳子的时候,抓绳子和铃响之间就在他的头脑里建立了关系,这就是最初的思维萌芽。

而作为认识另一方的客体,也不是既定的和一成不变的,这个客体是根据头脑中认知结构的复杂性来建立的。如果头脑里没有复杂的思维结构,就不会有什么逻辑思维,认识的对象就是一个简单化的东西。比如一份大桥蓝图,在桥梁工程师眼里,呈现的是大桥的规模、结构、材料等信息。但是在原始部落的人眼里,这份图纸毫无意义,因为他没有比较复杂的认知结构,同样的图纸就不能成为科学的认识对象。认识客体根据认知结构的层次显现着不同的实践形态。所以我们说,主体和客体都在不断地变化、更新,这是一个双向建构的关系,当你不断地丰富自己的逻辑思维能力的时候,客观世界对于你来说也就逐渐地丰富起来。

相对应于主体认知结构的发展层次和复杂程度,客体会显现为不同的实践形态。双向建构理论告诉我们,主客体双方都不是一成不变的,在后天的互动关系中,它们才能逐渐成熟、建构起来,主体的认知结构决定着对客体的认识水平。这种新的建构主义理论模型大大推进了现代认识论研究,它不是建立在思辨的基础上,而是建立在心理学、生理学、社会学等学科发展的基础上,建立在人们社会实践不断深入的基础上。

三是对主体价值选择的强调。

选择论集中表现于存在主义哲学中。存在主义的第一原理是"存在先于本质",这是人与物的本质区别,物是"本质先于存在"。比如裁纸刀,匠人在生产它之前,就有了它的概念、模型。它的本质是事先就决定了的。人就不同了,在获得他的现实本质之前,也就是在受到任何概念规定之前,他就以被动的方式存在了。人虽然被动地获得自己的生命,但要成为一个什么样的人是由自己决定的,人生的价值和意义都是自己选择的结果。萨特把主体的精神自由归结为选择的自由，选择是自由的延伸。这不仅把对自由的理解具体化了，而且把自由与责任连接在一起。既然一切都是人自己选择的结果，那么人对自己的本质、自己的行动就负有完全的责任，他必须承担自己的选择所带来的全部结果。选择论强调了人的责任，要求人好好把握机遇，使人生有了一种使命感。而且选择必须面对环境中的多种可能性才能进行，人性的选择不能不涉及社会环境，这就是现象学和存在主义所讨论的"生活世界"问题，这是一个生动的、充满变数和挑战的世界。在社会转型、社会发展中，没有现成的模式和既定的道路，选择无处不在。

我们可以批判地汲取存在主义的选择论等创新观点，在社会转型期更多地关注主体的价值选择，使个体获得更多的选择机会和选择自由。

四是对主体交往理性（主体间性）的研究。

研究交往理性实际上就是研究人的社会性。米德（George Herbert Mead, 1863—1931）是比较早探索社会个体与社会整体互动关系的思想家，比如他研究的"姿态"（gestures）概念，指的是两个以上主体之间进行沟通的手段，它在完成意义传递的同时，满足的是超出个体生存需要的信息需要，也就是"社会性"需要。米德特别强调声音姿态——语言对于思维形成的关键作用，人通过语言符号来传递各种意义，而意义的传递标志着思维的产生。在他看来，语言沟通机制并不存在于个体的中枢神经系统之中，而是存在于有机体的互动关系之中。所以语言不仅是个体思维的起点，语言的社会本性更标示着思维起源的社会性特征。

米德进一步考察了儿童的玩耍和游戏。比如玩"过家家"就是承担他人角色的一种尝试，角色的扮演使他们学习到如何对自身行为进行控制。当进入游戏阶段以后，规则就加入了，儿童身处一个结构环境之中，所有游戏参与者的行为构成一个整体，每一个人都必须根据他人的行为来采取应对的行为。在游戏过程中，儿童逐渐从单纯的主观内心会话，向更加客观地考虑和对待他人、共同体乃至整个社会的态度和行为转化，从个体意识向社会意识转化，进而形成带有组织特征的人格，即社会化的人格。

20世纪20—30年代，苏联儿童心理学、教育心理学家维果茨基（Lev Vygotsky, 1896—1934）的学习理论对思维、知识的社会结构做了更为深入的研究，强调了文化、社会对儿童认知发展的影响。他关于人类心理的社会起源的学说，对结构主义的发展有重要影响。50—60年代，福柯（Michel Foucault, 1926—1984）通过对人性的历史、文化研究，提出了社会结构主义，也是对人性的社会形成提出的强有力论证。

每个主体都要实现自我，避免弱肉强食，需要一种合理的社会交往机制。

哈贝马斯对交往理性的研究，实质是对合理的社会机制的探讨，其矛头指向的是公权力怎样才能不被滥用。西方人认为，民主制度是保障公民权利、制约公权力的灵丹妙药，这种民主制度的核心内容包括：人民主权、权力制衡、代议制、普选制、多党制。然而实际情况并不理想，二战以后西方很多国家的行政权力（总统权力）大大膨胀，代议制效率低下，普选制失去民心，政党政治令人厌恶，西方式的民主制遭到很多批评。于是，阿伦特、哈贝马斯等思想家提出另外的思路，他们力求挣脱既有的民主理论和民主制度，希望在政治、经济领域之外划出另一个独立领域，以对话、交谈、协商的方式进行沟通，使每一个公民都能有表达的机会，让权力真正回归人民。在他们看来，一切道德规范和政治合法性的产生，都不应该是少数精英分子先知先觉的思辨产物，而应该通过必要的讨论和商谈，允许一切利益相关者参与，以便照顾到所有人的利益。这实际上是要求把道德和政治的基础从抽象的"意识理性"转到生活世界的"交往理性"上。

交往理性研究，从"人本"即人的本性出发，不仅强调了人的社会本性，而且引申出现代社会关系准则，即平等主体之间的平等交往原则，引发了对当代政治哲学许多实质性问题的思考，比如社会公平问题、国家作用问题、国际关系问题等等。

以上西方人本主义哲学对于人这一主体的研究可以归纳为主体行为的动力机制（需要）、思维机制（操作）、价值机制（选择）、社会机制（协商）几个方面，这些问题所涉及的是哲学的本体论、认识论、价值学说和社会政治学说等重要分支领域，很多观点的阐述和研究思路都是具有原创性和启发意义的。这些基本理论问题的复杂性、丰富性、深刻性，使我们更好地理解哲学思维与科技创新、经济发展、社会治理的内在联系。

当然毋庸讳言，西方人本主义理论中也存在着不少问题和负面影响，比如：非理性的过分张扬，导致对一切价值、意义的消解；主体性的无条件扩张，导致环境污染、生态恶化的后果；个体自我的极度膨胀，导致社会利益、公共利益的损害；等等。这些都是需要我们加以扬弃的。

3. 人本主义价值观的启迪

人本主义哲学对于人们社会生活、思想理论的影响，更多的是通过价值观体现出来的。这里我们先讲一个小故事。

德国首都柏林附近有一个小城叫波茨坦，1866年，普鲁士王国国王威廉一世要在这里建行宫，但是王宫选址的旁边有个老磨坊很碍眼，国王便下令拆掉了这个老磨坊。于是磨坊主将此事诉诸法庭。法院的裁决是，威廉一世擅用王权侵犯了原告由宪法赋予的财产权，责令于原址重建磨坊并赔偿损失，国王只能照办。多年以后，威廉一世和老磨坊主都过世了。一天，磨坊主的儿子给威廉二世写了一封信，请求他买下磨坊并可以拆掉。后者回了一封信，说：亲爱的邻居，我对你目前的困境深表同情，但你的建议万万不可取。你家老磨坊已经成为我国司法公正的标志，我愿资助你 3 000 马克以解燃眉之急，但磨坊是不能拆的。可见，财产权这个概念已经深入人心了。休谟曾说，财产权是文明的开始，保护个体的物权，就是保护文明宫殿的墙脚。如果说国王权力大，随便就把老百姓的房子拆了，那破坏的就不只是房子，更是国家的司法公正，是挖掉了文明宫殿的墙脚，这个罪过就大了。

这个故事给了我们两点启示：其一，作为主体存在的人及人的基本权利，是神圣不可侵犯的。"风能进，雨能进，国王不能进。"（英国前首相老威廉·皮特）个体的公民权是现代政治的合法性基础。其二，我们理解的人文精神，既是个性化的，又是公共价值和法理精神的体现。只有法治才能保证人民的利益、公民的权利不受侵害，"以人为本"的价值目标只有通过法治的途径才能实现，所以没有"以法为本"就没有"以人为本"。

哲学作为一个社会的精神力量，它的形成是一种文化积淀，它的功用是折射式的、潜移默化的，不能做"立竿见影"式的简单化理解，而应该从历史的角度来看它的长远影响和总体作用。具体来说，人本主义哲学是作为一种价值观念融入社会制度、社会文化以及人们的日常行为的。

一个社会的基本价值，应该是受到社会各界高度认同、可以作为政策依据、全体公民自愿遵循的价值观体系，对于社会的稳定、文明、进步具有至关重要的意义。这里提供几个关于基本价值的材料，作为我们进一步研讨的参考。

一位美国的哲学教授曾经谈到美国社会的五个基本价值。（1）个人价值：人的独立存在意义，人的自然权利及人权，人的自由；（2）法治民主：法治而非人治，选举和代议制，权力制衡，服务型政府；（3）市场经济：自由交易，契约文化；（4）宗教生活：对人生意义的超越性解释，为现实生活提供伦理原则，宗教礼仪的传承；（5）多元文化：具有活力和特色的移民文化。

德国社会民主党在 1959 年的《哥德斯堡纲领》中提出了民主社会主义的基本价值：自由、公正、互助。这些基本价值不仅是对公民言行的指导和约束，更是对权力行使的基本要求，具体表现为：（1）作为制定政策的政治指导和伦理依据；（2）作为对具体政治决定、政治行为的评价标准；（3）作为政府行为的道德驱动力。1989 年以后，他们在这三大基本价值之外又加上了第四个基本价值：责任，即"对生态负责，对未来世代负责，谋求人与自然和谐"。

1991 年，新加坡政府发布的《共同价值观白皮书》中，提出新加坡的五大共同价值观：（1）国家至上，社会为先；（2）家庭为根，社会为本；（3）关怀扶持，同舟共济；(4) 求同存异，协商共识；(5) 种族和谐，宗教宽容。新加坡是一个多民族、多宗教的亚洲国家，有着根深蒂固的华人文化传统，但它善于吸收西方文化的精华，具有东西方文化融合的特点。这些基本价值对维护国家安定、促进社会发展起到了积极的作用。

当代西方人本主义哲学中对我们有借鉴意义的价值观念主要有：尊重生命、独立自主、责任担当、共享互助、公平正义、多元并存、民主参与、博爱奉献，等等。①

上述价值观念都是人类文明成果中的精华。我们的社会主义核心价值观虽然提出的时间不长，却立足于中国特色，很好地体现了现代社会的文明理念。

三、哲学中的科学理性精神

1. 科学理性精神的源泉

从历史上看，世界各民族的思维路向有着各自的特征。西方早期文明从古希腊开始就体现出外向的特点，首先把探索的目光投向千姿百态的世界万物及其规律、秩序，并热衷于寻找世界统一性的根据。那些早期哲学家分别把水、气、火、数、原子等当作世界的始基，希望在这种统一性的基础上，构造出一个有序的观念体系，作为认识世界、指导行为、判断价值的尺度，我把这种外求见闻之知的哲学称为始基论的哲学。而中华儿女的祖先则更加重视内省的德性之知，如孔子的学生曾子讲的"吾日三省吾身"，即每天都要多次自省、反思，希望遵循最好的待人处事方式，处理好天人关系和人际关系，使生活更加和谐，这是一种以关系论为主的哲学。当然始基论也好关系论也好，只是两种不同的思维趋向，并无优劣之分。

2. 科学理性主义思潮对传统科学观的扬弃

科学理性主义思潮最大的贡献，就是在对传统科学观的质疑、批判中，深化了对科学的认识，弘扬了不断探索、锐意创新的科学理念。科学观是从世界观上对科学的把握，通俗地说，就是对"什么是科学"的回答。近代以来，以孔德为创始人的实证主义对于科学的理解是有代表性的，他们以自然科学为参照，提出：只有那些具有实证性、确定性、因果性的陈述、理论，才能算是科学。换句话说，不能由经验来验证的、变动不居的、不处于因果链条中的（没有规律可循的）陈述、理论，就不是科学。随着社会的发展，这三条科学的标准也就是传统的科学观受到了新思潮的挑战。

---

① 丁东红. 人之解读：现代西方人本哲学研究. 石家庄：河北教育出版社，2001.

（1）科学中的证实与证伪。逻辑实证主义是科学理性主义思潮中的早期代表性流派，主要代表人物有深受罗素、维特根斯坦影响的石里克、卡尔纳普等。由于诞生在20世纪20年代的维也纳大学，逻辑实证主义也被称为"维也纳学派"。当时一批年轻的讲师和研究生有一个学术沙龙，每周都会聚在一起讨论最前沿的哲学问题，由此而形成了一个"小圈子"，即学派。

逻辑实证主义的出现，同现代科学的发展有密切关系。从哲学上来说，就是要为科学（自然知识的理论模型）寻找一个统一的客观检验标准。什么是科学，什么不是科学，要有一个公认的、客观的标准。他们最先提出的是"经验证实原则"，也就是说，要判断一个命题是不是真理，必须以人的感觉经验为依据。但这马上就遇到了问题，因为经验是因人而异的，不同的人对同一对象可能有不同的主体感觉，色盲的人分不清颜色，发烧的人有特殊的冷热感觉，主体感觉的不确定性使经验证实难以为据。于是，他们又想方设法扩大经验的客观基础，主张以"物理语言"为各门科学的通用客观标准，因为任何事件都发生在一定的时空坐标中，而物理语言正是对事物的时空描述。他们把自然事件、社会事件甚至人的心理活动，都千方百计地翻译成对等的物理语言句子。比如，史密斯教授在课堂上的激动情绪，可以用面色、脉搏、声音分贝以至肢体动作这些物理语言来描述。然而，作为统一性标准的物理语言，它本身的真假又何以判断呢？与人的生活实践密不可分的语言并不是纯客观的，从某种意义上说，它也是人们的一种约定。如果我们的祖先指鹿为马，那么我们今天还是把鹿叫马的。逻辑实证主义者们只好后退说，物理语言的权威性在于，它是有名望的学者们的约定。这等于说，科学真理性的基础还是人的主观约定，科学的客观标准问题仍然没有解决。逻辑实证主义者对于真理客观性的探索，表明了经验证实原则的困境。经验总是已经经历过的事物，看完一本书，打过一场仗，救了一个人，是完成时态，是有限的。而真理必须是具有普遍性的，今天2加2等于4，明天也一样，换个地方算还是一样。我们怎么能用个别、特殊、有限的东西去证明普遍、一般、无限的东西呢？这在形式逻辑中的确是无法调和、无法解决的。逻辑实证主义的经验证实原则走进了死胡同。

批判理性主义哲学家波普尔通过逆向思维，另辟蹊径，提出了证伪主义原则。他指出，用经验证实科学理论虽然行不通，却可以证伪科学理论，只要有一个反证，就可以推翻一个科学命题。欧洲的经典逻辑命题"凡天鹅皆白"经历过千百次证实，但被在澳大利亚发现的一只黑天鹅否定了。可见个别经验同科学理论即"一般"依然有联系，只不过是一种否定性的联系。这就使波普尔进一步追问，科学理论究竟是什么？到底应该怎样给科学下定义？他得出了一个新的认识：科学是一种假设、一种理论模型。因为人们在生活中遇到问题了，为了回答这个问题，就提出一种理论模型来解释它，这种理论模型就是科学。古代托勒密看见太阳东升西落，日夜交替，他就说地球是宇宙的中心，太阳、月亮和星星都围着地球转，他的理论就是当时的"科学"。随着人类社会的发展，哥白尼发现地球以及其他行星围着太阳转，便提出日心说。这个天文理论是科学吗？当然是科学，哥白尼就是大科学家。后来人们发现太阳系之外还有银河系、总星系，太阳也不是宇宙的中心，又进一步推翻了哥白尼的日心说。所以科学发展的模式，是从问题出发，然后提出一个理论模型来解决这个问题，只要这个理论模型解释得通，它就是科学。直到有一天，有新的事实突破了相关假设、证伪了原来的理论，科学的理论形态才会发生变化。不能说后来发展了，前面的就不是科学了，在相当长的时间里它就是科学。今天你能说爱因斯坦不是大科学家吗？说不定一百年以后，他的理论又被突破了，有新的理论模型代替他的理论，你能否定他吗？科学理论是动态的、发展的模式，这样一个发展过程永无止境。

这样，我们对科学就有了一个新的认识，科学发展的模式是：问题—假设—证伪—新的问题……在不断地发现问题、提出假设、被事实证伪、再发现新的问题的动态发展中，人的认识才得以不断逼近客观真理。这一认识的逻辑结论是：科学中没有永远不被证伪的理论；反过来说，只有在发展中能被经验证伪的理论才是科学。那些不允许变化、不允许质疑的东西与科学的本质是不相容的。经验与普遍真理的否证性关系给了我们科学观上的启示：一切科学探讨都是针对问题而生的，科学只有通过不断清除假设中的错误才能前进。也就是说，科学理论只能在不断的更新中呈现自身的真理性。科学与非科学的划界不是绝对的，任何科学理论都应该是一个开放的系统，它既有实证性的品格，也有否证性的品格，这是对传统科学观中实证性的挑战。

（2）科学的理论模型。波普尔的证伪主义仍有很大的问题，如果一个否证就可以推翻一个科学理论，科学理论岂不是太脆弱了？这并不是探索者的初衷，他们原本是想给科学理论寻找更坚实的基础。那么，科学理论到底应该是什么样的形态呢？进一步的思索导致了科学哲学的历史主义学派的兴起。当然，这一学派的产生还有更重要的现实背景，就是第三次科学技术革命，特别是系统论、控制论、信息论以及电子计算机的应用，带来了自然科学发展的新趋势。比如，科学哲学家拉卡托斯的"科学研究纲领方法论"提出，任何科学都不是一个孤立的理论，而是一系列理论，一个由众多理论构成的体系。这一科学的理论模型由硬核和保护带组成。硬核是基本理论，即科学假说，它是不容动摇的，否则这一模型将不能存在；保护带是辅助性假设，它顽强地保护硬核，使之不致遭受反驳，为此它可以部分调整甚至全部变换。牛顿的经典物理学、爱因斯坦的相对论、量子力学、马克思主义等都是研究纲领，它们都有独特的坚固硬核和灵活的保护带，当然也都会遭遇反驳和尚未解决的问题。科学理论的力量就在于它对于现实的解释力，当原有的科学理论无法解释新的现象时，辅助性假设就要做出相应的调整，以保证科学理论仍然具有解释力，仍然能够预测新的事实，这种局部调整其实就是理论的创新过程。任何科学理论模型都不是永恒的，都有一个从进化到退化的演变过程。只要保护带的调整仍能为该模型增加经验内容，能预言和解释新的事实，该模型就是进步的；反之，则已退化。这样，一个科学理论模型就不会被一两个反证所推翻，它总要在一个相当长的历史时期发挥作用。用动态的历史模式取代静态的逻辑模式，用纵向的科学发展角度补充横向的科学结构角度，就使历史性进入了科学的本质。我们应该用动态的、发展的眼光来看待科学的标准，这是对确定性即仅仅封闭于理论的静态逻辑结构中的思维定式的挑战。

（3）科学的社会性。此后还有更进一步的思考。夏皮尔的科学实在论或新历史主义，又进一步深化了对科学理论的认识，它最有启发性的观点是关于信息域的概念。信息域即一系列有内在联系并产生重大问题的信息群落，它的特点是：内在联系、整体性、时代性。比如，拉瓦锡发现了氧，把燃烧、金属熔炼和动植物呼吸等现象统一于化学的信息域。信息域是随着时代的发展而变化的。如果说，16—17世纪是力学的信息域，18世纪是化学的信息域，19世纪是电磁学、热力学的信息域，那么20—21世纪可能就是微电子学、分子生物学的信息域了。在科学实在论者的眼中，科学是在信息域中发展的，它的现代形态必然是整体性的、社会性的事业，而不是个人理性、个人奋斗的结果。现代信息技术产业几个月就换代更新的发展速度，绝不是居里夫人时代的科学家个体苦苦奋斗所能比拟的。航天飞机、宇宙飞船的制造，都是几百所大学和科研机构，几万甚至几十万人的共同创造。现代科学的形态也不再是一个个孤立的理论体系，而更体现为由众多理论或学科构成的理论群集。信息域的理论支撑是系统论、结构论，其研究指向是事物关系的复杂性、立体性和互动性，它呼唤着我们思维中的整体意识、统筹意识。信息域的实质是一个广袤领域中的整体，其中多种要素不断地互动、组合、变化，一因多果、一果多因、多因多果都是可能的，这是对古典线性因果观的超越。

波普尔的证伪原则对实证性的批判、拉卡托斯的"科学研究纲领方法论"对确定性的挑战、夏皮尔的"信息域"概念对因果性的超越，体现出科学理性主义对我们的启示，即对新科学观的认识：科学是开放的，包含有可能的错误，因此是允许被质疑的；科学是历史的，有它的时代特征，也有它的历史局限性，科学永远处于动态发展中，而不是一朝获得就万古不变；科学是社会的、群体的实践活动，而不仅仅是个人的智力活动。总之，新的科学观呼唤的是开放的、历史的、社会的现代新科学。

3. 科学方法论与科学理性原则

科学理性主义还带给我们对思维方式的新认识：现代思维方式已经日趋多样化，并体现出重要的方法论意义。比如，除了逻辑思维、辩证思维之外，还有整体思维、逆向思维、模糊思维、发散思维、系统思维等等。在研究方法方面，除了以往的分析、综合、归纳、推理、辩证、抽象等方法，又出现了系统研究、质的研究、田野调查、现象学、解释学、统计、概率、反馈、虚拟、大数据等许多新的方法。

理性原则在数百年人类走向现代社会的发展中，始终是不可或缺的内核。比如商品等价交换原则、市场运行规律、公司组织形式、财会金融制度等等，为现代市场经济的发展提供了重要保证。政治上的代议民主制、科层行政体系，以及代表理性至上权威的法律制度，无一不体现着法理型统治的特点。在西方精神文化领域中的交响乐、西洋绘画、芭蕾舞等，也在生动细微之处体现着理性的秩序。甚至宗教也在世俗化的过程中引进了理性说教。

对于作为发展中国家的中国，科学理性精神是我们思想解放的利器，对于我们的经济发展、社会转型、文明进步都有着极其重要的作用。

四、当前我国社会发展面临的理论问题与哲学意识的提升

1. 当前我国社会发展面临的理论问题

我国当前的发展正处于一个重要的社会转型期，各种实践问题、理论问题纷繁复杂。尤其是改革开放走到今天，面临的许多问题都是以前没有遇到过的。如何把握、认识、解决这些问题，急需正确的政策指导，而正确的政策来自正确的理论思考，这需要哲学的大智慧。

笔者把近年来理论界争论的深层次问题归纳如下：

(1) 市场经济原则与社会主义理念是否有矛盾？这个矛盾如何解决？
(2) 深化改革的指导思想与传统马克思主义理论是什么关系？
(3) 阶级与阶级斗争理论在今天是否还有现实意义？
(4) 强化中央集权与放开市场经济能否融合？
(5) 如何理解和解读国家治理体系和治理能力现代化？
(6) 如何评价全球化对于当前中国发展的意义？
(7) 中华优秀传统文化在改革开放时代应处于何种地位？如何发挥它的作用？
(8) 是否存在具有普遍适应性的价值，它与社会主义核心价值观是什么

关系？

当然问题绝不止这些，还有更多与信息化相关的问题、国际关系问题、民族问题、文化冲突问题以及人类社会未来的发展问题等等。但是我们的思想资源和理论准备似乎还不能够使我们得心应手地解决这些问题。如此多的现实问题在拷问哲学，哲学怎么能沉默，怎么能回避？

其实，中国经过几十年的改革开放，积累了大量的经验和教训，已经为我们的理论创新提供了难得的可能性，只是哲学理论的突破比起其他学科更为困难。在我看来，哲学要想在我们这个时代有所作为，必须首先突破两个困境。

哲学的困境之一是思想资源贫乏以至枯竭；换句话说，就是思想不够解放，唯书唯上，人云亦云。没有真正的思想解放，没有自由的思想空间，没有直面问题的反思与批判精神，实践中的成就与挫折就无法成为经验教训，只能是白交学费。哲学要突破此困境，就必须有独立的、客观的、深刻的思考，有丰富的、高尚的精神生活。

哲学的困境之二在于，不仅哲学理论自身陷于封闭、衰落，不仅做哲学研究的人容易被庸俗、功利的迷雾诱惑，更可怕的是社会上的人普遍地对之冷漠，如此哲学便失去了环境（人心）的滋养。如果一个社会，人们普遍认为哲学没有用，哲学可有可无，那么在这种原始、低俗的氛围之中，哲学思考的动力慢慢就消解了，整个社会的创新动力也会随之消亡。当今中国的哲学复兴，寄希望于年轻一代，希望这一代人能够为中华民族的思想理论建设承担起历史使命。

2. 我们应该具备的哲学意识

通过前面的分析，我们应该对什么是哲学意识有了正确的了解，它不仅是有关哲学知识的一种把握，比如说古今中外有哪些重要哲学家、哲学著作、哲学思想体系和哲学观点等等。哲学意识主要指的是一种思维能力，一种哲理性的思维能力，比如，我们在研究中之所以熟练地进行演绎推理、辩证分析、归纳综合，都因哲学意识在其中起着不可或缺的作用。在人文社会科学研究中，有没有哲学意识直接关系到研究的进程、研究的水平和研究的成果。一项研究是否全面、是否深刻、是否言之有理、是否有创新性等等，跟研究者的哲学意识强弱有密切联系。

在研究问题的过程中，哲学思维能力会具体地表现为各种哲学意识，比如主体意识、抽象意识、辩证意识、整体意识、逻辑意识、批判意识，再宽泛一点说，还有实证意识、价值意识等等。

主体意识：哲学意识首先是对于我们自身的行为、思想以及思维方式的自觉；也就是说，当思想成为它自身的对象时，这种最高层次的思维活动就是哲学意识。黑格尔说，只有思想追寻并发现它自身，才是它最优秀的活动。可以说，哲学意识是对思想的主动认识，是人的主体性的体现。体现人的主体性的哲学意识，必然闪耀着独立思考、不畏权势、勇于表达的自由理性精神。

抽象意识：我们的思想对于客观事物的把握，不仅是对具体事物的认知和对其发展规律的描述，还包括深入事物背后，抓住其本质，即那个决定该事物样貌、特征、演化趋势的东西。透过现象看本质，需要哲学的抽象功能，即用概念的方式对材料进行组织、建构，使其具有普遍性，指导我们更准确、深刻、宏观地把握事物。黑格尔说："真正的思想和科学的洞见，只有通过概念所做的劳动才能获得。只有概念才能产生知识的普遍性……这种真理能够成为一切自觉的理性的财产。"[①] 也就是说，只有通过概念的层层抽象达到的普遍真理才能通向事物的本质。

辩证意识：辩证意识是理论思维的重要特征，它在方法论中居于最高层次，体现为普遍联系、相辅相成、矛盾异化、运动发展等哲学思维，与非此即彼、片面孤立的思维方式相对立。但它也很容易被庸俗化、被歪曲，成为诡辩的工具。辩证法所包含的对立统一、质量互变、否定之否定三大规律，是人类思维发展过程中迄今所达到的至高成就。

整体意识：整体意识要求我们高屋建瓴，跳出就事论事的一孔之见，避免顾此失彼，而要把事物和问题放到历史与现实、时间与空间的大系统中去考察，具有前瞻视野和战略高度。整体意识是理论思维的必要条件，它可以超越经验事实，理清历史脉络和现实表象，体现哲学思维的全局性和预见性。

逻辑意识：逻辑意识源自人的理性对于秩序、条理的内在要求。事物的存在方式从内部来说是结构，从外部来说是关系，逻辑就是这些结构和关系在思维中的表达；或者进一步说，逻辑是驾驭思维的缰绳。

逻辑意识最初产生于经验（皮亚杰说的与人的操作和反身抽象相关的逻辑经验），许许多多、世世代代的经验沉积下来，形成人思维中的习惯和联想，这些千百次重复的习惯和联想变成相对固定的格，沉积在人的头脑中，就是作为思维能力的逻辑意识。

批判意识：批判意识直接体现着哲学的反思精神，哲学的反思是创新的前提。批判意识要求独立地审视、评判我们以前的活动和各种社会现象以及前人的工作、文本，通过反思、怀疑、分析和判断，提出自己的新见解。批判不是简单的斗争、推翻，而是一种扬弃，就像农民扬场，扬去麦穗的皮、叶等，留下麦粒。批判就是这样一个去其糟粕、取其精华的辩证过程，是思想的升华。

实证意识：实证意识来源于自然科学研究和经验哲学，从大量经验事实中

---

① 黑格尔. 精神现象学. 北京：商务印书馆，2017：54.

归纳出共性的东西，再通过逻辑演绎方法推导出具有普遍意义的结论。因此，哲学与经验的关系密不可分，凡哲学思维，必有经验的证实或证伪。这正是康德区分先验与超验的意义之所在，他反对独断的、超验的唯心论，而强调思维与现象界、与经验的先天联系。用今天的话说，就是把初步得到的理论或假说，拿到实践中去检验。

哲学是追求真理的学问，而真理以事实为依据，此所谓实事求是。所有的抽象思辨都不是空中楼阁，都要在现实生活的基础上找到其例证和源泉。凭空臆想出来的东西与哲学无缘，只能是神学的对象。只有在丰富多彩的生活世界中，思辨形而上学才能迸发出无穷的生命力。

价值意识：一般来说，理论研究的指向包括确定性和选择性两个向度，前者是对科学对象的判断，回答是与非的问题；后者是对价值对象的判断，回答好与坏、善与恶的问题。人文社会问题研究更强调选择性，更需要价值意识。

科学研究的依据在于客观世界，无论抽象到什么层次，我们总可以把思维结果拿到客观世界中进行检验。而价值研究的依据则在于我们人本身，是我们自己给自己立的法，与我们的实践关系更密切，所以实践理性高于理论理性。

可见，哲学意识贯穿我们研究工作的始终，只是你有没有觉察到而已。我们常感慨自己的文章写得不深刻，或者写不了几句就没话说了，其中一个重要原因还是我们的哲学训练不够，缺乏哲学意识。

当然，哲学意识不仅体现在做研究上，做任何工作、为人处世都需要哲学意识，它实际上关乎一个人的精神品位高低和思维能力强弱，对于人文社会科学的研究者尤其重要。

人文社会科学研究中的哲学意识不仅影响着各个学科的发展，也直接关系到民族的思想理论建设、国家的政治健康和科学文化的繁荣。

我们的思想理论建设还有很长的路要走，需要新一代创造性的发挥，不仅在科技、经济、社会活动中有所建树，更要登上先进世界观和方法论的高峰。这就要求我们必须具有哲学意识，着眼于大局，前瞻未来，努力开拓。

（丁东红，中共中央党校哲学部教授、博士生导师，曾任中外哲学教研室主任、成人教育学院院长、对外培训中心主任。主要研究领域为哲学基本理论、西方哲学、马克思主义哲学、社会发展理论。）

第二讲
教育研究的人文意识

一、人文社会科学研究的人文意蕴：问题与背景

二、人文社会科学研究的人文意蕴：义理与内涵

三、人文意蕴的显现：从生活世界到理念世界

四、人文研究中的价值关涉与价值无涉

五、培育人文研究者的人文敏感性

教育学是以育人为根本指向的学科，人文品性理当成为教育研究的基本品性。显而易见，当下教育研究整体人文品性尚在生长之中。尽管我们可能每天都在强调着教育的人文关怀，但我们在言说的过程中其实没有显现出应有的人文关怀。教育研究如何提高内在的人文品性，如何探求自身乃至整个人文社会科学的人文意蕴，探寻人文科学或人文研究与自然科学研究的根本区别之所在，就成了一个不可回避的、切实而紧迫的问题。

一、人文社会科学研究的人文意蕴：问题与背景

我们之所以要在科学研究中凸显出人文研究的特殊性，是因为历史与现实的需要，特别是当下人的存在的需要。古典时期的研究无所谓人文、社会与科学之分。探究自然的秩序，探究自然之道，进而回到人心的秩序，言称"知识即美德"，这是古典时期知识探究的内在动因，或者说就是本性。换言之，古典研究就是以人为中心的。从亚里士多德开始，古典学术开始分门别类，知识的旨趣开始逐渐分化，认识的知识与存在的知识逐渐分离。文艺复兴以来，对神权中心和宗教禁欲主义的反叛，在高扬人权的同时，实际也大大地高扬了人征服自然与改造自然的欲望，从而使得征服自然、改造自然的知识欲求扩大，自然科学领域的知识迅速成为现代知识的中心，古典人文知识边缘化，知识不再以美德为旨趣，转而成为人的世俗力量与权力扩张的工具。这就是培根所说的"知识就是力量"，甚至可以进一步延伸到当代西方哲人福柯的"知识即权力"，实际上隐含着当代不同知识类型的精神旨趣。

根据马克斯·韦伯的说法，我们把现代知识分成三种类型：技术-事功型知识、教养型知识、获救型知识。哈贝马斯把最后一种知识称为解放知识。我们不难发现，现代科学研究的指向不同，自然科学和技术的研究指向社会事功，也就是指向人类不断征服自然、改造自然，提升人类以及个体主体能力的需要，这从我们今天人类向太空发展的成功中可见一斑。很显然，自然科学和技术的研究，其精神旨趣就是知识即力量（权力）。当我们越来越多地沉溺于人类征服自然、改造自然的成功，沉溺于人类中心主义与个体中心主义的成功时，我们发现，人类正面临前所未有的生存迷失。回归生活世界成了20世纪以来人类思想的主流。这意味着我们需要在征服自然、改造自然的同时不断地回到人类的生存本身，也意味着我们在追求自然科学和技术研究所带给我们的知识即权力、知识是力量的精神资源的同时，需要不断地回到古典时期，重温知识即美德的精神旨趣，这正是人文研究的根本意蕴之所在。凸显人文社会科学研究的人义意蕴，正是要弥补技术-事功型知识的不足，以教养型知识、获救型（解放型）

知识的扩展来拯救迷失的人心、匡扶人心，使我们获得当下人的生存的健全与完整。如果说科学和技术型知识的旨趣是"格物"的话，那么人文研究的旨趣就是"立人"，这是从学科历史与知识旨趣的变迁来谈。

我们再从人的生存境遇本身来谈。古典时期的人民生活在"人神共在"的精神空间里，人与自然保持着原初的和谐，有自然（神）的呵护，古典时期的人民表现出一种生命存在的初始性的完满，在很大程度上免于一种存在虚空的恐慌，这可以从我们今天带有原始特征的民族之人的生命姿态中折射出来。随着潘多拉之盒的打开，也就是人类智慧的开启，人与自然原初的和谐就一点一点地被打破。苏格拉底提出"认识你自己"，其内在的精神旨趣是要认识到你自己其实是无知的，真正的智慧只有神才会拥有，人是不配拥有的，所以人要调整自我在宇宙中存在的位置，不要出现存在的僭妄。这实际上是提醒理性的限度，人类需要对自然（神）保持必要的敬畏，从而避免一种理智的无限扩展。

启蒙运动以来，不断上升的人类理智所表现出来的正是一种"知"的僭妄，人类认为自己无所不能，从而出现所谓理性的自负，最终的结果是尼采所说的"上帝死了"，上帝死于人类理智的自负。"上帝死了"意味着人类的生存彻底从自然的母体之中超拔出来，从而截断了人类与精神母体的根本性的联系，导致虚无成为20世纪以来人类基本的精神境况。不仅如此，人类在以理智征服自然的同时，也在以理性改造人类自身的组织。社会组织的理性化和技术化成为当下人的存在的重要境遇。社会的理性化和技术化，一方面给人的存在提示了基本的路径与资源，成为我们当下生活不可或缺的依据；但另一方面，社会组织的理性化和技术化对生活世界的无所不在的渗透本身就可能构成生活世界的霸权，构成对日常生活的宰割，从而造成人的存在本身的物化，这进一步加剧了个体存在的虚无。所以，人文研究就是要在物化和技术化的境遇中激活当下人的生存状态，揭示当下人生命发展的可能性与基本路径，彰显生命存在的价值与意义，在物化技术化的背景中，显现人的存在之卓越的可能性。

二、人文社会科学研究的人文意蕴：义理与内涵

置身现实的虚空、学科的日益分化，导致思维的破碎性，只见树木，不见森林，从而失去我们对人的整全性关照。我们需要从破碎之中眺望整体性，而不是陷于狭隘的技术性补缀之中。故人文社会科学之整体性的根本旨趣，就是立人。人文研究中的人文意蕴究其根本而言，就是以立人为中心，显现人文社会科学研究建设性的人文向度。

其实，以人为中心、以人为本，正逐渐成为当下社会的共识，好像我们的

一切都以人为中心，但什么是人呢？与其说以人为中心，不如说以立人为中心。以人为中心是一个静态的概念，而以立人为中心是一个动态的概念。它所表达的意思是，人文社会科学所关注的是活生生的、显现为人的存在，体现了人文社会科学研究中对生活世界的一种动态的张力。人文社会科学研究的根本旨趣乃是对何以成人、何以成为实践中的"好人"的期待。换言之，我们谈论人文社会科学中的人文意蕴并不是一般性的、静态的、揭示人之为人的本质，而是促进人之为人的实现。

"人文"一词最早出自《周易》中的"观乎人文，以化成天下"，意思即以人的世界的文化之力，来教化天下、善导人的秩序，以实现社会的和谐。就西方而言，人文一词是一个逐渐演变的过程（西方未有与之对应的词，只有人文主义、人文精神这两个词）。追根溯源，在"humanity"之前，可以追溯到的词就是"culture"和"pedagogy"，即指人经过培育而显现为人。人何以为人呢？古典时期的人民是从一种人对神的仰望中来获得问题答案的。换言之，即对神的仰望，使人从自然的黑暗中抬起头来。神是一种在自然中又高于自然的存在，最初的人的存在模式即一种人与自然的共在模式，以求得与神的和谐相处。人在神的面前表现自我，以求得自我在人世间的合法性的存在，祭祀成为人类最重要的公共活动，这在今天的历史遗迹以及原始部落中都被清晰证明。

为了祭祀而展开的人类文明有诗歌、舞蹈、音乐和体育，人在庆神的过程中也展现了人的存在的丰富性。雅典的神庙总是与竞技场、剧院等连在一起，它所传达的其实就是古希腊人神一体、彼此共庆的生命姿态。正是以侍神为中心，古希腊人表现出丰富、高贵的生命样式。古典时期对某个神的仰望或期待成了一个城邦立身的依据，城邦不是以土地而是以城邦的理念为界限的。显然，古典的人文意蕴乃是一种以神为中心的人文主义，神引领着人类生活的走向，人因为生活在神性的呵护之中而表现出人类的生活畅适自足与别无他求。

随着人类理智的发展与权利的扩大，古典时期人民多样的关于神的理念逐渐被一神论取代，西方社会逐渐进入中世纪的宗教统治时期，它表面上是上帝统治着人，实际上是少数人借着上帝的名义在统治大多数人，或用极度扩张、集中的权力牵制着这些人，这才激起了文艺复兴的人文主义。文艺复兴时期的人文主义理念乃是强调以人权对抗神权、以享乐主义对抗宗教禁欲主义。随之而来的启蒙运动进一步宣扬人的理性、人的个体性。这个时期的人文主义表现出了一种张扬人性的热情，一是张扬人的理性，二是扩张自然性，即通过理性的宣扬达成人的自然欲望的满足。"知识就是力量"——知识就是让人类征服自然、改造自然并获得满足的力量。显然，这个时期的人文主义表现了一种健康而积极向上的人性的热情，立人乃是人从神的遮蔽中自立为人，每个人都成为独立、自由、平等的个体，立人的中心是立"个人"。

当我们反思启蒙运动以来人本理念矫枉过正，我们就会发现，人类在从上帝那里争取自身权利的同时也把神性本身消解了，人类成了无边无际的旷野中的存在，人类的生存境况像舍斯托夫所言的旷野呼告。失去了神性的呵护，帕斯卡尔说大地裂为深渊，人类只有在纵欲狂欢中消解对虚无的恐惧。人与神的分离，其基本内涵就是人与自然的分离。当下难以逆转、日益严峻的生态与环境问题的扩展，实际上是人与自然之间裂缝的扩大。独立、自由、平等带来了个人在人的世界的自立，但与此同时也导致人与人之间的彼此隔离，利益成为人与人之间连接的根本性纽带，我们越来越多地陷入原子式的生存困境，人类已经不再是一个有机联系的整体，每个人、每个国家、每个民族都算计着各自的利益，实际上这进一步强化了人的存在的虚无感。由此而来，我们谈论的人文意蕴实际上是一种动态的概念，谈论当下人文社会科学的人文意蕴意味着对当下人的存在问题做出深层回应。

我们今天的人文意蕴到底包括哪几个方面呢？首先，人文意蕴的根本旨趣很显然就是立人，而对人的存在的整体性、丰富性的深入理解与对个人命运的深切同情乃是人文意蕴的基本内涵，我们必须牢牢把握这个中心。人性的丰富、高贵、完整和卓越乃是我们永恒的追求。其次，作为置身现代化之中的民族国家，中国必须承载相应的文化转型的使命。在这个意义上，我们还需要充分地张扬历史与文化之中的人性，凸显对人的独立、自由、平等价值与尊严的追求——对人的追求。换言之，我们立人首先是从健全的个人开始。最后，直面生命的世界，看清"人在宇宙中的位置"（舍勒）、激活越来越被功利主义所浸染的当代人的存在之神性的可能性，把个体引向与他者的共在，无条件地走向他人、走向人与自然的和谐、走向人类的共在，并由此获得个体人性真正的健全与完满，由对个人命运的关注上升到对整个人类命运的关注与同情。

应该看到，精神与人格的完满往往只能实现于社会中的少数人，其实这也是柏拉图"哲人王"的良苦用心之所在。换言之，人与自然或神的这种和谐共在只有在"哲人王"的背景下才有可能。只有人类中那些真正高贵、卓越之士才可能直面人与世界的整体关涉而把人与自然的和谐共在放在自己心中，而普通的民众亦即尼采所说的庸众，看到的只有自己的利益，这乃是当下人文主义的根本性困境。

人文主义的核心指向是立人，其实也就是要培养高贵的有教养之士，但民众恰恰又是甘于平庸、拒绝高贵的。当媚俗成为时代的境况时，要从流俗中站立出来，成为特立独行的个人就是非常困难的，"流言蜚语"实际上乃是普通民众的基本生存姿态，这意味着人文教化的艰难。重温古典主义，而不是简单地诉之于现实，不失为当下人文研究的基本策略。直面时代的问题，把握当下真实的人文境况，乃是研究当下人文社会科学人文意蕴的内在要义。

三、人文意蕴的显现：从生活世界到理念世界

人生活在世界中，对人的关切、对立人的关切，使人文研究的根基牢牢地置于生活世界之中。生活世界不仅是人文研究的出发点，也是人文研究的归宿。人文研究的根本指向就是人的世界，也就是生活世界的和谐和秩序。何谓生活世界？用胡塞尔的说法，所谓生活世界，乃是未被提纯的、原初的、前科学的世界，即"在我们的具体的世界生活中不断作为实际的东西给予我们的世界"①。这意味着生活世界是在我们科学、抽象的视角的理念加工之前的那个世界，是一种涌动的、真实的生命的世界，而不是我们言说中的那个沉默的世界。一旦我们开始了对生活世界的理论言说，本身就意味着生活世界被简化、变异，成了歌德所说的"理念是灰色的，生命之树常青"。"'被看的'事物永远丰富于我们对于它们所'实际地、真实地'看到的东西。"② 人文研究的使命就是要尽可能地去接近那原初的、生活世界之中的理性。这种理性是一种原初的、蕴藏在生活世界之中的理性，不是一种被加工的理性。生活世界对理论言说的优先性正表现在这里，生活世界的丰富性、多样性、不可简单筹划性总在我们的理论言说之外。

我们试图回到原初的生活世界之中，但实际上我们总会带着某种偏见进入生活世界，这就是伽达默尔所说的"前理解结构"，这种偏见导致我们对生活世界理解的偏差。正因为如此，尽可能地减少偏见，会让生活世界自明地显现出来，是人文社会科学研究本身的科学性之所在。这意味着人文研究并不是主观建构的，而是生活世界的显现。

我们来看生活世界的基本构成。生活世界首先是由个人构成的，人文研究显然必须触及真实的个人。对个人生命整体的真实关注实际上乃是人文研究的真正出发点，对人的关注首先必须是对个人的关注、对真实的个人生命状态的关注，从那里获得鲜活的生命意蕴，而不是执着于抽象的人。对真实的个人的关注意味着我们需要进入实存的生命实践，理解人性的复杂性，理解人的情感、欲望，理解人的生和死，同时也理解置身于文化、历史与现实之中的个体的真实命运，理解个人在世界中的位置。人能"群"，每个人都生活在他人之中，人

---

①② 胡塞尔. 欧洲科学危机和超验现象学. 上海：上海译文出版社，1988：61.

是社会关系的总和,人文研究还需要关切人与人之间的关系,理解人与人之间的交往。人类的历史,就是人与人交往的历史。人与人的交往构成社会,不同的社会历史与文化构成民族、国家。对生活世界的理解显然还需要我们把眼光扩展到个人生活于其中的社会、民族、国家,乃至整个世界,理解民族、国家乃至世界物质的、精神的生态秩序、历史、命运,理解国与国之间、人与自然之间的关系。这种理解无疑将扩展我们对个人生活世界的认识。生活世界首先是个人的,同时又是整体的。个人与他人,与民族、国家,与世界,与自然都存在着不可分割的联系。生活世界的个体性与整体性意味着人文思考的个体性与整体性。既见树木,又见森林,人文研究把个人和世界都包容在其中。

生活世界是人文研究的根基。人文研究需要关切生活世界的冷暖变化,但人文研究又不是简单地描述生活世界的这种冷暖变化。人文研究的目的在于显现生活世界冷暖变化背后的依据,以立人为主旨,来促进和引导生活世界的改善,这意味着人文研究需要在进入生活世界之后走出生活世界,进入生活世界背后的理念世界,也就是对生活世界进行提纯、抽象,找到生活世界背后的原型,在想象之中重建生活世界的内在逻辑。

人文研究的真实性是一种想象的真实,或者说是在想象中重建的真实。人文研究的真实性乃在于其与生活世界内在理性的同构性,合理之中所蕴含的现实之中的理性,就是人文研究真实性的基础。这意味着人文研究其实并不是随意的,而恰恰是严密的,这种严密性就在于人文研究的真实性,即人文研究与生活世界的真实之间的同构性。但人文研究又是开放的、活泼的,这种开放性、活泼性根源于生活世界本身的开放性与活泼性。人文表达与生活世界、个人生命实存之间的无隔,显现了人文研究与生活世界之间的张力。

四、人文研究中的价值关涉与价值无涉

人文研究以真实的生活世界为基础,以揭示生活世界背后的依据为基本内容。在这个意义上,人文研究具有事实性。换言之,生活世界的事实乃是人文研究的基础。同时,人文研究的目标乃是以对生活世界的内在理性予以揭示,进而回到生活世界之中,促进生活世界的和谐与秩序。这意味着人文研究的价值性,即立人乃是其中的价值旨趣,人文研究是事实性与价值性的合一,是在生活世界与人文世界的不断回返之中显现人文研究的活泼生命力。问题在于:我们在考察人文研究的人文意蕴之时,到底是与价值有关涉,还是与价值没有关涉?处理好人文研究中的价值问题直接涉及人文意蕴的特性:人文研究的人文意蕴是研究者主观赋予的,还是人文事物本有的;人文研究是主观随意的,

还是具有某种不以研究者主观偏好为转移的客观性立场。

　　人文研究的根本旨趣在于立人，人文研究所直接关涉的乃是人的生命世界，人文研究必然牵涉人事、人情、人心、人文、人格。这意味着人文研究所涉及的乃是一个内在价值的世界。人文研究必须扎根在丰富的人的生命世界之中，这意味着人文研究的根底就是价值性的，人文研究不可能还原成一个纯客观的物的世界，必然涉及我们对人的世界的某种期待。我们置身于人的世界之中探求人的世界的奥秘，我们不可能把自己从中彻底地剥离开来，涌动的生活世界乃是人文研究者的内驱力。正是人文研究对象的特点与人文研究者先行的自我融入这一特征决定了人文研究的价值关涉。

　　但与此同时，人文研究与一般的人文随想是不同的，它不同于文学创作，人文学术具有严肃性，人文研究对象的非客观性与人文研究者的自我融入，既是人文研究价值关涉的由来，也可能遮蔽我们对人文世界的切实的洞察。依照伽达默尔哲学解释学所阐释的，个人前理解结构在研究中具有毋庸置疑的合法性，但我们在研究中的预设的情感态度往往会妨碍我们对人文世界的真切的把握。我们必须以尽可能地抛开我们自身的价值关涉的方式，来表达我们对人的世界、对生活世界的价值关涉，尽可能地让我们所面对的人文世界中的事物自在地显现出来，显现人文世界的内在理路。换言之，我们所研究、所探求的人文世界的内在理路并不是我们主观赋予的，而是人文事物本有的内在显现，是事物之中内在理性的呈现，我们研究的理性正是切合于我们研究的世界的内在理性。即使是作为乌托邦的人文想象，同样需要有其自然的基础，即一种基于自然原型的想象，而不是个人的主观臆想。

　　人文研究的价值关涉主要根源于研究对象本身的价值理路，而人文研究的价值无涉主要是指研究主体即研究者在研究中尽可能抛开个人利己的情感态度与价值偏好，以达到对人文世界内在理性的冷静、客观的把握，避免研究过程中研究者对人文对象的主观改造。巴赫金关于陀思妥耶夫斯基小说的评论可以给我们诸多启示："陀思妥耶夫斯基恰似歌德的普罗米修斯，他创造出来的不是无声的奴隶（如宙斯的创造），而是自由的人；这自由的人能够同自己的创造者并肩而立，能够不同意创造者的意见，甚至能反抗他的意见。"[1] 陀思妥耶夫斯基构思中的主人公，"是具有充分价值的言论的载体，而不是默不作声的哑巴，不只是作者语言讲述的对象"[2]。人文研究的价值无涉显明人文思考与人文学术的严肃性。

---

[1]　巴赫金. 诗学与访谈. 石家庄：河北教育出版社，1998：4.
[2]　同[1]84.

人文研究意味着用一种价值无涉的姿态，尽可能撇开研究者的主观价值偏好来阐释人的世界的价值关涉。研究者何为？进入对象与隐匿自我乃是两种基本的研究姿态。人文研究的价值关涉意味着我们要进入对象之中，人文研究的价值无涉意味着要尽可能地隐匿自我，人文研究的价值关涉指的是事物的内在价值本身，这种价值关涉并非研究者赋予的，而是人文事物自身的内在蕴含。在这个意义上，其实真正的研究并不是我们"研究"人文事物，而是——首先是——人文事物"研究"我们，人文事理经由我们的研究而显现出来，这种显现并不是我们主观任意建构的，我们必须尽可能地减少研究者的主观改造意志。我们在研究过程之中，就需要尽可能地让人文事物显现其内在事理，而把自我隐藏在语言的背后。人文世界并不是我们任意观察、改造的对象，世界不是为我们的"看"而存在的。

我们之所以提出人文研究的价值关涉，乃是为了强调人文研究的人文底蕴；之所以提出人文研究的价值无涉，乃是为了避免人文研究的浪漫化与随想化，从而弱化研究者在研究过程中的主体意志，即研究者对研究对象的主观改造。著名学者徐梵澄曾这样论及知与情的关系："作学术研究，最忌知为情所蔽，为情所蔽则眼光不能正确而有偏，然虽为推理，倘不寄以相当的同情，则仍难圆满、周遍。最平凡为'识感知'，最不可靠，又绝不可弃。"① 情代表着人文研究的价值偏好，知代表着人文研究的客观性。由此，一方面，我们需要尽可能地走出个人的价值偏好；另一方面，我们又需要有对人文事物深切的人文价值体验，避免人文研究的价值虚空。

五、培育人文研究者的人文敏感性

人文科学研究之所以不同于自然科学研究，在于它所面对的是人的世界。正如狄尔泰所说，自然需要说明，人需要理解。人文研究的思想形态，乃是我们对人的世界的理解与阐释。换言之，人文研究所显明的就是人文研究者置身生活世界的一种姿态。人文研究依赖于我们对于人置身的世界的阐释力，也就是我们理解与解释生活世界的能力。人文研究的品质依赖于人文研究者的素养，或者叫觉悟，人文研究的高度有赖于人文研究者的高度。这实际上关涉我们究竟站在什么样的高度，思考到什么样的教育问题。

人文研究不仅在于我们对既有人文知识理智的加工，更在于我们对人文世界的觉悟。觉悟乃是人文研究最重要的，也是最基本的方法。所谓人文敏感性，

---

① 孙波. 徐梵澄文集. 上海：上海三联书店，2006：244.

就是一种对人文事物整体直觉把握的能力，也就是一种从瞬间中寻找永恒、从碎片中寻找整体、从现象中寻找事物内在的本真的意识与能力，诸如调查法、观察法只能说是人文研究的准备，而不是人文研究本身。当然，这绝不意味着调查、观察不重要，而是指我们需要以人文的觉悟来超越纯粹的事实层面。调查、观察、发现现象世界的材料收集，是必须要超越的，唯其如此，我们才有可能进入所谓人文的世界。

  人文研究始于生活世界，或者说，始于我们对生活世界的观察、发现、分析和了解，而成于理念世界。感性是先导，但必须以理性来统领，只有提升的感性才是作为理论言说的感性。人文研究传达的是生活世界背后的道理，所以人文研究不仅仅是把握生活世界的现象层面，更重要的是对生活世界本身的内在超越。所谓"超越"，义为"在……之上"，即达到作为生活世界背后的依据的那个世界。人文研究的根本乃是生活世界背后的理念世界的开启，以理念世界的开启来启迪个体精神成人的智慧，也就是达成立人的旨趣。换言之，人文研究就是以人文研究者自身的觉悟来激发、启迪他人的觉悟。

  置身生活世界之中，以良好的文学、历史、哲学、宗教、艺术素养来扩展人文研究者的生命张力，提高人文研究者的人文感觉，就是在培育他们对生活世界内在人文机理的敏感性，从而越过日常生活世界而运思于生活世界背后的理念世界之中，把握置身时代与历史中的人文主题。需要明白，人文世界是我们用肉眼观察不到的，它存在于我们的想象世界之中，人文的世界始于我们人文的敏感性和想象力。

  人文研究体现的是我们对生活世界背后的人文理念的把握，体现的是我们对生活世界的理解与阐释。我们的理解与阐释体现在语言中，我们是凭借话语来理解与阐释生活世界。就人文研究而言，提炼带有原初的生命形态的关键词，也就是人文主题，它既能体现对生活世界的整体观照，又能保持对生活世界必要的张力。这实际上是人文研究思考的核心过程。正是这样一种与生活世界之间充满着生动张力的人文主题的提炼，决定了人文研究话语的张力。人文表达与生活世界之间首先是无隔的，这是人文表达对生活世界的观照，不是逃离生活世界，而是切近活生生的生活世界。但同时，人文表达与生活世界又是有隔的，这种距离传达的乃是理念世界之于生活世界的引导性。它不是生活世界原生态的表达，而是生活世界的凝练，体现的是生活世界的可能性。正是在有隔与无隔之间，显现出人文话语的人文品格。

  人文研究以立人为根本旨趣，以人文研究者的人文敏感性为依据，从生活世界到理念世界，求得我们对人的生活世界的理解与阐释。我们置身生活世界之中，以尽可能丰富的人文体验，包括对人性、人情、人格，以及与此相关的社会、民族、历史、自然的体验来显现生活世界的价值可能性，显现生活世界背后的人文肌理，从而走向建设性的人文研究，而不是流于个人简单的意气性批判。这实际上也是我们作为人文研究者置身当下生活世界时面对时代与历史问题的基本态度，体现了研究者建设性的人文姿态。

（刘铁芳，教育部长江学者特聘教授，湖南师范大学教育科学学院院长，博士生导师，中国教育学会农村教育分会副理事长，全国教育基本理论专业委员会副主任委员，中宣部马工程《德育原理》编写专家。主要从事古典教育哲学与教育基本理论研究，力主教育及其研究应回归生活世界、内蕴人文情怀、重温古典传统，努力为中国教育寻根。）

第三讲
教育研究的历史意识

一、问题的提出

二、历史意识中时间的意义：过去、现在与未来

三、历史意识中知识的意义：历史事实、历史思维和历史观

四、问题意识体现了历史意识的超越性

五、人文意识是历史意识的"价值-精神"向度

把历史意识等同于"过去意识"以至于"历史知识",是一种常识化误读。实际上,历史意识就是人们的当下自我意识,过去、现在和未来以共时态的功能性联系呈现其中。包括历史事实、历史思维和历史观在内的历史知识,是学术研究者超越狭隘的个体时空、成为人类自我意识自觉承担者的知识条件,它们只有呈现为研究者观看、思考、领悟和体验的精神活动方式,才能转化为历史意识。问题意识体现了历史意识的超越性质,人文意识则是历史意识的"价值-精神"向度。

一、问题的提出

在当今中国的教育乃至人文社会科学研究中,研究者的"历史意识""历史感"日益为人们所重视、所强调。而"培养学生的历史意识",也成了新一轮课程改革中历史教育的重要目标。细听相关谈论可发现:谈论者往往把"历史意识"当作未经反思的自明前提,在未明了何为"历史意识"的情况下,就提出一系列"丰富、提高、增强历史意识"的行动方案。但是,作为自明前提的那个"历史意识",又常常晦暗不明,让人疑窦丛生。

较早提出"教育研究的历史意识"问题的是何齐宗。他指出:"教育科学是人类科学体系的一个组成部分,它的发展要求教育工作者具有强烈的历史意识。教育科学历史意识的实质,就是通过研究教育科学发展的历史,认识教育科学发展历史的一般进程和基本规律。"[1] 这实际上是把"教育研究的历史意识"看作对于教育学史的认识。其后,郭元祥以"历史-逻辑"的二元区分为前提,演绎出"教育历史-教育逻辑"的范畴,进而又演绎出教育研究的"历史意识-逻辑意识",而其问题意识则在于对历史与逻辑、观点与材料相割裂的实践反思:"在处理教育的逻辑与历史的关系时,教育研究中存在着种种不尽人意的地方:有的缺乏历史意识,教育历史消失了;有的只是把教育的历史作为论证的辅助材料或证据,历史仅仅作为'事实'用来作证;有的只是把教育的历史作为一种'金矿'开采,一味挖掘教育历史材料,忽视教育历史的逻辑必然性……这一问题的核心是历史意识与逻辑意识的问题。"[2] 尽管上述观点存在诸多逻辑含混之处,但大致可以断定,作者所谓的"历史意识",是研究者"对于教育发展的历史事实、历史过程和历史规律的完整把握"。说到底,二人都把"历史意识"看作对于历史的认识或知识。只不过何文强调的是教育学史知识,郭文强

---

[1] 何齐宗. 简论教育科学的历史意识. 教育评论, 1989 (2).
[2] 郭元祥. 论教育研究的历史意识与逻辑意识. 华东师范大学学报(教育科学版), 2000 (1).

调的是教育史知识。

王炳照曾以他在 2008 年为北京师范大学教育学院博士生所做的讲座为基础，撰写了《人文社会科学研究的历史意识》一文。论题虽以"人文社会科学研究"为前缀，但通观全文，作者显然是以教育学者的眼光来观照历史意识问题：人文社会科学的理论研究要求研究者在研究中具有历史意识：既要了解研究对象的发展历史，也要了解研究成果的积累历史。另一方面，历史研究也需要方法论等的理论指导，提升研究的水平与理论的层次。如果把这个看法推演到教育研究上，那便意味着：教育研究的历史意识，就是对于教育史、教育学史和历史研究方法论等知识的自觉把握。[①]

与前两篇论文相比，王炳照对于"历史意识"的理解更为全面、清晰而系统。但这些论说的共同特点在于："历史意识"是在与"现代意识"的对应中被理解的，"历史意识"即"过去意识"，缺乏"历史意识"意味着只有"现代意识"（或"当代意识"）而没有（或缺乏）"过去意识"；而"过去意识"又是在"知识-规律"论基础上被定义的，在很大程度上被理解为"关于过去的知识"，于是，"历史意识"的贫乏也便意味着历史知识的匮乏，尽管这种知识可能涵盖历史事实、历史过程、历史规律等多个层面。

那么，我们能否把"历史意识"等同于"过去意识"，或者说，在"历史意识"中，过去、现在和未来具有何种内在关联？我们是否能把"历史意识"仅仅归结为历史知识，或者说，历史知识与历史意识到底具有何种关联？如果对上述问题可能做出不同的回答，那么，它们对于人文社会科学研究者历史意识的养成究竟意味着什么，就是我们在此所要探究的问题。

二、历史意识中时间的意义：过去、现在与未来

把历史、历史研究分别定义为过去发生的事和对于过去的研究（叙述过去的文本），确实代表了人们对该问题的一种常识化理解。很明显，这种看法基于人们对时间的习惯性划分。在这里，作为历史活动主体的人，可以通过把自己的当下状态静止化、对象化，确立一个向后回溯和向前眺望的稳固支点。可这个支点不是一个有着确定广延的具体物理空间，它倒更像是几何学中那个抽象的"点"：可以用来理解、定义线段、面积和体积，从而定义和理解现实存在物的几何特性，它自己则是一个不占有任何物理空间（没有长度、没有大小）的思想抽象物或观念性存在。因此，作为当下状态的"现在"概念，是没有时间

[①] 王炳照. 人文社会科学研究的历史意识. 北京师范大学学报（社会科学版），2009（3）.

跨度的，它就是以现在进行时的形式，表征出的那个正在活动着、思考着的主体自身。说得更加明白些：真正的"现在"概念不过是主体存在的时间隐喻。

一旦我们把"现在"静止化，将其确立为反思的对象，这个"现在"便拥有了一定的时间跨度，它因此也成了"过去"。这样，即使在反思着的自觉意识层面，"现在"与"过去"也没有固定界限，而是相互定义、相互生成的。于是，如果我们可以追问，常识意义上作为历史研究对象的"过去"，究竟是指1秒钟前、昨天、10年前还是100年前……那么，我们也可以追问，常识意义上作为现实研究对象的"现在"，究竟是指最近1秒钟内、一天内、10年内还是100年内……这两个问题其实是一个问题，即如何定义"过去"，就意味着如何定义"现在"；反之亦然。这表明，即便在反思着的自觉意识层面，所谓"历史意识"也不能简单地等同于"过去意识"，而是主体对于过去与现在关系的整体把握。更何况，作为主体存在之时间隐喻的真正的"现在"，并不是被固化在反思之中对象化了的"现在"，而是那个处在不断流变之中，领会并反思着的主体活动和主体意识自身。因此，不是"我思故我在"，而是"我在故我思"。这个"现在"之所以没有时间跨度，一方面，意味着它超越于一切具体时间段，我们不能用任何具体的时间段来割裂它、定义它；另一方面，也意味着它存在于一切时间段之中，一切时间段都被吸纳到了历史活动主体的自我意识之中。

我们可以按照固定的时间单位，把过去、现在和未来置于时间标尺之上，将其分别标刻出来，使之呈现出均匀、同质的面貌。但在历史意识中，具体的时间点（段）是非同质的，其分布亦绝非均匀。因为过去、现在和未来在主体意识中具有不同的意义、发挥着不同的功能："过去"主要与记忆相连，是活在当下的过去，发挥着自我理解和自我识别功能；"现在"主要与主体的当下决断相连，属于行动和创造的世界；"未来"则主要与预见、期待和企望相关，它不断为主体筹划着新的发展愿景。即便是用年代标识的"过去"，同一个年代对于不同个体、族群和国家，也具有不同的意义，因为它被打上了主体的历史从而也是文化的印记。而同一个主体对于不同的年代，或记忆犹新、永志难忘；或如烟如云、杳无踪迹。更为重要的是，随着时间的变化，同一主体对于同一个年代，常常会有不同的历史记忆和情感反应，有时，那种记忆和反应在性质上可能完全相反。历史意识中的过去记忆，并不是单纯的物理事件，而是社会、文化事件，是与当下决断和未来企望相关联的意义性存在。记忆、决断和企望在区别中的彼此关联和相互限定，共同塑造着人的自我意识；以历时态形式被标识出来的过去、现在和未来，恰恰是以共时态的功能性联系呈现在自我意识之中的。正因如此，对时间的性质有着深刻体认的海德格尔才会说："操劳活动借'而后'道出自己之为期备，借'当时'道出自己之为居持，借'现在'道出自己之为当前化……'而后'与'当时'是着眼于'现在'而一道得到领会的；这就是说，当前化具有独特的分量。当前化诚然总是在与期备和居持的统一中到时的。"①

过去、现在和未来在自我意识中的共时态呈现意味着：首先，历史意识并不是"对于历史的意识"（自然更不是"对于过去的意识"），而是"在历史中的意识"。因此，历史意识就是历史活动主体的当下自我意识，不是只有学者、历史学家才拥有历史意识，每一个正常的、在历史中的人都有自己的历史意识。其次，历史活动主体的自我意识天然地具有"历史性"，即"时间性"。这个"时间性"的首要含义，不是主体在物理时间之轴上开展自己的现成属性，而是主体在对可能性的不断谋划中领会自身的生存论规定。海德格尔的深刻之处就在于，他真正地使历史意识与日常生活时间意识、与自然科学的时间模式区分开来，使其成为真正地属于历史的东西。此外，历史意识中的过去、现在和未来是不可分割的有机整体，我们不能把自我意识机械地分割成"历史意识""现代意识""未来意识"。说一个人具有历史意识，便意味着这个人同时具有了现代意识；反之亦然。两种说法指向同一个自我意识，只是分别强调了其不同向度而已：一个强调用过去照亮现在，一个强调用现在照亮过去。

三、历史意识中知识的意义：历史事实、历史思维和历史观

当然，说普通人也具有历史意识，并不意味着所有人的历史意识都是相同的。学术研究之所以把"提高、增强历史意识"作为要求提出来，是由学术研究的文化创造本性，即通过增进知识而关怀人类福祉所决定的。要做到这一点，研究者必须超越个体的狭隘生活空间，成为人类自我意识的自觉承担者、反思者和批判者。掌握历史知识是学者超越个体狭隘生活空间的必要条件。

历史知识包括关于历史事实的知识、关于历史思维和历史观的知识。历史事实涉及古往今来人类生活、活动过程及其产物。说"古往今来"，是强调所谓历史知识不仅是关于过去的，也是关于现在的，甚至包含着人们对于未来的洞察和预见。说"事实"，是强调历史知识有其客观性，健全的历史意识不可能通过虚假的、被歪曲的历史事实来获得，虽然历史事实的客观性不同于自然事实的客观性。作为历史意识的材料，历史知识是人们展开历史思维、体验和想象的对象。一个有着广博历史知识的人可能是一个书橱，他未必拥有深厚的历史意识，但丰富的历史知识是一个学者超越自身狭隘生活空间、与不同时代人类生活对话

---

① 海德格尔. 存在与时间. 北京：生活·读书·新知三联书店，2006：459.

的必要条件。一个历史知识贫乏的人，也常常难以拥有饱满的历史意识。

历史事实要避免沦为图书馆和博物馆中的文本或实物陈列，也不能是杂乱无章的史实、史料和史迹等在人们头脑中的机械堆积，而应呈现为历史事件的关系网络和意义脉络。历史思维就是人们把握和领悟历史事件间相互关系、联系的能力。历史联系是立体的，总是纵横交错。把握历史联系需要历史思维。同其他思维方式一样，历史思维也需要运用概念、分析比较、抽象概括，但它又有自己的特点。其最重要特点，就是历史地（运用发展、变化的观点）理解、解释和评价特定社会、文化事件。历史地把握，说容易也难，关键要在"倒着说"与"顺着说"之间保持必要的张力。历史思维的知识化形式，是人们思考历史问题时所使用的一整套概念及其结构样式（思维模式和理论框架），它是人们对于历史联系，即历史变化逻辑的观念把握。这些思维模式既是人们对历史思维的理性结晶，又是构成人们历史思维的逻辑前提。它们本身也是历史的、具体的，这一方面是说，不同时代的历史思维方式有所不同；另一方面也意味着，每一时代的历史思维都与那个时代社会生活、文化氛围有着不可分割的内在联系。从历史思维的角度来看，判断一个学者历史意识深浅、高下的根本尺度，是看他能否站在历史的制高点上，用相对完善的思维模式，在过去、现在与未来之间建立有意义的历史联系。处在历史知识顶端的，是历史观。历史观作为世界观和人生观的重要组成部分，是一个人对于社会、历史和人生的根本态度与看法。它不仅表达历史是什么，也表达历史应该是什么；既有理性知识的内容，也包含着体验、情感和态度的成分。一言以蔽之，它是事实与价值、理智与情感、知识与信念的统一体。正是在历史观的统领和观照下，人的历史才具有了个体与群体自我认同的生命内涵。

不过，历史知识——无论关于历史事实，还是关于历史思维或历史观的知识，都不是一个学者的历史意识本身。历史知识要成为历史意识，还必须主体化，即知识活化于主体意识之中，现身于研究者对于社会历史活动的观看、思考、领悟、体验和评价之中，成为研究者相对稳定的内在评价尺度。把历史意识等同于历史知识，不仅会无视历史意识之为"意识"的特性，也会无视深藏于历史意识中的价值因素、非理性因素和个体化成分。区分历史知识与历史意识具有重要的意义："历史知识并不等于历史意识。历史知识的合理性应该接受学术共同体内专家的检验，历史意识涉及我们与历史和传统的关系，不是纯粹的历史知识问题，而是历史研究者作为交往者在历史中的认同问题，它的合理性应该受到公共领域的批评的检验。"[1]

---

[1] 汪行福. 历史意识与历史的公用：哈贝马斯的历史哲学. 学海，2004（6）.

四、问题意识体现了历史意识的超越性

劳凯声在《人文社会科学研究的问题意识、学理意识和方法意识》中，曾对人文社会科学的性质以及包括问题意识在内的研究意识，进行了深入而富有启迪的论述。[①] 在这里，我们也关注问题意识，但考察重点则在于它和历史意识的关系。不过，要把握二者间的关系，仍然要从界定问题意识开始。如果我们仅把问题意识界定为对于问题的意识或从实际生活中发现问题、论证问题和解释问题等的能力，显然是同语反复。问题意识中的"问题"，首先指向"困难"，指向人类生存和发展的"困境"，包括实际生活中的难题和理论解释的困境。从"困难"和"困境"出发，我们可以对学术研究中的问题意识有如下之理解。

一是问题意识为"困难"所激发，是人们对于"困难"的觉悟和把握。不管是既有教育理论解释力的衰退或丧失，还是教育发展中的各种实际难题，都是激发问题意识的潜在因素。一项教育研究课题，如果不能觉悟和针对有关困难而发，就会缺乏问题意识，也就称不上是"研究"。

二是问题意识内在地蕴含着学者的公共关怀，具有不同程度的公共性。一个教育学者，如果他所感受和觉悟的仅仅是纯粹的个人困难，那还不能说他已经进入了问题情境。这种困境只有在一定程度上被把握为公共困境，才可能促成问题意识。说到底，问题意识中的"问题"是学者个人所体验、所把握到的公共困难。它体现的不仅是学者个体的自我超越，也是特定群体乃至人类的自我超越。可以说，越是伟大的学者，越能在个体精神中深刻体验和领悟人类发展的共同困境，成为时代精神的集中体现者。

三是公共的"困难"或"困境"只有被课题化，方可提升为学术研究的"问题"，进而转化为问题意识。这是因为，"问题"作为研究者"向……提出的课题"，总是由"问"与"所问"构成，而"问"又总是基于特定立场、视野和方法展开。也就是说，是一定的立场、视野和方法把"困境"呈现为"问题"。根据提问方式的不同，可以把"问题"区分为常人的问题和学者的问题。学者之问的独特性在于，它基于特定学理和方法，是在学理与方法的观照下进行的。"学理"即"学术理路"或"学科逻辑"。它作为事物发展逻辑的观念呈现和知识化、理论化表达，以范式的方式引导并规范着研究者提出问题、界定问题、

[①] 劳凯声. 人文社会科学研究的问题意识、学理意识和方法意识. 北京师范大学学报（社会科学版），2009（1）.

解决问题的整个探究过程。正是"学理"的参与，才使教育的学术研究超越了常人的教育言说，学术的公共关怀也因此获得了更加稳固的知识基础。由此观之，问题意识内在地蕴含着学理意识和方法意识，精密学理和严谨方法是形成问题意识所不可缺少的。一个学者可以超越和突破既定学理，却不可以没有学理。学理使学者超越常人，突破既定学理则让学术研究超越学术常规，它们体现的都是问题意识的超越性质。让"学科逻辑"与"问题逻辑"并列以至对立，就会模糊和误判二者间的关系，并使所谓"学理意识"落空。

如果说历史意识就是历史活动主体的当下自我意识，而学者的自我意识又是超越个体狭隘生活时空的类自觉，那么，学术研究中的问题意识也是一种历史意识。只不过，它是历史意识的高级发展形式，体现了研究者超越人类既成发展状态的批判意识和创造精神。真切笃实的教育研究者可能都有这样的体会：每一项新课题的展开和完成，不只是解决了一个具体问题，它也让自己对"什么是教育""什么是教育研究"，甚至"什么是人""什么是历史"等根本性问题有了新的领悟和觉解。这些领悟和觉解会进一步丰富、深化自己的历史意识，并催生出新的问题意识。

五、人文意识是历史意识的"价值-精神"向度

"人文"这个概念在不同语境中，内涵和外延不尽相同。《周易》上说："观乎天文，以察时变；观乎人文，以化成天下。"与"天文"相对的"人文"，系指社会和文化现象。人们也习惯于"科学"与"人文"、"科学精神"与"人文精神"对举。这个时候，"人文"常常是指与自然科学相区分的人文社会科学，或者是与社会科学相区分的人文学科。石中英在《知识转型与教育改革》一书中，把知识分成自然知识、社会知识和人文知识[①]，此"人文"显然主要指与个体生命的情感、情绪、体验、信念等相联系的个体生命现象及其文化表现形式。在这里，我无意也无力给"人文意识"下一个精确而完善的定义，只是要指出：人文意识主要涉及人的文化和生命意识，反映着人们在理解人和文化时的立场和态度。

人文社会科学以社会、文化事件为研究对象。社会、文化事件与自然事件具有根本差异，它是人的活动，与特定历史条件下人的感受、信念、追求、选择和命运有关。在《中国历史研究法补编》中，梁启超曾把专史研究分为"人的专史""事的专史""文物的专史"等。其实，"人""事""物"是不可分割

---

① 石中英. 知识转型与教育改革. 北京：教育科学出版社，2001.

的:"人"在"事"和"物"中展示自己,"事"和"物"不过是"人"的生存活动及其产物。社会、文化事件与人的直接关联,使得人文社会科学研究不能不关注、理解特定文化活动主体的生存状态、发展困境和历史命运。

对于人的关注和理解,意味着人文社会科学研究不能把研究对象仅仅当作静观的对象,更不能将其作为操控的对象,而应将其确立为交往和对话的对象。一言以蔽之,研究者与研究对象之间的关系,是一种文化交往关系。如果是文本研究,那它就是以文本为中介,在读之者与作之者之间建立精神性联系的探究活动。在探究过程中,探究者对于人、文化的立场和态度,会作为观察视角、情感底色、精神氛围,使同一文本呈现出不同甚至截然相反的意义。我们是什么人,与我们如何看待他人、理解文化和历史,是无法完全分开的一件事。主体交往特性、探究主体与文本意义生成的自然统一性,使人文社会研究始终伴随着研究主体的人文意识,要求研究者有尊重、同情和体贴研究对象的人文关怀。没有尊重、同情和体贴,便没有对于人的全面、完整而客观的理解。以非人化的方式(无论是蔑视还是冷漠)去研究人,充其量只能呈现作为物的人;当把人当作物来处理的时候,我们自己先已变成了某种没有灵性之物。因此,人文意识的介入和渗透,是包括教育研究在内的人文社会科学所无法避免的。

也许有的研究者会信誓旦旦:为了保证研究成果的客观性,我在研究社会、历史问题时是严格中立的。其实,这种信誓旦旦仅是一种伪装而已,研究者作为人,根本不可能无价值、无立场地去生存,也就无法无价值、无立场地去研究;更何况,无立场本身也是一种立场。对于人文社会科学研究来说,关键的不是要不要坚持"客观性",而是要坚持"人文的"客观性,以避免误认物性为人性;不是是否允许价值涉入,而是要使价值涉入保持在适当的水平上,以避免因价值膨胀而带来的道德专制。历史意识作为学术研究者的自我意识和自觉类意识,包含着研究者对于自我与他人、自我与文化关系的领会和觉解。人文意识就是历史意识的"价值-精神"向度。

一个学者人文意识的高下,与其人文修养密切相关。提高人文修养的途径很多,但对于人文社会科学的研究者来说,重要途径之一就是确立经典意识,与文化经典对话,重视以文、史、哲为主体的经典研读。经典是人类的独特性和创造性发挥到极致的典范。不同类型的经典各有其特殊价值。文学使人敏感,史学使人深沉,哲学使人邃密。这些都是提高学术研究者的人文素养所不可缺少的。堪称经典的东西,都有其独特的问题意识、思维方式、价值理想和深刻的价值体验。研读经典,就是与非凡的独特性对话。通过对话,我们的思想走向澄明,思维能力得到锻炼,人生和学术的境界也随之提升。广博知识、精深学理与人文情怀、人文化探究和表达方式的高度融合,是人文社会科学研究的至高境界，也是唯有基于深厚历史意识方可结出的丰硕成果。

（于述胜，北京师范大学教育学部教授、博士生导师，2009年入选教育部"新世纪优秀人才支持计划"，为教育部马克思主义理论研究和建设工程高校重点教材《中国教育思想史》首席专家。主要从事中国传统教育哲学和中国现代教育学术史研究。）

第四讲
教育研究的问题意识

一、问题介乎认识的此岸与彼岸

二、知识的进化与学科的产生

三、学科的发展与问题的隐匿性

四、教育学的赫尔巴特问题

五、构建学科与问题的沟通桥梁

人类是通过知识的生产、积累和传承，才得以解决自己所面对的问题的。当知识生产达到一定程度时，如何保存和传承知识就成为一个极为重要的问题。学科是人类对已获知识的一种组织形式。学科一旦定型，其结构就具有保守的特点，并与实践相对脱节。当前学术界的一种不良学风是仅从学科体系所提供的一套概念范畴、公式原理、理论观点出发，在自己设定的领地里自说自话，使问题演变成研究者头脑中的思辨之物，最终隐匿了问题。为了把学科与问题、研究者与行动者连接起来，应当构建一种中观性理论作为桥梁。中观性理论是由研究者和行动者通过一种合作共同体的形式共同建构起来的理论范式，它要求研究者在选择和解决问题时，强调微观化的研究对象、目光向下的研究视角、不确定的问题边界和"他者"的研究立场。

作为人文、社会问题的研究者，我们每天都要面对各种各样的现实问题。但是长期形成的学术思维定式却使我们经常忽视眼前发生的许多问题，以至于丧失了对于这些问题应有的意识。为此本讲试图通过讨论引起学术界对现实问题的重视，建立有关学术研究的问题意识。

一、问题介乎认识的此岸与彼岸

为了讨论方便，我把要讨论的"问题"定义为：学术研究中需要解决而尚未解决，从而产生对学术认知对象的一种不解或矛盾的认知状态，包括摆在我们面前的需要通过建立理论进行论证和解答的论题，或者是需要提出行动方案以化解或消除的矛盾。因此，这里所讨论的问题概念应该是一个认识论的范畴，是我们学术认知的对象。由于问题是对现有事物的一种未能给予理性解释或未能采取相应行动的认知状态，因此问题应属于未知领域。但是未知领域还可以进一步区分出未曾意识的未知领域和已经意识的未知领域，根据这一区分，问题应是我们已经接触到、意识到并尝试回答、解释或者采取行动解决的一个未知领域。就此而言，问题是介乎认识的此岸和彼岸的认知对象，如果它完全处于此岸，已被我们解决了，就不成其为问题了；如果它完全处于彼岸，我们完全没有接触到、意识到，也就不成其为问题了。因此，问题应该是介乎认识的此岸和彼岸，被我们接触到、意识到并试图回答、解释，或者采取相应行动加以解决的这样一类认知对象。

问题讨论到这里并未完结，因为在认识的此岸和彼岸之间，仍然是一个范围极广泛、情况极复杂的领域，因此如不做进一步的分析，我们还是无法把握问题的要害。苏联心理学家维果茨基曾提出过一个"最近发展区"的概念，即个人心理发展的实际发展水平与潜在发展水平之间的差距。简单地说，这个概

会通与范导：教育研究的方法论问题

念要表达的内涵就是人由于认识能力所限，因此解决问题的能力是不同的。[①]维果茨基是在对儿童认知发展的研究中使用这一概念的，此处借用这一概念则是为了说明人的一般认识能力的发展。例如：一棵长满了果实的苹果树，其中有一些苹果是触手可及、伸手就可以采摘下来的；有一些苹果是凭现有条件无法采摘下来的；还有一些苹果则介于这二者之间，需要经过某种努力或借助某种手段，比如通过助跑起跳或者借助专门的采摘工具才有可能摘下来。触手可及的苹果可以看成是我们可以比较轻松地解决的问题；条件不及、无法摘下来的苹果可看成是我们用现有认识能力还不能解决的问题；排除这两类问题，通过方法和工具可以采摘的苹果就是处于我们能力范围之内、经过某种努力或借助某种手段便可解决的问题。"最近发展区"就是这样一类问题，即不仅已为我们所接触和意识，而且解决该问题的技术或理论条件已经具备或者至少是在生成过程中。现实社会中林林总总的问题必须经过这样一种筛选、甄别和提升，只有符合上述学术标准的问题才应当进入学术研究领域，也才有可能予以理性化、系统化的解答。

就学术研究而言，问题意识有其独特的学理逻辑，这种学理逻辑大致应包括以下几个环节，即发现问题、界定问题、综合问题、解决问题、验证问题，这些环节构成了学术研究中的问题意识。限于篇幅，本讲不可能全面展开讨论，因此我们只着重讨论一下如何发现问题。

一切问题的产生都源于问题被发现。很多人，特别是一些初涉学术领域的研究生往往不知如何去发现问题，甚至以为问题已被前人穷尽了。其实问题就在我们的身边，有许多途径有助于发现问题，比如：通过更新方法去发现问题；在学科的交叉边缘处发现问题；通过转换视角去发现问题；等等。这些都需要经过长期的、专门的学术训练才能真正掌握。在发现问题方面，非常重要的一点是必须时时鉴别我们所发现的问题是真问题还是假问题。没被证明的不代表它一定不存在，一定是假问题；同样，已被证明的也不表明它一定存在，一定是真问题，这就是问题的吊诡之处。坦率地说，当前学术界一些学者囿于自身的学术背景和学科框架，只在自己设定的领域里自说自话，而回避现实中的问题，这种做法不仅导致学术研究脱离客观实际，趋于僵化和窒息，甚至有可能使所讨论的问题变成假问题，带来巨大的危害。

假问题害人，历史上不乏这样的例子。在笔者的青年时代，有一个概念叫作"一分为二"，它曾流行于社会生活中，被人们到处使用，奉为圭臬。人们认为万事万物都可以一分为二，既有好的方面也有坏的方面，既有肯定的方面也

---

① 维果茨基. 维果茨基教育论著选. 北京：人民教育出版社，1994：400-406.

有否定的方面，既有向上的方面也有向下的方面，等等，总之都是一分为二、对立统一的。20世纪60年代，有一位哲学家说，事物不同的方面不仅可以分析，也可以综合，因此不仅可以一分为二，也可以合二为一。从逻辑上说，"一分为二"与"合二为一"一个强调分析，一个强调综合，表明不同思维方法对世界的看法。其实"一分为二"也好，"合二为一"也好，在思维方法上构成了不同的方法论取向，二者并无对错之分。但人们一度把"一分为二"看成是一种不可颠覆的铁律。到后来我上大学的时候，就开始产生疑问了，为什么只能一分为二，而不能一分为三、一分为四、一分为无数呢？又为什么事物不能综合起来合而为一呢？现在已经没人言必称"一分为二"了，可见它并不是一种不可颠覆的铁律，也可以进一步说，这是一个典型的假问题。

在国外也有类似的例子，教育史上一个典型的假问题就是"综合技术教育"。这个概念大概出现于19世纪中叶，曾被人们普遍相信。综合技术教育之所以流行于那个时代，可能与当时的人们热衷于讨论人的全面发展问题有关。那是一个工业革命的时代，由于机器大工业的冲击，很多人以为旧的社会分工已经过时，人在生产过程中的片面发展问题有望在新的生产力和生产关系中得到解决，这种观点经过空想主义者如圣西门、傅立叶、欧文等人的大力宣传而成为一种流行的社会思潮。于是人们就设想有一门可以涵盖不同工种的综合技术，任何人只要掌握了这门综合技术，就可以轻易地从一个工种向另一个工种、从一个产业部门向另一个产业部门自由流动，而不会像以前那样终身被束缚在一个部门或岗位，成为机器的一部分，人由此就可以实现全面发展。今天看来，这一观点显然带有空想主义的鲜明印记，但在苏联，经过一些人的吹捧却被奉为真理。从20世纪20年代开始到苏联解体，苏联理论界就在讲综合技术教育，它不仅成为教育学基本理论的一个重要概念，也被试图付诸教育实践。综合技术教育在苏联的教育学理论中一直都是一个与人的全面发展并列的奠基性概念。在其教育学文献中，凡是讨论人的全面发展问题时都要讨论综合技术教育，即强调以综合技术教育来实现人的全面发展。苏联解体后，这个概念逐渐淡出学界理论界，这表明了综合技术教育的时代局限性，所以也就不再有存在的理由了。

那么在实践中应当如何去鉴别真问题和假问题呢？有两个足以鉴别真伪的标准：第一，逻辑上能自洽；第二，实践中能举证。凡是满足这两个标准的就是真问题，缺少任何一个条件的则是假问题。所谓逻辑上能自洽，就是指逻辑严谨，成一家之言，即通常所说的言之有理，这是对学术研究最基本的要求。那么如何才能成一家之言呢？它要求立论公允，材料翔实，理论不能有错误，逻辑不能有破绽，否则就不成一家之言。而所谓的实践中能举证，就是能够证明它是有意义的，即通常所说的持之有故，这种对于问题意义的证明是要在现实生活中列举实例，而不是天方夜谭，不是谎言。两个条件缺一不可，否则就难以成为真问题。

如果我们面对的是一个真问题，那么接下来的问题就是如何理解和描述问题，使之变得清晰、确定、不存疑惑、不留死角。这取决于如下三个必不可少的环节：第一，问题的追问；第二，问题的拓展；第三，问题的界定。在问题的追问方面，又可包括质疑、批判、辨析、澄清这四个部分。问题的拓展，是指对于某个问题我们是否还有尚未考虑到、需要进一步了解的方面，或者加深对这一问题的理解还需增加哪些知识，因此问题的拓展可以包括延伸、充实、联想、推演这样一些内容。在对问题进行上述的追问和拓展之后，才有可能对问题做出界定，可包括梳理、鉴别、界分、定义等内容。只有经过了上述几个环节，一个真问题才算最终确定下来，然后才有可能转入对问题的下一步研究。

二、知识的进化与学科的产生

在人类所走过的漫长历程中，知识的进化和人类所面对的问题构成了一种密切的关系，甚至可以说，问题与知识是一个事物的两个方面：我们接触到的世界就是我们所面对的问题的总和，而知识则是已经解决了的、以理论或经验形态表现出来的问题。人类的认识史就是一个不断面对和解决问题的历史，在这一过程中，人类不仅生产知识，还要把所生产的知识传承下去，因为知识决定着我们认识和解决问题的能力，知识就是力量，人类就是通过知识的生产、积累和传承，才得以解决自己所面对的各种问题，创造出灿烂的人类文明。数学史告诉我们，人类学会使用十进制计数方法经历了许多个世纪的时间，而今天一个人掌握这一计数方法七天足矣。由此可见，知识的保存和传承对于人类的文明进步是多么重要。

当知识积累到一定程度时，如何保存和传承这些知识就成为一个极为重要的问题。可以说，人类知识的保存和传承是人类对知识所进行的一种组织和管理过程，是人类智慧的体现。在人类发展的早期，知识最初处于一种庞杂、零散、混沌不清的状态，相互之间缺乏一种内在的联系。这种状况在知识积累到一定程度时必然会对知识的进化产生极为不利的影响。因此，人们根据知识所具有的内在逻辑特征，创造出了知识分类的雏形。我国先秦时期，儒家为保存和传递知识，把知识分为礼、乐、射、御、书、数六类，即"六艺"。除此之外，人们对历代典籍进行分类，这种分类始于汉代。汉代以后，各种官修、私撰的古籍分类书目不断涌现，知识分类的方法也不断有所改进，逐步形成了经、史、子、集四大部类，并进一步细分为四十个类目。从此，四部分类法为大多数分类书目所沿用。除了上述四部分类法外，历代还有将古籍六分、七分、九分乃至十二分的，这些文化典籍分类的做法大大地促进了知识的保存和学习，使民族传统的文脉能够一以贯之地流传至今。西方国家也曾经历过大致相似的过程。古希腊哲学家柏拉图把学习的科目层次区分为初级和高级两类，如初级体育包括游戏和若干项运动，初级音乐包括音乐和舞蹈等；高级科目主要有算术、几何学、音乐理论和天文学。古希腊创立的知识分类后来传入罗马并得到发展。到公元4世纪，欧洲中世纪大学文科的文法、修辞、逻辑、算术、几何、天文、音乐的科目分类，即"古典七艺"已被公认为学校传授知识的分科课程。

不过在知识积累的早期，由于知识的数量有限，要对知识进行严格的分类是不可能的。学科是知识分类成熟的标志，是在知识积累到比较丰富并形成一定规模时才出现的。学科产生的必要条件是在近代以来才出现的。从18世纪末开始，由于人类的认识能力和知识创新能力的提高，人们开始对客观世界进行分门别类的实验和分析研究。在积累了大量实证知识的基础上，一些最基本的自然科学分类基本上完成。与此同时，社会科学也从哲学中分化出来，呈兴起之势。生活于这一时期的法国实证主义哲学家孔德对学科所做的划分使知识的分类开始具有了现代意味。孔德认为，科学知识不是各门学科的杂乱堆积，而是一个纵横贯通、相互联系、统一的有机整体，各门具体科学则是这个有机体进化过程中分化出来的分支部门。孔德分别列出了六种基础科学，即数学、天文学、物理学、化学、生物学、社会学，在第七种或最后的道德科学中达到顶点。在这个学科的"等级制度"或阶梯中，自然科学与社会科学已经有了明确的分野。[1] 孔德之后的200年间，自然科学和社会科学不断发展和成熟，人类的知识之树以自然科学和社会科学的分立为前提形成了群科纷起的态势。以学科为组织形式的不同知识部门分类使人类知识的保存、传承和创新出现了突飞猛进的发展态势，特别是近几十年，全球一体化、计算机网络化所带来的知识创新发展，正在促成知识时代的到来。知识的生产、保存和传承更是越来越依赖于学科的组织形式，从而催生了一大批新学科的诞生，学科通过分化和交叉而增生的趋势已成为知识时代的一种新景观。

由此可见，有了学科这种知识的组织形式，人类世代创造的知识就得以有效地保存并在学科框架下进行持续创新。尤其对于大学而言，分门别类的学科更具有非同一般的意义，因为在大学里，所有的学者只有在一个个独立的学科中才能从事教学和研究，所有的学生也只有在一个个独立的学科中才能学习和掌握知识。分门别类的学科作为一种专门化的知识组织形式一旦形成，则不仅

---

[1] 孔德. 论实证主义精神. 北京：商务印书馆，1996：6.

可以保存和传承知识，而且能逻辑地解决各自面对的许多问题，促进知识的创新。因此学科对于大学而言有一种特殊的意义，即它并非一种行政组织形式，而是一种知识的功能组织形式，是大学传承、创新知识，培养各类专门人才的基本依据。清华大学的老校长梅贻琦（1889—1962）曾说："所谓大学者，非谓有大楼之谓也，有大师之谓也。"[①] 这句话在他那个时代也许是对的，也许切中了那个时代大学的要害，因此为那个时代的人所认同。在梅贻琦所处的那个时代，知识生产主要还是以个体的形式进行的，个体所创造的知识经过累积产生创新效应，最终影响知识的发展。因此在那个时代，大师的作用要远大于学科的作用。但近几十年来的知识扩展彻底改变了这种境况，尤其在知识、信息时代的今天，一个人想要驾驭自己的专业领域之内的所有专业知识都几乎不再可能，更遑论博古通今、横跨数个学科领域。与此同时，互联网则为人类进行学术研究提供了一个前所未有的场所，个体式的学术研究向多人在同一软件平台上进行团队式的协同创新转化，这就为知识的生产、积累和传承提供了一种崭新的、以学科为基础的组织形式，有目的、有组织和大规模地对知识进行开发、应用和管理已经成为知识时代的显著特征。以这样一种历史与社会视野来看今日之大学，传统的大师及其书斋式、案头式的工作方式尽管在某些学科、某些专题的研究中可能还在起作用，但从总体上看这种个体式的知识创新和传承方式显然已难适应现代学术研究之需。对于大师的这样一种观点并不是要否定个人的作用，毕竟学科发展也需要优秀的研究者引领。没有个人的作用，学科的作用就难以发挥。为了更好地体现学科的功能，现代学术研究也需要学术骨干，但他们区别于以往大师之处乃在于：他们不是学术研究的个体劳动者，不是以个人的知识资源为基础做知识创新的工作，而是以学科团队的形式进行大规模的知识组织、管理和创新；他们是把握人类知识发展状况与趋势、洞察具体学科分支与整个人类知识关系的战略性科学家，因而是学科团队的灵魂。如果把这些人也称为大师，则可以说大师还会存在，还会有他的作用，但大师不可能替代学科，因此大师让位于学科是必然的。以这样的观点看，梅贻琦先生说的话应当做如是修正："所谓大学者，非谓有大师之谓也，有学科之谓也。"从无大师即无以为大学，到无学科即无以为大学，这是我对现代大学和大学中的学术研究的理解。

三、学科的发展与问题的隐匿性

学科并不是对知识的简单划分，它是以结构的形式而存在的对已获知识的

---

① 刘述礼，黄延复. 梅贻琦教育论著选. 北京：人民教育出版社，1993：105.

一种分类和组织形式，是由一套学术共同体所认同的要素，如语汇、语境、逻辑、公式、原理、方法等构成的稳定的知识结构。有了这样一个知识结构，相关的知识就有可能有逻辑地集合在一起，构成一个具有内在联系的知识体系。知识的体系化不仅可以有效地保存和传递知识，而且知识本身也可以在这一体系中得到一种逻辑的延伸，通过推演、拓展、联想等形式获得新知，因此成为知识创新的一种形式，这是学科的正面作用。但是学科一旦定型，为了保持学科本身的稳定性，其结构就具有了给定的、封闭的性质，要打破这个学科结构是一件非常困难的事情。因此，学科往往会有一种固守传统、与实践相脱节的特点，而与当下社会的变迁保持某种距离。大学是学科聚集的场所，大学文化因而或多或少地具有了某种出世的、保守的性格，人们把大学的这种文化立场叫作学院派，大概就是这个意思。当然学科也不是一成不变的，任何一门学科都会随着本学科知识的不断积累、增加而变化，这种变化达到一定程度后就会触动学科的结构，促使其产生质变，这时旧的学科结构被打破，新的学科结构被创立，这是一种有关学科的革命。因为学科有上述特点，所以学科带给我们的影响实际上是双重的：作为人类理性对知识的一种划分，学科对知识的保存、传承和创新有着重要的意义，这一点不言而喻，但是学科在某些情况下也会限制我们的思维和行动。在学术界，经常有人给现实生活中的种种问题贴上学科的标签，把复杂具体的实际问题简单化为某某学科的问题。然而现实中的问题本身并没有自然科学或者社会科学、这一学科或者那一学科的界限，问题就是问题，它是活生生的、有血有肉的，而不是孤立的、被学科框死的。对问题所做的学科划分完全是人为的，是学科产生以来才有的事情。学科所具有的给定的、封闭的性质往往使人习惯于守旧而排斥创新，从而限制了人们的眼界，进而限制了对问题的解决，成为学科发展的惰力，这就是学科带给我们的消极影响。

  从对学科与问题关系的不同理解出发，当前学术界存在着两类性质完全不同的研究范式：一些人强调从生活中寻找问题，从社会实践的逻辑出发去分析与解决问题；另一些人则习惯于从学科中寻找问题，从学科体系所提供的一套概念范畴、公式原理、理论观点出发去逻辑地推演问题。前者可称为问题取向的研究范式，后者则可称为学科取向的研究范式。一般而言，两种研究范式各有其独特的学术意义，并在一定条件下构成互相依赖和制约的关系。现实中的问题对于学术研究而言固然重要，但现实问题必须经过学科的筛选、甄别，才能提升到一个相对确定的语汇、语境中，进行相应的理论清理、探讨、分析与解答。这是学科对现实问题的一种学术转换与提升，即现实生活中的问题以一种学科给定的形式表现出来。学科发展的动力来自现实中的问题，学科的价值在于发现、解决问题，并由此创造出新的知识。因此学科创新离不开问题的支撑，否则就会成为游离于世界之外的空想，而缺乏干预生活、指导现实的力量。然而两种研究范式的性质和样态都存在着明显的区别：前者趋于具体，后者趋于抽象；前者侧重归纳，后者侧重演绎；前者强调经验总结，后者强调理论建构；等等。二者除了构成相互依赖和制约的关系外，在某些条件下会在研究的立场、目的、路径、方法甚至研究结果的倾向性方面形成一种相互排斥和对立的关系。这种排斥与对立发展到极端就会使现实中的问题发生蜕变，成为研究者头脑中主观自生的思辨之物，从而隐匿了现实问题。学科的发展和问题的隐匿，这是存在于学术研究中的一个影响研究价值，却未引起足够重视的问题。有学者对于这一学术弊端做了尖锐的批判，认为当前社会科学研究领域存在的问题具体表现为：一些学者过于注重学术包装，似乎只有"创造"一些新词汇、新概念，才能体现学术的深度和思想的深邃；一些学者热衷于抽象和思辨，习惯于用一些大家都看不懂的话语来表达大家都明白的道理。其结果是问题越来越高雅，视阈越来越狭窄，字眼越来越生僻，概念越来越抽象，语言越来越晦涩，文章越来越难懂。正是由于这样一种学术失常，一些学术成果缺乏对当代问题准确而又深刻的理论阐明，失去了观照现实的力量。[①]

四、教育学的赫尔巴特问题

德国哲学家、教育学家赫尔巴特继康德之后于1809年接任哥尼斯堡大学哲学教授，是史家公认的教育学学科创始人。他提出并致力于解决的一个问题就是教育学何以成为一门科学（赫尔巴特问题）。这一问题一直伴随着教育学的发展历程，至今仍困扰着教育学的学者。赫尔巴特问题其实具有一定的代表性，因为它反映了社会科学发展中的一种普遍的学科焦虑，是社会科学对来自自然科学理性的扩张的一种反应。赫尔巴特是在当时风靡西方学术界的自然科学思潮影响下讨论教育学的学科建构问题的，表明他受到了自然科学发展的强烈影响。赫尔巴特认为，零散的知识只有通过某种逻辑集合在一起，才能变成一门规范的科学。赫尔巴特的答案是教育学必须建立在一个规范的学科基础上，而教育知识的学科基础则是心理学，即只有建立在心理学基础上的教育学才有可能成为一门科学。他在写于1806年的《普通教育学》一书中，提出了教育者必须把心理学作为自己掌握的第一门重要科学，即教育者一定要精通心理学，才能称职地完成自己的教育、教学工作。为此，赫尔巴特首先花费了巨大的精力

---

① 陈曙光. 谈谈"问题"与"理论". 湖湘论坛，2008（4）.

和时间研究心理学,目的在于探索教育学与心理学的关系。在完成了《统觉心理学》一书的写作后,他才开始写作《普通教育学》。1835年,在《教育学讲授纲要》一书中,他又明确地提出并系统地论述了教育学的心理学基础。①

赫尔巴特的研究思路应该说是典型的欧陆学术传统的产物,他的教育学学科体系是以思辨为基本特征,以明了、联想、系统、方法为基本范畴演绎出来的一个逻辑严密的学科体系。苏联的凯洛夫教育学与德国的赫尔巴特教育学在学科结构上都具有这样一个特点,凯洛夫教育学以"教育""教养""教学"为学科建构的起始性概念,其学科建构的进路与赫尔巴特是一脉相承的。我国在20世纪50年代初期学习苏联,引进了凯洛夫教育学体系。因此,在新中国成立之初的一段时间里,教育学也是从"教育""教学""教养"这三个概念出发演绎出来的学科体系,因而具有欧陆教育学的典型特征。② 但其中的"教养"概念由于内涵过于晦涩难解,始终未能植入中国的学术文化土壤之中,1958年以后批判凯洛夫教育学,就不再使用了。至今,我国的教育学虽已逐渐形成自己的特色,但欧陆学风之影响仍然存在,这乃是不争的事实。

20世纪80年代,当国人把眼光重新投向西方时,美国成了关注的重点。从学术传统看,美国与欧陆国家分属不同的类型,具有不同的特点。前者以经验论为圭臬,后者以唯理论为依据;前者强调归纳,后者强调演绎。美国的社会科学受实用主义思潮影响,因此问题具有重要的学科方法论意义。实用主义教育学就是在批判以赫尔巴特为代表的传统教育学的基础上提出和发展起来的,因此重归纳而轻演绎,基本上是从学校、教师和学生的需要出发,建构以问题为中心的学科体系。实用主义教育学的代表人物杜威将教育定义为:教育即生长,教育即生活,教育即经验的改造。他认为教育目的只存在于"教育过程以内"。他主张教育应以儿童为中心,提出"从做中学",倡导活动课程,强调教法与教材的统一、目的与活动的统一、智慧与探究的统一。③ 由此可见,实用主义教育学的方法论是依据问题提出理论和假设,通过批判、检验,最终达到改造社会的目的。此一方法论反映了美国学术传统中问题对于学科的重要性,这就和我们原先借鉴欧陆学术传统的教育学学科体系大相径庭了。中国的教育学从20世纪80年代以来一直在两种不同的西方学术传统的碰撞中逐渐分化,以至于必须在演绎与归纳、理论建构与问题发现的二元对立中进行艰难的选择,至今仍在探索学科构建的确定形式。

---

① 王天一,夏之莲. 外国教育史:上册. 北京:北京师范大学出版社,1993:312-329.
② 黄济,劳凯声. 王焕勋教育文集. 南京:江苏教育出版社,2011:7-18.
③ 王天一,夏之莲. 外国教育史:下册. 北京:北京师范大学出版社,1993:204-210.

上述两种不同的学科逻辑即演绎逻辑和归纳逻辑，从学科史的角度可以看成是社会科学发展的两种基本的逻辑进路。其中演绎逻辑强调从知识的系统性和结构性出发，以概念、逻辑、原理、命题、方法等为学科要素构建知识部门。这是一种以理论本身的演进为前提、由内而外建构起来的学科体系。与此相对的另一种学科逻辑是归纳逻辑，与演绎逻辑不同，归纳逻辑强调从收集和归纳社会实践中发生的问题出发，理清其中应该给予关注和解决的方面，以现实生活中的问题为中心建构知识部门。这是一种以实际需要为导向的、由外而内建构起来的学科体系。社会科学的各门学科基本上就是循着这样两种不同的逻辑进路建构起来的，就其特点而言，演绎逻辑强调以学科为本位，侧重学科的规范性，注重理论的内在逻辑体系的建构；而问题逻辑强调以问题为本位，侧重对生活实践的关注、选择和行动。两种不同的学科逻辑大致可以代表西方学术文化中的欧陆学术传统和英美学术传统，两种学术传统几乎贯穿于哲学及社会科学的所有领域，比如哲学中的经验论与唯理论、法学中的大陆法系与英美法系等。两种学术传统在教育学的学科特征方面差异明显，甚至连学科名称的表达都不相同。欧陆国家的教育学一般称作"pedagogy"，而英美国家则称作"education"。表达上的不同只是形式上的不同，从学科建构逻辑看，两种类型的教育学学科体系有着明显的思路和方向上的分殊。

中国的人文社会科学界在20世纪90年代曾出现过一股小小的学术研究思潮，即元理论研究。因其太专门化，所以这一讨论只在一个很小的范围里进行，但意义重大。以华东师范大学学者为首的一批学者发起的有关教育学的元理论研究，就是这一研究思潮在教育学领域的表现。[①] 这一研究所讨论的是这样一些问题：教育学的学科性质、教育学作为一门学科的基本范畴和概念、教育学的学科逻辑、教育学的研究方法等。可以说，这一讨论的目的并不在于解决教育实践中的问题，而是为教育学这门学科进行自我确证；讨论的内容主要还是学科建设的问题，而不是来自现实生活中的问题；从学术价值看，所讨论的是有关知识的知识，而不是有关问题的知识；从讨论的方式看，是一种典型的以演绎论证为特征的逻辑思路，而不是以归纳论证为特征的逻辑思路。与此同时，以北京师范大学学者为首的一批学者正从另一角度对教育学的学科发展进行探索。他们不再拘泥于教育学的学科逻辑，而是从教育实践中的问题出发，用不同的学科视角、不同的话语来分析教育现象背后的问题，来讲述对教育问题的不同理解，教育学的发展呈现出了某种多元化的特点。由此开始，从教育学与

---

① 瞿葆奎. 元教育学研究. 杭州：浙江教育出版社，1999；唐莹. 元教育学. 北京：人民教育出版社，2002.

其他一些学科的边缘交接之处，这些学者发展出了一系列新的交叉领域和学科，如教育经济学、教育社会学、教育政治学、教育法学、教育人类学、教育文化学、教育生态学等等，就是一些传统的早已存在的分支学科如教育哲学、教育管理学等，受这一新的学术思潮的影响，其学科面貌也有了极大的改观。

有关教育学学科问题的讨论还远远未有终结，笔者无意对这两种学科建构的逻辑进行价值判断，两种学科逻辑都有其存在的理由，都有助于知识的保存、传递和创新。教育学的学科发展史表明，作为一门学科的教育学不应是一些相关知识的简单堆砌，而必须有一个系统的逻辑架构，必须形成由概念、逻辑、原理、命题、方法等学科要素构成的一个相关知识的结构。因此学科要素以及由此所形成的学科结构可以说是学科存在的外在表现形式。但学科的发展应该源自对问题、对生活的关注，围绕着问题而发展才是学科发展的内在逻辑。当前的问题乃在于，对学科结构的过度追求使学科与问题之间产生了极为严重的隔阂甚至对立，问题被隐匿在学科的背后，这是学术研究的一个大问题。

从根本上说，学科史就是问题史，人类就是在不断地提出和解决问题的过程中，才不断地启迪思维、积累知识并推进学科的产生和发展，因此是问题而不是学科才是学术研究的原初起点。然而这并非问题的要害，因为学科与问题的关系并不是一个简单的主从制约关系，学科的重要性乃在于使现实中的问题从日常生活话语陈述上升为一种以抽象概念、范畴、原理为表达形式的规范性陈述，从而产生理论的深刻性和指导现实的力量。因此问题与学科关系之要害在于学术研究如何求真、务实。从根本上说，任何学科都不应是由一些游离于现实生活之外的抽象的学科要素构成，而应是在思想中把握到的外部世界。就此而言，学科真正要面对的不是概念、范畴、原理、定律，不是思辨中的世界，而是问题，是由问题所构成的流动的、真实的世界；学科发展的真正动力不是来自思辨，而是来自问题。学术研究脱离现实问题，沉溺于抽象理念王国自说自话，这其实是一种相对于社会生活实践的自我放逐，这种不良学风不仅正在消解问题，同时也在消解学科。站在这一立场来看学术研究现状，则回归问题，强调问题意识，重建以问题为中心的学术生态，纠正学术研究中的不良学风，是当前学科建设与发展的一个重要方面。

五、构建学科与问题的沟通桥梁

中国的教师队伍庞大，教育学是他们从事教师工作的专业基础，他们关注这门学科，不断地从自己的教学生涯出发对教育学的学科理论提出质疑，因此教育学学科和问题之间的脱节就成了一个尤其突出的问题。多年来人们一直试图从两条不同的路径来解决这一问题：一是要求研究者关注和研究现实问题，二是要求行动者学习和掌握学科理论。但是这两条解决路径所取得的实际效果甚微，问题的症结乃在于，在学科与问题之间缺少一座可以沟通的桥梁，学科与问题、理论与实践、研究者与行动者之间应真正连接起来。

一般来说，社会科学各门学科的知识都是由两个性质不同的部分组成的。以教育学为例，理论知识是由研究者在严格的研究范式基础上创造出来的具有抽象化、学理化的知识；实践知识则是由教师在自己的职业生涯中总结出来的具有经验性、具象性的知识。同样的道理，学科共同体的成员也是由两部分人组成的，即研究者和行动者。两类不同的教育知识和两类不同的共同体成员构成了问题的两极。一极是理论知识、研究者，一极是实践知识、行动者。现在的问题是在这两极之间缺少一个桥梁，因此教育学的理论知识和教育行动者的实践知识之间很难顺畅地连接起来，这就导致学科和问题、理论和实践的脱节一直成为社会科学各门学科发展中的一个问题。

笔者在这里尝试提出构建一座桥梁，把学科与问题、研究者与行动者连接起来。这个连接二者的桥梁可以叫作中观性理论，这种中观性理论有可能使社会科学一百多年未能解决的学科与问题脱节难题得到解决。以教育学为例，这个中观性理论大致包括三个方面的内容，即课程教学研究、课堂生活研究和学生发展研究（见图4-1）。中观性理论不仅为宏观的国家教育决策层所关注，也会被广大的教师关注；不仅涉及社会的政治、经济、文化、历史，同时也涉及教师的教育教学工作和学生的身心发展。所以它符合连接宏观和微观的要求，有可能真正成为沟通学科与问题的一座桥梁。

以课堂生活为例来具体分析这种中观性理论的桥梁作用。课堂生活是一个较为典型的中观领域，是一个由教师作为主导者来运行的领域。但是课堂生活又不是一个孤立的范畴。课堂即社会，课堂生活即社会生活，课堂和课堂生活是与宏观的社会和社会变迁联系在一起的，因此课堂生活就不是一个封闭的孤立的小空间，而是和社会大生活联系在一起的一个社会空间。这样理解的课堂生活与传统课堂研究不同之处乃在于，传统课堂研究是放在一个封闭的、孤立的领域，以心理学为基础，以孤立的个体为研究对象来展开的，因此这种研究不能沟通理论与实践、研究者与行动者。课堂生活是社会的缩影，微观的课堂权力、课堂话语、课堂关系、课堂规范、课堂结构等其实都是宏观社会生活及其变迁的反映，因此不能局限于以心理学为基础，而应以政治学和社会学的理论和方法为基础来开展对于课堂生活的研究。这样理解的课堂生活就成为一个把宏观性理论和微观教育实践联系起来的桥梁，把教育学的理论知识和教师的教育实践很好地连接起来。

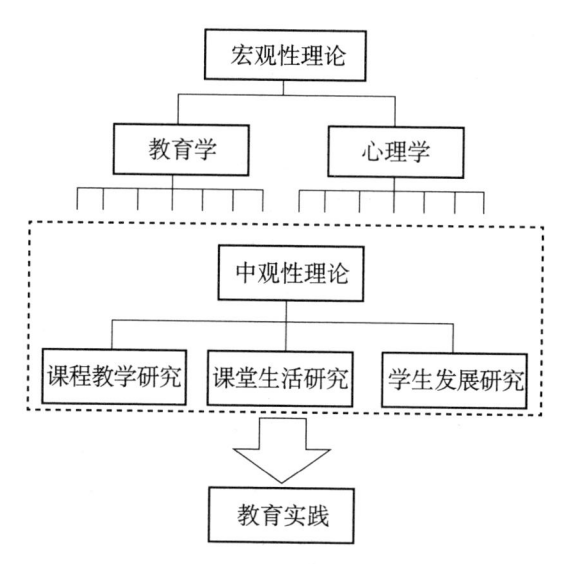

```
        宏观性理论
        ／    ＼
     教育学    心理学
      ｜        ｜
    ┌─────────────────────┐
    ｜    中观性理论        ｜
    ｜  ／    ｜    ＼     ｜
    ｜课程教学研究 课堂生活研究 学生发展研究｜
    └─────────────────────┘
              ↓
           教育实践
```

图 4－1　中观性理论结构

然而，这里所说的中观性理论并不是通常意义上的理论，不是由研究者通过演绎或者归纳创造出来的理论，而是研究者和行动者共同建构生成的。这样理解的中观性理论应该是由研究者和行动者通过一种合作共同体的形式共同创造出来，在教育学中可以表现为课程教学研究、课堂生活研究和学生发展研究，在其他学科中可以是别的理论，但是作为一种中观性理论，它是连接宏观理论和微观教育实践的桥梁，这座桥梁必须通过研究者和行动者的合作共同搭建起来，非此不可能彻底地解决理论和实践的脱节问题。这就是我对于理论和实践关系问题的一个总体设想，这种理解尽管非常个性化，但对解决理论和实践脱节问题却具有启发意义。

建立一个由研究者和行动者共同组成的合作共同体（见图 4－2）何以可能？在 200 余年的学科发展中，教育学一直在为自己的学科内涵、为本学科的科学化和规范化而求索。其实教育学（其他社会科学也大致如此）并不是一门建立在确定性意义上的科学，教育学的意义不仅仅是一种关于职业的知识或技艺，不仅仅是一堆结论或者一组定量的数据，甚至不仅仅是一种逻辑或分析方法。为此，教育已经成为多学科共同关注和研究的对象，在这种情况下，教育学的学科边界越来越模糊，越来越不确定。教育学在自身发展的过程中不再追求确定的学科范式，不再主张把学科的方法、知识绝对化，不再把理论看成是人类一切价值生活的决定者，以一种先在的、不变的客观规律假说来解释教育的问题。尽管教育学在其发展过程中还会有共同使用的语汇、语境、逻辑和方法，还会有共同认可的原理、原则、理论和学说，但是教育研究正逐步成为一个边界不断扩大的研究领域，此时，一个中观性的研究领域正在出现，教育学的研究边界越来越模糊，因而缓慢地趋向于多元化。

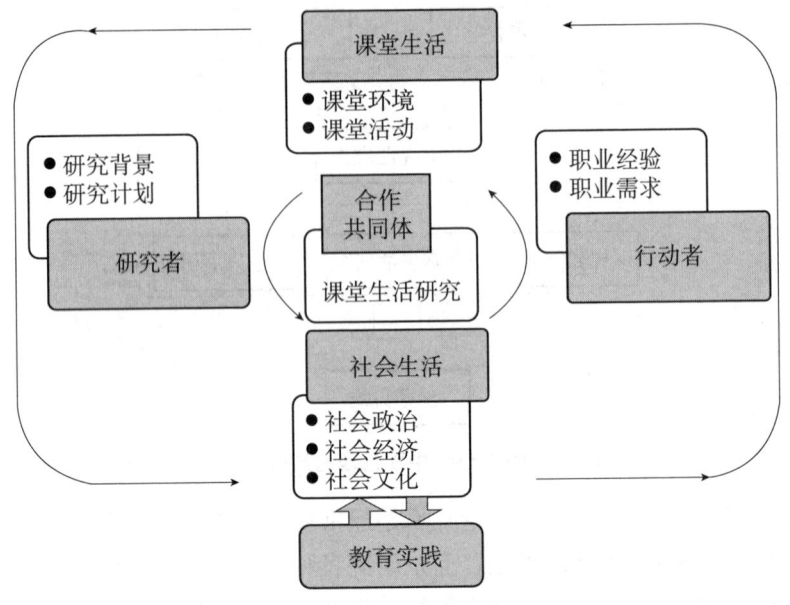

图 4-2 合作共同体

在教育学的学科发展中正在出现一个与之前的学科理论迥然不同的新景观，这一景观具有中观的性质，因此完全有可能把学科与问题联系起来。中观领域的问题都是现实生活中的问题，这些问题应当是日常生活提出的普遍的和常见的问题，是寻常百姓最为关切的问题。那么我们应当如何来选择这一领域中的问题呢？此处我想提出如下四个观点：

一是微观化的研究对象。研究对象的"微观化"要求研究者在选择所研究的问题时，不应虚无缥缈、好高骛远，尤其是对多年来从事思辨研究的研究者来说，教育对象的微观化是一个非常重要的研究立场。当然这一研究立场并不排斥形而上学，但是形而上的研究最终应当落实在日常生活中，生动具体地再现千姿百态的日常生活，并探究其发生和变化机制。因此与日常教育生活相关的人物、事件、场景乃至个人经验和个人生活史都应是教育研究最适切的对象。

二是目光向下的研究视角。对研究者来说，目光向下的研究视角就是"行动者认为""历史的创造者认为"，让学术研究向他们敞开大门，让他们进来。目光向下而不是向上，这实际上就是倡导把学术研究朝向我们历来所忽视的人群，要从小人物群体中去寻找社会变迁的原因。过去史学界曾讨论过一个问题，即历史是英雄创造的还是人民群众创造的，如果是人民群众创造的，则所谓创造历史的人民群众其实就是日常生活中的你我他。没有这样一些人，历史就不可能被创造出来。有了这样一种观念，我们的眼光才能真的做到向下看，才能看到我们过去看不到的东西。

三是不确定的问题边界。教育学的学科知识实际上就是要回答两个基本问题：一个是教育与个人发展的关系问题，一个是教育与社会发展的关系问题。教育与个人发展的关系问题又可以逻辑地延伸出教育与心理、教育与人的行为、教育与脑的发展、教育与人性等一系列的问题；而教育与社会发展的关系问题也会往下延伸出教育与政治、教育与经济、教育与文化、教育与社会、教育与法律等一系列的问题。受制于如此众多因素的教育问题，其边界不可能是确定的，因此对教育问题研究的边界只能做"软界定"，如果非要把它确定化，就会禁锢自己的视野，就会产生问题。就此而言，"日常教育生活"这个概念特别能表达一种学术研究的心境，这一概念表明教育研究所面对的对象都是不确定的，因此选择性而不是确定性才是问题研究的要害。在选择日常教育生活的问题时，必须根据问题的变化时时更新我们的问题领域。

四是"他者"的研究立场。教育问题的研究要求让日常的教育生活本身说话，但日常生活材料本身是凌乱细碎的，并且往往以事实的形式呈现出来，因此在这类研究中，解释是必不可少的。但是，只要是解释，就有一个立场问题、一个价值定位的问题。为此研究者应当学会换位思考，设身处地地去倾听、感受和体会，如此考虑问题，做出判断，学术研究才有可能揭示事物的真相，才会具有解释力。作为一个研究者，没有对他者的理解，只是从自我出发，就不可能真正理解和把握问题。也就是说，只有理解了他者才能真正理解日常生活中的问题。这是一个立场转换、决定研究取向的重要问题。

（劳凯声，首都师范大学特聘教授、教育科学学院首席专家、博士生导师。主要研究领域为教育政策与法律、教育学原理。）

第五讲
教育研究的实践取向

一、严格科学的实践取向：在张力关系中开辟道路

二、方法论：作为实践经历的道路

三、严格科学的实践取向：具有范式变革意义的探索

以严格科学的态度坚持实践取向的根本，带来在各个向度和层面一系列新的探索。这些探索的变革意义超出了方法论的范畴，总是表现出本体论-认识论-方法论-存在意义与发生形态同一、原初意义与逻辑自明性同一的面貌和要求。这正是实践自身丰富面貌的呈现和它本原的根本性要求，方法论只是本体展开的形式维度，它没有在事情自身发生之前存在，也没有僭越本体造就其发生的力量。所有的展开，都鲜明地起因于和围绕着"实践取向"。由此，教育实践、教师教育在内容与形态上都严格地遵循内在发生与展开的方式。教育要求儿童成长的发生，教师教育要求教师专业成长的发生，一切外在的，即使在分析、解释和认识上有效的方式方法，在发生的实践面前，都面对这样的方法论变革。

我们的探索，将始终贯彻这样一个坚定的信念：教育需要也能够以严格的科学态度来对待。我们在这里使用的"科学"一词，是在实践意义的范畴理解的。它属于实践，但并不规定实践，它不以证明实践为目的，只是自身如其所是的实现。科学精神，说到底是一种实事求是地追根寻源的精神，举凡事物之理解，务求真正实事求是，务求真正如其所是，务求真正把握内涵实质，这就是我们所要贯彻的严格的科学态度。真正做到这一点，人人都会想到不是一件容易的事情，因为任何一个环节上倘不能坚持做到，便会功亏一篑。因此，我们从一开始就将恪守这一态度，从起点处的基本概念开始，注重内涵实质的理解，始终保持这种理解在全过程中的同一，即：同一理解可以是整体的和分析的，但不可以有实质的变换；我们可能在不同的层次、不同的侧面进行讨论，但它们都将统一于根本的内涵实质的整体理解。

一、严格科学的实践取向：在张力关系中开辟道路

教育研究是要研究教育。因此，教育的内涵实质正是我们以严格的科学态度在起始处就要把握的第一个关键之所在。教育在本质上是实践的，而实践则是人的全部社会生活。教育的实践性质，是我们对教育内涵实质的基本理解，这决定了我们必须始终坚持把教育作为人的社会生活实践来理解。它总是处于发生状态，具有人的社会生活的全部的丰富和生动。在这个根本的层面，它以其自身的发生呈现自身的存在。它不为概念所定义，因为概念的抽象会使它失去原有的丰富；它不可以被分割，因为它总是整体地发生着，那些被认为是它的组成要素、影响因素的东西都是在它发生之后才分析出来的，而在实践的当场，那些后来被分析出来的要素、因素都没有也不可能孤立地存在，不可能被分别地感知。它是一件整体地发生着的事情，是教师与学生之间的一种交互作

用和影响。这是教育的根本，它从性质上决定了教育与其他事情特别是自然科学领域的许多事情的区别。以严格的科学态度对待教育，首先要看到这种根本区别的存在，无视这种区别，已经违背了实事求是的科学态度，如果在这个根本的层面已经失去了科学的根基，那么后续环节即使没有科学的缺失，也不过是建筑在沙滩上的大厦，并且是另一座大厦。尊重教育的实践性质，是以严格的科学态度对待教育的基点。在这个意义上研究教育，着重于如何采取行动使得教育真正发生。在这个意义上，教育的科学是实践科学，而且是表现为自身发生与展开的科学。

自身发生与展开的科学作为严格科学，对事物的认识、理解、把握总是以其内涵实质为根本的起点。因此具有了不可以是随意地，而必须是有依据地寻求内涵实质的认识要求。就像种子可以长成参天大树，内涵实质是一切发生和如其所是地存在的原初的、内在的基因。它不是在事情发生之后的归纳总结中才出现的，试图通过归纳总结的方式获得内涵实质所得到的只能是关于它的认识，各种经验的方式都属于这样的方式。经验的归纳的方式是有局限的，通常所说的经验不能达到普遍，它的这种局限，并不妨碍经验为认识增加新内容的意义。但是，在自身发生与展开的实践中，经验的归纳的方式则面临更根本意义上的危机——无论它是否获得有效的认识，无论它是否普遍，它都不可能引起发生而只能由发生所引起。在这个意义上，内涵实质是不被归纳的。自身发生与展开的方式是内在的方式，也是自先而后的方式，而经验的归纳是外在的方式，是自后而先的方式，在后的、外在的属性，决定它不能内在地引起在先的发生。它们之间的差异，如果说在认识意义上还可以各有千秋，那么，在发生的意义上则具有根本性质的不同。对此，应引起应有的关注——它意味着以发生的意义理解教育作为实践的本质和教育的实践科学，为教育、教育科学的实践转向带来的将是具有范式变革意义的道路，由此展开的所有努力，都以是否可以引起自身发生与展开为判据，它将表现出与出于认识目的的研究传统具有很多不同特点的重要变革。这也意味着它将在与各种力量的张力关系中开辟自己的道路——当然，也因此凸显其自身的意义、地位和力量。

以内涵实质为根本的起点的自身发生与展开的内在方式恰恰体现了当今时代哲学实践转向的变革的严格科学追求。由此对内涵实质作为本质的理解与把握，在避免认识传统中关于本质的概念化、名词化理解和规定性，避免层级化体系中基础的含义的同时，以发生的完整、生动和丰富坚持了内涵实质作为原初的、起源的、始终如一的本质意义。

关于内涵实质为根本的起点，毋庸讳言，内涵实质与"本质"具有共同的含义，这里似乎有与"后现代"主张的冲突，之所以使用内涵实质的表达，正是突出它作为内涵的实质性存在而不是规定为实体性存在——"实"而不"体",便是其中的张力关系;在意义上保有它原有的生动丰富,回避认识论意义上"本质"的概念规定性对本质的窄化。由此,教育可以展开自己丰富的理性实践,无论对于成就教师还是成就学生的素质,都是如此,人类世世代代的教育一直就是如此。

实证的传统中所拥有的严格科学的精神,与我们所要坚持的严格科学的精神原本就是同一种精神。但是,必须强调,不是实证的传统产生严格科学的精神而是严格科学的精神产生实证的科学。严格科学的精神是内在于人的社会生活实践的,是在实践中产生和发展起来的。只是由于自然物质对象的研究特点,产生实验的方式作为中介环节建立原理与现象——思维与存在的可操作、可观测、可验证的联系,所以自然科学获得强大支持而发展起来,严格科学的精神在这个发展中也集中表现出来。实践不仅为物质世界产生严格科学的自然科学,也同样在作为社会生活的自身中形成和发展着关于自身的实践科学。在这里,"实践的"而不是"实验的"——不是以"实验"去"证明",而是以"实践"自身去"实现",便是其中的张力关系。同样具有严格科学的态度,同样可以以严格科学的态度操作到细节,但实践科学是回到实践自身的严格科学,自然科学、实证科学都是它曾经集中地体现出严格科学的精神的组成部分,它的严格科学将与生活实践的丰富一起,真实、生动地在自身的实现中呈现。

经验对于教育的实践科学具有根本的地位,实践科学并不否认人的认识是来自经验的。这里面临的张力关系,在经验与经验的超越之间——什么可以超越经验呢?经过抽象、概括而得到的概念的理论体系是对经验的超越,但它同时也与经验分离,如果让它回到经验,它就不再是概念,而是再次超越,重新概括抽象,因而总会有"两张皮"的问题。在教育作为实践科学而且是表现为自身发生与展开的科学的理解中,理论有了从其发生形态和意义上的理解,它不再仅仅是概念组织起来的结论的内容,而是充盈着庄严、神圣,追求普遍与超越的态度、信念、情感、愿望与觉察的意识的完整形态,它们不是抽象的形式的存在,而总是关于某物的。这里的某物与理论内容所指向的是同一个东西。理论是这样从实践中产生出来并始终在实践中活生生地存在和继续作用着的。这是一种理论自觉的经验,理论与经验就是这样一种关系。经验是被理论自觉的经验超越的。关于这一点,也许无须我们去求证,历史已经无数次地这样发生过。对于我们教育工作者,需要的是在教育领域,不断以理论自觉的经验超越随意自然的经验——教育、教师的专业性都将在这样的过程中得到实现。

二、方法论：作为实践经历的道路

我们想到这样一种方式，把方法论问题作为实践经历的道路来呈现。

问题解决的线索：为了能有基础教育的超越发展而选择理论的道路，进而选择基础理论建构作为突破方向，以实践哲学作为教育的理论科学基础，产生内在发生与构成的原理，发展出教师教育、基础教育依循原理的设计，进而显现了理论的意义，产生出模拟推演的研究开发，并与"互联网＋"时代特点相呼应。

更潜在的线索，则是以内在发生与构成的原理为起点，因为有这样的原理认识的形成，才有以基础理论为突破方向和在这个突破方向上展开实践哲学，并实现基础教育超越发展的可能。

原理，就是原初的构成性的理，专业的理论与实践建设都是原理以其原初意义构成性的展开。如此，方能超越经验而成为专业。是否有能够以其原初意义构成性地展开的原理，是专业领域形成发展的理论建设标志，也是实践中超越自然经验依赖的标志。

那么，这个先在的具有原初意义的构成性的原理是从哪里来呢？第一，它是事物本身原本就有的。第二，如果它不为本专业所揭示，那么，必在相关认识领域具有相关的启示，譬如哲学特别是实践哲学对于教育原理的启示。第三，必有一个原理获得的构成性的实践经历。我们的"方法论：作为实践经历的道路"这样的呈现方式，隐含了不把方法论作为一个独立的存在形式，它必须随同事情本身的展开而存在。方法论只是本体展开的形式维度，它没有在事情自身的发生之前存在，也没有僭越本体造就其发生的力量。所谓历史性变革，也应从这样的意义上考虑——历史，就是构成性的发生与展开，历史性变革，就是其展开过程中发生的变化。我们不是在为它们做是否有历史意义的评价，而是关注它对于继续的展开产生怎样的影响，从而不至于在变革中因盲目而迷茫。历史性变革和方法论突破，倘若祛除它们作为评价性语言的含义，那么，它们统一于事情本身的展开，实际地交织在我们实践经历的道路上。历史性变革与方法论突破实际上是一致的，它与实践取向、实践哲学取向、实践哲学的理论建构取向都是一致的，它也是这样被我们认识到，并在理论和实践中逐渐建构和形成的。

（一）从重心下移到建构理论

大学与中小学合作，促进教师专业发展，是国内外教师教育领域一个重要的历史性运动。大学教育学者走进中小学，探索教师专业发展的道路，受到普遍的欢迎和赞誉，教师教育重心下移，成为走进实践的象征。这个运动，至今仍在继续。我们也以建设教师发展学校理论的方式，汇入了这个潮流，也可以说，这是我们今天所做的事情的一个开始；大致与此同时开始的，还有大学的教育哲学、教育学原理学科建设，其中，现象学教育学研究的发展成为一个重要的特色。而把这些组织在一起的，是在一开始就确立的带有鲜明实践取向的理论建设的使命与责任。这两个起点很快就合而为一了。造成这个结合的原因之一，便是其发生的经历。这里突出的转变，发生在 2004—2007 年。在长期与中小学合作的过程中，我们意识到下校合作的周期超过了未来教师培养周期，这一意识产生的影响，使我们开始反思在大学与中小学合作中大学的责任，提出"建构理论：大学的责任"，也实际地总结教师发展学校的理论建设。教师发展学校建设过程中，形成走向实践哲学的理论建设。在哲学和方法论态度方面从认识到实践的转换，是这一理论建构重要的聚焦点。教育在本质上是实践的是这一理论建设的基本命题。这意味着教育问题、关于教育的理解应当在实践领域而不是仅仅在认识领域得到解决。教师的专业是教育，实践是理解教师专业并获得普遍认同的基础和教师专业发展得以实现的途径。注重具体践行成为教师发展学校理论建设的鲜明特点。这些，在基础教育反哺大学教师教育口号下逐渐进入大学教师教育课程，推进了大学教师教育改革与发展的进程。这一从重心下移到建构理论的变革，正是看到了实践有自己的理论形态，看到实践的理论形态特有的魅力。大学教师教育改革是为走出自然经验循环窘境而做出的负有责任的选择。

（二）全日制专业硕士：发生与构成性的"零距离"教师教育

2009 年，教育学专业开始推出的全日制专业硕士，是教师教育制度上的历史性变革。其实质性的意义就是要在大学课堂上培养出专业的中小学教师来。这样一种使命、责任，为所有师范大学共同肩负，无可置疑。对于教师教育专业发展、学科建设来说，这是一个期待已久的变革，使命与责任意味着社会需求带来的动力。得益于已经开始的反思与探索，"零距离"教师教育应运而生。要在大学课堂上培养出专业的中小学教师来，就意味着大学教师教育与基础教育实践的"零距离"。多年来的努力探索，在这里有了一次汇集，其中有相当多的内容可以纳入方法论探讨。

1. 发生与构成性的存在：发端与连续流动展开的零距离形态

如果设想生活、实践都有其单元结构，那么，这个结构一定是一个发生与构成性的存在。在这里，单元结构这个词是一个理论的构造，真实的生活、实践无须理论构造，已然是发生与构成性的存在，总是在发生与构成地存在着，结成发生与构成性的存在关系。每个人都置身其中，知觉和意识到这种存在关系，展开为意义的构成域。它不是另一个存在，而是这个存在关系的显现，作为语言的描述，它或许更多呈现了为人所知觉、意识、认识到的分量，但这个人的知觉、意识、认识，原本就属于生活、实践，并实际地就是那个发生与构成性所内在拥有的能动、超越的成分。这里显然存在着交织与纠缠的关系。各种矛盾、含混的存在关系的交织及其作为内在促发机制的理解已论及。在这里，主要探讨由此而引起的理论的进展及其方法论意义和实践效应。

发生与构成性的存在，作为具有普遍意义的单元结构，决定它也是任何发生的原初的存在形态，这个构成性的发生，自其发端或起点开始始终保持发生与构成性的存在形态，内在展开其运动或运作，基于存在关系原初形态的意义联系，在存在与意义展开中总是保持没有任何遮蔽的连续性流动。由此，我们在教育领域的理论与实践建构主要在于：首先是以发生与构成性的存在形态理解素质的含义。素质是原初的、能动的、构成性的动态存在。无论是教师的专业素质还是学生的素质，都是如此。素质，其要旨，不在于其内容的分类学意义，而在于其发生与构成性的存在意义。继而，以"种子长成大树的方式"表达教师教育、基础教育的运作所共有的"内在发生与展开的方式"。这样，就有了：构成性发端或起点，以内在发生与构成的方式展开，以及在原初的构成性意义上的"零距离"教育的实现。

2. 理论的实践：具象演绎与质感充盈

构成性存在关系的内在发生与展开，不仅具有构成性意义上的零距离的实现，同时这种构成性存在关系的展开也表现出演绎的样态。这提供着这样一种方法论意义的启示：教育作为实践领域，是否可以采取演绎的样态？它是否具有独特的方法论意义的优越性？这是一种理论的实践——理论自觉的实践，原理理论引起和展开的实践。"认识-教育发生的构成性原理"承担了这个引起和展开的使命。无论在理论建构还是在教师教育、基础教育的规范以及后续的创新制作方面的进展，都鲜明地凸显了这种理论的实践面貌。具象演绎和质感充盈，也成为它鲜明的方法论特点。

之所以说演绎是构成性存在关系表现出的样态，是出于这样的考虑：教育的发生是认识的构成性存在关系的内在发生与展开，这个发生与展开是教育作为实践的存在，而演绎只是它的构成性关系在展开中所具有的"样子"。当获得理论起点的把握，可以有先于经验的理论推演，理论以自身的构成性展开自身的真实的存在，当全过程不发生理论的错误，这个构成的过程同时也是自身的构成性证明。这就是所谓演绎样态。它在认识发生的结构中有明显表现。一个意义进入下一个意义的意义增殖，形成认识发生的链条的连续流动中都可以感觉到这种演绎样态。但是，作为教师教育的专业理论实践，这个样态又不仅仅因此便具有了更为实质的专业意义。它可以真实地成为实现教师教育的专业理论与规范，表现出严格的科学性，表现出它超越经验-实证范式的方法论优越性和实际贡献。

具象演绎，是强调生活世界意义上的、前概念意义形态的演绎样态，以此与抽象的概念、逻辑的演绎相区别。它不损失生活、实践、发生的原初意义与丰富质感。正是这样，具象演绎与质感充盈成为理论的实践自身展开的同一运作。原理在具象演绎与质感充盈的运作中呈现出来。理论的超越构成意义赋予它普遍、完整、真实与实在，具象演绎与质感充盈不断促进着感觉材料的意义激活。

所有这些都在展开一条总是富有构成性力量、清新鲜活、生机勃勃的教育的实现。它们有方法论意义，又明确地坐实在教育发生自身的怀抱中，与本体论意义保持严格的同一与遵循关系。这里，或许是所谓方法论突破更根本的所在。

3. 关于不确定性问题

从生活世界存在关系的交织与构成开始，原生状态中各种矛盾、含混的存在关系的交织，便涉及认识的不确定性问题。在看到生活世界如此鲜活地运动，表现出认识发生的不确定性的同时，我们也看到交织中认识发生的必然。强调认识发生的不确定性与必然发生，也是一种交织的构成关系，自然自由地运动着的每一个发生，又总是表现出形成一定有序可循的总体分布态势。这样，偶然与必然、理性与非理性、可知与不可知，所有关于认识发生的因素置于原初的混沌的同一中、原初意义的展开中讨论。关于教育、认识发生的种种不确定性问题及其在实际的教育中产生的影响，在这样一种基础理论层面，都仅仅是交织关系中的一隅、一维，不能独立存在和发生影响。作为总体分布集合的历史文化传统，既是交织关系中具有基础性方向性的构成力量，也使每一个认识的发生总是汇入历史的延伸处。这样一种基本的方法论态度，不是简单地在确定与不确定的分立中选择，也不是笼统地居间调和，而是厘清其中的责任，明确其所以，获得教育的启示。这个启示是明确的：由教育实现的认识的发生，作为人类文明的传承是明确的，所有不确定性的存在是为教育的生活形态增添其丰富性，并不改变其置身于历史文化的永恒。儿童意识的养成为历史文化所充盈，是明确的社会文化过程。这样的结论，其实就是事情的本来面貌。之所以有围绕它的争议，只是由于它仅以抽象的概念表达时，不能展现生活形态的丰富性。在我们的理论探索中，具象、质感的实践理论要求避免了那种抽象教条的疲乏。当我们以认识的原理、文明的质感的结合组成教师教育课程时，会立即引起高度认同的反应。这种结合，贯彻在研究与教学的每一个内容和环节。儿童意识的养成作为社会文化过程，在每一基础教育课程作为文化形态、人类认识成果的教育-养成意义中展开，在每一课、每一环节的教学设计中得到系统严格的探讨。这充分显示着教师、教师教育作为严格的科学的专业性的存在。

（三）普及高中教育的方法论思考

普及高中教育，是一个具有重要历史性意义的变革。这个意义，以国民文化素质的高度文明素养构成来彰显。这一点，只要想一想初中生与高中生在文化水平上的差异——简单说，就是常识与原理的差异——就会立即感受到。普及高中教育意味着迄今为止的人类文明最基础性的原理作为基本意识水平为全民所拥有。这里，仅就与方法论相关的内容略述一二。

1. 高度文明素养与学生主体性的关系及方法论问题

当我们以认识的原理、文明的质感的结合进入基础教育课程教学的设计，我们会强烈地感受着其中严格、系统的专业要求。从高中毕业时应有的高度文明素养、完整世界观基础，回溯儿童意识养成的基础教育过程，教育的原理为这一过程的每一细节所充盈。正当我们感叹着其中的贯通为学段进阶所遮蔽，普及高中教育的到来真是一件令人欢欣鼓舞的事情。

在这个过程中，我们质感充盈地感受着高度文明素养与学生主体性之间构成性的同一关系，感慨着所谓知识中心-儿童中心，教师主体-学生主体性，知识技能-情感、态度、价值观种种二元对立的歧义纷争。根本无法设想，没有任何知识的学生主体性、情感、态度、价值观是什么样子，怎样产生。实际上，任何学生主体性、情感、态度、价值观都依寓于作为社会文化载体的知识，哪怕是最简单、最原始的知识。实质的问题，在于学生主体性、情感、态度、价值观与知识——社会文化之间协调一致的构成性关系。这正是教育的价值、教师的专业所在，也表现出基于实践的发生与构成性的理论建构所拥有的专业前景和力量。进入这个发生与构成性的原初形态的探究，总是可以一以贯之，再不会总是在分立的两极间摇摆。一与多、名与实的哲学问题对于教育竟然有如此现实的意义。

2. 素质与素质教育：发生与构成意义的可见可为

认识-教育的发生有构成性的原理，素质是原初的、能动的、构成性的动态存在。在这里关于素质教育的种种奥秘、种种问题，无论在理论的建构还是理论的践行中均已揭示。把素质理解为能动的动态存在，因此总是在构成性的运动中获得充实充盈是其中关键所在。那些说不清道不明的疑惑，只不过是习惯于把一切都当作孤立静止的物件，试图在任意的分割组合中寻求答案而不可得，真的像是在二维平面谈论三维立体空间一样困难，所缺少的，正是发生与构成的维度。沿着发生与构成的维度展开运动，素质与素质教育原本是一件自然的事情。但我们并不是因此而简单地呼吁教育回归自然，而是以教育发生的构成性原理让基础教育在学校、在课堂上的每一个发生都如此自然地实现。素质与素质教育在这个意义上的可见可为，是以学校教育、教师的高度专业性完成的素质养成的自然实现。这个内容放在普及高中教育题目下写，一方面是真实经历中有此交汇；另一方面，则是普及高中教育产生了这样一种基础教育完全贯通的条件和社会需求——这将有利于这一教育理想和理论的推进实现。素质教育的可见可为是通过从新生儿到高中每一个认识发生的构成性关系的连续贯通实现的。每一个构成性环节都要准备向下一个意义构成超越发展的连续性。素质、素质教育就是在这个连续的构成性运动中可见可为的。

三、严格科学的实践取向：具有范式变革意义的探索

自始至终以严格科学的态度坚持实践取向的根本，这样的坚持，带来在各个向度和层面一系列新的探索。这些探索的变革意义超出了方法论的范畴，总是表现出本体论-认识论-方法论-存在意义与发生形态同一、原初意义与逻辑自明性同一的面貌和要求。这正是实践自身丰富面貌的呈现和它本原的根本性要求，它表明严格科学的实践取向得到了贯彻和实现。正是在这样的意义上，可以看到，这里形成了具有范式变革意义的探索，我们的研究是在这样的探索中展开的。

所有的展开，都鲜明地起因于和围绕着"实践取向"。在这里，对于实践具有这样的有质感的意义联系：实践必然是有意向的，有意向的必然是具体的和关于某事物的，具体的某个事物必然是有其发生与发展的，发生与发展必然有其原初的形态、必然具有内在的构成性，内在的构成性必然是意义增殖的、必然具有域和流的连续的构成，所有连续的构成就是我们生活于其中的生活世界和历史文化。教育，是其中的一个成分，而它存在的意义，是使我们可以世世代代这样实践生活地存在于其中。这在理论的论证中以及关于教师专业意识的描述中都有充分的体现，教师总是置身于历史文化的潮流涌动之中，构成认识发生的自觉状态，这样一种实践范式的体现，就是教师的专业存在状态，就是教师的专业实践，也包含着教师在自己实践中的理论自觉和学术探讨。他们的学术探讨完全融入教师之教的实践之中，他们的研究就是使这样的状态总是得

到自觉的保持。教育的学术就这样在教师的实践中存在着。

由此，引起教育实践、教师教育所要求的方法论范式变革：在内容与形态上都严格地遵循内在发生与展开的方式。我们用"种子长成大树的方式"作比喻——种子没有枝叶，但可以长成枝繁叶茂的大树；收集树的枝叶可以获得树的形貌，但无法获得其生长。教育要求儿童成长的发生，教师教育要求教师专业成长的发生，一切外在的，即使是在分析、解释和认识上有效的方式方法，在发生的实践面前，都须面对这样的方法论、范式的变革。

应当承认，在基础教育教师职业范畴，既有的范式并没有树立自己专业的解释意义。它实际上是一种相当含糊的存在，大致是一种经验的和理论的、实证的混合体。这种混合体，并没有形成统一的解释系统，而只是一种若即若离的并存。教师对于基础教育的实际运作，主要依赖于传统的经验范式；理论的和实证的范式主要存在于教育的学术与研究层面，并且又有理论思辨传统与实证范式的冲突与分野。它们之间几乎互不通约，造成了各行其是的隔离。理论与实证的范式在研究层面被信奉，主要是因为它们在其他领域的成就影响下的想当然，并没有建立起关于基础教育实际运作的解释关系，甚至在研究层面也缺乏理论的超越和实证的严谨。这实际上也是教师专业地位窘迫尴尬的重要原因——最终是工匠行业的经验范式在支撑实际的运作。

范式变革产生于旧有范式逐渐失去其明确的解释性、新的解释体系开始出现的时期。在教育、教师教育领域，这样的状态、趋势已经出现。因此有产生范式变革的机会。

我们的探索之所以有范式变革意义，主要表现在它具有了一种范式整体形态的体系的建构，开始形成了自己的理论体系、标准体系、测量体系、课程体系、专业规范体系、实验支持体系，以至于一定的话语体系和观念体系。

理论体系的形成，首先明确认定教育理论与哲学不是并列关系，哲学对于回答认识可能性问题居于根本地位，与各种拒斥形而上学的范式建立了区分。继而，以认识何以可能的实践哲学回答为教育的原理，以此为边界与理论思辨的哲学区分。这样就强调了学术的连续的传统。教育的科学依据，是在实践哲学这一最根本的学问中获得原理，这是范式形成的历史渊源和学术支持。

这一原理的展开，决定了以下三个突出的机制。其一，内在发生与展开的方式，是以发生的维度为实践哲学的体现。其二，以"理论引起意识、意识引起行为"确立理论的实践道路，以理论为起点才是专业的。同时强调实践与理论起点在我们的研究中并不矛盾，实践哲学是实践的理论形态，这是作为理论体系建立起来的最突出特点。其三，因为以上两个突出的特点，它必然带来的是本体论、认识论、方法论、存在论的同一。综上，我们确立了实践，确立了专业，从同一性上表现出实践哲学作为理论形态和实践的一致。在发生的起点上，二者是同一的；在发生的过程中，因为起点的同一和起点构成的意义而保持这种同一。

这些都在我们的成果中分别得到了论述，并且整个研究过程正是按照这样的道路展开的。以上三点成为研究的基本机制，是研究的每一个环节都要遵循的，内在的发生与展开的构成性的存在状态成为一以贯之的理念。所以它构成了研究的完整路线——我们的基础理论体系是这样建构的，标准体系、测量体系、教师教育课程体系也是这样建构的，教师教育过程的实施——成为教师的过程是这样实现的，甚至我们培养的教师对每一堂课的理论设计、教学设计和实施，都是以这样的内在发生与展开的构成性的形态实现的。在理论设计部分所提供的案例中，每一个题目都是展开的起点，每一个设计都有由此展开的清晰的线索，这本身就是他们专业成长内在发生与展开的经历，他们的成长，因为有这样的经历而是专业的。

现实中遇到过这样的质疑，即认为我们"一言一行，为师为范"的标准要求过高。"一言一行，为师为范"不是优秀教师的条件而是教师基本的专业要求。也有人表示，"好是好，就是太难了"。对此我们重申如下：

如果是以采集的方式在漫山遍野寻找食物，集中的、大量的获得很是困难。如果是以农耕的方式，那么，"春种一粒粟，秋收万颗子"，便是日月经天、江河行地一般的自然而然，哪里还有什么"难"？！

教师专业化，至少要有一个类似从采集到农耕的变革，舍弃这个变革，只停留于采集的经验，丰收永远困难！

（宁虹，首都师范大学教授、博士生导师，享受国务院政府特殊津贴专家。主要从事教育哲学、教师教育、教育研究方法及方法论研究。）

第六讲
教育研究中的概念分析

一、教育研究中概念分析的必要性

二、教育研究中概念分析的主要类型与路径

三、教育研究中概念分析需要注意的几个事项

概念分析在教育研究中具有重要的意义，是认识和理解教育实践的需要，是构建教育理论体系的需要，也是提高当前我国教育学研究质量的需要。日常用法分析、定义分析、词源分析、隐喻分析、跨文化分析和条件分析是教育概念分析中主要的六种类型，每一种都有自己特定的内涵、基础和路径。要更好地理解和使用教育研究中的概念分析，必须注意以下事项：第一，教育研究中的概念分析既可以作为一项独立的研究，也可以作为一项研究工作的一部分；第二，教育研究中六种类型的概念分析既可以单独使用，也可以综合使用；第三，教育研究中的概念分析既不可过于简单，也不可过于烦琐；第四，教育研究中概念分析的目的既是认识论的，也是实践论的，它们涉及人们对待概念分析的态度、方式和目的。

概念，既是思想的工具，又是思想的材料，还是思想的结果。说它是思想的工具，是因为人类的思想从根本上离不开概念。不单是抽象的思维离不开概念，就是具体的、形象的思维抑或是直觉的思维，离开了概念恐怕也会成为一种漫无边际的意识之流，根本辨不清主题、分不清方向。说它是思想的材料，是因为概念是命题的意义单元，命题是理论的组成部分。在任何一种研究领域中，概念本身经常成为理解、思考或拷问的对象，是理论研究、实验研究、行动研究、叙事研究等不同研究范式都要着力定义、分析或讨论的对象。说它是思想的结果，是因为概念的提出、概念内涵的解释与重构，都不是一蹴而就的心理活动，而是一系列思想活动的结晶，体现着思想者的智慧，反映着思想者对某一问题的立场、态度和价值倾向性。因此，概念分析，既是人类思想过程的一部分，也是理解人类思想过程的一部分，并对建立在概念之上的人类生活方式产生直接的和重要的影响。概念分析是所有人文社会科学研究的共同方法之一。有关概念分析理论与方法的研究也因此构成所有人文社会科学研究的共同方法论领域。本讲主要基于教育学的立场来讨论概念分析的相关问题，希望对于推进我国的教育学研究有所裨益，也希望对于加强其他人文社会科学概念分析的研究有所启发。

一、教育研究中概念分析的必要性

教育研究中概念分析的必要性，可以从以下几个方面去理解。首先，是认识和理解教育实践的需要。与人类的其他实践活动领域相似，教育实践活动不是一种纯粹的自然过程，而是一种社会文化过程。作为一种社会文化过程，教育实践的建构和展开，与实践者对于相关概念如"教育""教学""儿童期""教育目的""学习""教师"等的理解分不开。从逻辑上说，对教育概念的理解是开展相关教育实践活动的一个思想前提。在实际教育生活中,教育者的教育行为也是基于他们对于相关教育概念的理解,不管这种理解是常识性的还是专业性的。一般情况下,他们怎样理解相关的教育概念,他们就会有怎样的教育行为;对相关教育概念的理解也是他们评价一种教育行为是否恰当的根据或标准。因此,对于教育实践来说,诸多的教育概念不单单是一个个描述性的符号,起到一种简单表征的作用,同时也具有一种规范的和指导的作用,直接影响到人们的教育行为。在此意义上,教育研究中的概念分析,为教育研究者理解教育实践提供了一个入口,也为教育研究者观察、分析和解释教育实践中的问题提供了一个路径。

  其次,教育研究中的概念分析是构建教育理论体系的需要。早在赫尔巴特时代,教育学者就非常重视教育研究中的概念问题,认为教育学作为一门科学的严谨性和独立性就维系于一些教育概念的明晰性,概念分析因此就成为建构教育理论体系一个至关重要的工作。赫尔巴特曾经明确地说:"假如教育学希望尽可能严格地保持自身的概念,并进而培植出独立的思想,从而可能成为研究范围的中心,而不再有这样的危险——像偏僻的被占领的区域一样受到外人治理,那么情况可能要好得多。"[1] 因此,在赫尔巴特看来,"普通教育学必须把论述基本概念放在一切论述之前"[2]。赫尔巴特是这么说的,也是这么做的。他提出并分析了一系列重要的教育概念,如"人的可塑性""教育性教学""管理""教学""训育"等等,他的许多教育思想就展现在对这些关键教育概念的分析过程之中。可以认为,赫尔巴特的教育学之所以能够给后人以"组织精密,义理宏深"的印象,与其提倡、重视和善于进行教育概念的分析是分不开的。[3] 杜威作为20世纪国际上最具影响力的教育学家,在其教育理论体系建构过程中也非常重视和善于进行教育概念的分析。他在其最重要的代表性著作《民主主义与教育》中,对"教育""民主""教育目的""兴趣""经验""科学""教育方法"等一系列概念进行了系统、深入和辩证的分析,并以此为基础提出了他独具特色的教育命题,如"教育即生活""教育即生长""教育即经验的改组或改造""教育是一种社会的过程""教育本身并无目的"等等。令人惊异的是,杜威对于他的理论建构中所涉及的每一个概念都有自己独到而又相互一致的理解。把握杜威教育概念分析和论述的独特性是理解杜威教育思想体系的一个重要工作。杜威之外,20世纪教育学史上但凡提出过原创性教育主张的思想家和

---

[1] 赫尔巴特. 普通教育学 教育学讲授纲要. 北京:人民教育出版社,1989:9-10.
[2] 同[1]192.
[3] 范寿康. 范寿康教育文集. 杭州:浙江教育出版社,1989:166.

教育学家，像福柯、弗莱雷、阿普尔、诺丁斯等人，在一些基本概念如"学校""纪律""考试""资本""解放""对话""再生产""关怀""教育"等分析上有着自己独特的贡献。因此，教育研究中的概念分析应该是教育学理论工作的一个基本功。

最后，教育研究中概念分析的必要性源于医治"教育学病"的需要。教育学作为一个专业知识领域，就像在其他一些人文社会科学研究中一样，存在着许多不能令人满意的方面，其中概念问题是一类比较突出的问题。一些教育学论文、著作、研究报告和政策建议在概念使用、释义、比较和批评方面存在不少缺陷，比较典型和突出的有"概念混乱"（同一位论者在同一篇论文或研究报告中对同一个关键概念的使用前后不一致）、"概念内涵模糊"（概念所指涉的对象或所要表达的意义不清晰，充满歧义）、"虚假概念"（此类概念没有任何实际的、可观察的经验内容）、"概念误用"（机械地从其他学科借用一些概念，不恰当地应用在教育论述上，经常令人不知所云）等等。对于教育研究中出现的此类概念问题，德国当代批判理性主义教育学家布列钦卡（W. Brezinka）有大量的描述，他提道："在世界范围内，教育学文献普遍缺乏明确性。与其他大多数学科相比，教育学被模糊的概念及不准确和内容空泛的假设或论点充斥着。"因此，"如果谁想要寻找用来解决教育问题的科学方法，肯定不能容忍目前这种状况。而要使理论上系统的研究工作成为可能，就必须首先对教育学的相关概念进行分析"[①]。布列钦卡为此秉持分析哲学和分析教育哲学的精神，在自己的多项研究中对一系列重要的教育概念如"教育""教育目的""教育需求""教育意图""价值教育""均衡教养""职业道德"等进行分析和研究，说明它们在日常语境和专业文献中的用法，揭示不同用法中包含的矛盾和反映的问题，并努力地澄清定义的规则和标准的表述形式。尽管与德国教育思想史上的许多大家如康德、赫尔巴特、狄尔泰、斯普朗格、雅斯贝尔斯等比起来，布列钦卡算不上是一个有着原创性思想的教育学家，但是他广泛从事的概念分析工作对于提高教育学研究的质量、唤醒教育概念使用过程中的理性精神来说，还是非常有意义的。

二、教育研究中概念分析的主要类型与路径

教育研究中概念分析的类型多种多样，不同类型的概念分析，其路径和方

[①] 布列钦卡.教育科学的基本概念：分析、批判和建议.上海：华东师范大学出版社，2001：第5版前言.

式也不相同。在一项教育研究中究竟开展哪一种类型的概念分析、采用哪一种分析路径和方式，没有固定的模式，类型和路径主要根据研究的主题和目的来确定。根据个人对教育学研究文献的阅读和从事教育学研究的经验，下面介绍几种主要的概念分析类型，说明这种分析的功能及可能采用的主要路径。

（一）概念的日常用法分析

正如布列钦卡所言，专业的教育概念许多来自日常教育生活，其不可避免地在用法上具有日常性。因此，要搞清楚一个教育概念在实际教育生活中的意义，仅仅去查教育学辞书是不够的。辞书中有关教育条目的释义仅仅反映了释义者本人对于某一概念内涵的理解。这种理解可能是非常权威的、有影响力的，但同时也是高度逻辑化和专业性的。日常教育生活中人们对许多教育概念的理解和运用实际上并不按照专业的教育学辞书上的定义来进行，而是依然保留着它的日常性、习俗性和文化性。分析教育概念的日常用法，从其思想功能来说有助于澄清某一概念在日常教育实践中是如何被理解的，这种理解也是构成日常教育生活方式的基础。因此，对教育概念的日常用法进行分析也是理解教育实践逻辑的一个手段。

提倡教育概念的日常用法分析，从其哲学基础来说，与维特根斯坦后期的语言哲学主张有直接的关系。众所周知，早期维特根斯坦的理论立场是逻辑实证主义，认为词语的意义就在于词语背后的经验内容，词语的意义是由词语背后的经验内容所赋予的。一个词语有意义，是指这个词语不仅有所指称，并且指称的东西能够为我们的经验、感觉所证明，否则，这个词语所指涉的概念就是"虚假概念"。这就是符合论的意义理论。根据这样一种意义理论，语言哲学家们试图清理西方哲学史上那些诸多没有具体指称且无法被证明的虚假概念以及由它们所建构起来的虚假命题、虚假理论，从而达到为新的思想时代"扫清地基"的目的。不过，到了后期，维特根斯坦的思想发生了很大的变化。这个变化集中反映在他的《哲学研究》一书中。在该书中，他认为前期关于意义问题的观点是错误的。词语的意义跟它所指涉的对象之间没有关系。"一个词的含义是它在语言中的用法"，而不是词语所指向的那个对象或客体所赋予的。[①] 这种主张，不仅与前期的符合论的意义理论有很大出入，而且与西方哲学史由柏拉图奠基的"共相说"也有很大的不同。在柏拉图看来，一个词语的意义不在于它所指涉的对象的具体属性，而在于它所概括的某一类对象的共同本质或关键特征。维特根斯坦以"游戏"这个概念为例对这种新的意义理论加以说明。

---

① 维特根斯坦.哲学研究.上海：上海人民出版社，2005：25-26.

维特根斯坦分析了各种各样的游戏,比如棋类游戏、智力游戏、运动游戏等等。他发现,在两个游戏之间可能有某种相似之处,但是,这种相似之处如果应用到第三个游戏上,可能就不存在了。第三个游戏和第一个游戏又可能在别的地方有相似之处,依此类推。所以,人们很难找出一种游戏作为"游戏"这个概念的确定不变的经验内容,也很难在多种游戏之中概括出一个所谓的"游戏的共相"。可是,在日常生活中,每一个人都能正确地使用"游戏"这个概念,别人也能从具体的语境中理解概念使用者所说的"游戏"究竟是什么意思,无须依赖于权威学者的专业化的"游戏"定义。根据这种新的认识,维特根斯坦改变了前期对于日常语言的认识,不再把日常语言中一些词语的多义性看成是日常语言之病,转而认为正是由于不同语境中一个词语的不同用法,人类的语言才显得生气勃勃、富于创造精神。

教育概念的日常用法分析是人们理解一个教育概念在日常教育实践中如何为人们所理解的一种基本方法。从分析的对象来说,是一个教育概念在日常教育实践领域的各种用法。这就要求教育研究者花费功夫去收集教育概念在日常教育实践领域的各种使用方式,越多越好,越全越好。当不同的使用方法收集起来以后,一项重要的工作就是对不同的使用方法进行分类,以对各种具体的使用方法从类型学上有所把握。在仔细的分类之后,教育研究者应认真分析每一种用法所赋予该概念的内涵,反复地比较该概念的内涵与其他用法所赋予的内涵之间的相似性和区别性,理解维特根斯坦所说的不同用法之间的"家族相似"。到这里,一个概念的日常用法分析似乎就结束了。但是还差最后也是最重要的一个步骤,即找出不同用法所赋予的词语意义之间的关联性,阐明它们之间的相互关系、蕴含关系、条件关系或并列关系等,从而帮助人们更加清晰和系统地认识一个概念的意义谱系,并把握它的核心意义或关键意义。这里所说的核心意义或关键意义并非产生于一个概念所指称的某一经验事实,也不是源于它所概括的同类现象的共同本质,而是某一概念在不同语境中的基本用法。对于一个概念来说,只有当它的某种基本用法能够为使用者所理解的时候,其他的用法才能够在交流过程中得以确立,才能够被人们接纳。[1]

(二) 概念的定义分析

概念的定义分析,顾名思义,是指分析概念的具体定义。教育学的概念,

---

[1] 限于篇幅,本讲谈到的许多概念分析类型与路径都不能通过举例加以详细说明,这是一件非常遗憾的事情。希望将来能够有机会将该论题扩展成一本专著,通过诸多案例的形式专门介绍每一种概念分析的理念、原则、路径与方法,帮助读者更好地理解概念分析的意义和功能。

如"教育""教学""班集体""教育评价""学业成就""教育不平等"等，如果不是新出现的话，总是有各种各样的定义。这些定义广泛地在论文、专著、教材、辞书等处出现，帮助读者理解所定义的概念。在基础教育阶段，定义经常作为知识或理论的"硬核"被青少年学生识记、理解和复现。定义的准确性、科学性和确定性在他们看来是不容置疑的。在定义的面前，中小学生的思想常常处于一种消极的被动状态。有时候，教师也会帮助学生去分析某一个定义，但这种分析不是反思性和批判性的，而是为了帮助青少年学生更好地理解某个定义的构成，以便他们能够更牢固地掌握和理解那个定义。在高等教育阶段，各种各样定义的"权威性"依然存在，大学生们要想突破定义所制造的思想屏障并获得自己独到的理解也并非易事。在高等教育的教学过程中，定义许多时候也没有被当作一种需要认真对待的思考对象，只是被当作理解一个概念或一个理论的入口。在许多高校的教育学课堂上，教师不深入地分析某一教育概念的定义，学生也不深入地理解该概念的定义。与此相关，在教育研究中，教师和研究生们也会出现随意给一个概念下定义以及轻率地对待别人的或历史上的定义的问题，进而影响到整个学术研究的质量。

要对教育学概念的定义进行分析，应该首先理解有关教育学概念定义的一般特征。像任何一个其他学科的概念的定义一样，教育学科概念的定义具有下列一般特征：第一，定义是一个概念内涵和外延专门的、逻辑的表述，它既力图回答一个概念是什么，又意图区分一个概念不是什么。正如福柯所说，当你试图回答"什么是知识"的时候，你就同时在试着回答"什么不是知识"，它们两个是一个问题的两面。因此，定义过程不仅是一个纯粹认识的过程，也是一个对不同的定义表达态度和立场的知识政治过程。第二，定义总是某一个定义者的定义，定义不能脱离定义者而单独存在，因此定义本身折射着定义者割舍不去的立场、视角和意图。关于这一点，读者只要去翻阅20世纪70年代末至80年代中期的教育论文，看看有关教育本质的大辩论就可以理解了。在这场大辩论中，人们有关教育本质的诸多定义无不清晰地反映出他们的社会立场、思想视角和定义的意图。第三，定义和重新定义总是相伴而生的，除非一个概念及其定义都是全新的，否则定义本身就意味着重新定义。而重新定义与原有的一些定义总在某些方面存在差别，这些差别本身可能反映出一个人、一个社会或一个时代对于所定义概念的不同认识。

无论是学习者还是研究者，都不应该仅仅把定义作为识记、掌握和再现的对象，而应该进一步地把定义当作分析、研究和深度理解的对象。教育研究中的定义分析是分析、研究和深度理解被定义概念的手段。教育研究中的定义分析要求研究者在广泛收集某一概念定义的基础上，把思想的目光聚焦在那些最有影响力的或自己所要分析的定义上,仔细地、系统地思考下列一组相互关联的问题:这是谁的定义?定义的视角是什么?什么时间下的定义?他的定义有何与众不同?各定义项之间有什么关系?他为什么如此这般地给某一个教育学概念下定义?定义性陈述中的关键词是什么,为什么用这些词来定义某一个概念?这个定义的意图是什么,它想将哪一种相似的经验事实或人类行为排斥在概念所指涉的领域之外?如果这种定义是描述性的,它所描述的对象是否都可以包括在其中?有没有反例或无法被描述的同类现象?如果这种定义是规范性的,它将对人类的行为产生哪些约束或引导作用?如果定义是反思性的,它又意图引发读者哪些方面的自我反省?这种定义是有影响力的吗?是具有支配性作用的吗?是具有文化性质或意识形态性质的吗?这些问题指向教育学概念定义分析的几个重要维度:定义——定义者;定义——已有的定义;定义——意图影响或产生的人类行为;等等。这几个重要维度也构成了定义分析的基本框架,几个维度上需要探寻的问题指出了定义分析的可能路径。通过多维度的定义分析,学习者或研究者对于某个概念的认识和理解不仅得到了扩展,也得到了深化,而且进一步为新的、更好的定义准备了条件。

(三) 概念的词源分析

概念的词源分析又称概念的语源学分析,既分析一个概念的起源,也分析一个概念的流变。任何一个概念都有其创制的时期和创制的方式,也有其历史上不断流变的过程。概念的词源分析就是弄清楚一个概念在创制的时候,人们所赋予它的原初意义,弄清楚一个概念原初的意义在长期的历史使用过程中发生变化的过程和变化的方式,如内涵的增加、减少、创生及转变等。在实际的研究过程中,由于同样一个词在中文语境和其他语境下有着不同的起源和流变过程,因此一般意义上词源分析就其任务来说还包括了同一概念不同语言环境下起源及流变的比较研究。这种比较研究有助于更好地理解跨文化翻译过程中概念内涵的变化,与下文谈到的概念的跨文化比较分析非常接近。

对概念进行词源分析的思想功能在于:澄清一个概念在创制时人们所赋予它的含义以及这种含义在历史上的变化过程。探寻一个概念创制时所获得的基本含义具有非常重要的思想价值,绝不仅仅是为了满足学习者和研究者的理智好奇心。这与概念创制的重要意义有关系。概念作为文化的符号是一个人工的产品,其创制的过程是一个非常重要的文化现象。正如《道德经》中所言:"道可道,非常道;名可名,非常名。无名,天地之始;有名,万物之母。"概念"名"是世界的"母亲",这是个绝妙的比喻。正是人们所创制出来的概念使得整个世界以可理解的方式向人类显现,成为属人的世界。从这个意义上说,概念的诞生和世界的诞生具有同时性。在概念世界之外存在不存在一个实体世界？当然是存在的。但是，这个未命名的实体世界对于人们来说却是一个未知的和神秘的存在。因而，概念的创制是人类认识世界的开端；探寻一个概念创制时人们赋予它的含义有助于弄清楚那一时期人们对于概念所指涉的某一种人类生产和生活实践方式的认识与理解。尽管这种认识与理解在后来的历史过程中很可能发生过许多次的改变，但它仍然是一个概念意义生成的牢固基础。从这个意义上说，对概念进行词源分析也有助于应对一个时代令人眼花缭乱的新定义，帮助分析者更好地把握一个概念的基本内涵。

对概念进行词源分析的基本路径包括：第一，使用工具书查找这个概念的中文词源；第二，使用工具书查找这个概念的西文词源；第三，比较中西方词源的不同和概念意义的差别。在使用工具书查找一个概念的中文词源时，一般情况下，人们会立刻想到利用《现代汉语词典》《辞海》《辞源》之类的工具书。这当然是可以的。但是这些工具书中对于一个概念的词源注释是比较少的，许多其他更有价值的信息被省略掉了。所以，要搞清楚一个概念的起源和流变，学习者和研究者应该进一步利用《康熙字典》《说文解字》等比较古老的工具书。这些工具书对于某一个概念的释义也带有时代的甚至个人的色彩，有时候它们也并不能完全反映一个概念创制时的含义，因此学习者和研究者应该以研究的态度来对待，切不可盲目引用和采信。对于一个汉语的教育学概念来说，词源的研究还可以越过这些古今的工具书，直接追溯到甲骨文——中文世界已知最古老的文字，通过对某一概念的甲骨文形式的研究来解读其创制时的意义。在达到这一分析阶段之后，学习者和研究者可以再回来由古及今逐次梳理某一概念意义的历史流变，从而达到对该概念意义的系统理解和把握。在使用西文工具书查找一个西文概念的词源时，也可以遵循大致相同的路径。现代西方语言中的许多概念也都有其希腊或拉丁语的词源，并且有其比较清晰的起源故事。这些起源故事在一些西文词源类的工具书中都有比较简明的记载，可以帮助学习者和研究者准确地把握一个概念在创制时的意义。

（四）概念的隐喻分析

教育学中充满了隐喻，如"发展""生长""园丁""红烛""培养""启发"等等。许多的教育学命题也都包含着隐喻的成分。隐喻的大量存在和使用也导致了一部分人对教育学科学性的怀疑，这是因为在一些人看来，隐喻和隐喻思维都是前科学的东西，不应该出现在科学的理论体系和科学的研究过程当中。如果教育学理论和教育研究不能摒除隐喻和隐喻思维，那么教育学理论就不是一种科学的理论，教育研究也就不是一种科学活动。其实，这种态度和观点是值得商榷的。在教育学研究活动中，隐喻不单单是作为一种语言修辞的手段出现，而且作为一种基本的教育思维方式而存在，是研究者把握研究对象、表达自己观点的一种基本方式。从更基础性的理论来说，隐喻作为一种思维方式，是与逻辑思维、实证思维等相区别的，它对两个事物之间关系的把握不是建立在逻辑推理的基础上，也不是建立在因果关系的基础上，而是建立在相似性的概念基础之上。隐喻通过把某一事物的局部特征直接赋予另外一种事物来达到认识另外一种事物的目的，简单、直接、准确，富有想象力和创造力。所以，教育学理论体系中隐喻的存在不仅增加了教育命题的生动性、形象性，同样也丰富了教育思维和教育论述的类型，有助于人们从多角度来把握教育现象、表达教育主张，有助于教育实践工作者更好更准确地理解和应用教育理论。

在教育研究中对一些概念进行隐喻分析，其根据在于这些概念本身就是以隐喻的形式存在于一些教育命题当中的。对于这些以隐喻形式存在于教育命题当中的概念，学习者与研究者不能以隐喻以外的方式加以解读，否则就会出现问题和错误。例如，前几年教育学界有不少人反对把教师比喻成"红烛""园丁""人类灵魂的工程师"，理由是：红烛越烧越短，不能反映教师职业需要教师终身学习和终身发展的要求；园丁照料植物与教师教育儿童也不相同，园丁可以随意地修剪枝条，教师却不能随意地压制学生；工程师的工作对象是无生命的物质世界，而教师的工作对象却是活生生的人，不能被简单地"塑造"……所有这些观点，如果仅从其强调教师劳动的特性来说，有其合理的一面；但是若从其对有关教师隐喻的分析和批评来说，则是错误的。错误之处就在于反对者不懂隐喻，用实证主义的精神来解读隐喻，不理解隐喻所赖以存在的相似性只是局部的而非全部的。当教育学界用红烛来喻指教师的时候，仅仅是就红烛带给人们光明和温暖的特性来说的，而忽略红烛越烧越短、光线微弱、灯下黑等物理特性；当教育学界用园丁来指称教师的时候，仅仅是想把园丁对于植物的精心照料和呵护的品质赋予教师，并不考虑教师还要像园丁那样修枝剪叶；当教育学界把教师比喻成人类灵魂的工程师时，也主要是想强调教师劳动对于青少年心灵成长的巨大影响，而并不是要把学生的心灵、心性塑造成他们想要的样子。所以，批评者的批评对象完全是自己臆想出来的，并非教育学界使用上述隐喻本身存在的问题。

怎样进行隐喻的分析？首先，要找到那些包含着隐喻的教育论述，这些论述可能是一句口号，可能是一个教育命题。需要注意的是，不是所有的教育口号、教育命题都包含着隐喻，因此也不是所有的教育口号、教育命题都可以作为隐喻分析的对象。同时，那些包含着教育隐喻的教育口号、教育命题也并非都需要进行隐喻分析。需不需要进行隐喻分析，以其是否具有思想价值或研究价值为判断标准。其次，要找出喻体和比喻的对象，把握二者的相似点。做到这一点之后，还需要对隐喻初次使用和经常使用的语境有一个比较全面的了解和把握，从而更好地把握喻体和比喻的对象之间的相似点。由于喻体的来源比较多样，因此在对概念进行隐喻分析的时候也应该注意分析喻体选择的时代和社会背景，以便达到对隐喻特别是那些经典隐喻更为广阔和深邃的理解。再次，在分析隐喻本身所赋予某一概念的新意义时，看看隐喻的使用在哪些方面增加或者丰富了人们对比喻对象的认识。比如，当杜威提出"教育即生长"时，"生长"这个隐喻究竟如何表达了杜威的教育观？或者换一个问题来思考，杜威运用"生长"这个隐喻表达了他的怎样的教育观？"生长"的概念创造了一个什么样的教育意义空间？最后，在以上工作的基础上，准确地把握隐喻概念的实质和相关口号、命题的思想主张，对隐喻的理解和解读既不窄化，也不泛化，既不逻辑化、实证化，也不过于文学化、浪漫化。

（五）概念的跨文化分析

人们在阅读一些人文社会科学方面包括教育学方面的国外文献时，经常会感觉到同一个概念在不同的文化背景下往往有着不同的意义理解，而且这种不同文化背景下理解的差异性还是比较常态化的，在翻译过程中也很难克服。这样就会造成一种结果，即当我们把国外的学术文献翻译成中文以后，中文读者对于文献的理解只能囿于汉语词汇所表达的意义。出现这种现象的原因就在于自然科学、人文社会科学所使用的概念性质与功能是存在差别的。自然科学的概念，如"原子""数""力"等等，和使用它们的文化传统之间没有多少内在的联系，翻译成另外一种语言也可以得到准确的、同一的理解。自然科学概念的主要功能就是描述和表征。而社会科学的概念和人文科学的概念则与它们赖以存在和使用的社会历史环境有着比较多样的内在联系，甚至其内涵是由某一社会历史环境所赋予和维护的。因此它们不仅仅具有描述和表征的功能，而且具有倡导、动员、维护、促进反思等方面的功能。因此，我们在理解国外人文社会科学包括教育学概念和理论时不能简单地建立在我们自己对于相关概念的中文理解上，而应该对其开展跨文化的分析、比较和批评。

概念的跨文化分析就是要把学习者和研究者关注的概念放到一个多元文化背景中加以审视。比如"教育"作为教育学的基本概念一直受到人们的重视，人们经常把"教育"概念的定义看成是教育研究的逻辑起点。以往一部分学者可能缺乏多元文化意识，一谈到"教育"概念似乎只有一种合理的、正确的理解。其实，如果把"教育"这个概念放在不同的文化系统中加以观察，就会发现不同文化系统中尽管都使用"教育"概念，但是对其内涵的理解和解释却差别甚大。在英语国家，一谈到"教育"，儿童的权利、经验和发展总是被放在前面，教师的"教育行为"主要是帮助每一个孩子完成自己的学习任务，"引导"的味道比较浓。而在德国，尽管也有和英语"education"同根的"Erziehung"一词，但是在德国真正有特色的"教育"概念却是"Bildung"。这个词的意思是在个体与集体、现在和未来、物质与精神之间建立起积极的联系，引导学习者从个体走向集体，从现在走向未来，从物质世界走入精神王国，等等。这种理解与英语国家关于"education"的理解差别很大。我国同样有对"教育"的独特理解。要改变这种"教育"概念所具有的文化性格是非常困难的，我们最多只能找到不受其制约和迷惑的方式，即对那些重要的教育学概念进行跨文化分析。

对教育学概念进行跨文化分析：一是把需要分析的概念放到它原来所在的文化系统中来理解，将整个文化系统当成是理解某一个概念的框架。二是比较分析不同文化系统中同一概念的不同意义，进一步理解概念意义对于其文化系统的高度依存性。三是在文化比较的背景下理解一个概念及其所构造的命题在跨文化翻译时所产生的意义变化。这种意义变化并非是由翻译者个人语言水平决定的，而是由同一概念在不同文化系统中具有的意义差别决定的。这种变化从其向度上既包括增加或减少，也包括衍生或生成新的意义。有时候这种基于文化差别所产生的意义变化会影响到对某一个概念的理解和应用。例如"liberty"这个概念，翻译成中文是"自由"。在西方，"liberty"这个概念始终是作为一种公民权利被理解和应用的，因而与法律授权和法律保护有着不可分割的联系，人们很少企图超出法律之外去谈论和追求个人的"liberty"。但是在中国文化中，"自由"一词更接近心理学意义上的"不受约束"、"自我做主"乃至"我行我素"。因此，对类似"liberty"的教育学概念，如"教育""学习""学校""课程""教师""道德"等进行跨文化的分析，有助于减少相关文献阅读时产生的"误读"和"误解"，更好地理解概念以及建立在其上的命题本身传达出的文化意蕴。

（六）概念的条件分析

概念的条件分析是分析教育哲学家们经常使用的一种分析类型，这种分析的主要任务就是确定正确使用一个概念所需要具备的若干条件，或者说意在找出一个概念被正确使用所必须具备的若干标准。在分析教育哲学家们看来，确定一个概念的意义，重要的事情不是去根据定义者的个人偏好去赋予它一些颇具主观性的内容，而是应该从每个人都能同意的角度去寻找它正确使用必须具备的限定性条件。

会通与范导：教育研究的方法论问题

概念的条件分析有着古老的起源，分析教育哲学家也是继承了西方思想史上对概念进行条件分析的传统。柏拉图在《理想国》一书中借苏格拉底之口开展的概念澄清工作很多都属于条件分析。当苏格拉底和克法洛斯等人讨论"正义"的时候，苏格拉底先抛出市井百姓一般都会赞同的定义——"有话实说，欠债还债"，然后机智地引导参与讨论的人认真分析和考量这种"正义的常识"，如"正义就是给每个人以恰如其分的报答""正义就是强者的利益""正义就是遵守法律和契约"等，从正反两方面帮助他们辨析"正义"概念成立所必须具备的条件。① 遵循着这样的传统，英国分析教育哲学家彼得斯（R. S. Peters）分析了"教育"概念应该具备的几个条件或标准：第一，一个受过教育的人是指，他和他的教师在一段时间内参与活动的某项任务被完成了；第二，如果某种事情被看成是"教育"，学习上的内容必须被看作是有价值的，就像学习的方式必须在道德上是无可非议的一样；第三，一个活动如果称得上是"教育"，则不仅仅能够帮助学习者掌握一个知识和技巧，而且能够帮助他们获得健康的"生活形式"，帮助他们形成一般的世界观；第四，能够称得上是"教育"的活动必须使学生知道他正在做什么，尊重学生的自主性。② 根据第一个条件或标准，"教育"是一个"成就动词"，意味着某种预期结果的达成；根据第二个条件或标准，"教育"获得了它的价值属性，与"教唆""欺骗""蒙蔽"等行为相区分；根据第三个条件或标准，"教育"不同于职业训练，有其人文的意义；根据第四个条件或标准，"教育"与"灌输""宣传"相区别。其他的一些分析教育哲学家则采取类似的方式分析了"教学""纪律""教育理论""教育需求""教育目的"等概念，帮助人们更好地理解了教育学诸概念的使用条件或恰当使用的标准。

从分析教育哲学家已经提供的条件分析案例来看，对一个概念进行条件分析，大致要经过如下几个步骤：第一，分析者要从思想态度上放弃经验主义、理性主义或逻辑实证主义有关概念意义的理论，吸收后期维特根斯坦有关概念游戏的思想，从条件或标准的角度来理解概念或概念的意义。第二，给要分析的概念下一个最宽泛的、没有疑义、能够得到每个人认同的定义，或者呈现一个日常生活中人们都熟知的定义。然后，逐步地限定条件、变换条件、补充条件，从多个角度来检验和发展那个最宽泛的定义，寻找一个时代或社会大多数人能够接受的表达方式。学习者和研究者要特别注意条件的限定、变化和补充会引起概念意义哪些方面的变化，直到得出自己满意同时也能够为其他人所接

---

① 柏拉图. 理想国. 北京：商务印书馆，1994：1-81.
② Peters R S. The Concept of Education. R. K. P, c1967：2.

受的定义。第三，对一个概念能够被合理使用的诸多条件进行记录和分析，看看哪些条件是必不可少的，缺少了它们，概念使用的恰当性就会出问题；哪些条件是区分性的，条件自身的变化会引起概念定义与理解的歧义；哪些条件是成就性的，关涉恰当使用某个概念预期实现的目的。第四，找出那些最关键的、必不可少的、具有高区分作用的条件作为某一个概念使用的条件或标准。例如，美国分析教育哲学家谢弗勒（I. Scheffler）等提出了"教学"概念的三个条件或标准：意图标准——教学旨在产生学习；合理性标准——教学的策略应该是合乎理性的；行为标准——教学行为必须受到某些制约。[①]

三、教育研究中概念分析需要注意的几个事项

教育研究中概念分析的类型和路径不止上面这六种，还有一些合适的分析视角和类型，如概念的语义分析、概念的语用分析、概念的政治学或意识形态分析等等，因为篇幅关系本讲没有介绍。希望将来有机会再一一向读者介绍它们。不管是在学习和研究过程中使用哪一种分析类型和路径，学习者和研究者都需要注意以下几个方面的事项。

第一，教育研究中的概念分析既可以作为一项独立的研究，也可以作为一项研究工作的一部分。作为一项独立的研究，概念分析旨在澄清教育学领域的一些重要概念，这些概念是建构系统的教育学理论的基石。作为一项研究工作的一部分，概念分析对于确定本研究使用概念的内涵、外延及不同概念间的相互关系都具有重要的意义，有助于确定一项研究的概念框架。而概念框架是构成一项研究视角的核心内容。

第二，教育研究中六种类型的概念分析既可以单独使用，也可以综合使用。至于在一项研究中究竟使用哪一种或哪几种分析类型，则根据研究的领域、主题和目的来确定。在一些实证研究课题中，由于概念分析的主要功能就是界定研究对象，不涉及概念与行动、概念与文化、概念与权力等之间的关系，采用定义分析方法得出一个具有可操作性的定义就可以了。甚至对于定义的分析也没有必要考虑定义之外的社会和文化因素。在一些人类学调查研究中，由于研究者需要弄清楚日常生活状态下人们对一些重要教育概念的理解和应用，日常用法分析则是比较合适的。在一些教育思想史和教育基本理论和教育哲学的研究中，由于需要理解某一教育概念的起源与流变，采取词源分析、定义分析、

[①] 诺丁斯. 教育哲学. 北京：北京师范大学出版社，2008：53；Scheffler I. The Language of Education. Charles C. Thomas Publisher，1960.

条件分析则是比较合适的。而在比较教育研究特别是教育思想比较研究中，对一些教育概念进行跨文化分析就非常必要了，它是了解人类教育文化包括教育知识传统多样性、丰富性和相互联系的基本手段。

第三，教育研究中的概念分析既不可过于简单，也不可过于烦琐。概念分析是一项艰苦细致的工作，它要求分析者尽可能地搜集与要分析的概念有关的所有思想材料与经验材料，要求分析者付出艰辛的努力，也要求分析者有独到的眼光，不能太过简略，草草了事。例如分析概念的词源，不能简单地利用工具书查一查就完了。有的时候还应该按照工具书的指示，查阅有关概念起源和演化的佐证材料。如果有工具书说"curriculum"一词的原义是"跑道"，那么分析者不能以此为满足，而应该进一步去查询有关的文献资料，努力理解为何在创制"curriculum"一词时赋予它"跑道"的含义。当然，教育研究中的概念分析也不可过于烦琐，进行许多没有思想价值的分析工作。就当前我国教育学界出现的问题来看，在概念的定义分析时很容易出现烦琐的问题。比如，有的学习者和研究者为了定义"教育体制"，先分别分析"教""育""体""制"这四个字，每个字都从词源分析开始，然后再分析"教育""体制"这两个词，最后得出"教育体制"的概念。其实，这完全没有必要，对于整个研究也没有什么价值。因为"教育体制"作为一个概念在内涵和外延上还没有模糊到这种程度，以至于不认真、仔细地分析它就会影响整个研究对象的界定和研究工作的开展。烦琐、冗长的概念分析对于健康的思想来说，不仅没有价值，反而非常有害。

第四，教育研究中概念分析的目的既是认识论的，也是实践论的。说它是认识论的，是因为概念分析能够帮助我们更好、更清晰地思考、表达和交流；说它是实践论的，是因为概念分析的最终目的是帮助分析者和一切关心教育实践的人更好地、更清晰地理解教育实践本身。正如分析教育哲学家重视概念分析的缘由不仅仅在于他们发现教育概念的模糊和歧义，更在于他们看到了这种概念问题给教育实践本身带来的消极影响，使得教育者不能很好地实现教育的意图与理想。这种概念分析的实践关怀或本体关怀在海德格尔那里也有很好的阐释。海德格尔在《在通向语言的途中》一书中引用了斯特凡·格奥尔格的一首诗，叫《词语》：

  我把遥远的奇迹或梦想
  带到我的疆域边缘
  期待着远古女神降临
  在她的渊源深处发现名称——
  我于是把它掌握，严密而结实

穿越整个边界，万物欣荣生辉

……………

一度幸运的漫游，我达到她的领地
带着一颗宝石，它丰富而细腻
她久久地掂量，然后向我昭示：
"如此，在渊源深处一无所有。"
那宝石因此逸离我的双手
我的疆域再没有把宝藏赢获

……………

我于是哀伤地学会了弃绝：
词语破碎处，无物可存在。[1]

概念是我们通向世界的桥梁；我们通过概念分析对词语所做的理解就是对我们自己与世界关系的理解。

（石中英，清华大学教育研究院院长、教授、博士生导师。主要研究领域为教育基本理论与教育哲学、基础教育、教育改革、高等教育哲学等。）

---

[1] 海德格尔. 在通向语言的途中. 北京：商务印书馆，2004：215-216.

第七讲
教育研究中的事实与价值

一、讨论事实与价值关系问题的背景

二、事实与价值的关系是一个永恒的哲学话题

三、作为人文社会科学方法论的事实与价值关系的难题及其解答

四、拓展性思考：价值无涉何以可能

事实与价值的关系是人文社会科学研究方法论的重要内容。实践哲学试图弥合事实与价值的分野，科学主义和人文主义的对立与论争，人文社会科学（包括教育学在内）追求自身科学化的努力，都为我们讨论事实与价值的关系提供了问题领域和背景。从历史的角度看，事实与价值的关系是一个永恒的哲学话题，彻底解决这个难题是不可能的，我们在人文社会科学研究中用什么样的态度、规则与方法来认识和处理事实与价值的关系才是关键的问题。在哲学和人文社会科学研究过程中，在坚持事实与价值二分法的基础上，有人强调价值无涉，有人主张要遵循主观性原则，有人则坚持把事实与价值统一起来的综合论。但实际上，在人文社会科学研究中价值无涉是不可能的，我们应该坚持事实与价值综合的辩证关系论。

本讲讨论的主要内容包括四个方面。第一个是思考和讨论事实与价值关系的背景，我们为什么会关注这样一个问题，为什么说它重要；第二个是介绍哲学史上关于事实与价值关系研究的发端、发展和趋势，以及人们是如何来看待这个问题的；第三个是人文社会科学方法论的事实与价值分析是一个难题，人们是如何试图解决这个难题的，在哲学和人文社会科学研究的过程当中做出了什么样的选择，怎样处理两者之间的关系，做出了怎样的回答，选择了什么样的方案，我们自己应该有什么样的态度；第四个是作为拓展性的思考，在人文社会科学当中，所谓的价值无涉是不是可能。

一、讨论事实与价值关系问题的背景

首先对于事实与价值关系的背景，我们从三个方面解释。

第一个背景是当代西方实践哲学的新发展。当代西方实践哲学的新发展导致了西方当代哲学中事实与价值关系的讨论成为人们关注的问题。在哲学史上，亚里士多德曾经把人类知识划分为三类，即理论知识、实践知识和制作知识。在亚里士多德看来，实践知识主要指的是伦理学和政治学。后来康德也把哲学分为三个部分：理论哲学、审美哲学和实践哲学。理论哲学就是我们所说的认识论，审美哲学就是我们所讲的美学，实践哲学则包括伦理学、政治哲学和法哲学。所以亚里士多德的实践知识和康德的实践哲学是非常相似的，基本上都指的是政治学、伦理学、法哲学。所以说实践哲学的发展，是西方哲学中一个重要的传统。当然中国的哲学也具有非常强烈的实践哲学的色彩，尤其是我们的伦理学比较发达。20世纪70年代罗尔斯出版了他的重要著作《正义论》，在《正义论》的基础上，1993年又出版了《政治自由主义》，罗尔斯的《正义论》预示着当代西方哲学发展的一个重要特征，就是实践哲学的重新繁荣和发展。

自由主义、伦理学、社群主义、新法兰克福学派、保守主义、主体哲学以及公民共和主义等若干方面都可以说是实践哲学的范畴。当代西方哲学继承了传统的发展实践哲学的特点，即强调事实与价值的二分法，区分事实与价值，从二元论的角度去认识事实与价值的关系，特别关注和宣扬一系列基本的与伦理和价值有关的实践哲学的范畴，比如至善、价值、权利、规范、义务等等，它高扬的是价值的大旗。但是在20世纪70年代以后，西方实践哲学的发展与传统实践哲学不同的是，在强调事实与价值二分的基础上，又试图调和或弥合两者之间的关系。最具代表性的是哈贝马斯，他对交互主体性的讨论，对沟通伦理或商谈伦理的讨论，对罗尔斯的事实与价值二元论的批判，都是试图调和或弥合事实与价值的关系。哈贝马斯曾经和罗尔斯进行论战[1]，罗尔斯是强调事实与价值二元论的，哈贝马斯试图用自己的交互主体性或主体间性、商谈伦理来实现事实与价值的融合与统一。再如，实践哲学中一本很重要的著作——普特南的《事实与价值二分法的崩溃》，也试图在分析两者关系的基础上强调二者的融合。[2]

第二个背景是现代西方哲学中科学主义和人文主义的争论。14世纪以后，在我们所称的欧洲的人文主义时期，人文主义的思想实际上是对古希腊哲学的价值的复兴、对古希腊精神的追求，它对宗教的批判使科学从宗教专制的桎梏中解放出来，获得了巨大的发展。18世纪工业革命时，科学技术、自然科学的理论和方法已经取得了人类历史上前所未有的巨大成果，而且在社会生产领域有了广泛的应用。这就鼓励人们用科学的方法来研究人自身，研究人类社会，生理学、心理学、社会学等大致是在这个时期形成了它们最初的规范和传统。但是在发展过程中，由于实证主义的发展，由于科学应用的广泛性，最后它由一种方法变成了一种具有本体意义的东西，变成了一种科学主义或者唯科学主义的东西，由方法上升为方法论，上升为一种意识形态、一种形而上学。它对人文主义所追求的价值和意义提出了质疑。于是，在19世纪末20世纪初就出现了科学主义与人文主义的争论和对立。17、18世纪二者对立和争论的焦点是：什么是真正的知识？如何获得真正的知识？到19世纪末20世纪初，科学主义与人文主义的争论就演变成：什么知识最有价值？是经验的、事实的、客观的知识，还是价值的、意义的、主观的知识？哲学和科学研究的对象应该是什么？是可以经验、可以证实或证伪的对象，还是价值的、意义的超验的对象？两者争论的重心发生了变化。其争论的是主观和客观、事实与价值以及如何获

---

[1] 贾中海．哈贝马斯对罗尔斯事实与价值关系二元论的批判．学习与探索，2005（3）．
[2] 普特南．事实与价值二分法的崩溃．北京：东方出版社，2006．

得最有价值的知识，也就是研究方法的争论。在19世纪末20世纪初，这个争论反映在人文社会科学的发展中，就形成了景天魁教授所说的四个悖论。① 这就是所谓科学主义与人文主义的争论。从当代来看，科学主义与人文主义的争论正在走向一种新的趋势，这就是我们经常讨论的一些概念，即科学人文主义、科学人道主义，或者叫作科学人本主义。第二次世界大战以后，尤其是20世纪70年代以后，人们对科学主义进行反思，在西方哲学界出现了强调科学主义与人文主义融合的要求、呼声和趋势。第二次世界大战对人们思想理念和哲学体系的挑战是巨大的，战争用最先进的科技来毁灭人类的价值、人类的理想和人类社会。西方哲学界开始追问，科学和人文、事实与价值，哪个是更根本的；开始反思科学技术应该掌握在谁的手里。在这个过程中强调以价值统驭事实、以人文指导科学，和实践哲学试图弥合事实与价值的鸿沟的努力方向是一致的。

第三个背景是人文社会科学——包括教育学——追求自身的科学化。人类社会科学的发展，是建立在自然科学成功发展的基础上的。人文科学的历史非常悠久，但是社会科学的历史并不是很久，它是建立在17、18世纪之后人类用科学方法研究人类自身和社会问题的基础上，这是社会科学发展的根本动因。西方人文科学的历史可以一直追溯到古希腊古罗马时代，中国的人文科学也有悠久的历史。所以我们在区分人类知识体系的时候，简单地区分出社会科学和自然科学，或者自然科学和人文社会科学是有问题的。最严格的划分，应该区分出自然科学、社会科学和人文科学。但是，由于相比之下，社会科学本身的发展并不是非常完善，由于社会科学研究的对象和方法与人文科学有高度的一致性——都是研究人的问题、社会问题，所以人们往往把社会科学和人文科学放在一起，与自然科学相对应，就是所谓的人文社会科学，或者我们现在通用的一个概念——哲学社会科学。19世纪末20世纪初，随着科学的知识和方法越来越具有本体论的意义，越来越成为一种意识形态的东西，人文社会科学在捍卫自身所特有的认识论、本体论和方法论的同时，一直没有放弃成为真正的科学的努力，所以人文社会科学一直在追求一个目标，即客观性、可计量、可重复、可验证，追求研究方法的科学性。在这样一种对立和争论的背景下，人文社会科学一方面受到人们的责难，被认为是不科学的；另一方面，它自身又在不断地追求科学化。关于社会科学如何追求科学化，景天魁教授在《现代社会科学基础：定性与定量》中讲了五个方面。② 在教育学领域，追求科学化的最典型的代表，一个是赫尔巴特，他第一次把教育学的理论建立在科学的基础

---

① 景天魁. 现代社会科学基础：定性与定量. 北京：中国社会科学出版社，1994：7-11.
② 同①46.

上，以心理学为方法论的基础，以伦理学为目的论的基础；另一个是实验教育学，最集中地体现为把教育学变为经验科学的努力。由于教育学与其他的人文社会科学相比，有自身的特殊性，它对于人性的关注、对于社会的关注、对于人和社会关系的关注比其他人文社会科学更为迫切、更为深刻、更为全面，所以人文与科学的冲突、事实与价值的关系，在教育学中表现得尤其突出。比如教育学学科性质的争论：教育学到底是一门什么样的学科？是人文学科还是社会学科？或什么学科都不是，只是一个专门化的综合问题研究领域？人们对这些问题的回答实际上反映了争论中的不同选择。另外教育学的研究范式，也体现了科学主义与人文主义、事实与价值的争论，体现了教育学在追求自身科学化过程中的矛盾和悖论。人们对教育学研究范式的讨论，至少会涉及以下几种：第一种是实证实验的教育学研究、经验科学的研究，第二种是解释学的教育学，第三种是分析主义的教育学，第四种是教育行动研究。其中第一种范式，所谓实证实验的教育学研究，或者说用经验科学的教育学取代思辨哲学的教育学努力，实际上是科学主义的传统，像赫尔巴特的努力、实验教育学的努力，都是这样一种类型。但是以狄尔泰、利科、施莱尔马赫为代表的解释学的教育学，则体现了教育学的人文的、价值的、意义和理解的传统。他们反对科学主义对教育学的支配和影响，而提出建立精神科学的教育学，不是自然科学或经验科学的教育学。教育学本身的话语中也存在着意义、事实与价值的矛盾和悖论、对立和冲突。这个过程，尤其是实证的、实验的、经验的教育学的发展体现了教育学自身科学化的努力。人文社会科学追求科学化的努力还有一个方面，就是在方法论上强调科学的指导。实际上，追求科学化的努力围绕定量的研究、定性的研究（抑或是质性的研究）存在着不同的看法和争论。教育学也是如此，定量的研究是自然科学研究的优势和特点，而定性的、思辨的研究是社会科学、人文科学研究的长处和传统。但是为了追求科学化，社会科学一直努力把定量研究作为研究方法的重要内容。但是在这个过程中，它自身的传统从来没有放弃过，也不可能放弃。在这个过程中一直围绕着一个矛盾进行争论，即到底是定量优先还是定性优先，价值优先还是事实优先。对此，笔者认为质的研究是把定量研究和定性研究结合起来的一种尝试。这个趋势，与前面所讲的实践哲学的发展、科学主义与人文主义融合的趋势是一致的。

这是我们讨论人文社会科学领域中事实与价值关系问题的背景。当然我们还能列出更多的背景，但是我认为，这三个方面是需要我们集中去考虑的。如果我们脱离了这个背景，就很难深入地讨论人文社会科学研究中的事实与价值问题。这是我们讨论的第一个问题。

二、事实与价值的关系是一个永恒的哲学话题

事实与价值的关系是一个永恒的哲学话题。这个问题是关于西方哲学的发展历史上人们对于事实与价值关系的讨论，从它的源头开始，一直到现在的发展，即对各种不同的看法和观点进行梳理。这是导致人们对事实与价值问题讨论的根源。哲学上的讨论和争论是一切社会科学、人文科学乃至自然科学讨论的根源，因为哲学是科学的"科学"。

在哲学史上，从古希腊哲学到当代的后现代主义，本质与现象、主观性与客观性、事实与价值的关系，一直是西方哲学发展和人文社会科学研究中一个经久不衰的话题，是西方哲学永恒的话题。在这一点上，中国哲学与西方哲学的传统是不一样的。在中国哲学中，无论是传统的儒家哲学还是道家哲学，都强调了一个很重要的观念"天人合一"——人是自然的一部分，人是上天德性的一部分。儒家讲的天人合一是天人合德，合乎一种超越自然的理性、一种道德，讲的是人与天命、道德、伦理的合一；道家讲的是人和自然的合一。与此不同的是，西方哲学一开始就强调人和自然的关系，古希腊哲学讨论的问题是"人是什么""自然是什么"，首先对人与自然采取了二分法，把主体与客体、主观与客观、本质与现象区分开来。在古希腊哲学中有一个爱利亚学派，爱利亚学派有一个代表人物叫巴门尼德，巴门尼德最早提出"存在"的概念，西方哲学最早的本体论的讨论从巴门尼德开始。巴门尼德第一次在哲学史上把世界区分为现象和本质两个部分，世界是一分为二的，现象是变动多样的、非真实的非存在，只能由人的感觉来认识，从中获得意见，本质是不变的、完满的、真实的存在，由人的理性去认识，人们从中获得真理。这实际是最早的理性主义与经验主义的一个分野。感觉看到现象的世界，获得意见，是不真实的、不稳定的，理性把握本质的世界，是真实的、完满的，从而获得真理。直到20世纪，西方哲学界依然坚持这样一个思维模式。人是主体，外部世界是人认识的对象。外部世界既包括现象又包括本质，人用感觉认识现象，用理性认识本质。世界是客观的，具有客观性。人的认识是对主观世界和外部客观世界的反映。承认人的主观可以反映客观，获得客观真理，就是所谓的可知论。反过来，认为人的认识不能反映世界的本质，认为人的认识仅仅是人的主观感知的反映，具有主观性，必然走向另一个极端，就是不可知论。从巴门尼德开始，西方哲学的传统奠定了主观与客观、本质与现象、事实与价值的分野。

在西方哲学中，最早具体讨论事实与价值关系的是英国哲学家休谟。在哲学史上，休谟是一个不可知论者，强调人的认识主观性的一面。人的认识、人

的选择、人的知识是变动的、多样的，没有统一性、没有整体性，是不确定的，这就是认识主观性的一面。

休谟有一段话："我们所确实知道的惟一的存在物就是知觉……但是除了知觉以外，既然从来没有其他存在物呈现于心中，所以结果就是，我们可以在一些差异的知觉之间观察到一种结合或因果关系，但是永远不能在知觉和对象之间观察到这种关系。因此，我们永不能由知觉的存在或其任何性质，形成关于对象的存在的任何结论。"①

这句话否认了外部世界的客观规律性和因果关系的客观性。休谟所说的因果关系是主观的而不是客观的，不是对于事实和事实之间关系的反映，而是对于观念与观念之间、知觉与知觉之间关系的反映，所以就走向了不可知论。由于不存在客观的因果关系，因此也无法做出客观的事实判断，更无法从事实判断中推出价值判断。没有客观的事实判断，就无从谈起从事实判断推出价值判断的问题，也就是休谟所说的不能从"是"推出"应当"，这就是所谓的"休谟法则"，或称"休谟问题"。这是西方哲学正式把事实与价值区分开来，坚持事实与价值二元论、二分法思维的开端。从那时起，经过波普尔和罗尔斯的推动，坚持事实与价值分离、事实与价值二元论成为西方实践哲学尤其是自由主义政治哲学的传统。

在这样的二元论、二分法的基础上，西方哲学中的人文主义传统坚持把意义和价值作为自己的研究对象，而实证主义和科学主义坚持把经验和事实作为研究对象。当代的后现代主义和实践哲学一方面坚持事实与价值的二分法，另一方面又试图弥合二者之间的鸿沟。其中后现代主义对现代性的批判，实际是对科学主义的反思和批判。比如说，现代性是什么？有人认为是指西方启蒙运动以来确立的理性原则和科学精神。现代性的核心是什么？有人说是启蒙和科学，科技理性和科学理性是现代性中最本质、最核心的东西。现代性起源于18世纪的启蒙运动，以文艺复兴时期反对神性而建立的人类理性和18世纪发展起来的科学与实证精神为基础。后现代主义对现代性的反思和批判，核心就是批判现代性的确定性、统一性、客观性，批判科学理性，批判它追求终极真理，强调不确定性，强调主体之间的差异性、认识的主观性和价值认识的个别性。后现代主义在某种意义上可以追溯到人文主义，跟人文主义很接近，但不可否认的是，在后现代主义的努力中，除了强调事实与价值的二分，特别强调价值的追求，强调多样性、差异性、个别性之外，还有一个很重要的趋势，就是存在着实践哲学的发展，还存在着哈贝马斯对罗尔斯的批判。后现代主义在反思

---

① 休谟. 人性论. 北京：商务印书馆，2016：235-236.

科学主义的方法和理论、反思科学理性的同时，试图弥合事实与价值的关系。这在前面论述实践哲学的发展时已经提及。

事实与价值的关系，在西方哲学发展中是一个从古希腊时代直到现代哲学的永恒的主题，是几千年来人们没有解决的一个难题，我们也无法于现在彻底解决。所以说，我认为，事实与价值问题是一个久远而常新的方法论问题。从"休谟法则"提出以来，200多年间人们一直对此争论不休；第二次世界大战以来，事实与价值的争论又以科学主义和人文主义争论的形式表现出来。这个问题的争论，我个人认为将会一直持续下去。但是关键的问题是，在现实的社会生活和人文社会科学研究中，包括在教育科学的研究中，我们应该用什么样的态度和规则认识和处理事实与价值的关系。一劳永逸地解决这个问题是不可能的，但是当我们关注研究人的问题的时候，关注研究社会问题的时候，关注研究教育问题的时候，我们总是要有一个态度、一个规则、一个方法论的东西来解决我们所面临的问题，来认识和处理事实与价值的关系问题。这是问题的关键所在。

这是我们讨论的第二个问题：事实与价值的关系是一个永恒的哲学话题，以及我们对这个问题应该采取什么样的态度。

三、作为人文社会科学方法论的事实与价值关系的难题及其解答

作为人文社会科学方法论的事实与价值关系的难题及其解答，也是一个重要的问题。我们可以从哲学的角度去考虑事实与价值关系，但是当你从人文社会科学研究的方法论的角度去讨论价值与事实的时候，这确实是一个难题，有的人甚至认为是一个悖论。怎么来解决？怎么来回答？笔者想通过几个方面来做一个讨论。通过考察对这个问题的不同观点和回答，我们能够找到我们应该选择的路径是什么。

第一个方面是关于如何认识事实与价值的关系。不同的学派、不同的学者、不同的理论，对这个问题的认识是不一样的。我们可以大概地区分出几种类型：主观主义、客观主义、实用主义、马克思主义。其中马克思主义和实用主义从某种意义上讲对事实与价值关系的判断有相似的地方。

首先谈谈主观主义。主观主义一直是强调事实与价值关系的二元论和二分法，也就是我们前面所谈的区分事实与价值，而且认为事实与价值是不搭界的，无法从事实的判断推出价值的判断，因为它认为价值主要归结为主体的需要，归结为主观的方面，割裂了主观和客观的关系。比如我们提到的休谟、波普尔、

罗尔斯，属于主观主义范围之列。比如罗尔斯是一个分析主义者，当然有时候也不把他归结到主观主义当中去。罗尔斯认为，价值判断不同于事实判断，事实判断是表达肯定或否定的句子，表达一个事实，是说"是什么，不是什么，怎么样"；而价值判断是表达价值的句子，表达一种内心的情感，而不是陈述事实，所以它表达的是"应该、应当"等，两者不能相混。我们无法从事实判断得出价值判断，两者没有必然的联系，无法进行推理，无法进行推导。那么如何来看待这个观点呢？我们说主观主义，像休谟等人，把事实与价值区分开来是正确的，事实不是价值；但是主观主义认为"不能从事实判断推出价值判断"这个结论是值得怀疑和追问的，这里没有说它是不对的，而是说这个结论是值得我们去怀疑和追问的。为什么？因为任何一个价值判断、任何一个价值选择都不是凭空产生的，不存在一个普遍性的价值判断。任何一个价值判断，尤其是与人有关的价值判断，总是在一定的情境当中、一定的环境当中、一定的社会历史当中、一定的社会关系当中做出，所以它必须有一定的事实判断为基础，以对于情境的认识、对于社会历史的时间空间的认识、对于关系的认识的事实判断为依据。要做出价值选择必须认识客观现实，对事实进行研究，也就是说做出科学的事实判断是做出合理的价值判断的基础和前提。主观主义认为两者应该区分开，两者不能相混是对的；认为两者没有联系，不能进行推导、不能进行推理、不能由事实推出价值是有问题的，是要怀疑的，是要追问的。

客观主义则不是二分法，它把价值等同于事实的属性，它与情感、态度、快乐等东西没有关系，否认价值的主观性的一面。所以价值是由客观事实的属性所决定的，它和客观事物、事实是合而为一的，价值等同于事实的属性，是一元论的。

实用主义是一个需要特别注意的派别。杜威的《人的问题》[①] 以及《哲学的改造》[②] 反映了以他为代表的实用主义对于事实与价值的观点，它既不是主观主义的二元论和二分法，也不是客观主义的一元论，它对价值和事实的关系的判断采取了一种综合论证的观点，可以把它称作"综合论"。综合论是什么？我们来看一下其中的要点。杜威认为主观主义把事实与价值截然分开，认为两者没有联系，不能推导、不能推理，这是不对的，所以他提出不能把事实与价值、事实判断与价值判断截然分开。那么他怎么来看待价值呢？他不是去讨论价值是什么，而是去考察价值是怎样形成的、价值选择是怎样做出的。他认为，形成价值的过程，乃是通过人类的探究活动，把一个有问题的情境转变成一个

---

① 杜威. 人的问题. 上海：上海人民出版社，2006.
② 杜威. 哲学的改造. 合肥：安徽教育出版社，2006.

解决了问题、达到了目的的情境的过程。这样，价值不是产生于主观的方面，也不是单纯来自客观的属性，价值产生于探究的活动。他提出的把有问题的情境转变成一个解决了问题、达到了目的的情境的过程，使我们想起了他所讲的"反省思维"。杜威认为，人类认识外部世界，是一个反省思维的过程。人在社会上生活总是会遇到困境，有了困境就会产生问题，有了问题就要去探究、解决，解决问题就要提出假设，有了假设就要按照假设去活动，活动就要产生一个结果。人们往往把活动的结果和原先的假设进行比较，如果活动的结果和原先的假设是一致的，那么原先的假设就是真理；如果活动的结果和原先的假设是不一致的，那么原先的假设就不是真理。所以人要提出新的假设，重新进行活动，产生新的结果，然后回过头来比较，这就是杜威的反省思维，也是杜威的科学方法赖以建立的一个哲学依据。杜威在教育学当中讲到情境、问题、探究、解决、应用，这是他的科学方法五步法，五步法就来自反省思维。综合看来，价值的产生是一个反省思维的过程，价值可以从现实的环境当中观察到，而且可以用命题来进行表达。他进一步认为，命题实际上分为两类，一类是事实判断，一类是价值判断，这就涉及事实与价值的关系。那么什么是事实判断？事实判断所表达的是什么？"事实判断表达价值所产生的条件和检验人们行为后果的事实或者情境。"仔细体会这句话的意思。事实或者情境，比如时间、空间、关系、状态，在什么情况下才能够达成价值，在什么条件下才能够做出选择，就是事实判断所要表达的一种东西。也就是说，价值产生的条件是什么，人们这样一种探究活动会产生什么样的后果，这是事实判断。事实判断是对条件和结果的描述。那么什么是价值判断？价值判断则表达一种关系，"是价值产生的条件和人们行为结果之间的关系"。这句话同样需要去细细地体会。事实判断一方面表达了条件，另一方面表达了结果。价值判断表达什么？表达这个条件和结果之间的关系。也就是说，事实判断陈述事实，它陈述了价值的条件，陈述了行为的结果；但是价值判断则是根据事实来规定、指导人类的活动，它指出在什么样的条件下会产生什么样的结果，根据事实来说明应该怎样活动，不应该怎样活动。你想去获得某种价值，想去产生某种结果，你就应该按照这种方式去活动，这就是由事实到了价值。应该走哪一条路，这就是一个价值选择的问题。但是这个价值选择不是凭空产生的，是根据事实的条件和对结果的描述，在建立起它们之间的关系的基础上做出的。所以，杜威说事实判断与价值判断是有区别的。价值依存于事实，价值判断就是根据事实指导活动，这是他关于事实判断与价值判断的非常精辟而深刻的论述。一方面强调两者是不一样的，另一方面强调价值判断是建立在事实判断的基础上，又是有联系的，如果没有事实判断对于条件和结果的描述，价值判断就无法建立起来，如果一定要建立起来，那就是纯粹主观的东西。他认为价值是一种关系，这与马克思主义哲学的观点非常接近。所以从这个角度来讲，杜威的实用主义对于事实与价值关系的认识，实际上提出了一种关于事实与价值关系的综合的乃至辩证的看法。

马克思主义尽管没有专门的价值理论，但是从方法论上，认为价值是来自实践，价值是主观性与客观性、绝对性与相对性的统一，这是马克思主义的辩证法。从某种意义上讲，实用主义跟它是比较接近的。当然，在本体论上，实用主义是唯心的，它把世界的本质归结为经验，归结为"原始经验"或者是"纯粹经验"，而不归结为物质，它和马克思主义不一样；但是在方法论上，在思维的辩证性方面，关于事实与价值的关系方面，两者很相近。这里需要说明的一点是，杜威是一个很复杂的人物，其思想也很复杂。在西方哲学史上，以杜威为代表的实用主义有时候很难归类，它是唯物主义的还是唯心主义的？是主观主义的还是客观主义的？是科学主义的还是人文主义的？把它归到哪一个领域当中都有道理，所以杜威的学说是一个很复杂的思想体系，这在事实与价值的关系上也表现出来了。杜威还试图用科学方法来研究价值问题、研究人生、研究社会。所以在《人的问题》这本著作当中杜威指出，要全心全意地不仅接受技术的科学方法，而且要接受人生的科学方法。实际上就是提出来，用科学的方法来研究价值问题。杜威的科学方法我们刚才提到了科学方法五步法，本质上是自然科学的方法，杜威认为通过科学方法不仅可以认识事实、解决技术上的问题，也可以认识人生的关系和兴趣。从这个意义上来讲，他又是一个科学主义者，在学术归类的时候有人的确把实用主义归到科学哲学的范畴里。但是杜威的哲学里同时有大量的人文主义。这就是他的矛盾性。事实与价值的矛盾在杜威的思想里也淋漓尽致地体现出来。这是要谈的第一个方面。

接下来具体来谈第二个方面，即人文社会科学研究的方法论问题。我们讨论了事实与价值的分界，讨论了二元论、一元论、综合论。那么在用这样一个哲学的观点去讨论社会科学方法论的时候，有一部分人认为，人文社会科学研究的方法论要追求客观性，要做到价值无涉，这种观点的典型代表人物就是马克斯·韦伯和迪尔凯姆（又译作涂尔干）。马克斯·韦伯的代表著作有《新教伦理与资本主义精神》[1]和《学术与政治》[2]，迪尔凯姆的著作给大家推荐《社会学方法的规则》[3]。

---

[1] 韦伯. 新教伦理与资本主义精神. 桂林：广西师范大学出版社，2004.
[2] 韦伯. 学术与政治. 桂林：广西师范大学出版社，2004.
[3] 迪尔凯姆. 社会学方法的规则. 北京：华夏出版社，1999.

第七讲 | 教育研究中的事实与价值

首先我们看一下马克斯·韦伯，他严格区分了事实与价值、价值理性与工具理性，主张事实与价值的二分法。他的二分法建立在什么样的基础上呢？建立在他对于人类行为的分类的基础上。韦伯把人类的行为划分为四种类型，这四种类型是有目的的理性行为、有价值的理性行为、富有感情和激情的行为以及习惯的行为。这四种类型实际上又可以归于两大类：理性行为和非理性行为。富有感情和激情的行为、习惯的行为属于非理性行为，更多的是靠知觉，是非理性的，不需要去"思考"；有目的的理性行为、有价值的理性行为是理性行为。他对有目的的理性行为、有价值的理性行为的区分恰恰是区分了价值理性与工具理性、事实与价值。有目的的理性行为是工具理性的基础，有价值的理性行为是价值理性的基础。而且他认为，价值理性是一种主观理性，主要是关于不同价值之间逻辑关系的认识和判断。这与休谟的观点何其相似！就像休谟讲的，我们的认识只能观察到知觉和知觉之间的关系。那么韦伯说我们的价值判断是什么？是关于价值之间的逻辑关系。而工具理性是一种客观理性，主要是关于不同事实之间的因果关系的判断。一个是关于价值之间的逻辑关系，一个是关于事实之间的因果关系。韦伯和休谟是一致的，和波普尔也是一致的，认为事实的因果关系不能推导出价值判断，所以他在这个方面也是主观主义的二分法。以此为依据，韦伯提出了一个观点，他说社会科学的研究要体现客观性原则，要拒绝承担价值判断的任务，保持科学认识的客观性与中立性。他在《社会科学方法论》中反复地论述了这个观点。[①] 那么由谁来解决和承担价值判断的任务呢？他提出了文化科学的概念，由它来承担。他区分了社会科学和文化科学，就像本讲一开始讲的，人文学科和社会科学应该是有分界的。而社会科学要强调客观、价值的中立，要保持科学认识的客观性和中立性。这是韦伯的观点，代表了价值无涉的传统。

其次是迪尔凯姆。迪尔凯姆主要用社会学的研究方法来讨论问题，实质上是反映了人文社会科学方法论的问题。这个方面的内容出现在迪尔凯姆的著作《社会学方法的规则》第二章"关于观察社会现象的规则"中。第一章讲了什么是社会现象，怎么来判断社会现象，他在判断社会现象的同时讲了如何去观察和研究社会现象。迪尔凯姆说："社会学研究方法的最基本规则是，要将社会现象当作客观事物来看待。"[②] 他认为，社会学的发展要经历一个"从主观意识阶段迈向客观实际阶段"的过程。这就是说，要由思辨的、哲学的社会学方法，

---

① 韦伯. 社会科学方法论. 北京：中央编译出版社，1999.
② 迪尔凯姆. 社会学方法的规则. 北京：华夏出版社，1999：13.

主观的、意识的社会学方法逐步过渡到实际的、经验的社会学方法。他说各种科学都经历过主观意识的阶段,这个主观意识的阶段有它的特点:"事实上,人类的思考总是先于科学存在的。"[1] 就像人文学科要先于自然学科和社会学科一样。"而科学只是证实这些思考的方法。人类生活在大地上,对周围的事物肯定要加以思考,否则就无法支配自己的行动。由于用观念来想象事物,总比实际考察事物来得方便快捷,因此人们往往用观念来代替实际事物,有时甚至把自己的想象作为事物的实质。"[2] 在教育学的研究当中,有很多这样的研究和结论,它们只是建立在逻辑和观念的基础上,没有事实加以支持,而有些观念性的东西既不能证实也不能证伪。他认为:"一件事,须待观察、描述和比较后才能了解的,人们往往只用思想去分析和综合;对于必须用实际的科学考察才能掌握的事物,人们往往只进行意识形态的分析。并不是说,这种分析方法完全排除了实际观察,只是这种方法往往思想在先,事实在后,引证事实只不过是为了证明人们预先得到的观念或者结论,并非想把事实放在首位来研究。"[3] 比如说做教育学研究,我们可以找到一百个事实来证明一个观点,但是我们忽略了有另外一些事实可以否认我们的观点,那么我们得出的结论是客观的吗?是真理吗?这就是问题所在。所以迪尔凯姆这段话实在是很经典。"在这种方法中,事实仅仅是作为思想验证的东西,而不是科学的对象,人们用观念估量事物,而不是用事实归结出观念。"[4] 这就是所谓的科学的主观意识的阶段。他实际上区分了观念与事实,也就是区分了事实与价值。此外,他说社会学目前仍处于主观意识的阶段,其他社会科学也有类似的情况。他还说客观性是科学的出发点,主观意识的阶段是不行的,社会学的进步取决于客观性的事实。所以在迪尔凯姆看来,社会学的方法论应该是客观性的,应该是追求从事实归纳出观念,而不是预先有一个观念,去寻找特定的事实来证实它、证明它,而忽略了那些可以把它证伪的观念,那样做是不科学的。

韦伯也好,迪尔凯姆也好,都强调价值无涉,强调客观性,指出要从事实出发,基于事实去进行研究,这是一种关于社会科学方法论的选择。当然杜威也可以被划分到这个范围当中去,因为他主要用科学方法来研究价值。唐莹有一篇文章,引用了杜威的看法,可以参阅。[5] 这是第二个方面。

在人文社会科学研究的方法论上,还有一些人,同样是价值和事实的二分法、二元论的学者,但主张人文社会科学研究方法论要追求主观性的原则,典

---

[1] 迪尔凯姆. 社会学方法的规则. 北京:华夏出版社,1999:13.
[2] 同[1]13-14.
[3][4] 同[1]14.
[5] 唐莹. 事实/价值问题与教育学研究. 华东师范大学学报(教育科学版),1994(1).

型的代表就是狄尔泰。狄尔泰像韦伯一样，区分了自然科学和社会科学，他和韦伯不同的是，韦伯实际上把人类的知识区分出三种类型——文化科学、社会科学和自然科学，而狄尔泰则是区分为自然科学和精神科学。狄尔泰认为自然科学是说明、描述、解释有关事物及其原因的事实，在这一点上大家的认识是一致的；而精神科学则是要去理解人类生活的价值和意义，这一点和韦伯所说的社会科学研究的内容——一个是研究社会事实和因果关系，一个是研究价值和意义——不同。他特别提出："人类生活是有意义的，这种有意义的人类生活构成了不同于自然科学的历史学和其他精神科学的基础。"[①] 他认为历史和其他精神科学是建立在人类生活有意义这样一个判断的基础上的，正是因为人类生活是有意义的，所以才需要历史学和其他精神科学，有意义的人类生活构成了历史学和其他精神科学的基础。狄尔泰特别解释了意义，他说所谓意义就是指："人类生活具有一种时间的结构，而所谓的时间，并不是钟表所标示的时间，而是指人类生活的每一刻都承负着对于过去的觉醒和对于未来的参与。"[②] 意义包括了感觉经验、思想、情感、记忆和欲望这样一些东西，构成了生活的意义，成为精神科学和历史学的研究对象，所以时间这个概念在狄尔泰那里是一个历史的概念。他讲的精神科学就类似于我们所讲的人文社会科学或人文学科。狄尔泰认为生活的意义无法靠实证的、科学的、经验的、归纳的方法去把握，所以他提出了理解的方法，从而创立了解释学的方法论，把理解的方法作为把握人类生活意义和人类历史发展的基本的手段。那么什么是理解呢？理解是一种内心的体验，是一种完全主观的活动。很明显，狄尔泰所追求的精神科学的方法论或者人文社会科学研究的方法论，是在事实与价值二分的基础上追求人文社会科学的主观性的一种方法，和韦伯、迪尔凯姆是对立的。我们前面提到了解释学的教育学，就是解释学的方法论在教育学研究当中的应用所形成的范式，这就是解释学的传统。这是另外一种观点，尽管同样强调事实与价值的二分法、二元论，但是他认为人文社会科学的方法论应该是主观的，他研究的对象应该是人类生活的意义，而且斩钉截铁地提出来，这些有意义的东西是不能够用科学的方法去把握的。这有其道理，但笔者持不同观点。价值问题也是可以用科学方法去认识的。价值也可以作为"事实"来研究，但是并不能把价值等同于事实，这是问题的关键。这是第三个方面。

第四个也是特别想跟大家分享的一个方面，就是人文社会科学方法论的另一种可能的选择。我选择了两个观点，一个是景天魁教授《现代社会科学基础：定性与定量》当中所表达的一个观点。他在对社会与生活或社会与世界进行分层的

[①②] 韦伯. 社会科学方法论. 北京：中央编译出版社，1999：3.

会通与范导：教育研究的方法论问题

基础上，强调综合事实与价值的关系，在不同层面上使用不同的方法论来进行社会科学的研究，即层次论。[①] 他说如果我们撇开二元对立的观点，那么社会世界的二重性表现为多质多层次的复杂结构。具体来说，他把社会生活或社会世界区分为三个层次。第一个层次，任何社会事实、时间乃至社会形态都具有特定的物质承担者，即社会生活的物质基础，比如说一台电子计算机，它不仅仅是一个自然存在物，还是一个社会存在物，它具有经济的价值，标志着科研和生产的发展水平，这个层面上的意义不需要做特别的解释，但是这个物蕴含着物化的意义，在这个层面上它属于社会生活的物质基础。第二个层次，任何社会的事实世界乃至社会形态都具有意义层，这个意义层所蕴含的意义需要做出解释，比如说法律条文，它是刻于竹帛之上、载入法典之中还是出现于执法人员的言谈之中，这无关紧要，重要的是如何解释它的意义。在第三个层次，他说以上两个层次统一于人的活动中，而人的活动又存在于社会活动中，其中有物质的社会关系也有思想的社会关系。但关系不是凭空存在的，它既是物质的承担者又具有意义，二者在人的活动中达到统一，他把这个层次称为人的活动。把世界区分为三个层次，这种区分既有主客二分又有主客合一，人的活动也是和世界合而为一的。虽然强调主客二分，但是两者之间不可能是严格分离的，它统一到人的活动当中，而人的活动本身也参与行动，所以人也是这个世界的一部分。这样他就既强调了主客二分，又主张主客不分，认为人本身是世界的一部分，而这一点恰恰是中国传统哲学和 20 世纪后期西方哲学在本体论上的一个最集中的体现。像人文主义、存在主义、后现代主义也都有这样的特点，只有在这个层次上我们才能去讨论解决事实与价值之间的难题。如果思维方式不变，永远局限在二分法和二元论当中，则永远不可能找到答案。现象和本质、主观和客观、事实与价值是融合在一起的，是区分不开的，它们以人的活动为基础融合在一起，这就是景天魁教授的思维方式和过去的二元对立的不同。在这个基础上他进一步把社会分层，然后把方法分层。他指出自然科学的方法归纳了实证的、经验的、实验的这样一些方法，主要适用于社会生活的物质基础。人文认识的方法，如理解的方法、解释学的方法、体验的方法主要适用于社会生活的意义。他特别提出，无论是自然科学的方法，还是人文认识的方法，适用性都是有限的，不是放之四海而皆准的真理。如果超出了其适用的限度和范围，就会把某一种方法绝对化。比如说科学主义所追求的，用科学主义的方法来改造人文社会科学，只有接受科学主义的方法和范式，把它作为自己的意识形态才是科学，否则就不是科学，这就是绝对化。最后，他指出由于社会世界的多质性和多层次性，以社会为研究对象的社会科学方法论应该是综

[①] 景天魁. 现代社会科学基础：定性与定量. 北京：中国社会科学出版社，1994：13.

合的，从层次论过渡到综合论，把自然科学和人文知识的方法进行综合，这个综合不是简单的凑合，而是在融合的基础上，创造出适合社会现象特质的综合的方法论的基础，而这本书后面的内容就一直在回答这个问题，即创造出来的综合的人文社会科学方法论的基础是什么。大家若是有兴趣的话，请仔细阅读这本书。景天魁教授找到了一条把二元对立和事实与价值二分法融合在一起的道路，或一种思路，尽管不一定是完善的。这是他在其著作里讲到的人文社会科学研究方法。当然他也讲到了人文科学和社会科学的差异。这是在单纯主观或单纯客观之外第一个试图把主客观综合起来的方法。

与这个观点非常相似的还有马斯洛的观点，马斯洛是人本主义的代表，他们是在不同的背景当中从不同的角度来讨论问题，但体现了认识的一致性。马斯洛在《人性能达的境界》①这本书中提出"是"和"应该"可以实现融合和统一。怎么实现融合和统一？他认为有三个步骤。第一，从"是"过渡到"应该"。人首先要认识自己，弄清自己的本性、能力、潜能、需要、愿望、欲望、意志、选择等东西。人本主义对人的主观性的研究是非常独特的，它开辟了心理学研究历史上从来没有仔细讨论过的若干基本范畴，所以我们才把人本主义心理学称作第三思潮。你首先把自己主观的、人性的东西搞清楚，这是主观的方面。第二，要深刻地认识事实，因为事实会以其客观必然性给人的行为提出建议、提出要求，这和杜威的观点何其相似！事实判断可以指导人们做出价值判断，可以指导人们在价值条件和行为的结果之间建立起逻辑关系，这是杜威讲的。第三，他说事实创造应该，也就是事实创造价值。马斯洛在他的《人性能达的境界》中特别提出如何通过事实创造价值。必须是人在自我实现和高峰体验当中才能够完成事实创造价值的活动。所以他和景天魁教授的看法是一致的，也就是说最终事实与价值统一于人的活动当中，通过人的把握统一起来。而且马斯洛最大的特点是进一步解释了人的活动是一种什么样的活动。是不是所有人的活动都能把握事实与价值？是不是在所有的情境当中都能把握事实与价值？不是。只有在自我实现和高峰体验当中，在审美的和创造的活动当中，在实践的活动当中，才能完成事实与价值的创造，达成事实与价值的统一。所以他的解释更为细腻。事实上他既强调了主观的方面，也强调了客观的方面。

总之，关于人文社会科学研究方法论，在事实与价值关系这个维度上存在着三种可能的选择：追求客观主义、客观性原则、价值无涉；追求主观性原则，追求解释学理解的意义的体验的方法；以及在承认价值和事实二分的基础上，讨论人和社会的复杂性、多质性、多层性，试图在人的活动中把事实与价值统

---

① 马斯洛. 人性能达的境界. 昆明：云南人民出版社，1987.

一起来的综合的方法。哪一种选择是最科学、最应该的呢？这里无法给出答案。怎么选择，怎么判断，怎么认识，须由研究者自己来决定。如果由笔者来决定，笔者就会选择综合论。尽管不是所有人都赞同这样做，但无论如何我们都要不断进行审美的活动和创造的活动，不断地追求自我实现和高峰体验这样一个境界。作为人文社会科学方法论的事实与价值关系的难题及其解答是我们今天讨论的关键所在，它对于建立人文社会科学研究方法论的认识是极其重要的。

四、拓展性思考：价值无涉何以可能

最后一个问题是一个拓展性的思考，即讨论人文社会科学研究中的价值无涉可不可以，或者有没有可能。笔者的观点是不可能。无论人文科学还是社会科学，真正要做到马克斯·韦伯和迪尔凯姆所强调的价值无涉是不可能的。所以，人文社会科学的研究要坚持事实与价值综合的辩证的关系论。这可以分五个方面来阐述。第一，人文社会科学包括教育学既要研究事实也要研究价值，而不是非此即彼。它既有物质基础层又有生活意义层，都要研究，非此即彼的方法论是不妥的。第二，要在事实判断的基础上做出价值判断，把价值判断建立在事实判断的基础上，要克服迪尔凯姆所讲的主观意识的阶段，要使价值的判断以事实为基础，由事实判断推导出价值判断，或者由事实判断来证实或证伪价值判断。当然这非常困难，能否证实或证伪都是一个问题，但是毕竟我们能找到一些事实来支持我们所表达的价值。价值判断应该建立在事实判断的基础上，杜威、马斯洛、景天魁都有这样一个思路，即试图弥合二者之间的鸿沟。第三，要把价值还原为事实，事实的研究也可以把价值作为研究对象。当然这里不是强调客观论的事实价值一元论，认为事实就是价值，而是把价值作为事实来研究。比如，某些国家往往通过民调去统计不同选民的政治倾向，如80%的选民支持某一政党，20%的选民支持另一政党，把价值数量化，这就是把价值作为事实来进行研究。比如政策研究中的德尔菲法，有若干专家对各种不同类型的问题打分，他们在打分中对问题的判断包含了对价值的判断，他们所做的是价值选择。我们把若干价值选择变成数量统计就是将其作为事实。事实的内容是什么？就是价值判断，把价值还原为事实，从而弥合事实与价值的二分法之间的鸿沟。第四，用价值统率事实。当代西方的人文主义、精神科学、人本主义的传统，实际上都在强调一个很重要的问题，就是要用价值统率事实。包括质的研究方法的发展和探索都有这样的倾向。美国的永恒主义曾经提出忠告，20世纪在美国是一个"主义"的世纪，从实用主义开始有若干不同的主义，如要素主义、改造主义、新托马斯主义、永恒主义、行为主义、新行为主义、分析主义、存在主义、人本主义、后现代主义等等，其中永恒主义尤其思考了事实与价值的关系问题。它反思第二次世界大战所造成的破坏，认为最现代化的科技发展破坏了人类自由、平等、博爱等最基本的价值。它说科学技术是一柄双刃剑，科学的方法也是一柄双刃剑，根本的问题是要看这些科学技术包括最新式的武器掌握在谁的手中，掌握在具有什么样价值观的人的手中。所以它提出一个忠告——所有的自然科学家都要接受人文主义的教育，这样才能保证人类未来发展的方向，保证科学不会造成道德的困境，保证科学不会变成对人类的生活和基本价值造成损害的工具。在人文社会科学的研究当中，我们既要强调价值又要强调事实，哪一个更有优先性呢？用价值统率事实，价值具有优先性是笔者特别强调的一个观点，这在他处也有提及。[1] 价值具有优先性，在价值理性与工具理性之间，价值理性是具有优先性的。为什么价值理性具有优先性？因为事实判断告诉我们世界是什么样的，价值判断告诉我们在这样的世界里，我们应该怎么做出选择，哪一个更重要。我们知道世界是什么样子的和知道在这样的世界里应该做出什么样的选择，对于人生和社会来讲，后者是更重要的，如果做出了错误的选择，就可能对自身、对社会造成伤害，技术和方法就会变成坏的东西，它就是双刃剑坏的那一方面，所以价值选择是具有优先性的。第五，以研究者或者人的主体性为基础，以人性的完美境界在审美的、创造的实践情境中完成主观性和客观性、事实与价值的统一。真正能够达到事实与价值的统一要靠人的主体性，即在人的活动中达到事实与价值、主观与客观的统一。哈贝马斯提出了交互主体性和商谈伦理，杜威和马斯洛，还有景天魁教授追求的都是这样一个结果。如何在人文社会科学研究中处理事实与价值的关系？在梳理历史理论和评价历史理论的基础上，这五点应该是基本的原则。如果我们能做到这五点，就能处理好在人文社会科学包括教育科学研究中的事实与价值的关系问题。

例如，在社会科学研究中，包括在教育政策研究当中，价值无涉是不可能的，即使是所谓的政策知识分子，或者政策分析家，要想从事纯粹技术性的中立性的分析，也是不可能的。我们说政策研究有三种角色——政策研究者、政策决策者和中间人。研究者不可能完全做到价值无涉，决策者也有自己的政治意识形态和政策价值。研究者要做研究性分析，决策者要做初步分析，只有中间人被要求做技术性的中立性分析，但是即使是做技术性的中立性分析，也不

---

[1] 刘复兴. 实质与形式：两类基本的教育法价值//劳凯声. 中国教育法制评论：第1辑. 北京：教育科学出版社，2002.

可能完全做到价值无涉。中间人在讨论备选方案的时候，必然会受到自己主观性的影响，还要接受自己的委托人也就是决策者的基本价值。比如说专家受到教育部部长的指派去研究一个问题，他能不考虑部长的价值选择吗？他能做到价值无涉吗？不可能。而且教育政策也好，教育法也好，都具有实质价值和形式价值，也就是反映了价值理性和工具理性，这两者之间既相互联系又相互区别，而且在这两者之间，价值理性相对于工具理性来说具有优先性。为什么呢？下面这段话可以做一个说明："我们进行教育法制建设，应该全面认识法价值的两个基本方面，即价值合理性和工具合理性。"① 这里用的是合理性概念，实际上与价值理性和工具理性是一样的。"价值合理性（实质价值）要通过工具合理性（形式价值）体现出来，法律正义要通过法律秩序来实现；而工具合理性又必须以价值合理性为其存在的根据和基础，并在自身的形式中蕴涵价值合理性的特征，即法律秩序又必须是正义的秩序，只有承认法律秩序必须是正义的秩序，才能从根本上消灭'恶法亦法'的认识和现象。"② 如果程序本身不是正义的，法也不是正义的。"另外，从某种意义上讲，在价值合理性和工具合理性两个方面之间，价值合理性具有一定的优先性。"③ 为什么价值理性具有一定的优先性呢？"因为任何的工具合理性或法律秩序必须在法律规范被社会成员普遍认可、接受并自觉遵守时，才能形成客观的法律秩序。"④ 如果不接受，它就不能形成社会秩序，不能作为社会秩序的规范，它就可能被反对和废除。而社会成员认可、接受并遵守法律规范的一个前提就是，"法律规范本身追求的法律秩序必须蕴涵着全体社会成员所追求和理解的社会正义的价值理想，否则法律体系就可能丧失其权威性和有效性。……或者说，人类任何工具合理性或社会秩序都必须是正义的工具合理性或社会秩序。正是在这个意义上，价值合理性相对于工具合理性具有优先性"。⑤ 那些不正义的、不符合人类基本价值的工具理性不能形成稳定的社会秩序。正是从这个意义上，价值理性、价值涉入对事实来讲具有优先性。尤其是教育学的研究，它关注的是人的发展问题，关注的是社会发展问题，其中人性的张扬、价值的选择和价值的冲突不可避免，教育的领域、人生的领域和社会的领域充满价值和选择，充满利益关系和价值冲突。因此，我们的研究活动不可能摆脱人的需要，不可能摆脱个人选择和集体选择而保持价值无涉。关键在于，在讨论价值涉入问题时，我们不要忘记把我们的价值判断建立在事实判断的基础上，把价值作为事实来研究，用研究者自身的主体性、创造性、交往理性来把握事实与价值的关系，实现事实与价值的融合。

---

①②③④⑤ 刘复兴. 实质与形式：两类基本的教育法价值//劳凯声. 中国教育法制评论：第1辑. 北京：教育科学出版社，2002.

如果我们走向另一个极端，那么讨论价值涉入本身也会遇到方法论的困境。

（刘复兴，中国人民大学教育学院教授、博士生导师，学术委员会主任，新时代中国特色社会主义教育研究中心主任。主要研究领域为教育政策分析、教育学原理、中国特色社会主义教育政策。）

第八讲
教育叙事研究的基本理论问题

一、理解叙事

二、教育为什么需要叙事

三、让叙事成为研究

叙事即叙述故事，但叙述故事就可以称得上"研究"了吗？叙事研究备受人们关注，是因为叙事研究所实现的教师专业发展功效，而不是因为其"研究"价值与意义。那么，叙事研究之于"研究"的价值到底如何？教育为什么需要叙事研究？本讲立足于回到"研究"本身，从"研究""叙述""故事"三个方面对教育叙事研究的"研究"气质等基本理论问题进行深入分析，以期加深对教育叙事研究本身的理解。

一、理解叙事

关于"叙事"，各类定义有很多，但归结到最基本的内核及操作定义来看，就是叙述故事。教育叙事即教育当事人或教育研究者"叙述"发生在教育中的故事。故事构成叙述的内容，叙述赋予故事新的意义。叙述是指告诉、表达、呈现，它可以是说出、写出，或在戏剧、动画和其他艺术形式中表现出来；故事不仅仅意味着事件或情节，它指有故事性的事件，更是指富有教育学意义的事件。因此，教育叙事研究的两个最基本的方面就必然是关于叙述与关于故事的，即教育叙事意味着如何叙述以及叙述什么样的故事。如何叙述涉及建构一个故事时所需要的结构、知识和技能；而叙述什么样的故事不仅意味着呈现"日常事件"，更关注使日常事件成为故事的故事性特征。简单地说，叙述故事不外乎两个基本方面：选择与组织。选择故事的基本元素，包括人物、时间、情节、空间等，这一行为需要有一种教育学敏感；组织则包括对故事各元素的组合及事件的呈现方式，这一行为需要较强的教育理论修养。选择与组织的过程即意义赋予或显现的过程。

正如康纳利与克兰迪宁所指出的，叙事既是一种现象，也是一种方法。[1] 本讲探讨的叙事，是作为一种研究方法的叙事：叙事即叙事研究。因此，教育叙事的最终产物是一个叙事文本，而不是一种叙事行为。

在教育叙事中，叙述故事有两种基本情形：第一，教育当事人叙述自己的教育故事；第二，旁观者叙述教育当事人的教育故事。在第一种情形中，教育当事人可以指教师、学生、家长、教育管理工作者等，其叙述的方式，可以是口述，也可以是自己撰写故事（如撰写完整的教育自传、简单的教后记、日记、笔记等）；在第二种情形中，旁观者主要指从事教育研究的工作者，也可以指当

---

[1] Connelly F M, Clandinin D J. Stories of Experience and Narrative Inquiry. Educational Researcher, 1990, 19 (5): 2-14.

事人的同事或其他主体，而其主要是通过各种研究方法与技术去获得关于教育当事人的生活故事，并根据某种意义关联把故事呈现出来。

二、教育为什么需要叙事

（一）人类经验的故事性

"人是故事性的动物""人类经验的故事性"，是叙事研究兴起与发展的自明性前提："叙事是与人类历史本身共同产生的；任何地方都不存在，也从来不曾存在过没有叙事的民族……"① 但人为什么要叙述故事，却没有被仔细讨论过。在笔者看来，这一前提可以从以下几个方面来理解：第一，生命历程及其意义感构成了故事的内容前提；第二，"存在"通过语言、艺术等各种符号"表达"自身；第三，通过叙述故事，使自己在与他人的关系中凸显出来；第四，通过叙述故事，以一种实践智慧的方式保存自己的文化。总的来说，人类经验的故事性体现在两个方面。其一，个人生活史："我们每个人也有一部个人的历史，有我们自己的生活故事，这些故事使我们能够解释我们是什么，以及我们被引向何方。"② 其二，人类文化史。在这两种意义上，可以说，教育中的人、教育智慧，在很大程度上正是以"故事"的方式存在的，或内蕴于"故事"之中。

（二）教育叙事具有解放气质

教育叙事是教育研究中不同于宏大叙事的另一种言说方式，它更关注基于个体专业生活的具体的事件及其经验的详细描述，而不是原理性陈述，它"为普通教师、学生以及其他读者提供一种能让他们参与进来的生活语言风格的研究文本"③。这使教育当事人，尤其是一线教师获得一种发出自己声音的机会，"以使教师的声音能被人们清楚大声地听到"④，从而摆脱了那种总是让别人替教师说话的失语状况。在一定程度上，教育叙事实际上是一种声音政治学的体现，通过教师教育叙事，教师在一定程度上摆脱了被"写"的从属状况。教育叙事的解放气质还表现在知识生产方面。教育叙事确实可以生产一些知识，这在一定程度上改变了教师在知识的"产生—分配—消费"链条中的位置，即改

---

① 巴特. 叙事作品结构分析导论//张寅德. 叙述学研究. 北京：中国社会科学出版社，1989：2.
② 马丁. 当代叙事学. 北京：北京大学出版社，1990：216.
③ 丁钢. 教育叙事：接近日常教育"真相". 中国教育报，2004-02-19.
④ Goodson I, Walter R. Biography, Identity and Schooling: Episodes in Educational Research. London, New York, Philadelphia: The Falmer Press, 1991：139.

变了以往的那种只消费知识的状况，进入了链条的前端。

（三）教育叙事是一种接近教育理论的方式

首先，教育叙事是一种不同于"宏大叙述"的"经验叙述"，它关注个体和群体的内在世界和经验意义。基于教育经验的复杂性、丰富性与多样性，教育叙事可以回到教育现场，而"教育经验的叙事探究便不仅仅为经验的呈现方法，也成为教育意义的承载体，更构成了一种开放性意义诠释的理论方式"。[①] 其次，教育叙事隶属于"发现"，而不是"证明"的研究范式。因此，教育叙事研究遵循自下而上的归纳逻辑，从故事本身中寻找内在的结构，而不会先入为主地用演绎的概念框架去提取或套系故事。"扎根"是教育叙事研究形成理论的方式。教育的经验叙述不能停留在故事本身，而应以扎根的方式建构情境性的实质理论，并走向律则性的形式理论。

（四）叙事研究是诞生原创性、本土化教育理论的沃土

从总体上说，我国目前的教育理论处于一种"失语"的状态：从方法论到分析框架，从概念、术语体系到具体的教育案例，都隶属于西方话语系统。近年来，本土化、原创性教育理论的呼声是对这一现象反思后的努力。丁钢在谈到自己酝酿教育叙事研究的基本原因时曾谈到，中国教育所包含的丰富意义远没有呈现出来。[②] 教育叙事研究通过叙述本国教育当事人的故事，来寻找本土概念，发展本土案例，进行充满本土文化意蕴的解释，创造本土化的教育理论，从而为我国成为教育理论输出国做出贡献。目前一线教师们做的很多叙事研究，并不是严格意义上的叙事研究，但提供了大量本土化教育经验，为本土化教育理论的建构提供了大量素材，使理论研究对日常教育实践保持高度的教育学敏感，并从中寻找教育理论自身发展的可能。

（五）教育叙事提供了另一种研究视角

首先，由内而外，而不仅仅是由外而内。教育叙事使我们意识到，教学知识并不仅仅是由外而内，即创造于大学，应用于中小学；教学知识亦蕴藏于教师的实际工作和环境中，教学知识必须既从内部也从外部来省察。[③] 传统的教育研究主要是一种外部的省察，而教育当事人的叙事研究，是一种从内部而来

[①] 丁钢. 教育经验的理论方式. 教育研究，2003（2）.
[②] 周勇. 教育叙事研究的理论追求：华东师范大学丁钢教授访谈. 教育发展研究，2004（9）.
[③] Cochran-Smith M, Lytle S L. Inside/Outside: Teacher Research and Knowledge. New York: Teachers College Press, 1993：XI.

的教育知识生产,这种视角的转向,恰恰内在地契合了教育的实践性质。其次,从经典教育思想到一般知识、信念与思想。以发现教育、教学规律为己任,以思想与著述为职业的研究者,其思想常常与实存的教育世界的思想有一段距离:"教育理论与教育实践脱节",即是我们一般的感受。事实上,教育研究应当注意到在人们生活的实际世界中,有一种作为底色或基石的一般的教育知识、思想与信念,它真正地在人们判断、解释、处理所遇到的教育问题中起着积极作用。教育叙事把这种一般的知识以故事的方式呈现出来。

(六)教育叙事指向的不是故事,而是意义及其理解

任何叙事,都希望传递出某种意义。正如前文所述,教育叙事是另一种言说方式,叙事文本的特点就在于以其生动的描述、丰满的形象、细腻的感受、轻松的笔调等,激起阅读者的共鸣,从而不断"点头"认同,进而对其教育学意义有所领悟。与论文阅读相比,阅读叙事文本是一种非正式阅读,但其效果似乎更好,因为收获来自领悟,而不是论文式的接受。与此相关,支撑教育叙事研究的,正是人文科学独特的方法论,即狄尔泰式的"体验—表达—理解"。叙事本身是一种体验及其表达,而阅读叙事文本所伴生的"现象学式的点头"表明了一种移情性的、参与性的理解及其表达。因此,评价一个叙事文本好坏的基本标准即是:故事及其叙述是否蕴含了丰富的教育学意义?能不能很好地引导阅读者去领悟这些意义?能不能导致一种现象学式的"点头"?

(七)叙事写作迫使反思行为发生

"反思"对于教师专业发展的重要意义已得到公认,人们也找到了很多促进教师反思的方法。叙事是一种切实可行、效果显著的反思方式——"写作迫使人持一种反思的态度"。[①] 叙事是一个将体验、经验等文本化的过程,这本身就是一个反思的过程。为了写作,我们必须思考,但叙事写作不是建构性思考,而是回忆性思考,通过叙事写作,我们再次回到"那一刻",再次回味"那一刻"。因而,叙事写作必然是一种反思活动。

通过教师叙事写作所进行的反思,其指向性是非常明确的,它指向"对儿童生活的境遇与事件的教育学意义的理解"的反思,我们称之为"教育学反思"。[②] 教育学反思更多地强调在教师与学生的关系中,我们所传授的知识、我们解决问题的方式、我们对学生所说的每一句话、我们对学生的态度等,对学

[①] Van Manen M. Researching Lived Experience. Ontario: The Althouse Press, 1997: 64.
[②] Van Manen M. The Tact of Teaching. Ontario: The Althouse Press, 1993: 41.

生而言到底意味着什么？是有利于他们成长，还是有害于他们的发展？叙事写作通过最深层的教育学反思，将使教师养成一种"教育学反思"的意识与态度，从而使教师对自己的专业生活更加敏感，对自己的专业生活方式的教育学意义也更加明晰。而具备这种敏感特质的教师，就能抓住更多的"教育学时机"，从而能更有效地影响学生的成长。

三、让叙事成为研究

教育叙事研究受到广泛关注，并不是因为其在研究方面的价值与意义，而是因为其在教师专业发展方面的功效：通过自我叙述来反思自己的教育生活，从而实现教师专业发展，改进教育实践。[①] 目前有许多论文（包括硕士学位论文）均贯以"叙事研究"的名称，在笔者看来，这承受着一定的风险——对叙事研究本身的理解与把握。事实上，很多所谓的叙事研究，只是在形式上做到了叙述故事，而对叙事研究的研究气质把握不多，缺乏一种自觉的研究意识，从而在做研究的过程中，存在着一种简单化倾向：任何人都可以叙述故事，全国的教师都可以做研究。所以，有研究深刻地指出："如果叙事研究与我们通常知晓的任何事情（如理论驱动）都不相关，如果其不提出一个由研究者提出的感兴趣的问题（如假设检验），或者产生其他人能够用来界定特殊场景的知识（如非普遍性的），其如何能够被称为研究？"[②] 因此，迫切需要深入探讨叙事研究的研究气质。

（一）关于叙事研究

1. 什么是研究

叙事研究的教师专业发展功能是非常显著的，但我们不能因此而忽略了研究本身，我们必须回到原点，面向研究本身。研究是什么？

研究是一种态度，是一种对任何事情都要问一个为什么的"求根务本"的态度，一种追求"自觉地深刻"的态度；研究亦是一种行动，一种总是在寻找怎样才能做得更好的行动，这亦是一种走向理论智慧的行动。定义地说，研究是为了增加对与我们关联或感兴趣的现象的理解与解释而收集、分析信息（资

[①] 王枬. 关于教师的叙事研究. 全球教育展望，2003（4）：11，14；刘良华. 改变教师日常生活的"叙事研究". 全球教育展望，2003（4）；邱瑜. 教育科研方法的新取向：教育叙事研究. 中小学管理，2003（9）.

[②] Cizek G J. Granola and the Hegemony of the Narrative. Educational Researcher，1995，24（2）：26-28.

料)的系统过程。[①] 综合起来,研究应该有两个主要特征:第一,从内容上看,研究应该是一种目的性行为,这一目的基本上指向三个方面——生产知识(提供解释系统)、解决问题、造就自我。前两个是奠基性的,第三个则是伴生性的。第二,从形式上看,研究是一套规范化行为,这主要表现在研究必须符合从问题提出到资料收集、资料分析、呈现研究结论的严格的程序。

2. 叙事研究是一种有"理论冲动"与"理论准备"的研究

早些年在美国,有位学者抛出一个问题:如果有一天您的博士生提交给您一篇写得很好的小说,您是否给他博士学位?在北美,叙事研究的论文是最难通过的。我国叙事研究兴起之后,亦面临着同样状况:一个特级教师用故事的形式完整地描述了其教学过程,这是否可以作为课程与教学论专业的博士学位论文?教师的一篇教后记、教育笔记或日记等是否也可以称作是在"做研究"?流行的叙事研究中一般是以"反思"代替分析,"反思"是不是资料分析?用到的是什么资料分析技术?其结论如何?……"这些看似荒唐的问题其实关系到一个根本的问题,即作为一项研究,它首先是实质上的还是形式上的"。[②] 对这一现象的分析亦是本讲的初衷。

笔者判断的标准,即前文提到的内容标准与形式标准。从内容标准来看,没有"理论冲动"的教育叙事不是研究,没有"理论准备"的教育叙事不是研究。研究离不开理论,整个研究过程都如此。教育叙事强调的"教育学意义"实际上与此相关。从形式标准来看,程序不合法的教育叙事不是研究,合法的程序不仅仅是一种流程,此流程中许多环节也是为了确保研究的信度与效度,是一种科学精神的体现。在后现代思潮的影响下,人们动不动就要重新定义诸多事情,"研究""科学"等就是其冲击的对象。其实,后现代思潮重要的是其方法论与世界观意义,而不是其实质性的观点。

3. 叙事研究是一种质性研究,是对科学实证主义研究范式的有益补充

质性研究与量化研究是教育研究中的两种基本范式,从理念型意义上说,叙事研究属于质性研究。叙事研究应体现或满足质性研究的基本特征,如自然主义式的探究、归纳式的分析方式、整体的观点、质化的资料、个人接触与洞见、动力系统取向、独特的个案取向、情境敏感性、移情式中立、弹性规划等。[③] 体现质性研究特征越多的叙事研究,其研究性质表现得也会越明显。

---

① What Is Research. http://www.geocities.com/athens/3238/page3-15.htm;维尔斯曼. 教育研究方法导论. 北京:教育科学出版社,1997:4.
② 柯政,田文华. 对叙事和叙事研究的另一种叙述. 当代教育科学,2007 (14).
③ Patton M Q. Qualitative Evaluation and Research Methods. 2nd. ed. Newbury Park, CA: SAGE Publications, 1990: 40-41.

目前很多叙事研究都是以个案的方式展开的。个案大致分为内在个案、工具性个案和多个个案。在内在个案中，研究是出于对个案本身的兴趣；在工具性个案中，研究者更多地将个案当作探讨某种议题、提炼概括性结论的工具；多个个案是一种更明显的工具性个案研究，研究者旨在研究某个总体或一般情况，对于特定的个案本身则没有什么兴趣。① 在旁观者叙述他者故事的叙事研究中，始终有一种"走出个案"的冲动，更多表现为工具性个案。在研究过程中，工具性个案研究必须考虑研究对象的代表性，而在内在个案的研究中则必须考虑研究对象的典型性。叙事研究者对质性研究的基本知识应该能准确把握，只有这样方能更自觉地以形式合法性去确保研究的科学性。

4. 叙事研究是一种研究传统，其主题是生活史

根据劳丹的解释，研究传统是一组本体论和方法论规则，是关于一个研究领域中的实体和过程以及关于该领域中用来研究问题和构建理论的合适方法的一组总的假定。② 叙事研究、生活体验研究、教育人种志研究是不同的研究传统，叙事研究与生活体验研究有共同的领域，即生活史，教育人种志研究的研究领域则是社会、文化，而内容分析、话语分析等的研究领域则是语言。

"生活史是从个人怎样诠释和理解周围世界的角度来研究个人生活经历。"③ 生活史研究的主要表现形式有：自传、教育日记、教育志、教后记、阅读笔记等。以生活史为研究领域的叙事研究最重要的动力是"人类的那种不可救药的、永不知足的对他人生活的好奇心"。生活史研究的目的首先在于探究个人或共享某种特征的群体，是如何对发生在他们身上的事情赋予意义的。同时，生活史研究者深信：人们叙述他们的生活故事，为那些他们居于其中的社会背景的"大"问题提供重要的切入点及重要的洞见。④ 需要注意的是，以上生活史研究的表现形式只不过是资料的表现形式或来源，要想使生活史研究称得上研究，还有很多工作要做。

（二）关于"叙述"

1. 叙述是一种结构化的行为

叙事学在发展过程中，曾有一种倾向，即结构主义。叙事学的经典定义是：

---

① Stake R E. Qualitative Case Studies//Denzin N K, Lincoln Y S. The SAGE Handbook of Qualitative Research. Newbury Park, CA: SAGE Publications, 2005: 444.
② 劳丹. 进步及其问题. 北京：华夏出版社，1999：81-83.
③ 高尔，等. 教育研究方法导论. 南京：江苏教育出版社，2002：494.
④ Goodson I F, Sikes P. Life History Research in Educational Settings. Buckingham, Philadelphia: Open University Press, 2001: 1-3, 39.

"关于叙事结构的理论。为了发现结构或描写结构,叙事学研究者将叙事现象分解成组件,然后努力确定它们的功能和相互关系。"① 因此,事件研究是叙事学的发迹之处与强项。不管是后经典叙事学,还是经典叙事学,首先关注的是事件及其结构。脱胎于叙事学的教育叙事研究,应属于找寻结构的研究。

在叙述故事时,都必须考虑结构。首先要考虑故事本身的结构化。故事,就是把一系列的人物与事件以某种合理的方式组合在一起,使之成为一个有意义的关系结构。② 其次要考虑叙述的结构化,通过关系结构赋予独立的各个事件特定的意义,使之成为一个整体的各个部分。也正是在"结构化"这一意义上,托多罗夫将叙事研究称作一种科学,通过结构主义的成果对叙事进行深度挖掘,试图找到控制文本的一种普遍规律、框架性的结构。也正是在这一意义上,斯特劳斯认为阅读是一种智力挑战,即能否发现文本的结构。能达至文本结构的理解,才算是一种深度理解。

2. 叙述是创造性的意义建构,而不仅仅是事件描述

从叙述的动机来看,为什么要叙事?因为我们想通过叙述故事去告诉其他人发生了一些事情,想传递出这些事情所承载的意义。叙事要做到这一点,必须经过创造,而不仅仅是描述,即叙述故事并不是简单地按照时间、空间的不断转换把所发生的事件描述出来。叙事不是日常生活意义上的讲故事③,而是对故事进行多次选择(以便于更有效地承载意义)与严谨重构(以便于结构能更有效地表现意义)。因此,当代叙事理论普遍地认定这样一个思想,即叙事只是构筑了关于事件的一种说法,而不是描述了它们的真实状况;叙事是施为的,而不是陈述的;叙述是创造性的,而不是描述性的。

在此过程中,有一个非常棘手的问题,即"叙事者的自我意识":当我们在叙事行为中意识到了我们是在自我表现或改变自我时,这种表现与改变是以叙事的陈述力为代价的。在叙述故事的过程中,"我"必须否认自己是在创造,以便相信是"我"确实在发现自我,而不是在创造自我。正是这种自我意识造成了叙事的一种尴尬:所有的叙事都存在于一种虚构的真实的环境之中,都是真实的谎言。这样说也许并非夸张。④

---

① 唐伟胜. 国外叙事学研究范式的转移. 四川外语学院学报,2003(2).
② Kaplan T J. Reading Policy Narratives: Beginnings, Middles, and Ends//Fischer F, Forester. The Argumentative Turn in Policy and Planning. Durham, NC: Duke University Press, 1993: 162 - 167.
③ Bell J S. Narrative Inquiry: More than Just Telling Stories. TESOL Quarterly, 2002, 36 (2): 207 - 213.
④ 柯里. 后现代叙事理论. 北京:北京大学出版社,2003:130,146.

3. 叙述需要深描

质性教育研究的兴盛发展，与教育本身的实践性质有关，它对意义、互动关系和影响的关注，在教育作为实践的根本层面与教育自身相一致，它特有的深描方式有利于对实践意义的理解和解释。

深描的第一层意义是生动描述，即对特定的事件进行丰富、细致的描述（与摘要、标准、通则或变量相反）。对一个三分钟事件的翔实描述可能要几页纸，它抓住对所发生事件的感觉以及事件中的冲突，从而获得多种解释的机会。有些叙事研究的报告就像是真实的故事，像现实主义的小说。叙事研究正是在这种真实的描述中，使人与人之间、不同的文化之间达到一种真正的理解。这是说，深描的目的是使阅读它的人"能因此而像该社会或社群的成员一样恰当地参与和解释发生在群体中的事"，甚至能像其成员一样恰当地行动、感受、生活。

深描的第二层意义是深度描述。生活体验研究是此方面的典范，叙事研究应该借鉴生活体验研究中的体验描述，以期使叙事文本更能打动阅读者，使他们频频"点头"：正是在"点头"的过程中，视域融合实现了，意义世界诞生了。

（三）关于故事

1. 故事应该是解决某一（某些）问题的故事

把教育叙事的故事定位于问题解决的事件，有三个方面的原因。其一，生活中发生的许多事件并不具备前文所说的故事特征，事实上，日常生活中的大部分事件都是比较平淡的，波澜不惊，但当需要做出决策权衡的问题出现时，故事就涌现了，这些事件的故事特征会更明显。其二，从研究的角度来考虑，前文曾提到，"解决问题"是研究的奠基性目的之一，把故事定位于问题解决的事件，从"解决问题"这一意义上可以说，叙事研究称得上研究。要注意的是，在叙事时不仅要叙述问题解决的过程及其心路历程、问题解决的策略或方法，还要有一种解决问题的原则意识，如能做到这一点，其研究的成分会更浓，因为它已走向理论。其三，叙事研究中的故事，应该能达到改善实践的目的："重述和重写那些能导致觉醒和变迁的教师和学生的故事，以引起教师实践的变革。"[1] 而且，这种改善不仅是其他教师在解决问题方法上的学习或模仿，还是基于对故事的教育学意蕴的深刻理解：能理解故事所内蕴的文化处境、思维方

---

[1] Connely M & Clandinin J. Telling Teaching Stories. Teacher Education Quarterly, 1994, 21 (1): 145-258.

式、价值观念或理论意向等。

2. 故事应该蕴含着丰富的教育学意义

按海登·怀特的观点，叙述的结论即是叙事所表达出来的意义。正如前文所论，叙事指向的是从经验到意义："叙事是一系列事件的符号表征，这些事件以时间及因果方式有意义地联系在一起。"[1] 此处的"意义"主要是指教育学意义。

教师日常教育实践中，已经是习惯化、程式化的行为，似乎很难"碰到"故事，事实上，只要教师们有一种教育学敏感，每位教师都有故事，而且有很精彩的故事，因为教育每天都在"发生"。教育叙事研究中的故事，应该是能深深触动他人心灵的故事，为了做到这一点，研究者首先应该被故事打动，这是叙事研究中故事的基本条件。教育叙事研究正是"通过一个个真实的教育故事的描述，去追寻教育参与者的足迹，在倾听教育参与者内心声音的过程中，发掘教育个体或者群体行为中的隐性知识并揭示其蕴涵的价值和意义"。这即是说，教育叙事研究的重要价值就在于它通过教育生活经验的叙述促进人们对于教育及其意义的理解。

3. 故事一定是真实的故事，但可以加工

关于故事可不可以虚构，有不同的观点。一种观点主张教育叙事研究"不宜虚构教育之事"[2]；而另一种观点认为，"教育叙事研究可以虚构。教育叙事研究既可能叙述真实的教育事件或教育现象，也可能叙述想象中的虚构的教育事件或教育现象"。[3] 笔者以为，叙事研究不是叙事学，叙事学的故事可以虚构，因为从叙述效果来看，有些虚构的故事具有强烈的冲突性，其教育学意蕴的表现就更加充分、完整，也更加具有冲击性。作为研究的叙事，其故事应该是真实的。资料的可靠性、有效性是确保研究效度的前提。另外，作为意义理解与诠释的质性研究的叙事研究，其故事是可以予以适当加工的，这种加工的目的是利于意义阐发。

4. 故事的主体是多元的

关键的主体是叙事的基本要素之一。从理论上讲，故事的主体不仅仅是教师，也可以是一位教育当事人，或一个组织、一个群体、一个国家。这即是说，教育叙事研究可以用在教育领域的很多方面。尤其当叙述一个国家的教育故事的时候，可能就会涉及教育政策方面的研究。但目前教育叙事研究主要是教师

---

[1] Onega S, Landa J A G. Narratology: An Introduction. London: Longman, 1996: 3.
[2] 鲍道宏. 教育叙事研究：批判与反思. 教育理论与实践, 2007 (5).
[3] 刘良华. 教育叙事研究：是什么与怎么做. 教育研究, 2007 (7).

叙事，这有很多原因。其一，就是前面提到的教育叙事的解放气质，叙事研究在教师这里找到了广阔的用武之地。其二，在教育行政部门，出于决策或执行决策的工作要求，需要另外一种类型的知识，即逻辑明确、论证有力的知识，所以，教育行政部门对源自扎根理论的本土理论并不是很感兴趣，对产生这种知识类型的叙事研究自然也不会很关注。然而从方法的角度来讲，也许这种类型的知识与决策者所依赖的那种结构型知识不同，但它能以另外一种方式为决策提供依据。

（蔡春，首都师范大学教授、博士生导师，主要研究领域为教育基本理论与教育哲学、教师教育、教育美学等。）

第九讲
大数据驱动下的课堂教学研究方法

一、大数据与课堂教学研究

二、基于大数据的课堂观察方法

三、基于大数据的课堂写真方法

四、基于大数据的课堂分析方法

五、结束语

大数据源于信息技术的变革，它使各种物质生产要素因新技术的介入而提高创新能力，形成内生性增长。大数据关注行为产生的数据，使得课堂教学研究由"个人判断"和"经验主义"的研究转变为一种基于"细致精准"和"基于数据证据链"的研究，同时也使得人们从对客观事实及其规律的探究转向对人类行为数据的探究，从而带动了课堂教学研究认知思维的转变和研究方法的改变。本讲从大数据与课堂教学研究的关系出发，主要介绍三种典型的基于大数据的课堂教学研究方法——课堂观察方法、课堂写真方法和课堂分析方法。

一、大数据与课堂教学研究

"大数据"这个词最近十分热门。究竟什么是大数据？大数据与课堂教学研究有着怎样的关系？

（一）什么是大数据

大数据并不等同于大规模的数据，也不等同于大量的数据。[①] 大数据通常是指专业领域的巨量资料，其中半结构化数据和非结构化数据构成了大数据的主体。[②] 所谓非结构化和半结构化数据即无法直接存储在关系型数据库中的数据。

大数据技术描述了一个技术和体系的新时代，被设计于从大规模多样化的数据中通过高速捕获、发现和分析技术提取数据的价值。所以大数据的核心特征常常被概括为"4V"：一是大容量（high volume），一般认为大数据的容量应该在 TB 级（万亿字节）、PB 级（千万亿字节）甚至是 EB 级（百亿亿字节）以上；二是多样性（variety），大数据往往有多种数据源，数据种类和数据格式都冲破了以前所限定的结构化数据范畴，囊括了半结构化和非结构化数据，比如视频数据和音频数据等；三是高速度（high velocity），包含大量在线或实时数据分析处理的需求；四是高价值（value）、低密度，如以视频数据为例，连续不间断的视频监控大数据，具有极高的价值，但可能有用的数据仅仅一两秒钟。[③] 大数据可进一步细分为大数据科学（big data science）和大数据框架

[①] 李国杰，程学旗. 大数据研究：未来科技及经济社会发展的重大战略领域. 中国科学院院刊，2012（6）.
[②] 王元卓，靳小龙，程学旗. 网络大数据：现状与展望. 计算机学报，2013（6）.
[③] 彭宇，庞景月，刘大同，等. 大数据：内涵、技术体系与展望. 电子测量与仪器学报，2015（4）；严霄凤，张德馨. 大数据研究. 计算机技术与发展，2013（4）.

(big data frameworks)。大数据的分析方法包括简单的统计分析、分类汇总、聚类和频繁项挖掘等。

大数据时代的来临使数据从原本的记录符号转变为具有巨大延伸价值的资源,数据成为一种新的财富。[1] 与土地、能源等易消耗的传统财富不同的是,大数据可以交叉复用,具有取之不尽、用之不竭的特性,因此是"真正的可持续利用的资源"[2]。

在国外,美国教育部教育技术办公室 2012 年颁布的《通过教育数据挖掘和学习分析改进教与学:问题简介》,对教育大数据的应用做了具体描述:在教育中有两个特定的领域会用到大数据,即教育数据挖掘和学习分析。[3] 大数据挖掘是指从海量、不完全的、有噪声的、模糊的、随机的大型数据库中发现隐含其中的有价值的信息和知识的过程,也是一种决策支持过程。[4] 教育数据挖掘应用统计学、机器学习和数据挖掘的技术与开发方法,对教学和学习过程中收集的数据进行系统分析,其结果是以知识发现服务优化教与学的过程。在如今海量数据不断产生的时代,数据挖掘技术使我们不需要预先做出假设,直接可以进行数据分析,从中得到新的知识或规律。数据挖掘技术也促使研究人员在进行分析研究时从定性分析为主的传统分析方法,向定量分析为主的分析模式转变。[5] 学习分析运用信息科学、社会学、心理学、统计学、机器学习和数据挖掘等技术,分析从教育管理和教与学过程中所收集的过程性数据,其结果是以知识发现服务,支持学生的个性化学习过程与教师的个性化教学过程。

课堂教学行为大数据作为大数据的一种特殊类型,是由教师撰写的教学设计文本或多媒体课件等半结构化数据,以及多种视音频格式的课堂录音和课堂录像等非结构数据组成的。[6] 将课堂教学行为大数据的半结构化或非结构化数据转化为结构化数据的分析方法,以及应用计算算法实现半自动化或全自动化分析处理的方法有编码体系分析方法和记号体系分析方法等,也出现了多种比较成熟的大数据知识发现的分析方法。[7]

---

[1] 张燕南. 大数据的教育领域应用之研究:基于美国的应用实践. 上海:华东师范大学,2016.
[2] 黄欣荣. 大数据哲学研究的背景、现状与路径. 哲学动态,2015 (7).
[3] Bienkowski M, Feng M, Means B. Enhancing Teaching And Learning Through Educational Data Mining and Learning Analytics: An Issue Brief. Washington, D.C.: Office of Educational Technology, U. S. Department of Education, 2012.
[4] 张迪. 大数据时代科研新方法研究. 北京:北京理工大学,2015.
[5] 徐超. 科学研究第四范式对信息分析的挑战与应对. 情报资料工作,2017 (4).
[6] 王陆,马如霞. 基于教育大数据的知识发现方法与技术. 北京:北京师范大学出版社,2019.
[7] 王陆,张敏霞. 基于课堂教学行为大数据的教学反思方法与技术. 北京:北京师范大学出版社,2019.

（二）什么是课堂教学研究

课堂是质朴的、思辨的、分析的、批判的、创新的、激昂的；课堂也是思想生命的火花的碰撞与展现之地，是情不自禁从灵魂深处流露出不断滋润精神之园的丝丝甘泉的发源地。[1]

王鉴教授曾经指出：课堂教学研究是指以课堂为研究田野，以课堂教学四要素及其相互关系为基本研究对象，以探寻教学现象和教学规律为抓手，追求优化教与学活动的一种研究活动。也就是说，课堂教学研究是关于课程、教师、学生、方法与技术四要素及其关系的研究。[2]

古德和布罗非提出了一个课堂教学研究的三个步骤：课堂观察、课堂写真和课堂分析。[3] 其中课堂观察是课堂教学研究的基础，也是获取研究证据的重要环节；课堂写真则下连课堂观察上连课堂分析，聚焦教学现象，处于课堂教学研究的中间层级；课堂分析处于整个课堂教学研究中的最高境地，聚焦教学规律的发现。

二、基于大数据的课堂观察方法

课堂观察是课堂教学研究的第一步。观察，是指细察事物的现象，是一种有目的、有计划、比较持久的知觉活动。著名的进化论提出者达尔文曾经说过："我没有突出的理解力，也没有过人的机智，只是在觉察那些稍纵即逝的事物并对他们进行精细观察的能力上，我可能是中上之人。"而世界著名的生理学家巴甫洛夫则刻下了"观察，观察，再观察"的名句，以此来强调观察对于研究工作的重要性。

（一）基于大数据的课堂观察的定义

自从有了课堂教学以来，课堂观察的行为就一直存在。课堂是教育行为最常发生的地方，有效的课堂观察能为教育研究提供真实的第一手资料并成为其有效的起点。但是，作为一种科学研究方法的课堂观察至今仍然是"一项被遗漏的教师专业能力"。

课堂观察源于西方的科学主义思潮。在西方，课堂观察被运用到教育研究

---

[1] Good T L, Brophy J E. 透视课堂：第十版. 北京：中国轻工业出版社，2017.
[2] 王鉴. 课堂研究概论. 北京：人民教育出版社，2007.
[3] 同[1].

中，大致经历了三个阶段。①

第一阶段，也称为探索阶段，课堂观察作为一种方法被引入教育研究领域。自 20 世纪二三十年代，自然科学中的观察、心理实验室中的观察以及在社会学和人类学研究中对特定群体的观察研究，影响了教育领域的研究者，他们开始试图通过观察的方法研究课堂。自 20 世纪 50 年代，观察方法开始在教育研究的文献中涌现。

第二阶段，也称为工具发展阶段，课堂观察的方法和工具大量涌现。20 世纪 50—70 年代，受教育研究中科学化思潮的影响，定量化、系统化、结构化的观察方法不断出现，研究者们不断探索系统性的观察记录体系，并将其运用到课堂研究中去。美国社会心理学家贝尔思于 1950 年提出的"互动过程分析"理论是其中的典型代表。贝尔思开发了人际互动的 12 类行为编码，并以此为课堂中小组讨论的人际互动过程的研究框架。在某种程度上，贝尔思的研究拉开了比较系统的课堂量化研究的序幕。而由美国课堂研究专家弗兰德斯提出、后经他自己不断完善的研究成果"互动分析系统"，则运用一套编码系统，记录课堂中的师生语言互动，分析、改进教学行为，标志着现代意义的课堂观察的开始。根据学者霍普金斯在 1993 年所做的文献回顾，这一时期大约有 200 个有代表性的系统观察量表，它们大多数来自美国。可见，系统化、工具化的课堂观察在美国被大量开发，课堂观察的专业性和技术性得到很大发展。

第三阶段，也称为拓展研究阶段，课堂观察方法和技术围绕有效教学的探讨深入发展。自 20 世纪 70 年代中后期以来，课堂观察被大量应用到课堂教学研究中，随着科学研究方法尤其是教育科学研究方法的不断完善，编码表、项目清单等科学、量化研究工具被引入，与此同时，录音机、录像机等媒体技术的发展，丰富了课堂观察手段与技术，使课堂观察更具可操作性。但是，量化的课堂观察在加深对课堂教学的描述和认识的同时，也无法掩饰其纯技术的缺陷。人们对于量化工具的"科学性"也开始质疑，一些基于解释主义和自然主义的定性观察方法重新引起人们重视，课堂观察中结合定量与定性方法研究教学的有效性成为主流。② 从 70 年代开始，人种志研究等质性研究方法开始走入课堂观察。完整的文字描述呈现了课堂全貌，使原本被剥离出来的课堂事件、课堂行为回归情境本身，从而研究者利用个人经验可以更好地理解、诠释课堂。如罗森祥（Rosenshine）和弗斯特（Furst）综述了 20 世纪 70 年代以前研究者

---

① 崔允漷. 听评课：一种新的范式. 教育发展研究，2007（9B）.
② 杨玉东. "课堂观察"的回顾、反思与建构. 上海教育科研，2011（11）.

在使用课堂观察时所潜在使用的有效教师的九种特征。艾奇逊（Acheson）和高尔（Gall）在此基础上，结合现代媒体技术的发展，如录音、录像技术的普及，发展出了针对有效教学特征的 21 种定量与定性相结合的课堂观察技术。英国学者雷格（Wragg）在 1999 年出版的《课堂观察手册》中指出，课堂观察技术具有很强的主观选择性，并从定量观察和定性观察两大维度对课堂观察方法做了系统梳理，反思了每一类方法的优劣所在。

以上三个阶段的划分并非泾渭分明，比如在工具发展阶段也有很多研究者使用定性的参与观察，这种划分不过是说明课堂观察方法在不同的阶段体现出的主流发展趋势。课堂观察在西方沿着科学化的轨道，从单一走向多样，从定性到定量，再到定量与定性相结合，不断地深入发展，同时观察方法的理论也不断深入实践，成为研究者和教师有意识并且经常使用的重要研究方法。

在我国，并非没有课堂观察方法的研究和应用，只是它们更多被作为其他研究方法的辅助手段，未予以足够重视。教师对课堂观察方法使用的自觉程度很低，经验性成分比较重，也缺乏必要的课堂观察框架的指导。课堂观察技术自 1995 年引入我国以来，经历了从研究者视野的理论探讨到课堂教学实践中的应用，再到作为教师专业能力提升的工具，其实践角度的工具价值已逐渐为一线教师所认可。课堂观察正逐步进入中小学的课堂教学研究活动中，成为提升教师专业能力的一条有效途径。

那么，究竟什么是课堂观察呢？课堂观察是课堂研究广为使用的一种研究方法。课堂观察方法是指研究者或者说观察者带着明确的目的，凭借自身感官，比如眼、耳等，以及有关辅助工具，如录音录像设备等，直接或间接从课堂情境中收集资料，并依据资料做相应研究的一种教育科学研究方法。[①]

课堂观察是一种教育研究方法。它将课堂中的问题具体化为序列观察点，将课堂中的连续性事件拆解为一个个时间序列单元，将课堂中的复杂情境转化为一个个彼此联系的空间单元，并透过对序列观察点的时间与空间单元的定格、扫描、统计、描述与记录等操作，得出观察结果。课堂观察结果能够促进教师进行反思、分析、推论，并由此促使教师的教学实践行为改进，最终达到优化教与学过程的目的。

课堂观察是一种连续的行为系统。它由确定观察目的、选择观察对象、聚焦观察行为、记录观察情况、处理观察数据、呈现观察结果等一系列不同阶段的连续行为构成。

[①] 王陆，张敏霞. 基于课堂教学行为大数据的教学反思方法与技术. 北京：北京师范大学出版社，2019.

课堂观察是一种工作流程。它包括课前准备、课中观察与课后信息处理分析三个阶段，形成了"发现问题—确定问题—分析问题—处理问题—解决问题"的工作流程。基于课堂观察，教师认识、理解、把握课堂教学事件，澄清教学实践的焦点问题，并在数据分析的基础上反思教学行为，寻求新的教学改进策略与方式。

课堂观察是一种团队合作。它需要由既彼此分工又相互合作的科研团队完成。在课堂观察的整个过程中，每一个阶段都是多向互动的，包括教师之间的互动、教师与观察设备之间的互动。教师团队借助于课堂观察，探究、应对具体的课堂教学及其管理等方面的问题，开展自我反思和专业对话，在改进课堂教学的同时，促使团队中的每一位成员都得到专业发展。在课堂观察的过程中，有的教师作为被观察者进行授课，有的教师作为观察者进行评课，每个人都有自己的角色。而评课时也不再是目的性不强的简单点评，而是带有明确的目的，运用具体的方法技术去进行教学分析。

（二）基于大数据的课堂观察的案例

基于课堂教学行为大数据的课堂观察如何使我们能够发现新现象、新事物，或提出新理论、新观点？

2012年，一位教研员找到我，希望我能为他们提供基于大数据的证据，用以支持他们用传统的听评课方式寻找到的多个跨学科、跨学段却具有相同教学模式的课例。怎么来做这样的研究呢？首先，教学是由问题构成的，教学的一切都可以说成是问题的衍生物，学生学习能力的形成就在于问题解决能力的形成。由此针对教学模式的分析就可以从问题的各种属性上进行量化，然后依据数据证据链进行判断。下面以北京市东城区的两节课（北京市某中学的高中物理课，名称是"带电粒子在复合场中的运动"；北京市某中学的初中数学课，名称为"有理数的乘方"）的视频为例进行分析。

第一步，分析两节课教师提出的问题类型。如图9-1所示，两位教师在问题类型上的差异并不显著，两位教师在课堂提问中都是以推理性问题为主，创造性问题很少，侧重于学生原理性知识的获得。高中物理课中记忆性问题较少；初中数学课中记忆性问题相对较多，但有少量的批判性问题。

第二步，分析两位教师的课堂问答方式。如图9-2所示，高中物理课教师采用了大量的提问前先点名方式，占比达到66.67%，表明教师在课堂中采用了较多的有针对性的提问，课堂压力较大；初中数学教师采用了较多的让举手者答的方式，占比达到59.20%，表明教师采用了有针对性提问和学生的自愿性对话方式，课堂压力不大。

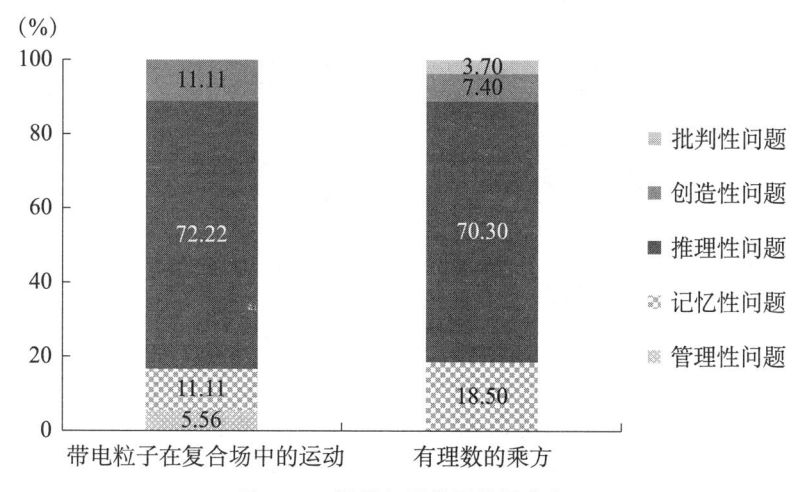

图 9-1 课堂问题类型数据分布

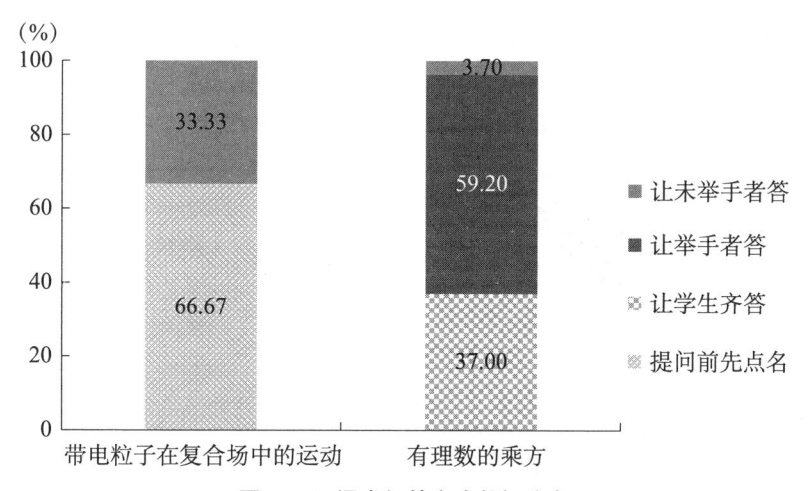

图 9-2 课堂问答方式数据分布

第三步，分析课堂中的对话深度。如图 9-3 所示，高中物理的课堂对话深度可分为五级，表明教师在不断地进行教学干预，问题难度大；初中数学课的对话深度以一级和二级为主，表明教师缺乏问题链的设计，且问题难度偏低。

第四步，分析两节课的问题结构。如图 9-4 所示，高中物理课"四何"问题分布比例均匀，"如何"类问题和"若何"类问题都远高于 2012 年北京市东城区高中物理课的常模数据，表明教师注重培养学生的策略性知识和创造性知识；初中数学课则以"是何"类问题为主，表明教师注重培养学生获取、记忆事实性知识的能力。

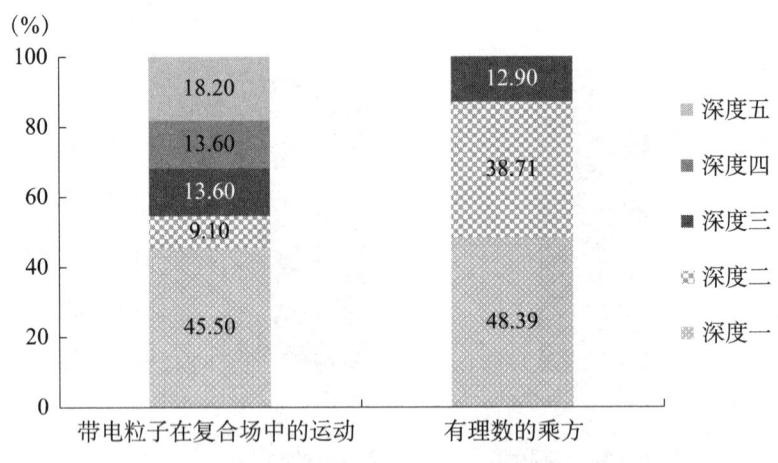

图 9-3 课堂对话深度数据分布

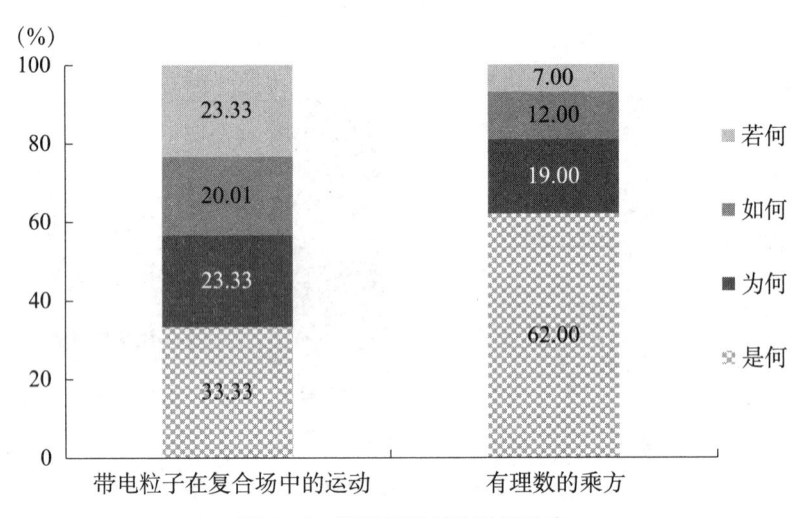

图 9-4 课堂问题结构数据分布

第五步，分析两节课的师生活动曲线。如图 9-5 所示，高中物理课的 S-T 曲线既有纵向断层也有横向断层，表明学生在课堂中进行独立学习和教师大段讲解的时间都比较多；初中数学课的 S-T 曲线反映出师生交互频繁：课堂对话丰富，课堂沉寂率偏低。

第六步，教学模式分析。如图 9-6 所示，高中物理课采用的是典型的混合型教学模式，而初中数学课采用的则是典型的对话型教学模式。

案例告诉我们，在大数据时代，对教育信息进行再加工，并深入分析和总结，能获得有用的关于课堂观察的知识。

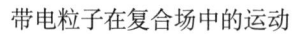

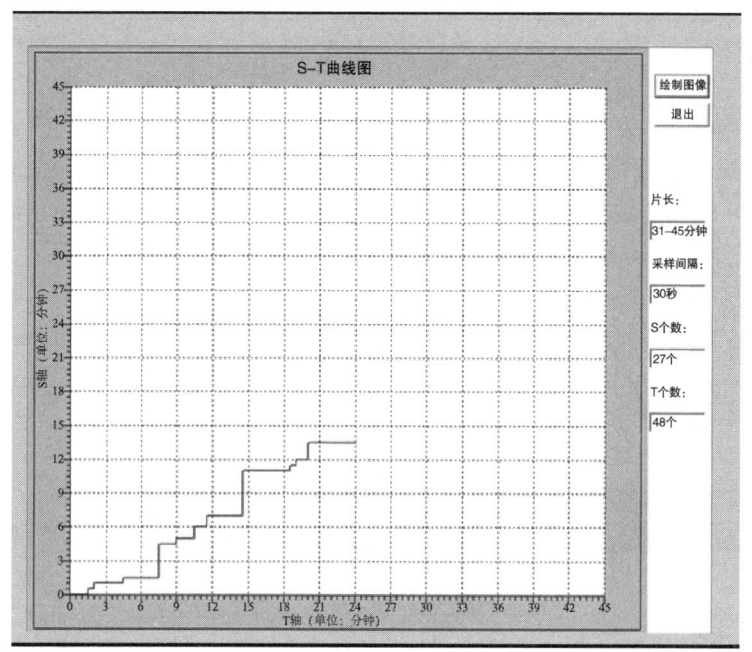

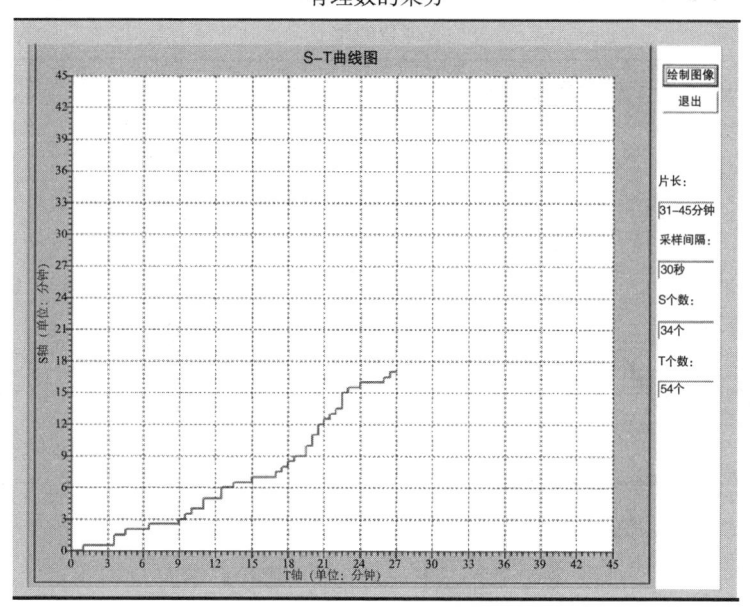

图 9-5 师生活动曲线

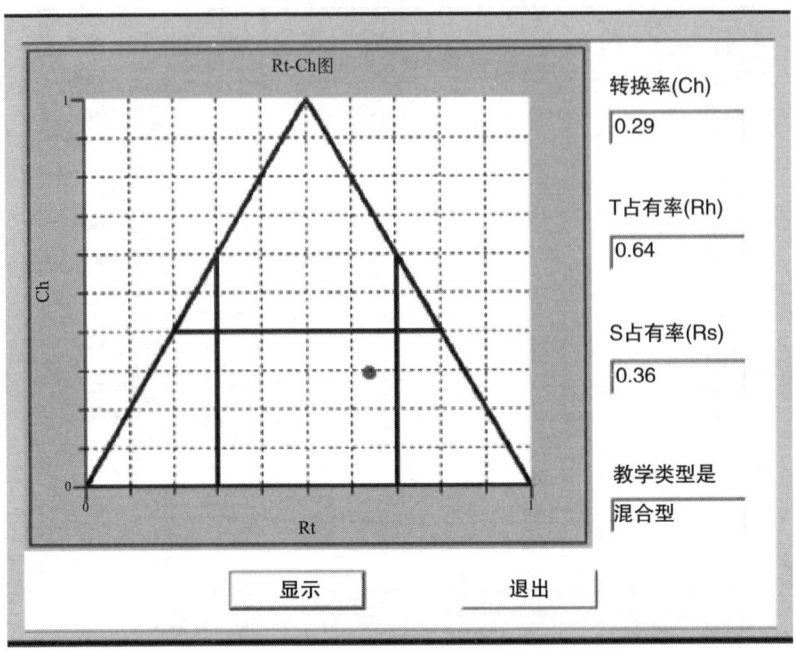

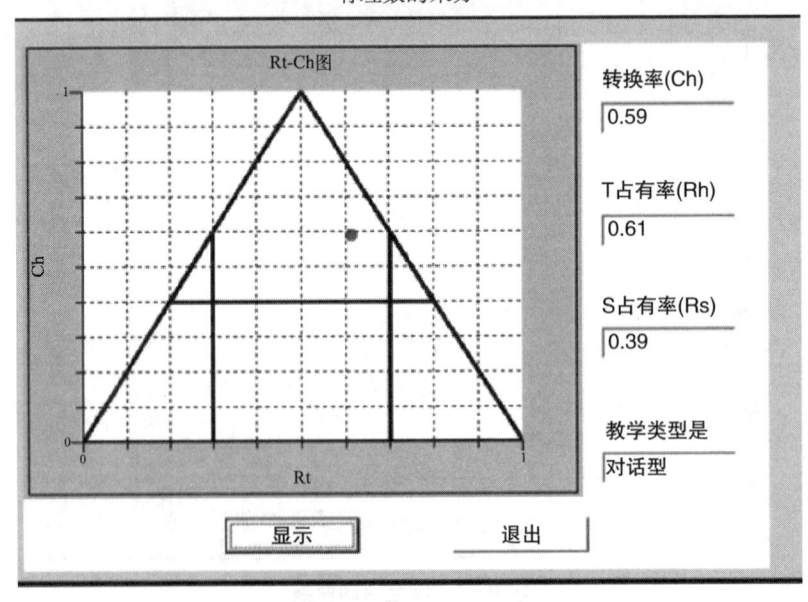

图 9-6　教学模式分析

（三）基于大数据的课堂观察方法

依据不同的分类标准可以将课堂观察划分为不同的类别，分类是为了更清楚地认识和利用课堂观察。目前比较常见的课堂观察分类方法有：①

（1）自然观察和实验观察。依据对课堂观察的情境和对象是否进行了严格控制，可以将课堂观察分为自然观察和实验观察两类。自然观察就是对课堂观察的情境和对象不做任何的严格控制。基本上，在常态课的情况下进行的观察就是自然观察。如果对课堂观察的情境或对象要进行严格的控制，比如，要观察某个班级的交互式电子白板情境下的教学，就需要进行实验观察。因为我们对情境进行了严格明确的界定，就是班级里要有教学装备——交互式电子白板。有时我们可能只对学困生进行观察，这个时候，其他类型的学生，比如优等生和中等生就不进入观察视野，我们聚焦于学困生的行为，此时由于对观察对象进行了严格控制，故这种观察被称为实验观察。

（2）直接观察和间接观察。依据观察者是否借用观察设备，可将课堂观察分为直接观察和间接观察两类。观察者亲临现场，只凭借自己的眼睛、耳朵等感觉器官直接进行的课堂观察是直接观察；研究者借助录音、录像等专用设备，或在装有录音、录像设备的专用教室等专用环境中获取录音或录像等观察资料，再通过观察资料所进行的观察就被称为间接观察。

（3）参与式观察与非参与式观察。依据观察者是否参与研究对象的活动或者观察者在研究中扮演的角色，可将课堂观察分为参与式观察和非参与式观察两类。参与式观察一般会要求观察者参与被观察者组织的各种活动中，将自己作为一个参与者完成课堂中的各种活动任务。观察者和被观察者之间也会发生互动。非参与式观察是指研究者不介入被观察者的活动，只是作为一个旁观者置身于课堂情境之中所进行的观察。

（4）开放式观察、聚焦式观察、结构观察和系统观察。英国学者霍普金斯在《教师课堂研究指南》中，依据观察情境的范围及观察的系统化程度，将观察分为开放式观察、聚焦式观察、结构观察和系统观察四大类。从开放式观察到系统观察是观察情境从开放到封闭、记录方式从定性到定量的一个不断过渡的系列过程。

观察者进入观察现场时持有一种开放的心态，对课堂现场进行全方位的观察记录，不聚焦到具体的问题，没有特别规定哪一类教育教学行为是专门要关

---

① 王陆，张敏霞．基于课堂教学行为大数据的课堂观察方法与技术．北京：北京师范大学出版社，2019．

注的，这种情况下的观察通常被称为开放式观察。开放式观察一般适用于观察者不太了解被观察者和其所处的情境时。

在聚焦式观察中，观察者要确定观察的焦点，有明确的观察目的和具体的问题，且只对焦点问题进行观察。例如，当观察的焦点是课堂中的提问时，与提问无关的教学活动就不再进入观察者的观察视线了。聚焦式观察的着眼点往往较小，所以具有较强的针对性。

结构观察中，观察者通常要采用记号或者符号对观察的事件进行统计性记录。例如，当我们想记录提问的类型时，若被观察的教师在课堂中的提问共属于不同类型，则观察者可以设定不同的符号来表示，如分别用 a、b、c、d 等表示，也可以用专业记号体系中的记号来表示等，从而对课堂中的问题类型进行统计性观察与分析。

系统观察是观察者利用编码量表等系统观察分析工具对课堂进行观察，形成一个时间轴上一定时期内的对某位观察对象的连续性观察，它比结构观察更为复杂和系统，也更为封闭。

（5）定量观察和定性观察。依据收集到的课堂资料的特征及属性，还可以将课堂观察分为定量观察和定性观察。定量观察就是指用结构化的方式收集资料，但是一定要以数据数字化的方式呈现资料的观察结果。定性观察主要是以质化的方式收集资料，并且以非数字化的形式呈现的一种课堂观察，比如用文字呈现就是定性观察的一种。

将课堂观察方法进行分类的目的是为使用者揭示课堂观察在实际操作中的多种属性，并不是将每种课堂观察方法割裂开来或强调在实际使用中的非此即彼。很多课堂观察方法的划分并不是绝对的。例如，定性观察与定量观察方法在实际应用中并不互相排斥，它们是需要相互证明、相互补充的。每种课堂观察方法都有其优点，也都有其局限性。因此，在实际的课堂观察中，研究者往往需要将多种观察方法交错使用，才能解决实际教学中的问题。

在课堂观察过程中，只有能够使用并有效整合多种观察方法，才能解决课堂教学中真正的教学问题。著名的教育家苏霍姆林斯基曾经说过：如果你想让教师的劳动给教师带来乐趣，使天天上课不至于变成一种单调乏味的义务，那你就应当引导每一位教师走上从事教育科研这条幸福的道路。开展课堂观察不仅仅是要养成一种带着研究的视角和研究的思维进入课堂的习惯，更重要的是改变教师的专业生活，培养教师专业生活的高品质以及给教师带来思维方法的巨大改变，从而使我们的教师走上一条快乐的、严谨的、科学的专业发展道路。

一般来讲，无论哪种类别的课堂观察，在具体运用的过程中都有观察前、观察中和观察后三个基本阶段，每个阶段又包括一些具体步骤。

第一步，课堂观察前——确定观察的目的和规划。课堂观察前必须明确观察的目的，根据研究目的确定观察的中心或焦点，即需要记录的事件和行为，然后选择或设计观察记录的方式或工具，并且依据记录方式的要求及准则对观察者进行分工与培训。在需要多个观察者进行观察的情况下，要获得观察者之间较高的一致性，更需要预先做好培训。在课堂观察之前，确定目的并做好以上各方面的规划极为重要，准备越是充分，观察者就越能从课堂情境中收集到很多有用的详尽的资料。

第二步，课堂观察中——进入课堂及观察记录。课堂观察的实施过程包括进入课堂情境以及在课堂情境中依照事先选定的记录方式进行观察和记录。观察者要在上课开始前进入现场，并选择有利的观察位置，通常情况下，要按观察任务来确定观察位置，以确保能收集到真实的信息，但是要注意观察者位置的选择以不分散学生的注意力和不干扰教师正常的课堂走动为宜。通常需要记录行为发生的时间、出现的频率、师生言语或非言语活动的内容和形式，或者观察对象的其他行为以及观察者的现场感受和理解。课堂观察的科学性、可靠性关系到研究的信度和效度问题以及针对教学行为改进的课堂观察报告的质量。

第三步，课堂观察后——资料分析与解释。课堂观察结束后，应尽快对所收集的资料进行整理和分析，通过对所记录的课堂事实进行系统分析，揭示课堂行为之间的相互关系，了解被观察行为的意义。需要明确的是，课堂观察的最终目的不是写成研究报告或论文并发表，也不只是证明、填补或建构某种理论，更重要的是促进教学、改善实践，因此需要将课堂观察的结果及时反馈给被观察教师，以促进其改进教学。以教学改进为指向的课堂观察结束后，通常要召开课后反思会，一般分为授课教师自我反思、分析观察结果、思考和对话、提出改进建议等环节。课后反思会是一种集体反思的方法，旨在使观察者和被观察者进行有效的专业探讨，通过多视角、多方位寻找有效教学的策略，促进教师的专业发展。

三、基于大数据的课堂写真方法

写真一词，原指拍摄反映真实样貌的照片。课堂写真的目的是帮助教师和研究者认识课堂中真实的教学现象，并透过教学现象深入理解教学的本质。

（一）大数据下课堂写真的内涵

课堂作为教与学的重要环境，作为教学活动的主要场所，作为教学活动的基本细胞，作为教学研究的主要田野，其中的教学现象是我们理解与研究课堂教学活动规律与本质的重要切入点。① 教学现象是指在教学活动过程中表现出来的有关教学的比较表面的、零散的和多变的外部联系，包括可以观察得到的、看得见的和摸得着的各个方面，是人们认识和把握教学规律时必须研究的对象。尽管教学现象是我们教育工作者最常见的现象，但是我们对于它的了解还远远不能说是深入的。

教学现象不仅是一个具有高度实践性的问题，也是一个具有高度复杂性的问题。因为教学行为是复杂多变的，是因情境变化而变化的，教学现象是以教学行为为基础的。因此，教学现象具有多元性、同时性、即时性、不确定性和历时性等显著特点，所以给教学现象的研究带来了巨大的挑战。这也是造成我国目前针对教学现象的研究还一直处于一种思辨式的理论性研究阶段的一个原因。

深入研究教学现象不仅对建构教学规律具有重要的理论意义，而且对提高课堂教学质量和教师的专业发展也具有重要的实践意义。直观教学现象本身，不仅可以帮助教师真实地认识课堂教学并优化课堂教学，而且能够揭示教学的本质。然而也有研究者指出，无论是进入课堂的研究者，还是身处课堂的广大中小学教师，常常对教学现象缺乏明显的研究意识，对教学现象的观察式研究也不够重视。即使有了研究的意识，面对复杂多变的教学现象，也不知如何去研究；从而导致当前的教学规律更多的是研究者通过主观臆想或演绎推论得出的，较少是从复杂、多变的教学现象的观察中研究得出的。② 王策三先生针对上述问题曾经指出：研究者应该从鲜活的课堂教学实践中研究教学现象与探寻教学规律，研究教学现象及教学规律的重点要放在对现实课堂教学现象的研究上，并且必须对教学现象进行系统分析。

研究教学现象既需要拥有能够对其多变性进行客观描述的研究手段，同时也需要在零散的、具体的教学现象中发现规律，寻找出具有普遍意义的特殊的研究方法。课堂教学行为大数据作为大数据的一种类型，由于其大容量、多样性和多维价值等特征而具备对教学现象的特点与类型进行较为客观而全面描述的功能；同时大数据也改变着人类发现问题、解决问题的基本方式，从而可以支持研究者发现某些传统教育科学方法难以得到的规律和结论。基于大数据的研究同时也具备了探寻数据背后的意义和协助研究者寻找普遍意义的能力。

教学现象与教学本质是无法分割的。然而，从事课堂教学实践的人往往认为自己只是对教学现象负责，并不考虑教学的本质；但是越不考虑教学本质，就越会在教学现象层面出现更严重的忙碌与低效，而且不具有可持续发展的能

---

①② 王鉴. 课堂研究概论. 北京：人民教育出版社，2007.

力；从事课堂教学研究的人不愿意主动走近或者走进教学现象，躲在别人揭示出来的教学本质的"丛林"中，对教学本质进行二次加工甚至多次加工，这让自己不但离教学现象越来越远，而且离教学本质也越来越远；由此形成了教学现象与教学本质之间的紧张。[①]

一直以来，人们都坚持认为教学本质隐藏在教学现象的后面，教学现象只是教学本质的表象。于是，要认识课堂教学，就存在两种路径：一是最具代表性的透过现象看本质的课堂教学研究当属课堂教学志研究，这种研究希望通过对教学现象的描述和分析，揭示出隐藏其后的教学本质；二是对教学本质的理论研究中最具代表性的为元教学论研究，这种研究希望通过对教学理论的元分析，来论证教学本质的正确性。

大数据既可以对教学现象的多变性、瞬时性进行客观描述，又可以从零散的、具体的教学现象中寻找出具有普遍意义的规律，故而可以帮助打破二元论的认识，融合教学现象与教学本质而获得新视角：站在实践层面看到的教学被命名为教学现象；站在理论层面看到的教学被命名为教学本质。因此，教学现象应视为教学本质的直观，而教学本质应视为教学现象的抽象。

（二）基于大数据的课堂写真案例

1. 不同性别教师的差异性教学现象与共性教学现象

首先，收集326所靠谱COP项目（The Teacher's Online Communities of Practice，即教师在线实践社区）学校中的174位教师涉及9个学科共203节课的行为大数据。其中：男教师占22.41%，女教师占77.59%；新手教师占43.1%，胜任教师占30.46%，成熟教师占26.44%。其次，我们对不同性别的教师的教学行为进行了独立样本t检验，以发现不同性别的教师是否存在不同的教学现象，其结果如表9-1所示。

表9-1 不同性别教师教学行为t检验

维度	t	显著性（双尾）	维度	t	显著性（双尾）
师生行为转换率	2.641	.009**	创造性问题	.427	.670
管理性问题	2.563	.012*	鼓励学生提出问题	−1.091	.276
对话深度二	2.689	.008**	讨论后汇报	−1.805	.072
对话深度三	2.004	.046*	创造评价性回答	.156	.876
批判性问题	−.695	.488			

注：** 表示置信水平$P<0.01$，* 表示置信水平$P<0.05$。其中，P代表置信水平，表示在多次抽样中，估计值包含总体参数真值的概率。

[①] 周彬. 课堂现象学论纲：兼论课堂教学研究的路径选择. 教育研究，2012（5）.

表 9-1 的分析结果表明：不同性别教师的差异性教学现象在 0.01 显著性水平下，不同性别的教师在师生行为转换率呈现出显著差异。而不同性别教师的共性教学现象是，无论男教师还是女教师，在批判性问题、创造性问题、鼓励学生提出问题、讨论后汇报以及创造评价性回答等教学现象上均无显著差异，且这类教学现象明显少于其他教学现象。

经过对不同性别教师在师生行为转换率、管理性问题、对话深度二和对话深度三等教学行为大数据均值及标准差的分析可以发现：女教师的师生行为转换率、管理性问题、对话深度二和对话深度三都显著高于男教师。这一数据分析结果所表明的教学现象是：女教师比男教师在课堂中更频繁地转换课堂对话的话语权，女教师会跟学生发生更多的言语互动，同时女教师也更注重对课堂的统一纪律要求和管理，并且更重视在师生对话中开展适当的追问性教学干预。[①]

2. 不同科目教师的差异性教学现象与共性教学现象

按照文科和理科教学科目分组，我们用独立样本 t 检验、探析了文科和理科教师的课堂教学行为所带来的课堂教学现象的差异情况，其结果如表 9-2 所示。

表 9-2　不同科目教师教学行为 t 检验

维度	t	显著性（双尾）	维度	t	显著性（双尾）
记忆性问题	3.873	.000**	若何	−4.117	.000**
推理性问题	−6.415	.000**	对话深度一	5.159	.000**
创造性问题	3.811	.000**	对话深度二	−2.551	.012*
提问前先点名	−2.757	.007**	对话深度三	−2.396	.018*
让学生齐答	−2.844	.005**	对话深度四	−3.894	.000**
让举手者答	2.789	.006**	对话深度五	−2.019	.045*
集体齐答	−2.529	.012*	自我知识	−2.014	.045*
个别回答	3.306	.001**	情境知识	−2.049	.042*
记忆性回答	3.199	.002**	反思性知识	−2.245	.026*
推理性回答	−5.862	.000**	批判性问题	−.442	.659
创造评价性回答	3.276	.001**	鼓励学生提出问题	−.810	.419
是何	5.491	.000**	讨论后汇报	.856	.393
如何	−3.697	.000**			

注：** 表示置信水平 $P<0.01$，* 表示置信水平 $P<0.05$。

表 9-2 的分析结果表明：不同科目教师的差异性教学现象在 0.01 显著性水平下，文科和理科的教师在课堂提出的问题类型中的记忆性问题、推理性问题和创造性问题上呈现出显著差异；在教师理答方式中，文科和理科教师在提问前先点名、让学生齐答、让举手者答上呈现出显著差异；文科和理科教师在

---

① 王陆，李瑶. 课堂教学行为大数据透视下的教学现象探析. 电化教育研究，2017 (4).

学生回答类型中的个别回答维度上呈显著差异；文科和理科教师在学生回答类型中的记忆性回答、推理性回答和创造评价性回答上均呈现出显著差异；文科和理科教师在问题结构的是何、如何、若何上呈现出显著差异；文科和理科教师在对话深度一和对话深度四上呈现出显著差异。不同科目教师的共性教学现象是：无论文科教师还是理科教师，在批判性问题、鼓励学生提出问题，以及运用基于小组的讨论法教学等以学生为中心的教学现象方面均无显著差异，且这类教学现象明显少于其他教学现象。

经过对教学行为大数据均值及标准差的分析可以发现：文科教师的记忆性问题、创造性问题、让举手者答、个别回答、记忆性回答、创造评价性回答、是何问题和对话深度一都显著高于理科教师；而理科教师的推理性问题、提问前先点名、让学生齐答、推理性回答、如何问题、若何问题和对话深度四都显著高于文科教师。这一数据分析结果所表明的教学现象是：文科教师比理科教师更重视陈述性知识和创造性知识的获取，文科课堂也比理科课堂拥有更多的开放性问题，但对话深度明显低于理科课堂，说明文科课堂中的问题难度普遍较低，教师也较少进行追问式的教学干预；理科教师比文科教师更重视学生对原理性知识、策略性知识和迁移性知识的获得，理科课堂中的问题难度普遍比文科更高，且理科教师比较多地进行追问式教学干预。[1]

3. 不同学段教师的差异性教学现象与共性教学现象

按照小学、初中和高中三个学段划分，我们再通过独立样本 F 对三个学段中教师的教学行为进行方差分析，以发现不同学段中的不同教学现象，具体结果如表9-3所示。

表9-3 不同学段教师教学行为的方差分析

维度	F	显著性（双尾）	维度	F	显著性（双尾）
师生行为转换率	5.846	.003**	自由答	30.711	.000**
教师行为占有率	8.424	.000**	推理性回答	3.301	.039*
管理性问题	5.392	.005**	非言语回应	6.919	.001**
记忆性问题	3.433	.034*	批判性问题	.977	.378
推理性问题	3.906	.022*	创造性问题	2.869	.059
让学生齐答	14.054	.000**	鼓励学生提出问题	1.731	.180
让举手者答	60.666	.000**	讨论后汇报	2.968	.054
让未举手者答	34.137	.000**	创造评价性回答	2.436	.090
个别回答	15.680	.000**			

注：** 表示置信水平 $P<0.01$，* 表示置信水平 $P<0.05$。F 代表方差比率的统计量，用于检验两个或两个以上总体的方差是否存在显著差异。

表9-3的分析结果表明：不同学段教师的差异性教学现象在0.01显著性

---

[1] 王陆，李瑶. 课堂教学行为大数据透视下的教学现象探析. 电化教育研究，2017 (4).

会通与范导：教育研究的方法论问题

水平下，小学、初中和高中的教师在师生行为转换率、教师行为占有率、管理性问题、让学生齐答、让举手者答、让未举手者答、个别回答、自由答和非言语回应等教学行为上呈现出显著差异。不同学段教师的共性教学现象是：无论小学、初中还是高中教师，在批判性问题、创造性问题、鼓励学生提出问题、讨论后汇报以及创造评价性回答等教学现象上均无显著差异，且这类教学现象明显少于其他教学现象。

我们利用散点图对数据样本进行分析，结果发现：小学和初中两个学段以对话型和混合型教学模式为主，也存在较少的练习型教学模式；而高中学段以混合型教学模式为主，有较少的讲授型教学模式，具体如图9-7所示。

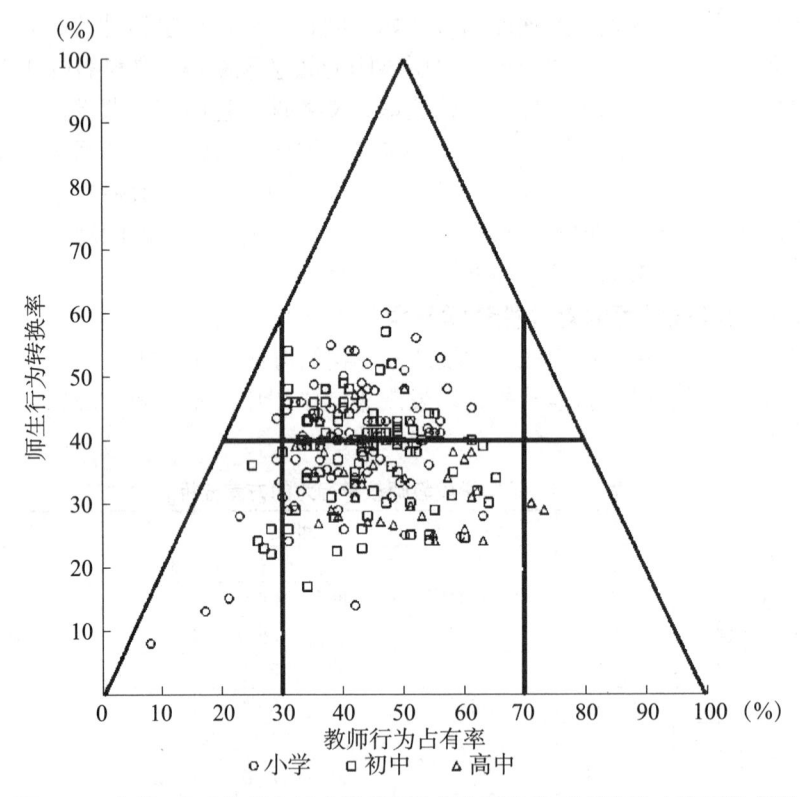

图9-7 小学、初中和高中三个学段师生行为转换率-教师行为占有率散点图

经过对教学行为大数据均值及标准差的分析，可以发现随着学段由小学、初中到高中的逐渐升高，数据反映出：教师行为占有率逐渐提高，而师生行为转换率有逐渐降低的趋势；管理性问题有逐渐减少的趋势，记忆性问题在初中阶段最多，推理性问题在高中阶段最多；在教师理答方式中，学段越高，让学生齐答的情形就越多，个别回答越少，让举手者答的比例越低，而让未举手者

答的比例越高，自由答的比例逐渐升高；推理性回答逐渐增多，非言语回应逐渐减少。具体如图 9-8 所示。

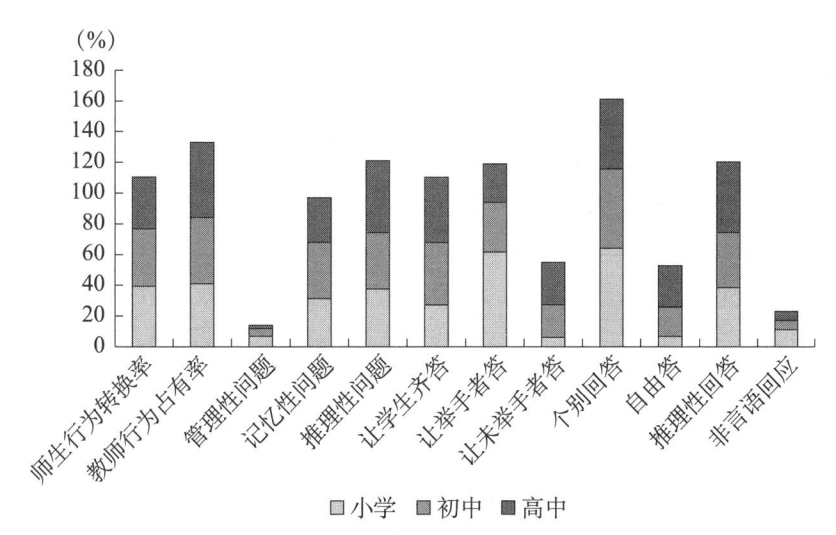

图 9-8　小学、初中和高中三学段具有差异的教学行为均值

图 9-8 所反映出的教学现象告诉我们：学段越高，教师的主导作用越强，学生主动参与课堂互动的机会越少，师生互动频率越低，师生之间的非言语交流明显减少；高中教师比小学和初中教师更侧重于学生获取原理性知识，而初中教师比小学和高中教师更侧重于让学生获取陈述性知识。[1]

四、基于大数据的课堂分析方法

在传统的印象中，课堂教学实践是动态生成的，课堂教学理论却始终是静态的。课堂教学因为动态而变得丰富多彩，因为动态而变得变幻莫测；课堂教学理论则因为静态而变得理性十足，因为静态而变得神圣不可侵犯。既然课堂教学本身是动态生成的，就意味着对课堂教学的认识也是动态的，对课堂教学实践的优化更是动态的；一旦把课堂教学置于动态之中，就意味着我们希望用静态的教学理论来评价课堂教学，或者用成熟的教学模式来引领课堂教学，都显得不切实际。[2]

对课堂教学本质的把握，并不需要我们去除课堂教学的情境性，而是让我们更紧密地结合课堂教学的情境，把自己的思想和生活都融入课堂教学情境之

---

[1]　王陆，李瑶. 课堂教学行为大数据透视下的教学现象探析. 电化教育研究，2017（4）.
[2]　周彬. 课堂现象学论纲：兼论课堂教学研究的路径选择. 教育研究，2012（5）.

中，从而去感受课堂教学的本质。相对于课堂教学实践形态的多样性而言，课堂教学的本质也应呈现多元性，也就是说每一堂课都有着属于自己的课堂教学本质，每一堂课的课堂教学本质也都或多或少相异于其他课的课堂教学本质。是故我们对课堂教学本质的把握，并不是为了解决别人的课堂教学问题，而是为了优化自己的课堂教学实践。

优化当下的课堂教学并不能简单地沿用普遍化的教学理论，也不能简单地迁移别人的课堂教学感受，甚至连自己过往的课堂教学经验也不一定适用，这就要求我们必须尽可能地把握每一堂课的内在本质，只有这样才有可能让当下的课堂教学变得更有品质。另外，虽然我们在当下课堂教学中把握到的本质，并不能直接应用到未来的课堂教学实践，也不能直接应用到他人的课堂教学实践，但对当下的课堂教学本质的把握，可以提升自己的课堂教学实践水平，并由此具有借鉴意义。

（一）基于大数据的知识发现

在 20 世纪 80 年代末 90 年代初，随着不同学科中数据资源积累速度的不断加快，人们逐渐意识到发展新的技术与工具来实现从数据中提取信息与知识的重要性。[①] 在 1989 年首次基于数据库的知识发现学术研讨会上，基于数据库的知识发现的概念被正式提出。[②] 不同于在此之前统计学家、数据分析师们提出的信息萃取与数据处理等概念，基于数据库的知识发现强调"知识"是基于数据的研究发现的最终产物。

1996 年，法亚德等人发表了第一个数据挖掘与知识发现过程模型，如图 9-9 所示。

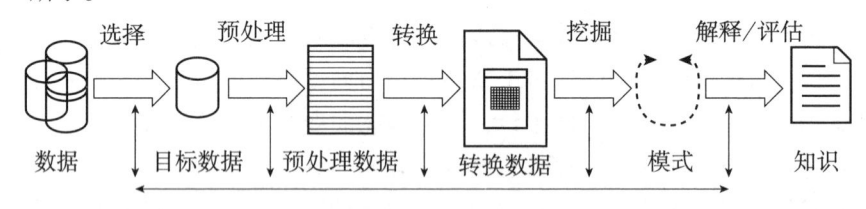

图 9-9 数据挖掘与知识发现过程模型

资料来源：王陆，马如霞．基于教育大数据的知识发现方法与技术．北京：北京师范大学出版社，2019．

[①] Fayyad, Usama, Piatetsky-Shapiro Gregory & Smyth, Padhraic. Knowledge Discovery and Data Mining: Towards A Unifying Framework. International Conference on Knowledge Discovery & Data Mining, 1996, 7 (4): 82-88.

[②] Piatetsky-Shapiro G. Report on the AAAI-91 Workshop on Knowledge Discovery in Databases. Technical Report 6. IEEE Expert, 1991.

图 9-9 所示的数据挖掘与知识发现过程模型,展示出数据挖掘与知识发现过程是从数据选择开始的,之后会经历数据的预处理、转换、挖掘和解释/评估等一系列的操作,最终将数据转化为知识。法亚德对数据挖掘与知识发现的研究,为建立连接"数据"和"知识"的桥梁奠定了重要的基础。

2000 年,在法亚德的模型基础上,天睿(Teradata)、SPSS、戴姆勒-克莱斯勒(Daimler-Chrysle)以及 OHRA 等多家机构联合发布了跨行业数据挖掘标准流程(cross-industry standard process for data mining,CRISP-DM)。CRISP-DM 还建立了围绕数据的过程模型等。CRISP-DM 模型将基于数据挖掘的知识发现过程分为业务理解、数据理解、数据准备、模型建立、评估和部署共六个步骤。2005 年,西奥斯对知识发现过程模型进行了进一步完善,得到了结构如图 9-10 所示的知识发现过程模型。

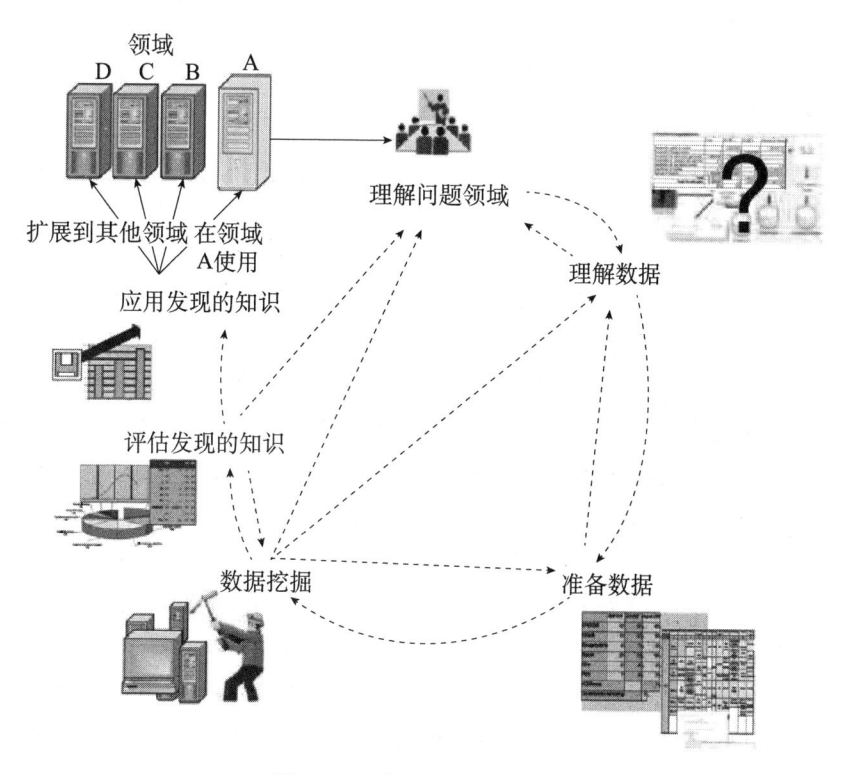

图 9-10　知识发现过程模型

资料来源:Cios K J, Kurgan L A. Trends in Data Mining and Knowledge Discovery//Pal N R, Jain L. Advanced Techniques in Knowledge Discovery and Data Mining. Springer,2005:1-26.

综合上述知识发现过程模型的研究成果,我们可以将基于数据的知识发现概括为六个步骤:

第一步，理解问题领域：根据需求，确认知识发现的目标，学习和理解相关应用领域的知识。

第二步，理解数据：确认数据质量，初步发现数据特征。

第三步，准备数据：将需要研究的目标数据集，经过数据清洗等预处理过程，根据任务需求，转换成符合需要的形式。

第四步，数据挖掘：选取与任务目标相匹配的数据挖掘手段与算法，例如对数据进行分类、回归和聚类等。如果准备依据数据挖掘的结果建立模型，也需要选择适当的模型以及参数。

第五步，知识评估：通过对数据挖掘得到的模型或机制进行解释，从中获取知识。对知识的评估一般为检验知识发现过程中获取的知识与已有知识是否冲突，并根据评估的结果，决定是否要返回到之前的步骤，重新进行基于数据的知识发现。

第六步，知识应用：将发现的知识付诸实践。不仅可以运用在第一步中涉及的问题领域，也可以运用在其他扩展的领域。

近年来，随着大数据概念的提出以及与之相关的数据科学和信息技术的飞速发展，在大数据基础上的知识发现应运而生。相应的，在基于大数据的知识发现过程中，各个步骤相对于基于传统数据库的知识发现过程也发生了变化。由于数据量巨大，在数据挖掘与数据分析之前，数据的探索性可视化分析成为必要的一环。因为数据的可视化分析便于研究者了解数据的质量和统计学分布的意义等，从而可对数据的精度以及后续的深入分析做出评估。[1] 数据规模庞大、来源多样且种类繁多的大数据本身能使人从宏观的视角了解数据之间的联系。基于大数据的数据挖掘，能聚焦宏观视角中特定的一点，获取大量的细节信息。由于大数据的数据价值密度相对较低，这就要求研究者在数据挖掘过程中使用更先进的手段与技术，提取大数据中，特别是非结构化大数据中蕴含的有价值的信息。由于数据量的变化，在某些条件下基于大数据的数据挖掘与数据分析，相对于传统的注重精确度的统计学分析而言，更加看重对总体趋势的确定。例如，在基于大数据的知识发现中，研究者对"相关性"的重视会远超过对"因果性"的重视，这体现出基于大数据的知识发现重要的新特征。[2] 舍恩伯格在《大数据时代》一书中提出，"建立在相关关系分析法基础上的预测是大数据的核心"。大数据相关分析得到的模型，在其建立的过程中不再依赖于研

---

[1] 黄欣荣. 大数据对科学认识论的发展. 自然辩证法研究，2014（9）.

[2] Grady N W. Knowledge Discovery in Data Science：KDD Meets Big Data. 2016 IEEE International Conference on Big Data，2016.

究者事先的假设，能够使人们在不知晓现象背后因果关系的情况下，解释过去已发现的现象，并且对未来做出预测。随着各种与大数据相关技术的不断发展，基于大数据的知识发现将会更好地服务于包括教育学在内的各个学科的知识管理与知识创生。图9-11很好地描述了数据挖掘与大数据的关系。

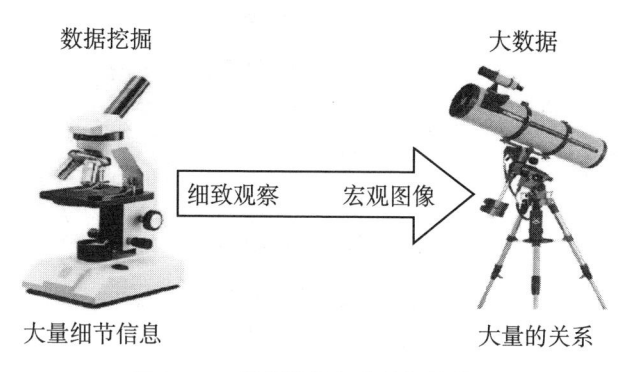

图 9-11　数据挖掘与大数据的关系

资料来源：Pitre R，Kolekar V. A Survey Paper on Data Mining with Big Data. International Journal of Innovative Research in Advanced Engineering，2014，1 (1).

人们如何从符号、数字以及信号等各种形式的数据中获取信息与知识，并最终形成有预见性的智慧？这是所有知识发现方法与技术要面对的问题。数据、信息、知识和智慧有着怎样的关系？人们通过建立DIKW（数据、信息、知识和智慧）模型，对这一类问题进行了深入的研究。

关于DIKW模型的提出，最早可以追溯到美国诗人艾略特发表于1934年的诗作《岩石》中的内容："Where is the wisdom we have lost in knowledge? Where is the knowledge we have lost in information?"翻译成中文是："我们在哪里丢失了知识中的智慧？又在哪里丢失了信息中的知识？"1982年，教育学家克利夫兰在艾略特的诗句中提取出"信息即资源"的理念。1989年，管理学家艾可夫在其论文《从数据到智慧》中系统地阐述了数据、信息、知识和智慧的关系，及其相互间的转化过程。随着近些年学者们对DIKW模型的不断完善，DIKW模型将数据、信息、知识和智慧纳入如图9-12所示的金字塔形的层次体系中，其各层都具有特质，相互之间既有联系，又有区别。[①]

数据是被记录与保存的符号与信号，是对事物性质的纯粹表征，数据是最原始的素材，未经过任何加工处理的数据，没有任何实际意义。当数据经过有

---

① Liew A. Understanding Data，Information，Knowledge and Their Inter-Relationships. Journal of Knowledge Management Practice，2007，7 (2).

▍会通与范导：教育研究的方法论问题

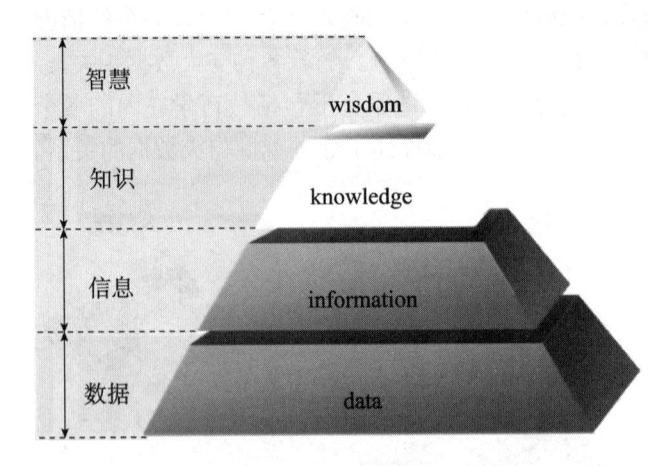

图 9-12　DIKW 模型

资料来源：王陆，马如霞．基于教育大数据的知识发现方法与技术．北京：北京师范大学出版社，2019．

目的的处理，并通过各种各样的方式关联起来时，数据就成为被赋予意义的信息。信息是具有逻辑关系的数据，是对数据的解释，可能是有用的，但并非必然有用。信息可以用来回答一些简单的问题，例如：谁？什么？哪里？什么时候？知识是从相关信息中过滤、提炼和加工而来的有用信息的集合，它包括人对事物的认知、理解，以及了解如何行动的能力。知识通过推理和分析还可能产生新的知识。知识可以回答"如何"的问题。而智慧是人类独有的一种能力，主要表现为收集、加工、应用和传播知识的能力，以及对事物发展的前瞻性看法。相对于具有确定性的知识而言，智慧是非确定性的、非必然的和外推的过程，是具有预见性的高度抽象的过程。在知识基础上，通过经验、阅历、见识的积累而形成的对事物的深刻认识、远见，体现为一种卓越的判断力和决断力，包括对知识的最佳使用。智慧可以回答"为什么"的问题。

整体来看，知识是双向演进的。一方面，数据经过分类、整合、计算与选择转化为信息，而信息经过提取后进一步转化为知识，智慧则决定了人们如何依据自己的价值观正确地运用知识；从数据向信息、知识、智慧转换的过程中，人为参与、人工施为的成分越来越多，其价值也越来越高。另一方面，知识也可以通过文本化、可视化的方法外化为信息，而信息也可以被捕捉与储存，转化为数据。数据、信息、知识的转化关系如图 9-13 所示。

图 9-13 揭示了知识如何从数据中逐步萃取和提炼出来。就数据转化为信息的过程来说，随着信息技术发展，有越来越多的方法与工具可以被应用于其中。例如，数据挖掘技术、文本挖掘技术、网络挖掘技术、数据库工具、数据

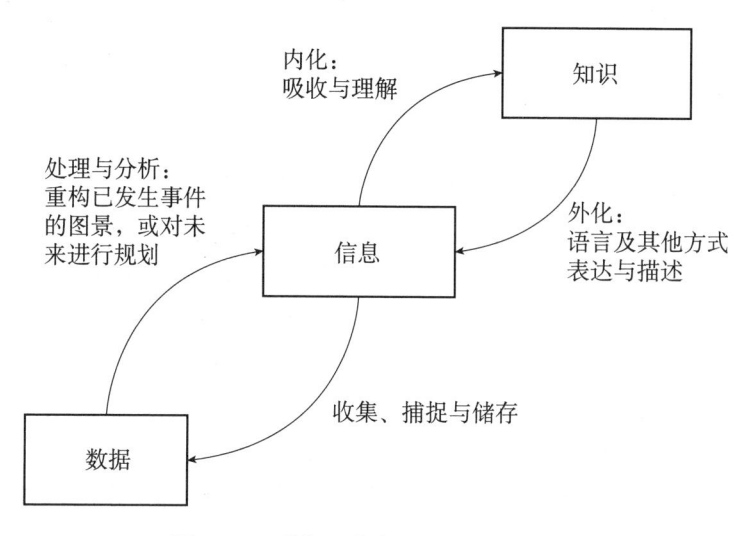

图 9-13 数据、信息、知识的转化关系

资料来源：Liew A. Understanding Data, Information, Knowledge and Their Inter-Relationships. Journal of Knowledge Management Practice, 2007, 7 (2).

仓库和信息管理系统等。而对于知识发现、知识管理系统、智能知识管理的研究，则积极推动信息向知识的转化。近年来，基于大数据的相关研究也赋予了DIKW模型更多的意义。例如，通过大数据分析得到具有可操作性的信息，可以为人的行为决策过程提供指导，特别在对偶然性的考量方面可以有效减轻决策者的负担。基于大数据分析的预测模型已成为知识创生的重要来源，包含巨量数据的数据集，也使得智能知识管理系统能够生成更高层次且与智慧关系更加紧密的新知识。

（二）基于大数据的课堂分析案例

提问并不是什么新鲜事物，事实上最久远的提问模式之一可以追溯到柏拉图和苏格拉底时代，至今，提问仍然在学校中被广泛使用着，为此，有研究者将课堂提问视为"最有影响力的单一教学行为"。提问是人类思维和社会交往的重要工具，它为人们打开了通往数据、信息、知识和智慧的大门。问题是话语活动和辩证思维的关键组成部分。课堂提问作为促进师生互动交流的最基本方法之一，在课堂教学中已经变得越来越重要。利用问题支持与促进学生学习的理念最早由苏格拉底提出，并被柏拉图奉为圭臬，可以说数百年来提问一直是课堂教学的基石。

以 2015—2019 年 38 个靠谱 COP 项目在课堂中的有效提问为研究对象，我们运用过程性评价和增值性评价，形成基于课堂教学行为大数据的高阶问题特征图谱，探寻当前中小学课堂中高阶问题与基于问题的师生互动的变化特征，发现当前课堂提问的改进着力点，从而进一步丰富当前中小学教师课堂改进的途径与方法。[①]

本案例研究的对象是中小学教师课堂提问中的有效问题。所谓有效问题是指教师以疑问句在课堂中面向全班学生提出的并明确要求学生给予回答的言语性问题。本研究共获得了 44 597 个符合条件的样本。这些样本均来自 2015—2019 年 38 个靠谱 COP 项目的 1 580 节混合型和对话型课例中所提出的有效问题。

本研究采用了线上和线下两种数据收集方法。所谓线上收集方法是指在靠谱 COP 平台中由项目研修教师自己上传视频、录像后研究者获得数据源的方法；所谓线下收集方法是指研究者进入研究对象的授课教室由研究者现场采集而获得数据源的方法。

本案例的研究变量分为问题类型、师生互动方式、课型和时间共 4 个维度，包括 20 个研究变量。本研究中的问题类型变量用于测量课堂提问中的问题水平，共包括 9 个变量，其中高阶问题有创造性问题、批判性问题、如何和若何共 4 个变量，而低阶问题有记忆性问题、管理性问题、推理性问题、是何和为何共 5 个变量。师生互动方式变量用于反映教师提问后引发的师生互动特征，共 8 个变量，包括：鼓励学生提出问题、讨论后汇报、打断学生回答或代答、学生行为占有率和对话深度，其中对话深度又包括对话深度二至对话深度五。课型变量根据教师行为占有率和师生行为转换率确定，有对话型和混合型两种不同的教学模式。时间变量取值于 2015—2019 年。

本案例采用编码体系分析方法和记号体系分析方法将教学录像中的非结构化数据转化为本研究所需要的问题类型、师生互动方式和课型，再采用描述性统计、差异性分析、相关性分析和聚类分析等方法进行数据挖掘的量化分析。对来自 38 个靠谱 COP 项目的视频课例进行编码体系分析后发现：混合型课型占 54%，对话型课型占 37%，练习型课型占 7%，而讲授型课型仅占 2%。依赖这一结果，以下聚焦混合型和对话型这两种主要的课型进行讨论。

(1) 高阶问题数量的变化。在 2015—2019 年，无论是混合型课型还是对话型课型，高阶问题的数量均得到了提升，其中混合型课型中的高阶问题从 16.57%增长到 20.53%，高阶问题共增长了 23.90%；而对话型课型中的高阶问题从 17.93%增长到 20.53%，高阶问题增长了 14.50%，如图 9-14 所示。

[①] 王陆，彭玏. 2015—2019 年中小学课堂高阶问题特征图谱. 电化教育研究，2020 (10).

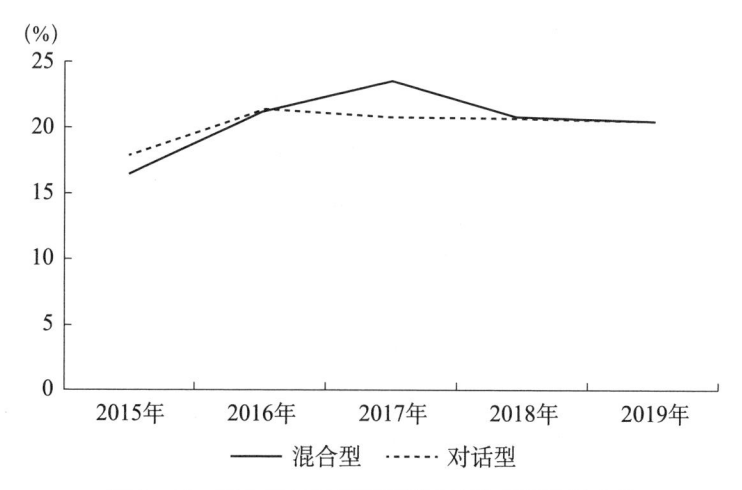

图 9-14　混合型与对话型课型中高阶问题数量变化

图 9-14 表明：来自 38 个靠谱 COP 项目的 44 597 个有效提问中，高阶问题的数量远高于坎宁安 1987 年研究发现的有关高阶问题只占课堂问题数量的 5%，混合型课型和对话型课型中的高阶问题都达到 20.53%，约占全部有效提问的 1/5。

虽然高阶问题在混合型和对话型课型中有了显著增加，但是，当前课堂中仍以低阶问题为主。威伦将高阶问题数量极少，且教师在设计问题类型时的选择范围往往非常狭窄的原因归结为教师的教育信念，威伦认为这是由于教师往往认为并坚持教学主要通过回忆和重复来传授知识和学习。由此，我们可以得到的启发是，要想扭转课堂中高阶问题占比很少的情况，首先需要转变教师的教育信念。

（2）课堂提问风格的变化。首先，针对混合型课型中四类高阶问题和五类低阶问题，运用 K 均值聚类算法发现了混合型课型中存在 A、B、C、D 共四类提问风格，如图 9-15 所示。

图 9-15 所示的混合型课型中共有四类教师提问风格：A 类风格以高阶问题中的若何问题为主，课堂侧重于培养学生的迁移能力；B 类风格各方面水平都比较低，以高阶问题中的如何问题为主，课堂中以策略性知识的获得为主；C 类风格以低阶问题中的为何问题和高阶问题中的批判性问题为主，课堂中侧重于培养学生的理解能力和批判性思维；D 类风格以高阶问题中的创造性问题为主，课堂中侧重于培养学生的创造能力。

图 9-15 所示混合型课型中教师提问风格的动态变化信息表明，在 2015—2019 年，A 类风格占比总体呈现出下降趋势，五年间相对增长率为 -22.27%，为负向改进趋势；B 类风格占比总体呈现出下降趋势，五年间相对增长率为 -19.14%，以正向获得为主；C 类风格占比总体呈现小幅增长趋势，五年间相对增长率为 14.55%，为正向改进趋势；D 类风格总体呈现出显著增长趋势，

五年间相对增长率为568.73%，是四类提问风格中变化最显著的一类，为正向改进趋势。

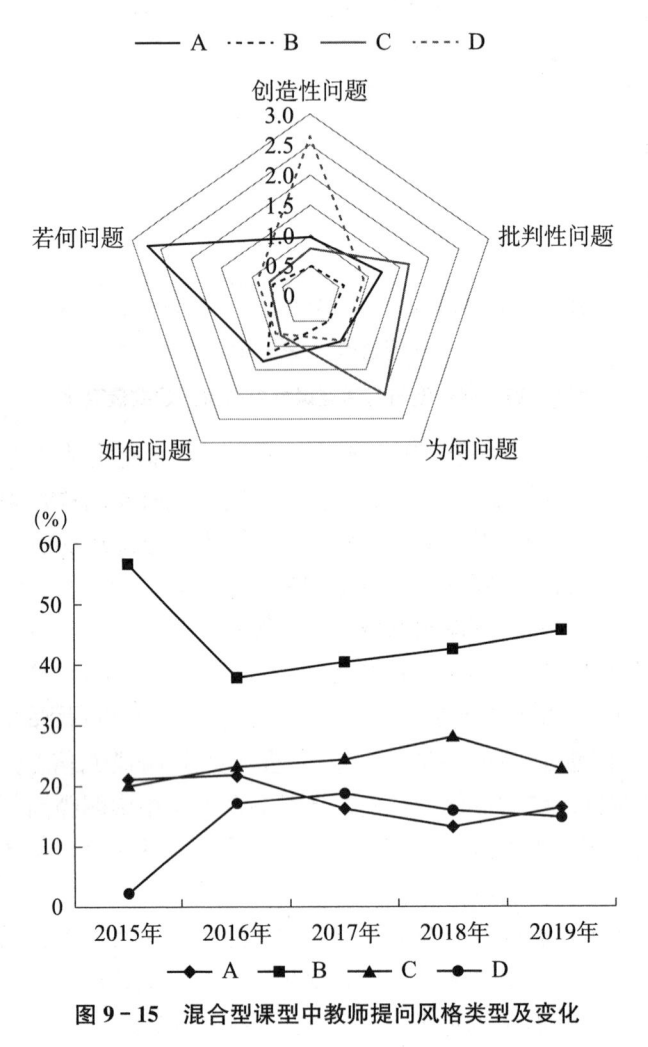

图9-15 混合型课型中教师提问风格类型及变化

由上述分析可以得出四个研究结论：第一，虽然B类风格已经出现明显的下降趋势，但目前混合型课型中仍以B类风格为主，占比达到45.82%，这表明在当前的混合型课型中，课堂教学行为中的高阶问题提问仍然处于较低水平。第二，五年来D类风格是四种提问风格中变化最大的一类，这意味着，虽然D类风格是当前混合型课型中占比最低的一类，仅占14.86%，但是其增长幅度最大，即在混合型课堂中以创造性问题为代表的高阶问题的教学行为得到最大幅度的提升，创造性问题共提高了69.74%。第三，C类风格虽然增长幅度不大，是目前四类提问风格中变化幅度最小的，但其结果表明综合运用低阶问题与高阶问题设计课堂中的问题系统，以适应不同的教学目标和学生水平差异化的优化教学行为已经得到了改善，批判性问题增加了 88.21%。第四，A 类风格呈现的下降趋势是唯一的一个负向改进，即作为高阶问题的若何问题的减少意味着课堂中培养学生迁移能力的弱化，以及发散型的高阶思维活动的减少。

其次，针对对话型课型中四类高阶问题和五类低阶问题，同样运用 K 均值聚类算法发现了对话型课型中存在 E、F、G、H 共四类提问风格，如图 9-16 所示。

图 9-16 所示的对话型课型中共有四类教师提问风格：E 类风格各方面水平都比较低，以高阶问题中的创造性问题相对突出，相对较为重视培养学生的创造能力；F 类风格以高阶问题中的若何问题为主，课堂中侧重于培养学生的迁移能力；G 类风格以高阶问题中的如何问题为主，课堂中以策略性知识的获得为主；H 类风格以低阶问题中的为何问题为主，课堂中以原理性知识的获得为主。

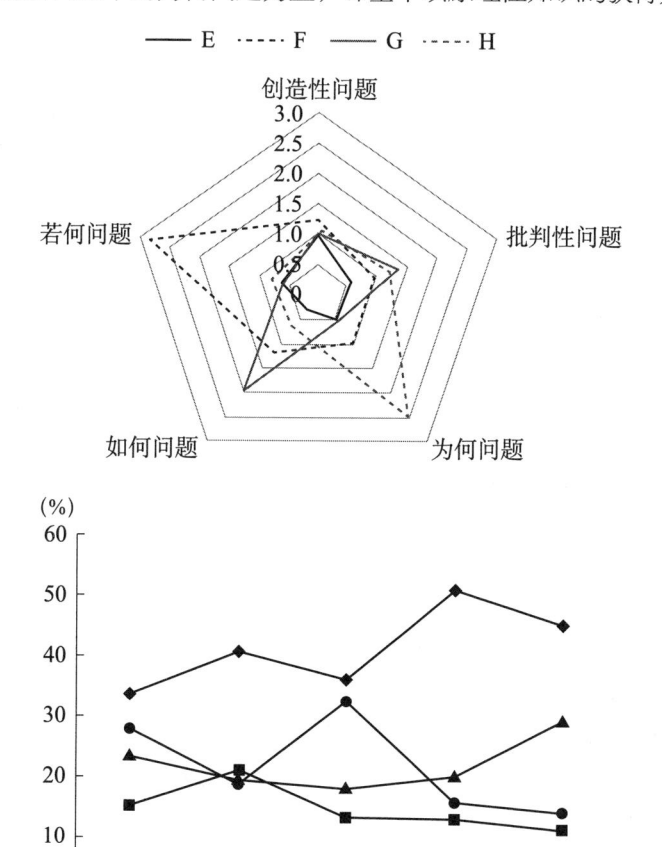

图 9-16 对话型课型中教师提问风格类型及变化

图 9-16 所示对话型课型中教师提问风格的动态变化信息表明,在 2015—2019 年,E 类风格虽有大幅度波动,但总体呈现出显著增长趋势,五年间增长了 34.38%,为正向改进趋势;F 类风格总体呈现出显著下降趋势,五年间下降了 24.20%,为负向改进趋势;G 类风格呈现出显著增长趋势,五年间增长了 25.42%,为正向改进趋势;H 类风格经过大幅波动后最终呈现出显著下降趋势,五年间下降了 49.61%,是四类提问风格中变化最显著的一类,为正向改进趋势。

由上述分析可得到五个研究结论:第一,目前对话型课型中是以 E 类风格为主,占比达到 45.31%,表明对话型课型中的高阶问题提问水平仍然较低;第二,H 类风格是四类提问风格中变化最大的一类,这意味着,五年来显著降低了单纯以低阶问题为主的课堂提问教学行为;第三,G 类风格虽然增长幅度不大,但其明显增长的趋势意味着对话型课堂中,以如何问题为主的高阶问题的提问行为得到了显著提升;第四,F 类风格呈现出负向改进,即以高阶问题中的若何问题为主的提问行为减少,意味着课堂中培养学生迁移能力的弱化,以及发散型的高阶思维活动的减少;第五,未发现综合运用低阶问题与高阶问题设计课堂中的问题系统,以改进课堂提问行为的发展变化。

(3) 师生互动风格的变化。成功的教师往往采用一系列基于问题的教学策略和相关的互动方式满足学习者的需求。

首先,针对混合型课型中师生对话深度、鼓励学生提出问题、讨论后汇报、打断学生回答或代答等与师生互动有关的维度进行 K 均值聚类分析,发现混合型课型中共有图 9-17 所示的 I、J、K、L 四类师生互动风格。

图 9-17 所示混合型课型中共有四类师生互动风格:I 类师生互动风格以讨论后汇报最为突出,学生行为占有率也达到最高值,课堂中体现出以学生为主体的特征;J 类师生互动风格以三、四、五级高阶对话深度最为突出,课堂中体现出以教师为主导的深度师生互动特征;K 类师生互动风格以鼓励学生提出问题最为突出,体现出教师以学生的观点引领和发展课程的互动特征;L 类师生互动风格在各个方面都不突出,且打断学生回答或代答的行为较多,表明课堂中师生互动水平较低。

图 9-17 所示混合型课型中师生互动风格的动态变化信息表明,在 2015—2019 年,I 类师生互动风格稳定性较差,在经过波动后最终呈现出显著下降趋势,五年间下降了 31.61%,为负向改进趋势;J 类师生互动风格呈现出显著下降趋势,五年间下降了 58.20%,为负向改进趋势;K 类师生互动风格呈现出显著上升趋势,五年间上升了 136.84%,是四类师生互动风格中变化最大的一类,为正向改进趋势;L 类师生互动风格呈现出显著上升趋势,五年间上升了 20.39%,为负向改进趋势。

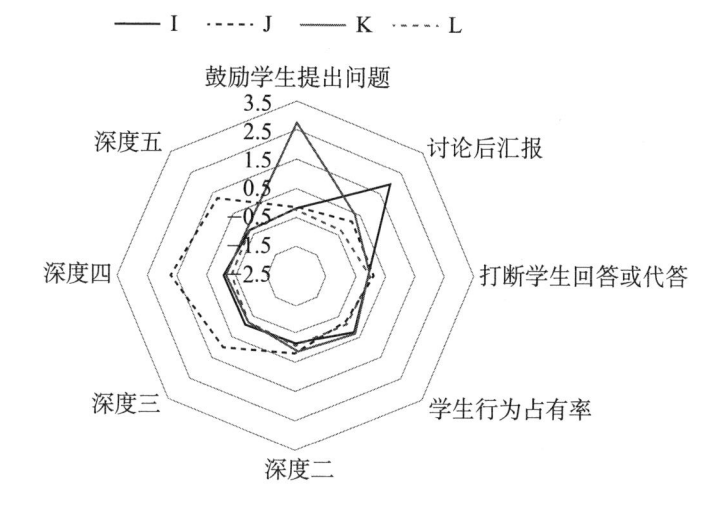

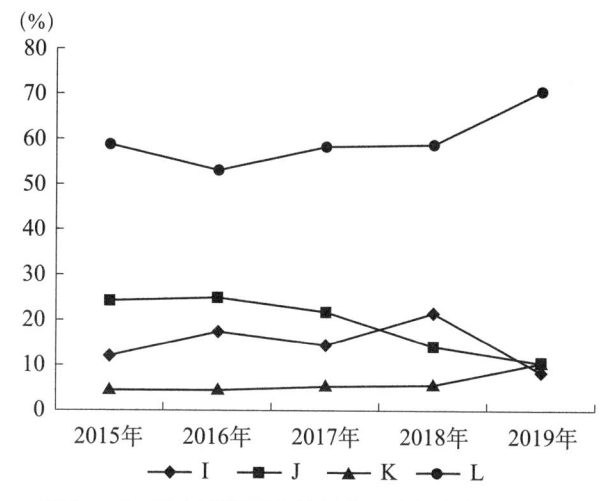

图 9-17 混合型课型中的师生互动风格类型及变化

由上述分析可以得出以下四个研究发现：第一，目前混合型课型中，以 L 类师生互动风格为主，占比达到 70.9%，表明当前混合型课型中的师生互动普遍处于较低水平；第二，K 类师生互动是四类师生互动风格中变化最大的一类，意味着五年来以鼓励学生提出问题的师生互动得到了显著改善（五年来鼓励学生提出问题增长了 55.44%），体现出从以教师为中心向以学生为中心的教学理念的转变带来了教学行为上的改变；第三，J 类师生互动呈现出稳定的下降趋势，表明尽管混合型课型中的高阶问题数量得到了显著提升，但是教师受启发—回应—反馈（initiation response feedback，IRF）对话模式的影响较深，尚未能将对话教学原则融入课堂实践中，对话深度出现了下降；第四，I 类师生互

会通与范导：教育研究的方法论问题

动风格稳定性较差，表明教师依托高阶问题驱动开展小组合作学习的过程中遇到了较强的多个影响因素，为此教师需要花更多的时间练习有效提问和激发学生讨论的方法与技术。

其次，针对对话型课型中的师生对话深度、鼓励学生提出问题、讨论后汇报、打断学生回答或代答等与师生互动有关的维度进行 K 均值聚类分析，发现对话型课型中具有如图 9-18 所示的 M、N、O 三类师生互动风格。

图 9-18 所示对话型课型中共有三类师生互动风格：M 类师生互动风格各个方面水平都不突出，表明课堂中师生互动水平较低；N 类师生互动风格以深度对话五级水平最为突出，表现出以教师为主导的深度师生互动特征；O 类师生以二、三、四级对话深度较为突出，反映出课堂中的对话较为丰富的特征。

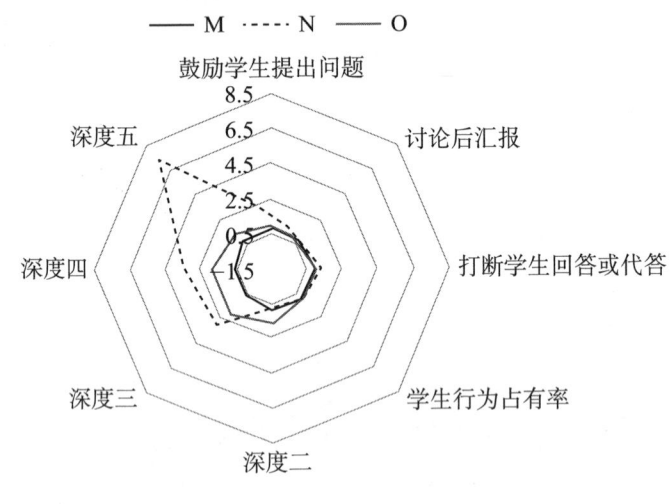

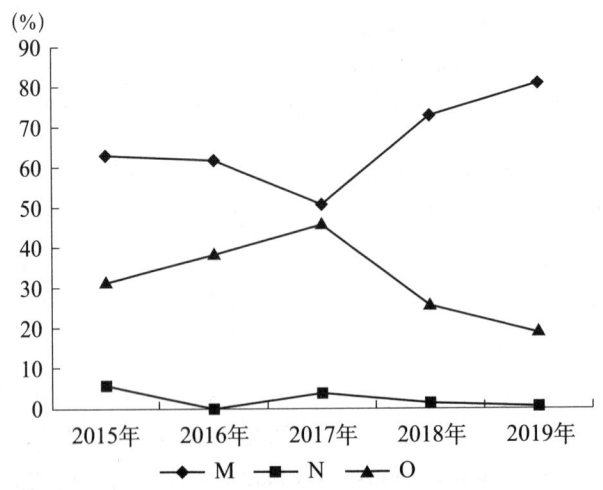

图 9-18　对话型课型中的师生互动风格类型及变化

图 9-18 所示对话型课型中师生互动风格的动态变化信息表明，在 2015—2019 年，M 类师生互动风格经过较大波动并最终呈现出显著上升趋势，五年间增长了 28.57%，为负向改进趋势；N 类师生互动风格出现了总体下降趋势，五年间下降了 100.00%，为负向改进趋势；O 类师生互动风格经过较大波动后呈现显著下降趋势，五年间下降了 38.62%，为负向改进趋势。

由上述分析可以得出三个研究发现：第一，目前对话型课型中，以 M 类师生互动风格为主，占比达到 80.73%，表明当前对话型课型中的师生互动水平很低，需要得到进一步提升；第二，基于问题的课堂对话缺乏高阶的深层对话，师生互动风格的变化全部为负向改进，表明师生互动的改进比课堂提问的改进更为复杂；第三，师生互动风格的改进首先需要教师和学生的思维发生真正的转变，需要从教师对学生学习的控制关系转变为师生伙伴关系，如此才能实现课堂中的深度对话，改善目前的师生互动情况。

基于 38 个靠谱 COP 项目案例分析，可以得出整个研究的三个结论[①]：

第一，当前高阶问题的现状。无论是混合型课型还是对话型课型，五年间的高阶问题数量均得到了显著提升，混合型课型的高阶问题增长了 23.89%，对话型课型的高阶问题增长了 14.50%；混合型和对话型两种课型中高阶问题均占课堂全部有效性提问的 20.53%，远高于坎宁安 1987 年研究发现的 5%，但两种课型的课堂目前仍以低阶问题为主；其中混合型课型中的高阶问题尚低于国外 29% 的高阶问题比例。

第二，基于问题的课堂师生互动现状。五年间，混合型课型和对话型课型在基于问题的课堂师生互动方面都有显著改进。其中混合型课型在鼓励学生提出问题和打断学生回答或代答两个方面取得显著改进，鼓励学生提出问题的教学行为提高了 55.44%，打断学生回答或代答的教学行为下降了 68.32%；对话型课型主要在打断学生回答或代答方面取得了显著改进，该项行为下降了 23.38%。然而，目前无论混合型课型还是对话型课型，师生互动都仍以低水平互动为主，反映出高阶问题的增长尚未带来高水平的师生互动，课堂中明显缺乏师生的深度对话、以高阶问题驱动的小组合作学习后的讨论后汇报和鼓励学生提出问题等高水平的师生互动方式。师生互动以低阶互动为主，因此需要改变现有的师生关系，需要将控制与被控制的师生关系转变为学习支持与学习伙伴的关系，教师需要掌握师生深度对话的方法与策略，摆脱 IRF 对话模式的影响。

第三，改进课堂提问的新视角。目前几乎所有的研究都未发现一种问题类

---

① 王陆，彭玏. 2015—2019 年中小学课堂高阶问题特征图谱. 电化教育研究，2020 (10).

型明显地优于另一种问题类型。相反，每种类型的问题对于特定的教学目标都是有效的。因此，教师应明确特定课程的教学目标，分析学生的能力水平，然后计划适当的问题类型，精心地预先设计问题可以最大限度地降低教师对学生学习指导不当的风险，为此，教师应该在教学设计中平衡低阶问题与高阶问题的比例，促进学生的思维发展。

五、结束语

大数据对课堂教学研究具有三大价值：大数据重塑课堂教学研究的认识论、大数据深化课堂教学研究的价值论以及大数据改革课堂教学研究的方法论。

首先，大数据重塑课堂教学研究的认识论。大数据的实质是表达人与对象世界的全面的不确定关系，虽然大数据在分析形式上属于概率论范畴，但和传统的概率论与统计学有着根本性的区别，其本质上是对"不确定"做更精准的确定。运用课堂教学行为大数据和实践性知识大数据的可视化功能，可以更好地认识课堂教学研究中的外在行为变化与内在知识的变化，从而更容易地认识课堂教学优化的整体性和系统性，也能够更好地支持教师增强其对课堂教学的全面认识，并促使教师发生行动中反思和行动后反思，最终获得大数据循证改变的正向效果。

其次，大数据深化课堂教学研究的价值论。大数据的四条价值路径——累积突破、应用转移、跨界植入和融合创新，带动了教师改变研究领域中的知识体系与话语体系的演变、分化与重构。通过"让数据说话"推动了教师改变中新问题的发现及进一步的潜在价值，例如：发现了当前混合型课型和对话型课型中，均以低阶问题为主；混合型课型的教师改变可以以提高创造性问题数量为课堂提问改进的切入点，而对话型课型的教师改变可以以提升批判性问题、如何问题和若何问题等高阶问题的数量为课堂提问改进的切入点。由此，大数据循证的教师改变可以推动从数据展示到知识标识，从技术热点到技术与教师智慧经验耦合的深化发展，在大数据价值挖掘的抽象原理和具体操作之间搭建起转化的桥梁。

最后，大数据改革课堂教学研究的方法论。还原论和整体论作为两种主要的科学方法论，其理念不同、方向相反，长期以来相互对立。大数据的基本观点是世界万物皆可数据化，由此大数据使还原论和整体论找到了融会贯通的共同基础，数据成为连接两者的桥梁，也催生出数据密集型科学研究方法。借助数据密集型科学研究方法，在课堂教学行为大数据与实践性知识大数据的赋能下，不仅可以打开教师改变过程的"黑箱"，洞察不同学科、不同学段甚至不同性别教师的改变过程和特征，还可以洞察优秀教师与普通教师在实践性知识和课堂教学行为上的差异，为教师循证提供最佳证据；同时，大数据的综合集成、可计算化和数据挖掘又为获取教师改变的整体认知带来了独特的视角和途径。

（王陆，首都师范大学教授、博士生导师，北京市基础教育信息化实验教学示范中心主任，首都师范大学教育技术研究所所长，首都师范大学现代教育技术重点实验室主任。主要研究方向为教育大数据现代教育技术原理和智能学习支持环境。）

第十讲
教育研究的民族话语探寻

一、问题的提出

二、理论话语和研究主体同研究对象的分离

三、探寻民族话语

学术话语是学术研究的提问和论说方式。长期以来，中国教育研究中的中话西说，导致了理论话语与研究对象、研究主体与研究对象相悖离的不良后果。以文化承担意识为前提探寻教育研究的民族话语——以中国的方式论说中国的问题是中国教育发展的内在必然要求。

一、问题的提出

学术话语，说到底就是学术研究的提问和论说方式，集中体现为研究者所使用的一整套相互关联的范畴系统。解释学大师、德国思想家伽达默尔（Hans-Georg Gadamer）反对把语言仅仅视为一种工具。在他看来，语言具有一种本体论的功能，它是理解和解释的模式，也是人的存在的模式。[①] 我们即便不能同意他对语言功能的极度放大，至少也得承认，语言不仅是表达思想的工具，在一定程度上，它也参与了思想和体验的建构过程，发挥着对于思想意识的引导和规范作用。相对于自然语言，学术话语作为一种有组织的人工语言系统，其引导和规范作用更加明显。显而易见的是，面对同一个混沌未分的日常世界，不论是用物理学语言还是化学语言，经典力学语言还是量子力学语言，哲学语言还是文学语言，均会呈现出不同的世界形象。从这个意义上讲，学术研究的基本训练，实即理解、熟悉和运用特定学术话语的过程。

20世纪初，中国的教育学科伴随着师范教育的出现而产生。从那时起，中国的教育研究基本上是按照西化的简单逻辑来思考和言说中国教育的。在清末制定两个"学堂章程"前后，首先是对赫尔巴特教育学的大量译介，那时国人所编著的教育学也多以赫尔巴特及其学派的教育学为蓝本。而赫尔巴特的"五段教授法"（后称五段教学法）更被国人奉为圭臬。正如著名学者陈宝泉在《设计教学法辑要》序言中所说的："前清末造，初兴学校的时候，真不知教授法为何事。曾忆初到日本，听教师讲五段教学法时，以为用科学的方法，发展儿童的本能，实为新教育之最大特色。所以，当时官私编辑的小学教授用书，以及各小学实用的教授方法，殆无不是适用五段教学法原理的。"[②] 新文化运动以后，"中国思想界出现的各种流派，无论是持全盘西化观点的自由主义派别，还是弘扬国粹的文化保守主义，乃至鼓吹社会变革的激进社会主义思潮，几乎毫无例外地都是援引某些西方的社会理论以为自己的后援。比如新儒家的代表人

---

① 伽达默尔. 伽达默尔集. 上海：上海远东出版社，2002：7.
② 康绍言，薛鸿志. 设计教学法辑要. 上海：商务印书馆，1923.

会通与范导：教育研究的方法论问题

物梁漱溟也恰恰是利用欧洲观念史的思路来定位中国传统文化的价值"[1]。在教育学方面，先是以杜威为代表的进步主义教育思想大行其道，1949 年以后是苏联以"马克思主义"自命的教育学一统天下。改革开放后，中国的教育理论研究获得了前所未有的发展，但中话西说的倾向仍十分明显。先是新一轮的引进苏联教育学，其后又迅速转向欧美教育学。当今如火如荼的新课改，构成其主要理论支柱的，无非是舶来的"后现代主义""人本主义""建构主义"三大西方文化教育流派。当急促的马蹄声渐渐衰歇，狂热的看客纷纷离场之后，空旷的赛场上只剩下默然的清洁工和孤寂的守门人。

今天，中国的现代性问题也变得越来越扑朔迷离。当我们还在为科学和民主等现代性价值的获得而踯躅之时，在现代化道路上前行的西方文化已发出解构自身现代性的呐喊。于是，现代化与现代性问题在中国同时呈现。在这一语境中，从学术文化到大众文化，从意识形态到个体精神，我们正在经受一场新的挑战。急促而变化多端的现代化进程，使我们的传统与现实既过度交叉又有太多断裂，当人们对中国当代文化进行反思之时，思想者游移不定的思想之眼，使我们难以区分那究竟是传统的、现代的还是后现代的立场，这尤其体现在中话西说中传统性与后现代性立场的交叉重叠上。少数相对独立的话语系统，往往又表现为没有经过自我批判和自我解构，缺乏内在思想张力的坚硬立场。于是，除了对于文化现实的难以苟同之外，不同的思想者及思想者群体之间，很难拥有行之有效的对话语言。

正因如此，最近一个时期，"民族话语"已成为文化学术领域一大热点问题。这首先来自哲学界对中国哲学合法性问题的反思，进而引起其他一些人文社会学科学者的回应，并与"弘扬和培育民族精神"的文化主旋律具有某种内在关联。众所周知，中国是在西方强势文化的巨大压力下走向现代化之路的。沟通中西文化并打通传统与现代的联系，让现代中国文化焕发出无穷的生命力，让其在满足现代中国人内在精神生活需要的同时，满足中国人民走向世界、与世界强国并驾齐驱的强烈民族振兴愿望，一直是现代中国文化建设的迫切需要。然而，面对西方强势文化，保持一种谦逊好学而又自信自肯的正常心态，拥有一双洞悉世界发展态势而又自察自明的锐利目光，并不是一件容易的事。

中国的教育学本就是舶来品，这一学科建立之初主要采取移译和模仿的形式，这也是万般无奈的。然而，100 多年后的今天，我们还习惯于"从西方现

---

[1] 杨念群. 杨念群自选集. 桂林：广西师范大学出版社，2000：41, 67.

代性的镜子中照出自己的一脸无奈"。① 那些占据教育研究最大数量的重复性"成果"姑且不论，就是那些看似有新意的研究，很多也是对西方花样翻新的主义反应式的亦步亦趋。我们拥有不少"在中国的"杜威、布鲁纳，却没有拥有"中国的"杜威、布鲁纳……于是，我们无法形成自己独立而又自主的教育学文本和学术话语，把握不住教育思想的自在尺度，容易让思想之外的因素左右思想本身。

二、理论话语和研究主体同研究对象的分离

理论话语同研究对象相分离，是"中话西说"、用外来话语宰制中国教育历史与现实的自然结果之一。在数千年的发展过程中，中国不仅拥有一个前后连贯、历史悠久的独特古代教育传统，也拥有一种变化迅速、问题复杂的特殊现代经验。用西方话语来宰制中国教育，实际上是赋予具有历史性（在特定历史和文化传统中形成）的西方现代教育理论普遍意义。用这种方式来剖判中国教育的历史，不能不使理论话语与研究对象相割裂。这就是，在把中国教育传统人为地加以无情分割后，硬将其塞进一个异己的概念框架之中，使原本鲜活的、充满生命力的中国教育传统变成了一具没有文化生命的躯壳，使之在丧失自己个性的同时，也丧失了自己的意义传递和生成功能。比如，当我们把"因材施教"的概念分解成"了解学生""根据学生的个性和特点进行教育"等技术性问题，并按照这些问题去解剖和组合中国教育思想史的时候，就不仅泯灭了通过"仁道原则"和"自然原则"的张力关系而展开的中国教育思想的本来意义，泯灭了儒、道两家的不同思想个性，也使从先秦诸子到宋明理学的意义传递和生成过程呈现为一种没有变化和色彩的平面镜像。

与此同时，在这种割裂中，理论话语与研究对象之间相互限定、相互调适的双向作用，变成了以西学话语来限定研究对象、生成教育问题的单向过程，西学话语事实上扮演了回顾和评价中国教育发展史的最高尺度之角色。于是在无意之中，我们就使作为研究成果的中国教育史变成了向西方现代教育演化的过程，变成了西方教育史的一部分。例如，"在胡适之的实用主义、冯友兰的新实在论和牟宗三的康德主义的哲学框架中，儒学的基本命题不但被组织在本体论、认识论等欧洲的哲学范畴之中，而且也被组织在'转向内在'、'理性化'、

---

① 杨念群. 杨念群自选集. 桂林：广西师范大学出版社，2000：41，67.

'世俗化'等欧洲的历史范畴之中"。① 这样一来，通过西学话语我们固然可以产生新的问题意识，向中国教育提出新的问题，但我们丧失了原来的问题意识，丧失了基于自己的传统和现实而生成自己的问题之能力。用赵汀阳评价中国现代哲学的话来说，就是"西方哲学重新唤起了中国哲学的问题意识，可是同时也挤掉了中国原来的问题。有了问题意识，丢了自己的问题"。② 可问题的复杂之处恰恰在于，我们即便能在知识上把中国教育史写成西方教育史的一部分，也无法在实践上同样做到这一点。

研究主体与研究对象相分离，是"中话西说"的另一自然结果。我们知道，人文社会科学与自然科学的一个重要差异，是研究主体与研究对象的存在性关联。③ 对于中国教育研究来说，这一关联的实质，就是研究主体既是中国教育的历史和文化价值的承担者、体现者，又是其反思者、创造者。在承担的前提下进行反思，又通过反思进行理性的承担与开发，乃是一个一体两面的过程。西学话语的引入，本应通过向这一存在性关联中引入新的反思材料，使研究主体在更加理性化的基础上融承担者与创造者为一体；然而"中话西说"的结果却是研究主体与研究对象的存在性关联被拦腰斩断。

一方面，沦为西学话语工具的研究者，对先人的文化创造和创造我们文化的先人缺乏必要的敬意，对中国文化缺乏理性承担意识。于是，理性反思有时竟变成基于先入为主的西学话语的异乡人对于自己文化教育传统的狂批乱判。其间，既不乏将自己当下的无能迁怒于祖先和中国传统文化的心态，也不乏以插科打诨为能事、调侃戏谑传统文化的痞子化心态。在号称理性化的今天，仍有不少"新派学者"打着"以人为本"的旗号，发表"中国文化救不了我，我为什么还要救中国文化"之怪论。似乎中国文化本就与己漠不相关，取之弃之任由我定。我们忘记了，传承我们的文化是中国教育的基本使命之一，这一使命是不能以任何当下的狭隘功利诉求为由而加以取消的。在这种缺乏承担意识的文化心态之下，如何指望理论建构能拓展中国人的文化生命和教育精神空间呢？

另一方面，存在性关联被人为斩断之后，"尊德性而道问学"的存在性与知识性的统一便被打破，教育研究就只能沿着单一的学院化道路向前迈进。学院化走的是一条专业化、学科化和知识化的道路，并以概念的逻辑推演为重要方

---

① 汪晖.中国现代思想的兴起：上卷第一部.北京：生活·读书·新知三联书店，2004：107.
② 赵汀阳.没有世界观的世界.北京：中国人民大学出版社，2003：164.
③ 李景林先生提出："中国传统哲学所关注的历史，一是通过经典诠释开显当下生命存在的意义，这也就是古人所说的'道'。后一方面，我们可以称为存在性的历史。"（重写哲学史与中国哲学学科范式创新学术研讨会论文集.北京：中国人民大学，2004：84）

法论特征。学院化虽标榜学理的"客观性",但那种与尊德性相脱离的"客观性",却可能蕴藏着最大的不客观性。孔子兼提"博文"与"约礼",《中庸》主张"尊德性而道问学",朱熹力倡读书为学应"切己体察",其间始终贯穿着一种存在性与知识性相互渗透、学问与人格相统一的人文探究原则。这一原则的重要内涵之一,就是文化探究必以接受文化的教化为前提。研究者只有怀着文化使命感与历史责任感,抱着敬重与理解的态度,并通过对于中国文化价值信念与观念的身体力行,才能拥有真切的文化经验,也才可能有对于中国文化的客观性理解。孟子提倡"尚友古人";陈寅恪在为冯友兰的《中国哲学史》撰写审查报告时提出讲中国哲学史须"能矫附会之恶习,而具了解之同情","与立说之古人处于同一境界"[①];梁启超在《论中国学术思想变迁之大势》中指出,"生此国,为此民,享此学术思想之恩泽,则歌之舞之,发扬之光大之,继长而增高之,吾辈之责也。而至今未闻有从事于此者"[②];今人有言"良知先于理论""良知先于解说"[③],都含有这个意思。这是因为,中国人对于中国文化是注定做不了也不应该做旁观者的。如果我们用一种旁观者的心态,用一种外在于研究对象的话语系统去宰制中国文化,用单一的逻辑化方式去追求所谓客观性,研究之前既不想以自己的整个生命去承担这种文化,研究之后也不愿去亲身践履和受用自己的知识、结论,那我们的研究就只能成为没有生命力的、与人格相分离的抽象物的堆积。这实际上是一种不具客观性的客观性。

比如,孝道是中国传统文化特别是儒家文化和教育的核心理念之一。一个生长在父母怀抱之中、受到父母精心呵护的婴孩,对父母占主导地位的情感只是依恋而没有孝的自觉;一个心理发展尚处在谋求独立阶段的少年,更多了一重对于父母的反叛。只是在做了父母之后,我们才会对父母之爱有真切的理解,从而产生尽孝的自觉。当父母离我们远去之时,我们则更会因没能充分尽孝而自责和愧疚。因而,孝道只有在完整的生活和生命体验中才能得到客观化理解。如果仅仅采用一种知识化的态度,简单地用民主和平等概念对其进行衡量和评判,我们定会觉得"天下只有不是的子女,没有不是的父母"之古训,只是在为不良父母的专横权力辩护,是那么荒诞不经。事实上,这一古训是通过揭示父母与子女相互间爱的付出的不对等性,来唤起子女尽孝的道德自觉,并通过后者对于孝之义务的践履,取得义务上的平衡,达成人际关系的平等与和谐。更重要的是,传统的孝道虽以父子人伦为根基,以敬老、养老为重要内容,但

---

① 冯友兰. 中国哲学史. 北京:中华书局,1961.
② 梁启超. 梁启超全集:第 2 册. 北京:北京出版社,1999:562.
③ 张汝伦. 良知与理论. 桂林:广西师范大学出版社,2003.

其对于中国文化来说，已超越了家族伦理的范围，获得了作为价值联想基础的意义。引申开来，孝道强调的是下一代人对于上一代人的责任；再引申开来，就是每一个中国人对于民族文化和价值理想的自觉承担。唯其如此，《中庸》才用"善继人之志，善述人之事"来界定孝。以血脉亲情为基础展开丰富的价值联想，正是我们的民族话语特色和文化意义所在。即便"有一天，人类步入大同世界，哺育子女和赡养老人的责任全部由家庭转向社会，母爱与感恩之心也不会消失，它们将与最广泛的人类之爱融为一体"。[①] 老天下之老、幼天下之幼的大同精神，仍然可以被看作是被承续和拓展了的血脉情理。

进入现代社会特别是新文化运动以来，鉴于传统孝道与封建宗法和专制权力的联姻，以西方民主、平等为代表的现代观念为武器，人们对其进行了无情的批判和攻击。由于这种批判一方面是借助于以进化论为基础的自然主义进行的，表现出自然主义对文化主义的反叛；另一方面，它突出的是孝道的政治意义而非其文化意义，所以，孝道似乎完全变成了与现代文明格格不入的旧思想与旧观念，以至于近代有一段时间"孝"字甚至与"反动"画上了等号，"孝子贤孙"也成了贬义词。政治化了的理论话语已然取代了作为文化话语的孝道。

三、探寻民族话语

或许，倡导并探寻民族话语是一条值得关注的教育研究之路。按照我的理解，中国教育研究的民族话语，要回答和解决的是这样一个关键问题，即中国教育研究何以成为"中国的"？这个问题的可能回答是：以"中国的方式"论说"中国的问题"。那么，什么是"中国的方式"？什么是"中国的问题"？"中国的方式"与"中国的问题"是什么关系？它们与"外国的方式""外国的问题"又是什么关系？……这些问题，对于日益卷入全球化进程的中国来说，实际上就是研究的理论话语及其系统的厘定问题。

在"方式"与"问题"的关联中，问题无疑是具有优先性的。这是因为方式是用来解决的问题，先有问题，然后才有对解决问题之合理方式的探究。在全球化时代，对于"中国问题"的确定，不能无视它与"外国问题"的关联。也就是说"中国问题"虽然需要（或者说主要靠）我们自己独立地加以认识，却无法切断中国与外国的联系去单独界定。这意味着：中国与外国的联系构成了当代中国教育问题生成的基本情境之一。这不仅是说中国与外国的联系构成

[①] 于述胜.论自然的合理性与文化的合理性：以鲁迅论父子关系为中心.河北大学学报（哲学社会科学版），2004（2）.

了中国教育问题的重要方面，而且是说中国与外国作为各自教育的发展主体，只有在相互"对视"中，在对于对方的了解中，才能获得更加清醒的自我意识。在这里，外国的问题和方式是作为我们自我反思的条件和材料之一发挥作用的，它本身不能直接被当作我们的问题和我们的方式。我们既不能断然拒绝中国与外国的联系，也不能先入为主地假定：西方的今天就是我们的明天。否则，我们就会丢失自己的问题，无法获得有效地思考和解决中国问题的方式。

例如，青少年的"自我中心化"倾向是当今中国社会和教育理论界关注的热门话题，它与西方文化中对于个人主义的反思确有某种对应和呼应之处。与之相关的西方社会批判和后现代理论，确实可以作为重要的理论资源为我们思考和解决有关问题提供帮助。然而，中国的问题毕竟与西方有所不同。中国青少年的"自我中心化"倾向，与很多特定的社会、历史和文化条件有关。比如：独生子女家庭中，一家人围绕着一个孩子转，不断强化孩子的自我中心意识；很长一个时期，我们用单一而狭隘的政治思想和政治伦理去思考和解决更加普遍的文化问题，过分地否定和批判自己文化传统的基本价值和观念，使年轻的家长及其子女的日常生活缺少应有的价值依托，不少人误以为孩子不守规矩就是创造性的表现……这样一来，这种"自我中心化"倾向就表现为既缺乏社会责任感，又缺乏自主、自律、自立的独立精神。在这种情况下，我们如果简单地套用西方当代的社会批判与后现代理论，把"互为主体性"和"主体间性"作为思考和解决中国问题的替代性方案，其针对性和有效性就是大成问题的。这也就是说，只有在中国教育文本的上下文中才能确定和理解中国的教育问题。

当然，"问题"对于"方式"的价值优先性，并不表示问题时间上的在先性质。事实上，问题和方式是相互契合、同时呈现的：特定的问题只有通过特定的方式才能被有效揭示，特定的方式只有与特定对象相契合才能有效地揭示问题，这就好比事物的微观结构问题只有通过显微镜才能被识别一样。因此，学术话语并不是外在于研究对象和过程的消极形式，而是具有生成功能的能动工具，它既使研究对象在特定的视野中得以显现，又成为对显现出来的问题和现象进行分析比较、判断评价的重要尺度。一套学术话语是否为有效的学术研究工具，既取决于该话语自身的清晰程度，即构成其话语的基本概念、范畴之意义是否连贯、系统，也取决于该话语系统与研究对象之间相互契合的程度，取决于该话语系统能否在存在意义上使研究者和研究对象相互贯通。

由此观之，中国教育研究的民族话语，是"问题"和"方式"的统一，是"意义"和"学科"的统一。我们不能同意这样一种观点，即认为受制于西方学术话语至今仍是中国问题研究的一个必经阶段，讲求民族话语是一种操之过急的形而上学要求。① 因为它把作为地方知识的西方学术话语普遍化的同时，把西方现代的特殊经验和特殊问题普遍化，从而遮蔽了中国自己的问题。承认民族话语是问题与方式的统一，讲求中国自己的方式是基于准确界定中国问题的内在需要，这里并不存在什么操之过急的问题。此外，我们也难以苟同另外一种观点，即认为中国哲学和中国教育研究等的合法性危机仅仅是一个意义问题而非学科问题。② 虽说危机的克服主要取决于对中国传统文化意义的承接和再造，学科或学术话语形式是从属于这个意义创造过程的，但是，如果没有与意义相契合的学术话语形式的创造，意义的创造也会因其缺乏必要的载体而无从呈现。

当然，民族话语可能会像有的学者所言，是一个"事后真理"，而不是人们在追求现代化过程中的思想预设。但是，这丝毫不意味着民族话语的形成是一个无须任何理性谋划的自然结果。恰恰相反，只有通过贴近时代和文化脉搏的自觉探寻，事后真理才能以最切近中国人价值理想的方式得以呈现。由于中国教育现代化过程中面临的特殊而复杂的情境，民族话语的探寻不可能一蹴而就。③ 这需要我们的教育研究者本着"尊德性而道问学"的人文探究原则，以自觉的文化承担意识和勇于借鉴的开放精神为前提，立足中国教育现实，沟通中国古代教育传统和现代教育传统，打通传统与现实、历史与未来的血脉联系，在我们的民族生命和文化精神的舒展中，成就中国教育研究的民族话语。

（于述胜，北京师范大学教育学部教授、博士生导师，入选教育部"新世纪优秀人才"，为教育部马克思主义理论研究和建设工程高校重点教材《中国教育思想史》首席专家。主要从事中国传统教育哲学和中国现代教育学术史研究。）

---

① 余治平. 哲学的中国话语：自闭与开放. 读书时报，2004 - 05 - 12.
② 陈明. 中国哲学合法性危机：学科还是意义. 读书时报，2004 - 06 - 02.
③ 作为走后发外生型现代化道路的国家，我们在发展现代教育上面临着比早发内生型国家远为复杂的问题情境。这种复杂性既表现为新旧冲突与文化冲突的相互交织，又表现为现代化与现代性问题的同时呈现，还表现为我们在现代化过程中因不断自我否定所带来的复杂问题情境。

第十一讲
社会学与教育学的双向视阈融合

一、教育研究者的双重身份

二、教育研究的学科话语

三、教育学：一个专门化的学术研究领域

第十一讲 社会学与教育学的双向视阈融合

教育研究正在走向视阈融合，即由学科的教育学向教育理论的教育学转型。基于视阈融合的视角关注教育理论建设。注重体系构建和问题取向相融，整体研究和类型研究并重，学理意识和方法意识兼顾，是教育研究的重要选择。从人文社会科学多学科融合的视角来探讨教育问题，寻找教育理论的生长点，实现教育理论建设的突破，是我们这一代学人的追求。

选择什么样的学科视角探讨学术问题，一方面是基于我们自身的研究旨趣；另一方面也是基于公共议题。但是学术对话首先要建立一个共同的语境，所谓共同语境，就是一个基于大家共同经验可以对话的语境。身份是一个社会学的概念，话语是一个人文社会科学的概念，从这两个概念出发，围绕着"身份"与"话语"，社会学与教育学是怎样达成一种融合的？我们将从以下三方面展开讨论。

一、教育研究者的双重身份

教育主体的社会建构涉及三个社会学的核心概念：身份、角色、地位。身份这个概念是德国经典社会学家韦伯（也许将韦伯定位为社会学家有些贬低了他的学术影响，管理学避不开韦伯，他提出科层制管理；政治学会提到韦伯，他的权力理论很有影响力和解释力；法学研究也会提到韦伯，韦伯是法社会学的理论奠基人之一）提出来的，他认为身份是在社会声望方面可以有效地得到肯定或者否定的特权。现代社会人与人之间的差异所产生的一种社会分化可以看作一种社会分层现象。这种社会分层现象可能会受三个因素的影响：权力、财富和声望。声望是和身份相关的，身份和人们的社会出身、生活方式、受教育状况、职业、生活状况相关。比如暴发户并不等于贵族，贵族有自己的一套生活方式。受教育可以帮助人改变自己的出身，向上层社会流动。又如医生的社会地位往往较高。教育研究者的身份，一个是社会身份，一个是专业身份。笔者更倾向于用专业身份来表述教育学家的职业特质。

如果把专门从事教育研究的人看作教育学家，那么有人既研究教育问题，也研究更广阔的社会领域问题；而在另一些人的研究中，教育研究一直是其研究主线，与此同时，还有好多条辅线，我们如何确认这些学者的身份呢？总的来说，身份有两种获得渠道，一种是被赋予的专业身份，这一类学者以广阔的社会问题为自己的研究领域，比如马克思的研究，德里达认为马克思研究的问题是幽灵问题，幽灵可能会隐退，但不会死亡。马克思研究的问题是人类社会有阶级以来核心的问题，在资本主义社会存在，在社会主义社会也存在，比如说阶级冲突问题、社会分化问题、异化问题等等。马克思的社会身份是工人阶级的领袖,社会主义学说的创始人、著名的经济学家、伟大的社会批判家。马克思的身份是被后人赋予的。另一种是在学科视阈中研究问题,比较有影响的是法国社会学家迪尔凯姆。他毕业于巴黎高师,后来在大学获得教育学教职。真正在社会学领域探索,并且建构社会学方法论,用实证的方法来研究社会问题的是迪尔凯姆,这方面的成果主要体现在其著作《自杀论》《社会研究的方法准则》中。迪尔凯姆作为教育社会学的奠基人,提出了教育社会学的问题域,同时也回答了教育社会学研究的方法论。他认为教育就是帮助年轻一代有条不紊地实现社会化。迪尔凯姆是通过学科视阈研究问题被确认专业身份的。他的贡献在于从教育学和社会学融合的视角提出了教育社会学研究的问题域和独特的方法域。他的独特的方法域尽管还没有在研究中运用和展开,但是在《自杀论》中他确实开创了规范的社会学研究传统。在这本著作中,迪尔凯姆将日常生活中悲观厌世的这样一种行为选择纳入社会学的视野中,他发现自杀行为和社会整合程度有关系,并据此将自杀分为四种类型。一种是社会整合程度强的情况下人们选择的自杀行为,是一种利他型自杀。典型的如日本军人在二战结束后的剖腹自杀,这样一种武士道精神正是社会控制力强的表现。第二种是利己型自杀。比如一个人穷困潦倒,生不如死,没有人关心也没有爱而选择自杀行为,这是社会控制程度弱的表现。第三种是宿命论式自杀。就是相信冥冥中有一种强大的东西在左右自己,比如在监狱里等待判决的犯人。第四种是失范型自杀。比如经济危机导致股票崩盘而有人选择自杀。迪尔凯姆在研究自杀的时候实际上回答了三个问题。第一个是社会学家如何实现视角转换,把生活中的问题转化为一个学术问题;第二个是社会学家如何建立一套话语体系来解释社会现实问题;第三个是社会学家如何运用一套方法和工具来分析和探讨现实问题。由此,迪尔凯姆是当之无愧的社会学家和教育社会学的奠基人。这在我们今天看来是很明确的专业身份。很多学者在研究社会问题的时候,意识到很多社会问题和教育问题关系密切。其实,教育问题本身就是一个社会问题,教育学与社会学共在。福柯和布迪厄在研究社会问题的时候也发现,教育问题和其他社会问题犬牙交错。这些对人的发展的影响使他们开辟了一个专门的领域去探讨和解释这类社会问题。比如福柯关于"告白"的研究,告白就是虔诚地向上帝去讲自己的错误和缺点,恳请上帝的原谅。福柯说教育中也有告白。老师让学生自我批评、内省、反思时,学生就是在告白。这表达了一种控制,告白是一种控制手段,也是一种规训手段。所以福柯是从知识、权力、共谋的角度研究教育对人身体的控制。但是福柯并不是在一个批评的语境中探讨规训。他很客观地描述规训是一种社会现实、一种客观存在。笔者认为,教育中必要的规训是合理的,这是帮助学生适应秩序井然的社会的过程。福柯和布迪厄都把教育问题作为自己的研究领域，把自己对教育问题的研究和其他社会问题放在一起去建构理论。没法说福柯或者布迪厄是教育学家，所以他们的身份是一个被模糊的专业身份。单纯地说福柯或者布迪厄是社会学家也失之偏颇。福柯在法兰西学院开设的是思想史，他涉猎的领域不仅限于社会学学科本身。

二、教育研究的学科话语

学科是一套知识话语体系，但是这种话语体系形成之后，就会和权力绑在一起，会不断地扩张自己的势力，形成自己的影响力和控制力。比如教育学专业的博士生，其学习与研究的专业方向又分为具体的教育政策学、教育法学、教育社会学等等。教育学是一个一级学科，教育政策学等是二级学科。学科是一个知识体系，但这个知识体系也在控制或者影响学者必须按照这个知识体系的规范要求来开展研究。所以学科体现的是知识与权力的共谋，控制我们每一个人的言说方式、思考方式和成果的表达方式。比如，有的学生对于女研究生的婚恋观感兴趣。这个问题有研究的价值，但是做研究一定要先把这个生活的问题转化为一个教育社会学学科的问题，这个转化就是必须在教育社会学的语境中探讨问题。最后我们把题目确定为"女研究生群体婚恋紧张的个案研究"，这样就可以在学科领域中用学科的话语来研究问题了。美国社会学家米尔斯提到，社会学要研究"公共麻烦"，那么教育社会学研究的就是教育中的公共麻烦。教育中的公共麻烦，不是指某位同学因为智力或者贪玩学习不好，也不是指某位同学在某位老师的帮助下成绩突飞猛进；而是指普遍存在的、大家可能都共同面对的问题。比如离婚率问题就是现代社会的一个公共麻烦。现代社会离婚率升高的原因就是社会控制力减弱了。这样从社会控制力减弱的角度来研究，就把离婚率这个问题放在社会学话语下来分析。所以，学科是有一套独特的概念体系、言说方式、理论建构和话语表达方式的。

（一）社会学的话语

社会学话语关注社会结构中的公众问题，超越个人，涉及的是组织，进入的是制度，遭遇的是更宏观的社会和历史生活的建构。郭于华教授在《中国社会科学》上的一些文章就反映了社会学家对社会学的理解之后的研究成果的系统规范的话语表达。关于陕北骥村合作化时代女性的集体记忆的研究，是以经历过合作化时代人民公社化运动的陕北的一些七八十岁婆姨的集体记忆为基础的，透过她们的叙事，用集体记忆的理论去分析她们的身体和心灵如何被一个重大的历史事件——人民公社化运动所建构，这个建构的过程是伴随着身体上的伤痛和精神上的愉悦而展开的。重大的历史事件在每一个群体、每一个人记忆中的存在方式是不一样的。记忆本身是一个社会建构的过程。郭于华从一群婆姨的集体记忆入手来看当时中国社会历史变迁如何塑造这个群体的身与心，分析这个群体在重大社会变革过程中如何与社会同构。整个研究中，理论不露痕迹地渗透在对材料的分析之中。还有一篇文章研究的是下岗失业对人的生命周期的改变：沈阳某地区一个工人群体的生命周期因为下岗失业而发生了一些变化，比如疾病困扰；比如选择打麻将或宅在家里消磨时光。本来四十多岁正当壮年，但失业彻底改变了他们的生命周期，让他们提前步入了老年状态。这些研究的方法和视角都是我们很好的学习材料。这些问题看起来很微观，但这些微观的问题一定有一个社会的模塑，可能是一个群体的影响，可能是一个组织结构的影响，也可能是一个宏观的整个社会的大叙事的影响。米尔斯认为传统的社会学有三个研究：历史理论的宏大研究、人与社会本质的系统研究、社会事实和问题的经验研究。他认为我们现在的社会学研究在传统社会学这三个领域展开，同时也发生了一些变异。比如帕森斯将社会划分为三个系统：人格系统、文化系统、制度系统。这样一个考察更多探讨的是历史理论的宏大叙事，比如人格系统的研究应该属于人和社会本身的研究；再比如，布迪厄的文化资本理论、弗莱雷《被压迫者的教育学》这样的研究，更多关注的是不同群体生活中的经验，以及这种经验给他们自身发展带来的羁绊，而这些羁绊可能又会和学校的某些课程设置发生联系并对人产生影响，这是属于社会事实和社会问题的研究。

从话语的性质来说，社会学研究的话语有三类。第一类是批判的话语，以马克思为代表，包括后来的威利斯、布迪厄、福柯等一大批学者；分析他们学习和成长经历，可以发现话语持有者和他所处的社会环境对他形成这样一种理论表达有着密切的关系。比如威利斯和布迪厄认为自己曾有过被不同文化歧视的经历，进而研究不同阶层生活方式对人的发展的影响。第二类是实证主义的话语，如迪尔凯姆、斯宾塞、孔德的研究。孔德和斯宾塞的研究更多地局限在实证的思辨研究，但是迪尔凯姆做了实证的现实性的研究。第三类是解释性的话语，以韦伯为代表。他在《社会科学方法论》中讲道，我们在看一个人行为的时候，不仅要看到他行为的表现，还要试图去了解其行为背后的动机，同时还要了解个体是如何赋予自己行为意义。这是一种解释学的方法论。

社会学家会选择不同的分析单位研究社会问题。马克思选择的是社会分层、阶级冲突的视角，他认为社会由于生产资料的私人占有而分化为统治阶级和被统治阶级。迪尔凯姆是从社会事实的角度来分析社会问题。他认为社会学研究以社会事实为研究对象，社会事实外在于人但制约每个人。他认为社会事实由集体良知构成，比如社会制度、社会道德、社会习俗等等。社会化的过程就是让人接受社会事实，并把集体良知内化为自己的信念和行为方式的过程。在迪尔凯姆看来，教育也是社会事实。韦伯认为社会学探讨的问题是社会行动，他影响了很多学者，如提出日常生活中的自我呈现，即戏剧理论的戈夫曼；常人方法学的代表人物加芬克尔。另外，社会结构也是社会学家选择的分析单位。最具代表性的是社会理论学家吉登斯提出了结构二重性。吉登斯将结构定义为卷入社会再生产的资源体系。以中国社会曾经存在的二元结构为例，城市居民享有一些特权，在很长一段时间政府负责分配工作，提供住房；而农村的村民则是自然人，并不享有这些福利。从社会结构的视角来分析社会问题，还要考虑社会建构的问题，比如女性学的研究就是一个建构的视角，女性的性别角色是被不断建构的，男性和女性社会性别的建构自出生就开始了，父母会不知不觉地接受各种文化暗示，采用不同的方式抚养男孩和女孩，所以社会性别的形成是一种社会建构的过程。社会学的话语不仅探讨结构的问题，还要分析社会变迁的问题，社会变迁是一个动态的分析视角。社会变迁是社会发展前进、倒退等一切变化的总称。社会进步是单指向性的，社会变迁是多指向性的，可能前进，可能停滞，也可能倒退。所以在历史的长河中，社会发展的某一个阶段的变迁可能有局限性，不一定全部是进步，但也不一定都是倒退。比如人们常说中世纪是黑暗的时期，但是，现代学校和大学教育都是从中世纪孕育而来的，教育变迁既为社会结构所形塑，同时也会保持自己相对的独立性。

（二）社会学的视角

1. 建构主义的研究视角

建构主义是从主观的和个体论的视角来分析问题。一方面，建构可能是一种被动的消极的过程，比如用伯恩斯坦提出的编码理论解释劳工子弟入学不适应的问题。编码分为"精密语言编码和局限语言编码"，由于劳工子弟入学前频繁地使用"局限语言编码"，而学校教师使用的一直是"精密语言编码"，两种编码代表不同的生活体验和社会建构，因此当他们进行交流时，会导致劳工子弟对老师的"精密语言编码"的不适应；另一方面，也可以是一种积极的建构，主体超越自己的环境局限，不断地去主动选择建构。所以建构过程实际上是一种互动，同样在逆境中生存，有人会一蹶不振，有人反而焕发出热情和斗志。所以人应当学会在不利的环境中努力成长，不要被自己打倒，要学会掌控自己的命运。

2. 功利主义的研究视角

功利主义是一种客观主义个体论的视角。社会学中的交换理论就是一个典型的代表,功利主义的研究注重对利益得失的考量。比如对学生考试违纪问题的研究就可以用交换理论来解释,学生如果认为通过作弊获得合格的成绩可以逃过惩罚,可能就会铤而走险;但是如果意识到作弊会给人生留下一个污点,可能就会终止这种行为。实际上违纪对于学生来说风险非常高,往往影响个人诚信记录与品格的发展。

3. 功能主义的研究视角

功能主义是从整体论和主观的视角来研究问题。这种主观不是个体主观,是一个群体或者一个组织的主观。默顿将教育功能分为正功能、负功能、隐性功能、显性功能。比如教育提高了人的文化素质,这是显性功能;有人通过教育出国留学,有人通过教育从县城走向发达的大都市,促进社会流动是教育的隐性功能。从功能主义视角出发来看,教育具有社会化功能和选拔功能。所以从应试教育向素质教育转轨这种提法是有问题的。因为素质教育是针对教育培养人的功能出了问题而呼吁的,而应试教育是由于选拔功能不健全不完善而出现的一种偏颇。即便是完全意义上的素质教育可以实现,教育也不能没有选拔。由于遗传、环境和社会分工的使然,学校教育必须分门别类地培养人才。心理学研究证明,同样是 6 岁的孩子,他们的心理发育年龄可能是 3~12 岁中的任何一个阶段。不仅是程度上的差异,还可能是某些心理特质上的差异。有的人数理逻辑占优势,有的人语言智力占优势,有的人身体动觉占优势,有的人内省占优势,等等。但学校教育考察的是数理逻辑智力和语言智力,这种局限性会影响到学校教育正功能的实现。

4. 批判的结构主义视角

批判的结构主义是一种整体论客观取向的社会学理论。所谓整体论就是从社会发展存在的一些问题出发来进行研究,而且这些问题一定是客观的。比如女性主义研究就具有批判结构主义的特点。女性主义研究关注的是人类历史长河中女性的不利地位是怎样被建构的。挪威戏剧家易卜生的《玩偶之家》于中国五四运动时期上演后掀起一场妇女解放运动,一时间女性特别向往主人公娜拉的自由和觉悟。但鲁迅说不要对"中国的娜拉"给予太多期待,中国社会中裹着双足的"娜拉"出走可能面临的结局,要么卖身,要么寻死,要么再回去。鲁迅是以批判的姿态指出了当时中国社会妇女的生存状态。中国社会当时的状态不允许有"出走的娜拉"。[①] 为什么易卜生的笔下会有娜拉?北欧是一个童话

---

① 娜拉,是挪威戏剧家易卜生的作品《玩偶之家》中的女主人公。《玩偶之家》讲述的是女主人公娜拉从婚姻中觉醒并出走的故事,探讨了资产阶级的婚姻问题,暴露了男权社会与妇女解放之间的矛盾冲突,进而向资产阶级社会的宗教、法律、道德提出挑战,激励人们尤其是妇女为挣脱传统观念的束缚,为争取自由平等而斗争。

和海盗的世界，男性出海打鱼时，女性就独当一面负责一切陆地生活。这样社会环境下的女性往往坚强独立，她们出走也可以去改善自己的命运。而当时中国社会环境下成长起来的女性则不具有这样的特征，鲁迅是非常理性地批判当时一些头脑发热的改革家。

（三）教育学的话语

在相当长的一个时期，教育学是一种经验的话语。比如有人说《学记》是中国最早的教育专著，这是不准确的，实际上《学记》是一种教育经验的话语。包括苏格拉底的著作等都是经验性的话语。在康德那里，教育学又称为一种哲学的话语，是远离教育实践的形而上学话语。直到赫尔巴特时代，才开始在心理学的统觉论的基础上建构教育学话语。应该说这是一个进步，但仍然没有逃脱传统教育学的束缚，所以杜威才说"在我之前所有教育家都是传统教育家，在我之后才是现代教育"。所以在教育史上，传统教育就指赫尔巴特及其之前的教育，现代教育是指杜威时代的进步主义教育。杜威时代开启了一种教育实践的运动。杜威在芝加哥开设的实验学校所设计的课程就反映了他教育即生活、学校即社会、在做中学的教育信念，这是一种实践的话语，也是一种反思的话语。杜威在芝加哥实验学校给孩子们提供的两个最基本的活动课程是缝纫和烹饪。这是家庭生活在学校中的再现，这样做的目的是把学校生活体验和人类生活体验、家庭生活体验联系在一起。教育学的话语不仅包括经验的话语，还应该体现科学的话语和对话与融合的话语。

弗莱雷在其代表作《被压迫者的教育学》中提出一种对话与融合的理念。弗莱雷曾在非洲开展扫盲运动，具有强烈的同情心，他关注乡村弱势群体。他认为我们在开展教育教学活动时一定围绕"教育即解放"来拓展、延伸。在流亡期间，他直接提出"教育即政治"的口号，目的是希望通过教育让人们认识自己与社会，首先从政治上来解放自己；他所进行的成人扫盲教育就是要"沉默文化圈"的"边缘人"勇于表达自己的心声，从文化上来解放自己；他提出"解放教育"或"提问式教育"，目的就是将教师和学生从"驯化教育"或"银行储蓄式教育"的教学模式中解放出来；他提出种种教育哲学，最终目的是通过教育之船把人载向自由的彼岸，从此大彻大悟，获得真正的解放。弗莱雷的思想对我们具有很重要的借鉴意义。我们现在学校教育的课程设置中所选择的知识并不是人类文化知识的全部，而只是社会文化中的一部分。在中国，这些所选择出来作为课程的知识最起码具有以下几个特点：第一，城市文化取向，距离农村儿童的文化生活经验比较远，所以对农村儿童来说是不公平的。笔者带孩子去参加农家乐的活动时就对此深有感触。其中一个环节是给出一碗豆子、一颗土豆、一把玉米,让孩子们估算出重量。城市的孩子用公斤、克来估算,农村的孩子通常用两、钱来估算。很明显,城市儿童的生活经验较农村儿童更接近学校课程中通常用到的公斤、克等计量单位。从这个角度,我们可以部分理解农村儿童在学校学习中的障碍。第二,民族文化取向,要关注教育研究对象的文化以及文化生态对于教育的影响。我指导过一个硕士研究生,做的是佤族学生的教育体验研究。佤族有语言没有文字,他们的语法结构和汉语完全相反。比如"妈妈生我"这句汉语在佤族的语言表达中就是"我生妈妈"。因此佤族的学生在学习语文时就面临较大的困难,直接影响到他们的学业成绩。这些问题单纯用布迪厄和伯恩斯坦的理论无法很好地解释,但是用对话与融合的方法就可以有新的发现。第三,学科融合取向。教育、学校、课程、教师、学生、学制、教学、课堂,这些是教育学独有的概念,其他的概念则多从其他学科中引进移植而来,比如素质教育从生物学中引入,教育分层、教育流动从社会学概念中引入,诸如此类,教育学的研究应该基于多学科融合的视角构建学科话语体系。

(四)教育社会学的话语

笔者不主张教育社会学的研究按照教育社会学的学科体系来开展,教育社会学应该从社会学不同流派解释问题的视角来探讨教育问题。应当从研究的教育问题出发,运用一种或者多种学科的解释视角来进行讨论。比如从功能主义的视角可以探讨学校教育的社会化功能和选拔功能。笔者的一个研究生做的课题是校外补习班如何参与学校教育选拔功能的实现。义务教育要均衡发展,提高质量,缩小学校之间的差距。但是这很难做到,因为学生在学校以外获得的某些学习资源,政策很难干预,而这些又往往对学生产生很大的影响,这些又直接影响到教育选拔功能的实现。再一个问题是教育机会均等,包含起点均等,即入学机会平等;包含过程均等,即平等地享有教育资源;包含结果平等,涉及能不能获得同样的结果。我们要注意到,教育普及意味着教育机会扩大化,但有可能造成教育过程的机会不均等。教育普及和教育机会均等是两个不同的概念,有可能教育普及进程越快,教育机会不均等越严重。我们可以用编码理论和文化资本再生产理论来研究教育机会均等问题。编码理论是英国的社会学家伯恩斯坦提出来的。他认为不同群体使用的语言编码是不同的,有局限的语言编码和精密的语言编码。学校使用的是精密的语言编码,但是劳动阶层所使用的可能是一种局限的语言编码。这两种语言编码都能把事情解释清楚,但学校课程所要求的显然是那种符合逻辑、指代清楚、修辞比较丰富的编码。这种差异在小学生看图写话中就体现得非常明显,不同阶层出身的学生会使用不同的语词、逻辑、修辞来描述同一个事情。来自劳动阶层的学生往往会使用其父辈们所经常使用的局限的语言编码来描述，而来自更高阶层的孩子则使用从其父辈们那里传承来的精密的语言编码来描述。使用精密的语言编码的学生在进入学校后一般不会存在编码上的冲突，会很容易地融入学校文化，这就导致了学生学业成绩的差异。

从社会组织理论来看，学校是一个组织，我们可以借助于社会学组织理论和制度社会学理论来探讨问题，从符号互动论的角度来探讨教师和学生，从知识社会学的角度解释课程与文化。知识社会学有三个核心议题，第一要探讨知识存在的社会基础，第二要探讨知识的表现形态，第三要探讨知识存在的社会基础和表现形态之间的关系。比如在主流文化里人们认为劳动最光荣。但是对于贫寒人家的孩子来说，劳动从小带给他们的就是身体上的疲惫和仍然没有保障的生活。从知识的表现形态来说，知识有自然科学这样的客观知识，但人类社会还有相当一部分的公共知识。公共知识是约定俗成的知识，看似合理，但带有随意性、任意性，从最初的个体的习惯发展成群体的习俗，甚至可能成为社会制度。比如，社会学家布迪厄认为教育是一种文化再生产和社会再生产，他用惯习、资本、场域这三个关键概念来解释教育。惯习是凝聚在人身体里的一种倾向性系统。资本有四种形态：物质资本、社会资本、文化资本和符号资本。其中文化资本有三种形态，一种是身体形态的文化资本；一种是物质形态的文化资本；还有一种是制度形态的文化资本，比如学历证书；等等。布迪厄认为教育有三种方式：传播教育、家庭教育、制度化教育。

三、教育学：一个专门化的学术研究领域

（一）基于学科融合的视角构建知识体系

从学科视角分析问题，不仅强调专门化与体系化，还要考虑怎样把一个问题研究透彻。如果从教育问题的理论表达来讲，可能对一个问题最有解释力的，不是一种单一的学科话语，而是一种跨学科的话语。比如职业女性的解放问题。中国职业女性的压力比欧美国家和日本女性的压力都大，因为她们面对的是来自家庭和职业生活的双重压力，所谓的解放要加上一个引号。实际上，男女同工同酬这不是解放，或者不是解放的全部。解放还意味着身心自我认同层面的解放。女性学从20世纪开始逐渐成为显学，它最终成为体系并得到公认，是因为这个学科有一个系统的理论表达。但实际上这个系统的理论表达是一个跨学科融合的结果，包括文化学、政治学、社会学，甚至包括生物学。女性学的崛

起实际上很重要的一点就是女性学找到了一个核心概念——"社会性别"。女性学研究认为，性别有生物学意义上的自然性别，但是女性学的研究重点不在自然性别上，而在于分析社会文化、社会结构，包括教育是如何建构女性的社会性别的。社会性别包括性别意识、性别行为、性别认同等。女性学并不是一个单一的学科体系，而是一种学科融合的研究，包括人文社会科学甚至自然科学的融合。比如，有的心理学家解释女人喜欢逛街、购物，是与女性的社会基因有关的。因为在原始社会女性一般从事采集活动，她们从一棵树下到另一棵树下，不断选择、采集好吃的果子。所以现代社会的女性还保持了原初这种社会基因，喜欢这种购物或者逛街的过程。这就说明，对一个问题的解释不能从单一的学科出发，所以所谓学科视角在解释某些问题的时候是有局限性的。

（二）基于元理论的视角提升教育研究品质

华勒斯坦等著的《学科·知识·权力》一书有篇文章的作者认为教育学不过是一个劣等学科，连二流都排不上，言外之意就是不入流。但是作者接着话锋一转又说，教育理论很薄弱，教育学科很卑微，但是教育实践很辉煌。正是因为近代教育实践三个微小的变化——书写、考试、评分，才催生了近代西方的学科体系。因为要规范化地书写，就必须把知识分门别类；要考试，那么每一类知识就必须有自己的边界；知识要发展，就必须对人们掌握的知识进行验证，如果要验证就必须精确化、规范化。这就形成了一个矛盾，为什么教育理论解释不了教育实践？

一个很重要的原因，可能得从教育学的产生说起。康德最早在大学里讲授教育学。有趣的是，康德没有基础教育的实践，也没有生儿育女做父母的经验，他凭什么讲授教育学？他的教育学和哪一类教育实践关联？结论是，教育学的产生并不是源于教育实践的需要，而是源于社会实践的发展。工业革命后扩大中小学的规模是要为大规模的社会化大生产培养劳动力，这就需要大批师资力量，所以当时欧洲创办了很多中等师范学校，这些中等师范学校就是要培养经过短期学习后去中小学的教师。这些即将步入中小学教育岗位的人应当有一些关于教育的知识体系，一些哲学家认为应当给准备做老师的人提供这些知识体系。所以出于中小学教育的需要，哲学家和相关学科的学者们将教育思想进行提炼，进行理论化、思辨化的表达，教育理论由此而来。因此教育理论产生的时候就是与教育实践脱离的，是带有哲学意味的。它关注的不是"教育是什么""教育现场发生了什么"，而是"教育具有什么作用"，这是在哲学语境下讨论教育问题。

所以，今天我们谈"寻找失落的教育研究"，不仅是去寻找教育研究的系谱，还要开展教育学的元理论分析。元理论是一种反思的理论，这种反思是以学科理论自身为研究对象，对学科理论的概念体系、理论话语、研究方法体系进行分析。瞿葆奎先生曾对混乱的中国教育理论研究进行了一个较为清醒的梳理。他说教育理论看起来很繁荣，但往往是"似曾相识燕归来"，也就是说没有创新，几乎就是赫尔巴特理论的再现，和教育实践关联不大。他的学生又提出过"教育学殖民化"，认为传统的教育学相当于一个树干，长到枝繁叶茂后却结满了不同的果子，有教育社会学、教育经济学、教育管理学等等，而教育学消亡了，教育学被其他学科殖民化了。是不是这样呢？实际上，从教育学自身的演进来说，这是一个必经的阶段。今天我们回过头来看，那个阶段是一个理论从不成熟到成熟再到完善的一个中间阶段。虽然时至今日从事教育研究的学者们的那种失落状态可能还存在，但总体的精神状态已经有了很大的改观。

从教育研究的实践轨迹来看，教育理论建设经历了专业化和学科化的努力，我们努力想把教育学建设成为有自己的概念、理论、体系的规范化的学科，但教育学的地位并不尽如人意。吴康宁教授认为，我们不应被学科化所局限，应当从跨学科的视角去做研究；社会学已经不再谈社会学，而是谈社会理论；因此教育社会学应当从学科的视阈和镣铐中挣脱出来，去开展一种教育社会理论研究，而非教育社会学研究。教育学正由学科的教育学向教育理论的教育学过渡，走向一种视阈融合的教育研究。

笔者认为，教育研究应当关注教育理论的建构。笔者在校外教育学科建构中提出三个观点，一是体系建构和问题取向相融合，二是整体研究和类型研究并重，三是学理意识和方法意识兼顾。应当在更广阔的领域，从人文社会科学多学科融合的视角来探讨教育问题，这样可能会找到教育研究的新生长点，重构教育学学科的知识体系，提升其学术品质，实现教育理论建设的突破。

（康丽颖，教授、博士生导师，首都师范大学学前教育学院院长，首都师范大学家庭教育研究中心主任。）

第十二讲
博弈论与人文社会科学研究

一、双赢或多赢：博弈论的核心思想

二、博弈论研究的特征

三、案例分析：囚徒困境博弈

四、博弈论的分类

五、从博弈论视角看教育内卷

六、启示与展望

在当今信息技术飞速发展的背景下，教育也面临着重大的抉择。未来教育是大数据下的教育，每个重大问题都是一个多方参与的过程。如此一来，现在的教育模式该如何应对？本讲通过对博弈论的分析，以期引发更多的思考与讨论。

博弈论是运筹学的一个重要分支。它的应用领域十分广泛，例如生物学、经济学、政治学等等，那么，在教育领域，博弈论的思想有哪些新的视野？会给我们带来怎样的启发呢？

一、双赢或多赢：博弈论的核心思想

选择是人生最大的智慧，在冲突局势下决策者如何选择最优策略是人们普遍关心的问题。博弈论则为交互的决策提供了一个分析框架，因此博弈论的发展与应用具有非常广阔的空间，博弈论正在成为经济学、政治学、军事科学、法学、社会学等领域极其有用的分析工具。博弈论的真正精髓在于它丰富的思想内涵，并随着现代社会的发展在不断地注入新的思想和方法，显示出其强大的生命力。著名经济学家、1970年诺贝尔经济学奖获得者保罗·萨缪尔森（Paul A. Samuelson，1915—2009）曾经说过："要想在现代社会做一个有文化的人，你必须对博弈论有一个大致了解。"这已经成为越来越多人的共识。

博弈论包括非合作博弈、合作博弈和动态博弈三类。在博弈论的模式里，有十分重要的三个词，即价值、能力、支持。第一个词——价值，是一种价值判断。我们做事情之前总会考虑这件事的价值是什么，这件事的价值有多大，我们可以有多个选择。这样一来，针对某一事情做的价值判断是为了使其更加有效，从《孙子兵法》的角度来看，就是一个"知彼"的过程。第二个词——能力，是一种能力判断，即我们决定要做这件有价值的事情时，我们是否具备相应的能力来做，这便是一个"知己"的过程，即我们具有多大的能力来完成这件事情。另外，当事情有风险的时候，我们的掌控能力不是百分之百的，这样一来，在面对机遇时，还要应对相应的风险。第三个词——支持，即寻求支持或称合作能力。当自我力量不足，甚至只有40%或50%的时候，寻求支持就尤为重要了。那么，如何把握这样的合作机会，如何与他人进行合作，让大家共同努力去完成这件具有价值的事情，最终达到双赢和多赢的结果，这些便是博弈论需要思考的问题。

二、博弈论研究的特征

博弈论研究具有两个鲜明的特征。一是关于博弈论研究的主体。博弈论涉及的决策者至少有两个。二是博弈中存在信息的不对称性，我们知道的信息，其他人未必知道。博弈论考虑了其他决策者的决策对自身的影响，因为参与决策者至少有两个，甚至有无数个。

在这一过程中，诺贝尔奖获得者西蒙曾解释过关于理性的概念，何谓理性？西蒙认为，理性指的是在给定的条件和约定的限度内，适合达到给定目标的行为方式。理性选择则是对个人有意义的，使某个目标函数最大化的行为。基于此，强调个人理性能够做出合理选择。所谓合理选择是博弈参与者最大化自己的目标函数，通常选择使收益最大化的策略。每局博弈会包含三个要素：一是局中人，即博弈中能独立决策并承担决策结果的人；二是策略与策略集，每局博弈的局中人都有不少于两个可选择的策略；三是支付与支付函数，即每局博弈的局中人选择出策略后，他所获得的收益是什么。举例来说，当我们玩石头剪刀布游戏的时候，剪刀碰到布，我们就会按照规则判定出剪刀者赢，但是剪刀要是碰到石头，那就是出剪刀者输，剪刀碰到剪刀就会形成平局。这样一套规则在博弈论中的表述方式是什么呢？大家公认的有三种：第一种是标准式，它适合于两个人或三个人的博弈，但难以表述更多人的博弈；第二种是扩展式，可以表示多人的博弈，特别是动态多人的博弈；第三种是特征函数式，是将出现在合作博弈的一般表示。

三、案例分析：囚徒困境博弈

我们以囚徒困境博弈这一经典的例子来具体解释博弈论的思想。

当两个犯罪嫌疑人被警察抓住以后，警察用一种巧妙的策略来审讯他们，先告知他们一个政策。这个政策如表 12-1 所示，对囚徒 A、囚徒 B 来讲是一样的。

警察说，如果两人都认罪的话，判处 3 年有期徒刑；如果一个认罪，一个抵赖，认罪的马上释放，抵赖的要判处 5 年有期徒刑；如果两人都抵赖，各判 1 年有期徒刑。

表 12-1　囚徒困境博弈

		B	B
		认罪	抵赖
A	认罪	3, 3	0, 5
A	抵赖	5, 0	1, 1

那么这两个犯罪嫌疑人会做何选择呢？他们的内心活动是怎样的呢？B 认

罪的话，囚徒 A 有两个选择，认罪或抵赖。认罪的话，判 3 年有期徒刑，抵赖的话，判 5 年有期徒刑，因此，他选择认罪。那么囚徒 B 要是选择抵赖的话，囚徒 A 如果认罪，按照警察告知的政策，囚徒 A 会被直接释放，没有牢狱之苦，如果抵赖的话，判一年有期徒刑，还是选择认罪。

从收益最大化角度来讲，不管囚徒 B 是选择认罪还是选择抵赖，对于囚徒 A 而言，选择认罪都是最好的策略。根据表 12-1，囚徒 A 和囚徒 B 的结果是相互对称的，这两个人都会从自己的收益最大化来考虑问题。这一案例说明在社会科学、在整个社会的人的活动当中，每个人都想自己的收益最大化。

这样的事件比比皆是，例如交通堵塞问题，大家都想快一点，不遵守交通规则的现象就出现了，最后会将道路堵得一塌糊涂，甚至使整条线路都瘫痪，大家的利益都不会得到最大化。再如世界上大国之间的军备竞赛、环境污染等等，都是这方面的例子，最终形成了集体困境。问题如何破解呢？

囚徒困境这一案例引发了经济学的革命，我们讨论的博弈论与社会科学研究，实际上反映了一个很深刻的问题，以个人利益为目标的理性行为，导致集体得到相对较劣的收益，这是个体理性与集体理性的冲突。经济学之父亚当·斯密曾经说过，个人理性通过市场导致社会福利，即我们经常说的"看不见的手"，每个人都想自己利益最大化，总的来讲就处于整体市场的利益最大化。这在经济领域曾是一个不争的事实，但在囚徒困境的例子出来后，经济学家不断反思亚当·斯密的说法是否总是成立。换句话说，虽然"看不见的手"是有力的，但并不是万能的。囚徒困境这个模型动摇了传统的社会学、经济学理论的基础，对经济学产生了革命性的影响。我们回看这一问题，如果巧妙地应用囚徒困境，也能解决很多问题，因为这是一个非常重要的工具，我们要思考的是当我们身处困境，如何将其破解，如何利用囚徒困境解决社会中的问题。

再举例来说，两个供应商甲和乙，他们向一家企业供应一种零配件。他们的报价可以是 8 元也可以是 10 元。这家企业采购的数量很大，比如说 100 万个。这种零配件的制造成本只有 6 元，报 8 元的话，每个零配件可以挣 2 元，报 10 元的话，每个零配件可以挣 4 元。在这个时候，采购负责人得到老板的一个指令，要求他在当年的采购中把这 100 万个零配件总成本降下来。采购负责人很聪明，他利用博弈论跟两个供应商分别会谈：两个供应商可以报 8 元也可以报 10 元，总共需要 100 万个零配件。可以像去年一样都报 10 元，向他们各采购 50 万个；如果两家有一家报 8 元，另外一家报 10 元，100 万个零配件就都买 8 元的。他对两个供应商分别进行谈话，不让二者见面沟通，短时间内要求他们做出一个决定。当然，采购负责人希望两个供应商至少有一个报价 8 元，这样就可以为自己的企业节省 200 万元。现在我们来分析一下这两个供应商，

会通与范导：教育研究的方法论问题

他们会怎么选择呢？供应商的收益见表12-2。

表 12-2　采购负责人与供应商的博弈

		供应商乙	
		8元	10元
供应商甲	8元	100万元, 100万元	200万元, 0元
	10元	0元, 200万元	200万元, 200万元

对供应商甲而言，他不知道供应商乙是选择报价8元，还是选择报价10元。

如果供应商乙选择报价8元，供应商甲在选择报价8元的情况之下得到50万个的采购量，那么一个赚2元，50万个就赚100万元；如果甲选择报价10元，订单就是零，所以最好选择报价8元。如果供应商乙选择报价10元，供应商甲选择报价8元，因为甲报价低，将得到100万个零配件的订单，一个赚2元，可获得200万元的利润。那么如果供应商甲也报10元呢？两个供应商将各得到50万个零配件的订单，一个赚4元，各赚200万元。但这样存在不确定性。由于不知道另外一个供应商是报价8元还是10元，所以两个供应商都选择报价8元。结果这个采购负责人为自己的企业节省了200万元。这在商业谈判中也是经常采用的一个策略，采购负责人给供应商设计一个囚徒困境，让他们做出低价的选择。因此，简单来说，巧妙地设计囚徒困境可以解决很多工作、生活中的问题。

四、博弈论的分类

博弈论的类型多种多样。

一是有限博弈和无限博弈。局中人个数有限，每个局中人的策略有限，这就叫作有限博弈。人数无限或者策略无限，都称为无限博弈。二是静态博弈与动态博弈。典型的静态博弈，同时出招，而动态博弈是有先后顺序的。如石头剪刀布游戏，不能当对方出来剪刀后，另一方再出。但是象棋不是。前者是静态博弈，后者是动态博弈。三是合作博弈和非合作博弈。按照局中人之间有没有具有约束力的协议，分为合作博弈和非合作博弈，具有约束力的协议的叫合作博弈，没有的就是非合作博弈。合作博弈主要研究人们达成合作的条件。此外，合作必然牵扯到收益分配，因此它还研究收益分配问题。非合作博弈主要研究的是人们在利益相互影响的局势中如何决策以使自己收益最大，因此它是一个策略选择问题。四是从信息的完全程度上可以划分为完全信息博弈和不完全信息博弈。如果局中人清楚各种策略的选择，对成败利益的得失有充分了解，那么这个博弈就称为完全信息博弈，反之则称为不完全信息博弈。具有完全信息的静态博弈，称为完全信息静态博弈。当然这里会涉及完全信息的动态博弈。五是常和博弈与非常和博弈。每个局势中全体局中人的收益相加是一个常数的博弈，称为常和博弈。例如我们平时玩的象棋、围棋等都是常和博弈。常和，即一方输一方赢，这是一种状态，或者双方僵持平局，也是一种状态。棋类运动基本上都属于常和为零的博弈。再如战争中，双方厮杀也是零和博弈。六是结盟和不结盟博弈，即在博弈当中，当博弈者超过两个人的时候，也就是三人及以上的时候，可能就会出现联盟。例如斗地主游戏，当不知道谁是地主的时候，三个人是互相博弈的，一旦发现地主后，另外两方就联合起来，结成一个小的联盟，在政治活动中亦是如此。

博弈论分析的主要特征是研究对象普遍性和应用范围广泛性，一切涉及人们之间利益冲突的问题，一切关于竞争和对抗的问题，都是博弈论的研究对象。事实上，在社会科学当中也是这样。博弈论具有综合性的特点，其研究方法具有实证性、真实性。因此，在各个领域都可以借鉴博弈论的思想，它为我们提供了统一的分析框架和基本范式。

下面将举例详细说明非合作博弈与社会两难博弈。

（一）非合作博弈

非合作博弈探讨人们在利益相互影响的局势中如何决策，以使得自己的收益最大化。它本质上是一个策略选择问题，其核心内容是纳什均衡。如果有两个策略，每个策略都是另外一个策略的最优反应，就称这组策略为纳什均衡策略。如果一个博弈存在纳什均衡策略的组合，参与者也选择了这种策略，就得到了这个博弈的纳什均衡。

我们再看前文提及的囚徒困境，在这个例子中不管囚徒 B 是选择认罪还是选择抵赖，囚徒 A 选择认罪都是好的。这件事怎么看呢？从分析手法来看，这是一个数学模型。不要想象数学模型是非常复杂的数学公式，表 12-1 也是一个模型。认罪-认罪组成一个局势；认罪-抵赖组成一个局势；抵赖-认罪组成一个局势；抵赖-抵赖组成一个局势。每个格中的第一个数字是囚徒 A 的收益，第二个数字是囚徒 B 的收益。例如与局势认罪-认罪对应的数字（3,3）中的第一个 3 代表囚徒 A 的收益，是被判刑 3 年，第二个数字 3 是囚徒 B 的收益，也被判刑 3 年。从判刑来讲，这个数字越大越不好，越小越好。那么什么叫作囚徒 A 的占优策略？我们再看表 12-1。

实际上我们看这 4 组数字，在第一行，囚徒 A 对应的数字是 3 和 0，第二行是5和1,3年和5年有期徒刑当然是3年的好。0和1,还是0好,所以从收益上比较,毫无疑问囚徒A的占优策略是认罪。类似地考虑囚徒B的占优策略,认罪也是B的占优策略。那么两个都找到了自己的占优策略,这个时候谁都不想改变了,他们都认为自己的选择是最好的,因此就形成了一种均衡。均衡,就是平衡稳定的意思,这就形成了占优策略均衡。

如果不是对方采取合作策略,局中人A的第一个策略的收益总是大于或等于第二个策略,我们就称第二个策略被第一个策略占优,或者称第一个策略为占优策略,第二个策略为占劣策略。如果把这个大于或等于改成严格大于,那就是严格占优策略的定义。

当一个博弈中的每个参与者都选择了各自的占优策略,那么相应的博弈结果就是占优策略均衡。在占优策略均衡中,不管其他参与人选择什么策略,一个参与人的占优策略都是他的最优策略。囚徒困境问题的占优策略均衡就是两个人都选择认罪,那么把两个策略放在一起,拿一个括号括起来,即(认罪,认罪)。每个人都是自愿的,都认为这对自己是最好的,我们把它叫作囚徒困境博弈的解。解就是一个策略均衡,是所有参与博弈的人,把自己选的策略放在这里,按照先后顺序排列,所以博弈论的解不是数字,而是一组策略。

(二) 社会两难博弈

社会两难博弈是较为普遍的一种博弈类型。如果博弈的参与者都能够履行协商后的策略,那么他们选择策略就构成了合作计划,就像囚徒困境这个案例,如果说给机会让两个囚徒先沟通,他们当然都会选择抵赖,抵赖是各判一年。但是如果让他们各自选择呢?他们都会选择认罪,这两个选择是相悖的,这种相悖我们称为社会两难博弈。如何破解?假如A和B同属于一个犯罪组织,这种犯罪组织会严惩和警方合作的囚徒,那么这项附带的惩罚会改变支付,因而使囚徒困境博弈产生变化。比方说,一个人认罪后就可以带领警方去摧毁这个组织,所以只要有一个人认罪,犯罪组织就会将他处死,即使警察宽大处理把他放了。在这种情况之下,囚徒A和囚徒B,因为有犯罪组织的规定和威胁,就会抵赖到底,这就是我们经常说的人在江湖身不由己。这是一个来自外部的干涉,本来是警察和两个囚徒之间的事,但是这两个囚徒背后的组织相当于第三方,第三方的影响使这两个人选择了抵赖,实际上当我们作为旁观者来看,对两个囚徒来讲,都选择抵赖应该是他们的最佳策略。而都选择认罪,是最不好的策略,所以这样就把这个社会两难问题化解了,由第三方来影响、来化解。

在很多非合作的场合,法规也能达到同样的目的。不论通过协议还是其他手段，只要使参与者都能切实履行协调后的策略，他们所选策略的组合就是一个博弈的合作均衡。还有些博弈可能通过第三方的介入，使原本的社会两难博弈得到合作均衡。

例如有人专门研究过美国的烟草广告的博弈问题，见表 12-3。

表 12-3 烟草广告博弈

		B 公司	
		做广告	不做广告
A 公司	做广告	4, 4	10, 2
	不做广告	2, 10	8, 8

A、B 两家烟草公司以前是都做广告，各自收益 4 个单位，如果一方做广告，一方不做广告，做广告的那方将会收益 10 个单位，不做广告的那方，它的收益将会只有 2 个单位；如果都不做广告的话，他们的收益各为 8 个单位。所以我们这样看的话，都不做广告收益能成倍增加，但是做广告的得 10，不做广告的得 2，所以谁都不敢不做。当美国政府宣布电视上不允许做烟草广告的政策后，相当平静，没有人反对。这里第三方的干预就是国家的政策，政策的干预使得两个烟草商都相信对方是不会做广告的，因为做广告受国家管制。因为第三方的干预，做广告这件事都不做了，从而获得了一个非常好的结局，得到的结果正是博弈的合作解（不做广告，不做广告）。

实际上，囚徒困境这个例子使得人们重新审视经济学里那双看不见的手。市场经济的这只看不见的手有很多的好处，但即使在美国这样的社会，也不是完全的市场经济，政府也在对市场进行干预，政府管制最终使烟草公司的利润提高了。第三方即政府的介入，把陷入白热化广告战的各大烟草公司从囚徒困境中解救出来。政府也从中得到了增加税收的好处。这说明，完全的自由竞争并不是最有效的经济体系，适当的政府管制可以有效地提高社会的经济和政治效益。

一个值得思考的问题是：如果无限多次地重复囚徒困境，会改变博弈结果吗？细想一下，在囚徒困境中，一次选择是都会认罪，但是要多次选择的话是否会改变呢？有限多次会改变吗？无限多次会不会改变呢？这些问题涉及无限重复博弈当中策略的选择。对囚徒困境问题的无限的重复博弈，达成合作的重要条件是对博弈的参与者形成一个长期利益优于短期利益的压力，来诱导参与者选择合作。那么博弈的参与人，在无限次重复博弈的每次博弈中，在合作与背叛之间如何选择才能使自己总收益最大，这是一个很深刻的问题。

再考察社会两难问题，就是合作与背叛的问题，见表 12-4。

表 12-4　合作与背叛博弈

		B	
		合作	背叛
A	合作	3, 3	0, 5
	背叛	5, 0	1, 1

如果两人都合作可各得到 3；如果一方合作，而一方背叛，背叛的马上就占到便宜，得到 5，合作的得到零；如果两个都选择背叛，都会得到 1，收益很差。但是这个问题我们细看，一次合作，肯定都会选择背叛，因为每个人的眼睛里都看着 5，他合作我背叛，那我一下就得到好处，但这就是眼前的利益；如果博弈进行有限多次，只要博弈参与者知道博弈的次数，他们在最后一次肯定采取互相背叛的策略，既然如此，最后一次之前的每次合作还有必要吗？因此在次数已知的多次博弈中，参与者中从来没有人会选择合作。如果博弈在多人之间进行，而且次数未知，参与者就会意识到以下问题：当持续选择合作并达成默契，参与者就能持续各得 3，但如果持续选择背叛，每个人就永远得 1。这样合作的动因就显现出来，而且这个前提条件是次数未知。

密歇根大学政治科学家罗伯特·阿克塞尔罗德做了一个仿真模拟，每个参赛者把追求得分最多的策略写成程序，用单循环赛的方式，将参赛的程序两两博弈，找出得分最高的策略。参赛的程序分为四类：老好人程序，不管你背叛不背叛，我永远选择合作；恶意程序，不管你选择什么，我总选择背叛；一报还一报程序，最开始我选择合作，然后第二次按照你上一次的选择，作为我下一步策略，即我选择合作，你也选择合作，那我下次还选择合作，如果你背叛我，那下次我就背叛你，我立即回击，所以叫一报还一报，这在现实生活中反映了很多人的心理；随机程序，各以 50％的概率随机采取合作、背叛。分为四类以后就进行程序模拟，实验结果表明，一报还一报策略赢得了最后的胜利。这个获胜的策略有以下四个特点：第一，善良性，首先选择合作，表达善意。同时，坚持不先选择背叛，他的善良防止他陷入不必要的麻烦。第二，报复性，当发现对方不合作，它能识别，并采取不合作的方式来报复，不会让背叛者逍遥法外。他的报复性使得对方试着背叛一次后，不敢再背叛，因为对方受到了惩罚。第三，宽容性，不会因为对手一次背叛，长时间怀恨在心，如果对方改过自新，可以恢复合作。第四，清晰性，能让对方在三五步对局内，辨识出自己的策略，而不是让对手琢磨不透，他的清晰性使得它容易被对方理解，从而引出长期合作。

五、从博弈论视角看教育内卷

在上一小节中提到的烟草广告博弈,如果博弈双方都采取"不做广告"的策略,双方的收益明显好于都采取"做广告"策略对应的收益。后者只有在第三方干预(国家管制)的情况下才会出现。本小节中我们从博弈论视角考察一下大家都关注的教育内卷问题。

(一)何谓教育内卷

教育内卷是指在一个相对封闭的教育领域内,教育相关者为了达到预期目标,不断增加时间、精力、资本等投入,最后导致整体上收入-投入比递减的现象。具体到中小学,由于存在教育资源不均衡,家长为了使孩子在中、高考中考上好学校,从小学到高中都全力以赴投入择校竞争之中。学生、家长过分追求分数、追求名次,不得不参加各种补习班和培训课程,甚至牺牲了自己的休息时间和兴趣爱好。教师也面临着巨大的教学压力,需要不断提高学生的成绩,以应对学校和家长的期望,但教育质量却未能真正提高。

(二)从博弈论视角分析教育内卷

从博弈论视角看教育内卷问题,具有典型的"社会两难"特征。我们聚焦于学生家长对子女是否参加校外培训的选择。家长之间是互相博弈的关系,以家长A、B为例,不管家长A如何选择,家长B都会选择参加校外培训以提高自己孩子的应试成绩;反过来,家长A也会选择参加校外培训。结果家长们都选择参加校外培训,学生的应试成绩都提高了,最后导致录取分数线提高了,总分排序的位置与大家都不参加校外培训时没有大的变化,但付出的代价是给孩子增加了负担,花费了家庭大量时间金钱,增加了家长的焦虑,影响了学生的创造力和创新能力,更不利于孩子全面成长、终身成长。如果都选择不参加培训,则会实现全社会共同利益的最大化。但由于有少数家长抢跑意识强烈,引发不守规矩的前排观众起立,迫使后排观众不得不起立的"剧场效应",裹挟大多数家长跟随,形成内卷恶性循环。

这是个人理性和集体理性冲突的典型情形,每个人都选择了使自己的利益最大的策略,但是最后的结果却是社会整体利益受损。如何破解这个"社会两难"问题?

(三) 教育内卷问题的破解

破解方法类似于烟草广告博弈的分析，需要"第三方"的介入。教育内卷成因多元复杂，其中，教育资源（主要是三个源：生源、财源、师源）不均衡、评价导向单一等是主因。作为"第三方"的政府，可以通过教育政策实现对教育的干预。我国在 1986 年就颁布了《义务教育法》，提出了义务教育均衡发展的目标；2021 年出台并实施的"双减"政策，虽无法毕其功于一役，但也取得了一定成效，让人们看到有关部门正在努力行动。通过持续优化教育资源配置、丰富教育评价体系维度、完善升学入学机制等举措来维护教育公平公正，促进教育资源均衡。

解决教育内卷是系统工程，需要全社会、各方面一起破题，重塑成才路径、就业导向，科学引导社会竞争，才能构建"人人皆可成才、人人尽展其才"的良好教育生态。

六、启示与展望

(一) 案例思考

根据上述案例，我们得到的启示是：首先，要提高自己的辨别能力，即能够清楚对方是想合作还是想背叛，要维持声誉，要说到做到。其次，将一次性博弈变为多次博弈，比如谈判、贸易，应分步进行，这样就能避免背叛带来的损失。最后，在一个非零和博弈的环境中，清晰的个性、简练的作风、坦诚的态度往往是制胜的要点。而在前面提到的一报还一报策略，也是有着致命的弱点的。首先，因为自己采取善良的行为，如果对手第一次就选择背叛，对自己来讲就是致命的，已经没有下一次博弈的机会。所以要选择善良，采取合作态度，必须得冒牺牲一次的风险，有牺牲一次的本钱，没有这本钱的话，需要慎重。其次，现实中的人有时会产生非故意的失误，如果严格采取一报还一报策略，可能会出现灾难性的后果。由于误解和操作失误，可能会产生无休止的循环报复，这也需要注意。事实上，我们应该采取宽容性的一报还一报策略，这比纯粹的一报还一报策略更好一些。在可重复的博弈中，一开始要以合作的方式对待其他参与者，如果对方不合作，则下次碰到对方时，也采取不合作策略，但要给对方改正错误的空间。一旦对方开始合作，我们也要接着合作。但要注意，如果没有足够的实力一次性地压倒对手，最初阶段的成功也许将会变成自我毁灭。

从策略演进的角度看，只有最有利于成长的策略才是最优策略。那么一报还一报策略是人际交往当中最常用的，也与孔子提倡的"以直报怨，以德报德"相吻合。以德报德，你合作我也合作，而不是说你背叛我，我还得跟你合作，以德报怨是在一个很高层面讲这个事情，所以一般来讲，我们说的是博弈论，讲的人，都是理性的，在这个前提下考虑问题，那就是以直报怨。

（二）如何促进合作

人是理性的，追求自身利益最大化，但是我们的社会是前进的，人类的文明是在不断发展的，我们更多看到的是人与人之间的相互合作。特别是博弈论最后追求的也是通过合作，达到双赢或者多赢。那么一个很重要的问题是：我们如何来处理合作？博弈论给我们的启示是，一报还一报策略是人际交往中最好的策略，它促使博弈双方逐渐从相互背叛走向相互合作。问题是在和一个极端自私者所组成的不合作的情景中，一报还一报策略能否得以应用？计算机仿真研究结果表明，只要群体中有5%或更多成员选择一报还一报策略，那么只要他们的得分超过全体的总平均分，这个合作的群体就会越来越大，最后蔓延到整个团队。这说明社会向合作迈进的趋势是不可逆的，群体的合作性将会得到改善。促使群体合作的另外一个有效途径就是改变博弈参与者的收益，一个有效的措施就是第三方的介入，例如政府制定法律。如果博弈的一方选择背叛策略，就会受到法律的严惩，从而迫使博弈双方选择合作。比如说经常见到的具有法律效力的合同，签订合同的双方都不敢违约，如果一方违背合同，另一方就可以控告，所以双方都害怕第三方介入，迫使双方选择合作。

除此之外，还可以对博弈的一方选择合作策略给予一定的奖励，促使博弈双方继续选择合作。不管是奖也好，惩也好，必须达到一定的力度。第一，博弈参与者选择不同策略时所得到的不同收益，能够控制在博弈参与人都选择相同策略时所得到的最大收益和最小收益之间，这提出了一个量化的问题。所以这个奖励得有力度，惩罚也得有力度。惩罚或奖励都是为了让他保持选择合作，让博弈的占优策略均衡与合作解是一致的，也就是说自己的利益最大化和集体的利益最大化形成一致，否则必然会发生社会两难现象，也就是博弈的占优策略均衡与合作解相悖。第二，促进合作的最好方法是教育人们关心他人的利益。从古代孔子的"己所不欲，勿施于人"到今天的雷锋精神，都是试图使人们能够形成这样的价值观念，即不仅考虑他们自己的利益，在某种程度上也要考虑他人的利益。同理，法治是底线，除此之外还要以德治国，希望大家都有一个比较高的道德追求和道德标准，比如雷锋是我们大家的楷模，而我们每年在各个领域都要树立很多这样的楷模，这实际上是一个道德的标杆。第三，增强识别对方行动的能力，对对方的行为要做出回应。这个可以从过去的接触中识别对方并记住这些接触过程中的一些相关特征，这种能力对合作是有必要的。经常坐车逃票的人，如果有这种信用记录的话，那跟他合作的时候我们就要注意。不仅对背叛要有反击，对合作也要有回报。一个基于回报的人，能够做到自我控制，也就是知道感恩。从社会学的角度，一报还一报策略可看作一种利他主义，其动机是个人私利，但它的结果是好的，是互惠式的，有可能覆盖了范围最广的社会收益，人们通过各种形式的回报，形成一种社会生活的秩序。那么这种秩序即使在语言不同的人群之间也是最容易的，可能这是一个微笑，或一个手势。

未来，我们将面临关于学习环境的演变、虚拟与现实的结合、教育媒体以及未来市场需求的变化等许多方面的问题。未来的教育必然与信息技术紧密结合。无论是从教育科学研究的角度，还是从人才培养的角度，我们也面临着重大的抉择。作为大学，相对人才市场，我们应该如何改革？因材施教是教育的基本规律，未来的学校是数字时代的土地，我们现在教育模式应该如何应对，我们的研究领域应该如何拓展，这些都是我们绕不过去的问题。每个重大问题都有一个多方参与的过程，而博弈论是交互的决策论，是我们解决问题的重要的分析框架。因此，在教育科学的未来研究中，博弈论的思想方法是必不可少的。

（焦宝聪，首都师范大学教育学院教授、博士生导师。曾任教育部高等学校教学指导委员会数学基础课程教学指导委员会委员，中国运筹学会理事、北京运筹学会常务理事。主要研究方向为非线性最优化理论与应用、教育信息化管理与规划。）

第十三讲
教育研究的经济学视野

一、教育研究的学术视野

二、教育研究的经济学视野

三、教育经济学学科视野的维度

四、现代经济学对教育研究的必要性

五、案例分析

六、运用经济学进行教育研究的条件

第十三讲 | 教育研究的经济学视野

研究视野，是对研究假设与信念、研究过程规则与方法、研究结果的解释与运用等方面的哲学概括。从狭义角度看，研究视野一般指科学研究范式或学科研究范式。比较成熟的学科都形成了相对稳定的范式，如经济学研究范式、社会学研究范式、历史学研究范式、政治学研究范式等。一般认为，社会科学研究主要包括实证主义、解释主义、批判主义三种范式。教育的复杂性需要多学科研究视野。其中，经济学应该成为教育研究的重要视野。教育研究的经济学视野是什么？为什么要有经济学的视野？怎样运用经济学的逻辑和方法来研究教育问题？本讲谈谈这几个方面的问题。

一、教育研究的学术视野

我认为研究视野可以从量的角度和质的角度来理解。如果从量的角度看可以是多学科的维度、多种理论，如经济学视野、法学视野、文化学视野等，主要体现认识问题的视角与维度。如果从质的角度看，研究视野就是研究的范式、研究的规范，如经济学研究范式、社会学研究范式、法学研究范式、人文主义研究范式与科学主义研究范式、个人主义研究范式与集体主义研究范式等。但同一研究视野可以包括量与质两个维度。研究视野是否开阔与研究范围大小有关，但研究的视野不等同于研究的范围。教育研究的范围与研究的具体问题相关。比如说国家与社会的关系、教育与经济的关系，这就是非常大的范围，也是宏观研究；如果说我们把研究的视角具体化，从国家的视角来看，可以从纵向角度对教育与国家的关系进行历史研究，也可以从横向角度解剖某一个国家在某一个时期与教育的关系，还可能是一种展望未来研究。如果将历史、现状、未来联系起来做系统的研究，其视野是最宽的。研究的视野也可以是非常微观的，比如我们研究一个区域的职业教育与一个区域的经济社会发展的具体关系。我们做研究的时候一般要求尽可能从微观的视角，以小见大。即使研究主题小，也需要大视野。如果说做研究的时候没有大的视野，没有把问题放在整个国家体系，或者是整个世界发展的脉络中去，这个问题的研究可能会没有什么价值。因此，研究视野主要指研究的范式。

那么什么是研究范式？范式（paradigm）一词是托马斯·库恩（Thomas Kuhn）在其科学哲学著作《科学革命的结构》（*The Structure of Scientific Revolutions*）中提出的一个概念，用来描述常规科学（normal science）内部进行集体性知识创造时，一个学术圈子约定俗成的一系列社会准则和共识。范式是指某 特定学科的研究者所共有的基本世界观，它是由其特有的观察角度、基本假设、概念体系和研究方式构成的，它表示科学家看待和解释世界的基本方式。范式可以是学科的研究范式,也可以是一种大的人文科学的研究范式、社会科学的研究范式、自然科学的研究范式。其特点是:(1)范式在一定程度内具有公认性;(2)范式是一个由基本定律、理论、应用以及相关的仪器设备等构成的一个整体,它的存在给科学家提供了一个研究纲领;(3)范式还为科学研究提供了可模仿的成功的先例。

教育研究范式有哪些呢?目前分类比较复杂。有的学者从研究的功能角度概括为实证主义、解释主义和批判主义三种研究范式。也有学者认为包括科学主义范式、人文主义范式、科学-人文主义范式。科学主义范式主要强调以自然科学为主导,追求教育研究的确定性,通过定量研究、实证研究的方法来获得确定性的知识、规律性的知识。人文主义范式追求一种价值和意义的研究,如后现代主义、解释学、现象学的研究范式,更关注研究过程本身的意义、研究对象的意义,至于结论,它不是很在乎。科学主义与人文主义结合起来的范式,试图将人文主义价值与科学理性有机结合起来。在教育研究范式中还有很多种分类方法,比如有个人主义研究范式和社会群体主义研究范式、本质主义研究范式和非本质主义研究范式等。

教育研究的学科视野,主要是以某一个学科的范式作为指导来进行教育研究的。如果用系统论的观点来看教育的话,那么就是把教育看作是由人、财、物三个基本要素组成的结构系统。人的要素又包含校长、教师、学生等。系统要素之间的各种关系组成结构,系统不同的结构就会具有不同的功能;学校要实现最大的教育功能,哪一方面的要素都不能忽略。同时,学校系统会和外部环境发生各种关系。如果从心理学的角度来看,教育改革的问题首先要符合人们的期望,符合人们的心理,要考虑到各方利益主体的心理感受,比如对于教师群体来说要考虑到职业倦怠感、人际关系等等。不同的学科对教育的切入点不同。比如说从哲学、心理学、人类学、社会学、经济学、管理学、文化学、伦理学、法学、技术学等角度研究教育问题,学科视野越广泛,那么教育问题研究就越清晰。

从经济学的角度看,可以将教育研究视野分为三类:教育宏观问题的经济学研究、教育中观问题的经济学研究、教育微观问题的经济学研究。教育宏观问题包括教育与经济发展、教育与就业、教育与收入分配、国际教育合作与交流等。对其的经济学研究包括教育程度与个人收益、教育发展与社会收益提高、教育改革与发展的经济逻辑、教育服务贸易等。以教育服务贸易研究为例,对每年来我国学习的外国留学生和我国前往国外的留学生人数进行统计,再对二者产生的总费用进行比较,就可以对教育服务贸易额进行一定的研究。再比如,我们要研究教育的结构优化问题,就要研究教育经费占国内生产总值的比例、占总财政收入的比例，以及教育经费在不同教育层级是如何分配的。这些问题属于教育宏观问题的经济学研究。教育中观问题就是教育机构与政府、市场的关系问题以及教育组织自身发展问题。教育中观问题的经济学研究，包括研究教育机构与政府之间的委托代理关系、学校组织与市场的契约关系、教育机构运行和发展的经济逻辑等。如果是研究一个企业的教育培训，研究一所学校如何进行资源整合、如何与市场对接，就要考虑市场或消费者需要、成本投入，那么这些问题就属于中观问题。教育微观问题旨在关注教育组织内部要素之间的关系，如教师与学校关系、师生关系、家庭与学校关系、学校课程与学生发展关系等。教育微观问题的经济学研究就是研究这些问题的经济关系或联系。如教师工作积极性与绩效工资关系、教师流动意愿与流动补偿关系等。再如师生关系，用经济学的观点来看，可以看成教育服务的生产者与消费者的关系，教师就是教育服务的生产者，学生就是教育服务的消费者，同时也是教育服务生产的参与者，消费者对教育服务的满意度研究就是一个教育微观问题的经济学研究。所以，可以从宏观、中观和微观的视角对教育问题进行经济学研究。

我们选择某一个学科视角，就会选择认识问题的方法，选择具体研究行为以及对结果的解释。经济学视野给教育探究提供了一个独到的视角。如果用经济学视野作为我们研究教育的底色的话，有效之处在于：让教育研究变得更加实在、实际，不是那么虚无缥缈。因为仅有理想和价值，仅有一腔热血，而没有现实的条件作为支撑，教育是干不好的。所以在道义的层面、在理想的层面进行的教育研究，而不是扎根现实的教育研究，是不完整的、低效的。教育的经济学研究可以补充甚至超越教育的哲学、伦理学、文化学等研究。

综上，学科的视野包括哪些维度？一般来说，一是有稳定的研究对象，二是有明确的研究目的，三是有独到的假设、逻辑、方法，四是有自己学科体系的概念。一个成熟的学科应包括以上几个方面内容。

二、教育研究的经济学视野

教育研究的经济学视野就是在运用经济学的原理和方法研究教育问题中所体现的教育研究立场、思想观点和方法的总和。

教育研究的经济学基本立场包括三点。第一，经济人假设。经济人假设是强调任何组织或个人的行为都以自我利益最大化为目标。自我利益最大化并非只是自私自利的，而是有利他性的一面。第二，组织或个人行为是有理性的。只有在合理计算自我利益和他人利益的合作与平衡中才能达到自我利益的最大化。第三，由于存在信息不对称等因素，组织或个人在追求收益最大化过程中需要付出成本。无论教育体制改革还是课程改革、教育评价改革，都涉及改革者的投入、牺牲及其相关收益。

教育研究的经济学观点是教育的经济研究中形成的成熟观点和基本结论。这些观点体现了教育组织运行、学校发展、教育工作者行为的经济逻辑，是解释教育现象的"原理"或"公理"。其主要包括以下几个方面。第一，公共产品主要由政府提供。义务教育之所以要政府来提供，是因为义务教育是一种公共产品，个人和家庭没有这么大的供给能力，而市场和资本的逐利性决定了它并不以提供公共服务为目的。第二，谁投资谁受益。如果教育允许社会资本进入并获得合理回报的话，就可以借助民间资本来举办教育，减轻政府负担。第三，边际成本递增，边际收益递减。一般是指随着产品使用人数的增加，规模不断扩大，平均成本会逐渐减少，但到一定规模后，成本反而越来越大，收益也会逐渐减少。第四，帕累托改进。就是说任何改革不可能使所有人受益，总是只有一部分人受益，一部分人的利益受损。想要在利益不受损的情况下使改革达到最好的效果，这就是帕累托改进。现实中，这一般是通过政府投资行为来达成的，比如政府发放各种救济款项解决弱势群体的生存问题。但政府的财政收入来自税收，单靠政府救济并没有触及贫困的根源，没有改变既有的利益格局，是不符合改革规律的，会导致新的不公平等其他问题的产生。

教育研究的经济学思想，也就是教育经济学的基本原理，如人力资本理论。我国国家战略提出要实现从人力资源大国向人力资源强国的转变，就是对人力资本理论的应用。平均受教育年龄就是国家人力资本测量的主要标准之一。再如，规模经济理论。我们强调学校合并、办大学城等，在某种程度上就是规模经济理论运用的产物。但教育规模经济也有弊端，诸如资源使用过度、超大规模学校、超大班额等。还有范围经济理论。比如，九年义务教育中，小学独立出来还是和初中合并在一起，孰优孰劣，就属于范围经济理论可解释的问题。此外，教育产权、学校委托代理、教育制度变迁等很多新制度经济学理论主张也属于教育经济学原理。

教育研究的经济学方法，有问卷调查等数据收集方法，也有数学建模、数理统计、回归分析等处理或解释数据的方法。

三、教育经济学学科视野的维度

（一）教育的经济学研究对象

1. 教育现象与问题背后的经济资源利用效率

目前研究最多的问题有：教育需求、教育供给、教育成本、教育投入、教育产权、教育资源配置方式、教育经营、教育效率、教育经济收益、教育服务贸易。如教育需求与教育供给的问题有"入园难""入园贵"等。关于教育成本、教育投入的问题有：到底需要投入多少成本才会有效益高？成本的投入到底和质量有什么关系？教育产权问题是一个基本问题。简单说就是这个组织有没有自己的利益，对财产的处理方式、使用方式的问题。如果说学校既没有所有权，也没有财产支配权，产权结构不合理，那么它就没有积极性。我们用产权理论可以解释为什么许多民办学校是家族式的，也能解释为什么民办学校会破产，还能解释为什么有些公立学校效率不高，校长不开拓进取，因为缺乏有效的产权激励。

2. 组织及其治理的经济逻辑

教育作为文化组织有它的经济特性。任何组织都是由人构成的，而人都有自利性的要求，特别是有生活成本。因为个人有利益要求是合理的，所以，各种各样的部门都会想办法为员工谋福利。"一切以经济建设为中心"并非所有的部门都以"抓钱"为中心。经济部门当然要生产自己的产品，获取经济效益，但其他非经济部门就应把目光放在社会效益上，因为它们是为社会的发展提供服务支撑的，其福利待遇、劳动报酬要通过其他经济部门的创收，即国民收入的再分配来补差，这样才是一种合理的方式。教育部门通过自己创收解决自己的问题，这在理论上是行不通的，异化了教育的功能。但教育组织部门有它自身的经济利益问题，如果教育部门人员的工资不高，就很难激发其活力；如果政府财政不能为公立学校运转提供足够支持，那么学校就可能会通过乱收费来解决经费不足问题。

3. 教育改革与发展中的交易成本

教育改革和发展，与其说是一个经济问题，不如说是一个教育问题。因为如果用经济的方法推进教育改革，用量化指标考评改革效果，那就可能是不科学的。比如，行政部门不能盲目规定高考的一本率、大学生的就业率与考研率达到多少。这些指标不是由主观因素来决定的，还受很多不可控的外在因素制约。所以用单一经济的方法来办教育可能会发生错误。但教育改革背后蕴含经济逻辑。如改革需要投入，需要成本付出。改革要想产生新的东西，就要创新，要创新就必然需要更多投入，不仅需要金钱的投入，也需要时间的投入、人力的投入。如果说改革者不能得到收益，不能用激励的方法来激励改革者，那么教育改革就不能成功。这是经济学基本原理的运用。所以课程改革要考虑经济的问题：基层的人员——老师和校长作为改革的实行者，是否能得到实际收获；特别是我们的评价标准没有改变的时候，参与改革的成果如何分配，如何公平地评价，如何调动改革的积极性；等等。对这些课程改革阻力的来源，经济学可以做出合理解释。

4. 维护或扩大教育公平的成本

教育公平是我们追求的基本理念。但教育公平问题与教育效率问题紧密联系在一起。公平与不公平是相对的，所以我们在考察时，绝对的公平是不可能的。从经济学的角度来讲，所谓教育公平就是教育服务满足教育消费者的需求，按政策话语来讲就是办人民满意的教育。但是人民不是同质的，不同层次的人，有不同的教育诉求，不同的教育诉求在经济学里就是个人偏好。个人偏好不一样，就不能加总。在这种情况下，用经济学来解释，教育公平的问题就是投入与产出、需求与供给、生产与消费不平衡问题。教育经济学就要研究那些说不公平的人的利益是否受损、如何补偿。比如，有关北京高考不公平的呼声越来越高，这些呼声主要来自那些在北京工作多年、为北京服务多年，但自己的孩子却面临不平等的高考政策的群体。我们需要去研究这一群体行为背后的经济诉求。因此，要维护教育公平和正义，必须花时间和精力了解哪些人感到教育不公平，还要通过加大投入力度增加教育公平的机会，实现帕累托改进，并通过正式的制度安排和增加制度执行的人力成本确保公平的真正实现。

（二）教育的经济学研究目的和价值

1. 从经济学角度提出了解决教育问题的新思路和新方法

教育研究的财政视角。我们认为解决教育问题的基本思路，首先是要保证教育的基本投入问题，也就是教育财政。教育财政就是国家的教育投入问题，即国家对教育有怎样的预算。

教育研究的产权视角。特别是现在民办学校的产权问题。如果民办学校产权清晰，那么很多民办学校就可以在法律的范畴之内健康发展，并且形成和公立学校良性竞争的态势。这样，中国教育的生态就可以相对平衡，可以促进整体教育质量的提高。

教育研究的委托代理视角。就是解决激励问题。要校长发挥创造性，那么首先要给校长"松绑"，同时校长的收益应该超出其工资，应该有自己的财务支配权和人事权。仅用公职人员身份来约束校长，也许并不一定能解决学校发展的根本动力问题。优秀的校长为什么不可以像公司高收入的首席执行官呢？

2. 用数据清晰地说明其他学科未曾说清楚的事实

关于教育与就业问题。当前研究将大学生的就业难问题主要归于外部劳动力市场没有提供给大学生充分的就业机会或大学生不适应就业岗位的需求，经济学则可将学生的期望工资和实际工资进行比较，来分析大学文凭是不是贬值了。

关于教育与收入分配问题。一般认为，上大学可以增加工资收入。但如果读书能够改变命运，为什么现在选择不参加高考的学生越来越多？一般解释为上大学的学费太高，许多贫困家庭孩子上不起学。经济学的解释就是学生或家庭对未来大学生毕业收入的预期不高，放弃高考。笔者研究了西藏地区基础教育的特殊情况，尽管国家支持力度特别大，不仅发放生活费还给零用钱，但仍然有学生离校拒绝接受教育。各级单位组成劝学小组，劝说当地村民保障孩子入学，但效果都不明显。接受教育并不能达成对未来收入的预期可以作为对此类现象的一种解释。

3. 用经济学观点和方法校正社会对教育经济研究的讹误

关于教育产业的认识，当前存在很多误区。第一个误区就是教育不是产业，是事业。第二个误区就是教育产业与其他经济产业一样。笔者认为从政府公共服务角度看，教育是事业；从教育与市场的关系或者学校的经营视角看，教育不是像物质生产那样的产业，但是它就是产业，而且是最大的产业。因为它存在多种需求与供给方式，有复杂的市场，如生源市场、教师市场、教辅材料市场，包括高考拉动的一系列经济现象等。而市场是客观存在的，有市场必然形成产业。当然，教育属于哪一类产业也是需要区别讨论的。

关于教育收费问题。教育能否收费在经济学里是用教育的私人收益和社会收益来解释的。但优质教育到底可不可以收费更高？民办学校可以。公立学校可不可以？从人性角度看，追求物美价廉是人的经济本性。但是市场的一般规律是，越物美，价格越高。理论上，教育质量高，也应该收费高。但中国的好学校，一般都是公立学校，比质量不高的民办学校收费还要低。许多国家的学校收费标准与教育质量是挂钩的，私立学校质量高的比较多，学费贵。但在基础教育领域，公立教育是免费的，上大学有助学贷款等。在中国，好学校是长期积累的结果，是国有资产长期投资的结果。因为公立学校由国家长期投资，如果已形成的公共资源不能分割和分享，收费就成了问题。

关于学校经营问题。一般认为学校不能经营，只需要按照国家方针和教育部行政管理规范按部就班办学就可以。可是，当前有哪一所学校的举办、运营、管理的各个环节是不需要面对市场、不需要精心经营的呢？比如招生指标分配、发布招生广告、承诺减免学费、招聘教师、采购教学设备等等，都是经营。所以，没有经营观念是不符合现代社会的观点的，也是一种传统观点。

关于教师工资问题。教师的教育活动是一种高智力的具有复杂创造性的劳动，它的劳动价值应该比简单劳动的价值高得多。教师讲一堂课就是主动创作知识、传授知识的过程，其启迪智慧的效果和深度可能比欣赏一首歌曲更有价值。因此，老师的工资也应该体现出激励性，体现教师劳动创造的价值。

4. 丰富教育研究的经济理论

教育经济学研究形成了一些比较成熟的理论，如筛选理论、劳动力市场分割理论、社会化理论、公共教育服务理论、学校品牌理论、教育产权理论等。这些理论对教育的解释力比较强，对丰富和发展教育理论具有重要作用。比如，为什么当前出现很多高学历低工资、低学历高工资的现象？如果说高素质对应高工资的话，那么其实高学历不一定对应高素质。学历文凭表示的只是一个符号价值。而当雇主在市场上寻找雇员时，没法去考察一个人受教育的过程，只能根据各种文凭和证书来判断应聘者的能力水平。所以雇主们筛选的不是个人的整体素质，而是对文凭符号进行筛选。他们潜在地将文凭所代表的符号价值与能力素质等同起来，所以才会出现这种不对称。而为什么雇主用文凭标准来选人？一方面，是由于文凭本身包含人才培养的成本，培养成本越高，人力资本潜在的价值可能越大。另一方面，雇主要招聘员工，也会花费一定的成本。要招聘到优秀的员工，就要从较多的应聘者中间选择，显然全面考察每一个应聘人员需要花费大量的人力、财力和时间；既节省招聘成本又可能选到优秀人才的方法就是借助由权威机构提供的学历证明和学术成果证明。这就是人力资本理论、筛选理论和劳动力市场理论对就业问题的综合解释。

（三）教育经济学的基本概念

概念体系是判断学科是否成熟的重要因素之一。教育经济学基本概念有：需求与供给（有效需求与实际需要）、市场（有价格，信息不对称，有不同利益诉求主体）、交易（有规则，需要谈判和博弈）、竞争（由优质资源稀缺与优质资源需求矛盾引起）、价格（可以计量，买卖双方可以协商）、成本（消耗，牺牲）、产权（对财产的占有、支配、让渡、收益等权利）、边际效应（最大收益的边界值）、均衡（需求与供给的平衡）等等。当我们用经济学概念来解释教育问题的时候，首先要准确理解其内涵。这里列举一二。

对于教育研究来说，最需要区分的就是"需要"与"需求"。一般从心理学角度或政治学角度理解"需要"，其前提是合理的、有价值的。但经济学的研究是"有效需求"。有效需求的内涵就是你自己有支付能力的需求，追求一种实在的可以得到的东西。教育学里研究的"需要"，都是没有成本的需求、不计成本的需求、没有任何阻力的需求。只强调需要的合理性没有看到需要满足的条件，是我们教育学研究过于理想化的原因。

还有"交易成本"的概念，这是一个与"生产成本"相对的概念，可以简单理解为规则制定和运行的成本。比如政府要出台一些文件，出台文件的过程即反映了多种利益，需要调查研究，反复协商，是一个博弈的过程。比如择校问题。禁止择校,是政府的一贯主张。但是从经济学的角度看,政府调控的方向就在于明确在哪些情况下是不合法的择校、不合理的择校。政府要制定相关规则,规则制定出来后要公示。中国的现代教育管理改革中最重要的一点就是信息应公开透明。如果这一点做到了,我们很多问题都可以避免,就没有很多私下交易了。所以说,好的政策制定有一个博弈过程,改革过程是一个基于利益调整的过程,其中就蕴含着经济学的基本思想。

再如"竞争"这个概念。在教育学里竞争是出于外在的目的,似乎更强调合作,反对竞争。但是教育经济学讲的竞争,是基于个人利益的竞争。学校里组织的一些比赛活动,在我们看来好像出于外在的目的,但是每一个参与比赛的人如果没有个人利益的考量,就不会有竞争的动力。在经济学看来,竞争都是基于个人利益最大化的。难道我们能因为考试导致了恶性竞争而否定考试评价对学生追求好分数带来的意义吗?教育的竞争是永远存在的。尽管我们现在强调均衡发展、和谐发展,但是不均衡是永远存在的,这是因为优质教育资源不足。在均衡发展改革中,不管政府对学校教育投入多少,都不能解决因为差异而导致的学校之间的竞争。因此,笔者认为,将升学率竞争变为学校的优秀文化和学校特色竞争,学校发展以多样化为目标,可能是克服片面追求升学率、避免恶性竞争的出路。

(四) 经济学的逻辑

经济学逻辑是基于假设,用一系列参照系和一系列分析工具来进行。经济学的分析都是基于问题来进行研究,问题背后就是假设。现代经济学代表了一种研究经济行为和现象的分析方法或框架。作为理论分析框架,它由三个主要部分组成。

1. 视角 (perspective): 问题的假设

通常基于三个基本假设:经济人的偏好、生产技术和制度约束、可供使用的资源禀赋。也就是说第一个假设就是每个人或组织都是实现个人或组织利益最大化的经济人;第二个假设是个人或组织要实现自己利益,达成自己的目标,要受到自己能力的制约,还有外部环境的制约;第三个假设就是受到可使用资源的制约。

2. 参照系 (reference) 或基准点 (benchmark)

参照系就是人们更好地理解现实的标尺。一般均衡理论中的阿罗-德布鲁定理 (Arrow-Debreu Theorem) 指出,当需求和购买两个方面平衡以后,就没有生产和买卖了。另外,产权理论中的科斯定理 (Coase Theorem) 指出,如果交易没有摩擦、没有成本的话,那么就不需要任何制度了。比如,在助学贷款的问题中,如何认定某位学生确实有贷款的需要呢?如果没有摩擦的话,那就是假设每个人都是诚信的,所陈述的都是自己真实的情况,那么直接放款就可以了。但是现实中我们通常要求学生填写各式各样的表格来反映自己真实的情况,就是因为有很多人弄虚作假(有摩擦)。所以,需要通过一些审核制度来保证学生所反映情况的真实性以及做出毕业后还款的承诺。那么这些审核过程、贷款事项管理运作过程以及敦促和认定学生还款等事项,都需要投入人力、物力、财力,并承担不还贷款的风险。根据科斯定理,无成本则无制度。那么只要有交易,就需要有人力、物力、财力的投入,就会产生交易费用。显而易见,教育的任何实践活动都是有成本的。此外,还有公司金融理论中的莫迪利亚尼-米勒定理(Modigliani-Miller Theorem)等等。

3. 分析工具(analytical tools)

经济学对某一现象或问题进行解释时,经常用到各种图像模型和数学模型等分析工具。以某药店口罩供给为例,口罩的供需曲线图像模型可以用来解释一些教育现象和问题(见图13-1)。如果每盒价格为45元,那么可以卖出20 000盒,当价格为105元时,只能卖出大约4 000盒。价格越高,买的人越少。如果进货只有4 000盒,而需求是20 000盒,就出现了需求短缺。但如果药店进货16 000盒,但实际购买的只有8 000盒,这就出现了供给过剩。图13-1可以用来解释某些教育现象。比如一些地方优质基础教育学校数量有限,当入学人数超出了学校容纳能力时,就会出现学位供不应求的问题。解决这个问题需要政府或社会增加投入、增加学位或增加学费。但教育投资收益的周期长,而且优质教育资源转化为优质的教育服务有一个过程,因此优质教育服务的供给总是滞后的。由于义务教育是免费的,因此不交学费又能享受优质教育成为人们的首选。这就是义务教育择校热的原因。当公立学校不能满足老百姓上好学的愿望时,如果允许这部分人为追求更优质教育而自愿支付更高价格进入优质民办学校,就可以满足一部分人的教育需求,同时也实现教育资源供给多样化,并且节约公共教育资源。

此外,还有萨缪尔森的世代交叠模型,格罗斯曼、哈特和莫尔的所有权-控制权模型,拉丰和梯若的非对称信息模型,戴蒙德和迪布维格的银行挤兑模型。

(五)经济学的原理和方法

1. 经济学的基本原理

一般认为,经济学有四大基本原理。第一,经济上的自由选择。让每个人在不危害他人利益的前提下有更多的经济上的自由选择。只要给人们充分多的自由选择,并且容许或能够自由竞争,自愿合作和交换,即使不事先考虑任何

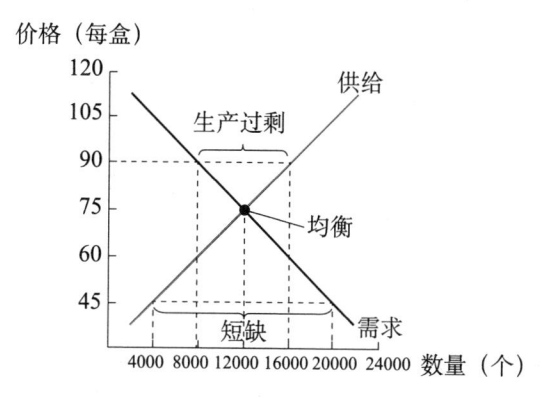

图 13-1　某药店口罩供给与居民需求情况

制度安排,在人们自利行为驱动下,所导致的资源配置结果也与完全竞争市场的均衡结果一致。第二,行为上受条件约束。所有的个人和单位都在既定的约束条件下进行权衡取舍的选择,人们的选择由客观约束条件和主观偏好所决定。第三,信息不对称会产生交易成本。在信息不能对称的时候,获得信息需要代价,会出现委托代理问题。只有进行合理的制度安排,通过与人沟通,让别人了解你(发送信息),你了解别人(甄别),做到信息对称,才能将事情做得更好,其结果才可能最优。第四,制定游戏规则或设计机制,要做到激励相容。追求自身利益最大化的个人在给定制度安排下会做出自己最优的选择,但是由于信息的不完全性,个人的选择不会自动满足所设定或想要达到的目标,社会很难通过制度安排达到最优。所以,需要设计游戏规则让个体的最优选择与其他人的目标相一致。激励相容就是使个人的自利和人们之间的互利统一起来,使得每个人在追求其个人利益的同时也达到制度设计者所想要达到的目标。一个好的经济制度安排就是看它是否能激励人们主观为自己、客观为社会而工作。

2. 经济学方法

经济学方法主要包括数学方法、计量方法、历史方法、公理化与形式化方法等等。最基本的方法有实证分析方法,如数据统计、观察法、问卷分析调查法等;归纳推理,如新制度经济学分析等。

四、现代经济学对教育研究的必要性

第一,运用经济学的假设增加了教育研究预设的现实合理性。中国的教育消费者、办学者和教育管理者同企业的经济人,在教育资源、技术和制度的约束条件下都受利益驱动。用现代经济学的这一视角看问题,我们可以在分析中国正在经历的复杂的转轨问题时，对教育人的行为做出一致的和贴近实际的假定。

第二，运用教育经济学研究成果使中国教育研究走向世界。世界上许多发达国家都重视教育的经济学研究，并将其成果作为教育决策和改革依据。由于中国教育改革大趋势是将自身纳入世界教育改革的体系中，所以，把运用现代经济学研究教育经济的理论成果作为研究中国教育改革问题的理论参照系不仅合适而且必要。

第三，运用经济学概念、逻辑、方法和结论研究教育拓展了教育研究者的思维和视野。在研究的初级阶段，引用现代经济学的一些名词、概念和结论的确能帮助研究人员扩展思路，提升研究的学术水平。但要注意，在使用的时候要措辞严谨，要体现严密的概念体系、逻辑的边界和适用范围。

教育经济学之所以对教育研究有用，就在于教育经济学研究促进了教育观念转变、教育经济决策和教育行动的效率。20世纪70年代的时候，最早提出教育不是上层建筑，而是生产力，教育部门是生产部门。这都是在用经济学话语讨论教育问题。20世纪80年代教育经济学第一次会议讲人力资本理论，提出教育先行，导致政府重视教育投资。北京师范大学学者赖德胜教授用经济学理论解释素质教育问题，他说素质教育从人力资本的视角看，不仅要解决知识问题，而且要解决人的配置能力问题，也就是个人的选择能力，处理人与人之间关系的问题。我认为这是一个很好地用经济学视野来解释应试教育和素质教育的根本区别的案例。由于教育是错综复杂的过程，任何比较系统、深入、精细和经得起推敲的研究都必须超越概念的解释和无谓争论的层次。深入的分析需要借助前人制作的工具，而现代经济学发展出来的各种数学模型提供了这样的分析工具。虽然它们本身并不是为研究中国教育而发明的，但是其中一些模型经过适当的修改，考虑到中国的历史和制度因素，是可以被运用来分析中国教育改革中的经济行为和现象的。

五、案例分析

1. 义务教育的非均衡性研究

我们经常讲教育不公平，其涉及区域之间不公平、学校之间不公平、个体之间不公平。这种宏观的分析方法只是提出一种思维和方向。但每个地方又各有不同，所以用不公平来分析非均衡问题时要非常谨慎，要考虑到对于不同地区评价公平与否的标准，还要考虑到同一地区公平问题的历史性变化。教育经济学要用现实的、精确的材料来说明问题。

比如义务教育的非均衡问题，笔者在《从生均公用经费和教师人均年总收入看县域教育均衡发展——来自湖南省的调查与思考》中，通过生均公用经费和教师人均年收入的数据来评价。这是因为生均公用经费和教师人均年收入是衡量教育的投入与教育均衡发展的重要指标。在经济学里，设计非常重要，需要深厚的理论支撑。当时通过调查数据发现，从1991年至2005年，县域内部城乡之间、乡镇之间、学校之间生均公用经费和教师人均年总收入存在较大差距，并且学校差异大于城乡差异，城乡差异大于乡镇差异；县域城乡之间生均公用经费和教师人均年总收入的差距越来越大。这种差异的产生与县域经济发展不均衡、政府的教育投入政策、县级政府努力相关。也就是说造成这种不均衡的因素很多，但这里主要考虑政策的因素。我们在数据处理的过程中按发展水平将样本分为较发达县、发达县、欠发达县三类。在年份上，选择了1991年、1993年、1995年、2001年、2003年、2005年，因为这些年份都是政策有较大变化的年份。在最后对小学、初中、高中进行比较时，先进行了县内的分析，然后进行了县与县之间的比较分析。在分析的基础上得出结论并提出政策建议。当时提出以下一些政策建议：第一，建立以县域为单位，以小学和初中学校均衡发展为重点，逐步推进基础教育均衡发展的模式；第二，尽快建立和完善公共教育财政体制；第三，明确各级政府的促进基础教育均衡投资及其管理的责任；第四，中央和省级政府加大对农村中小学教师的特殊补助，促进教师有序流动。

2. 北京大学"中学校长实名推荐制"研究

笔者团队对"中学校长实名推荐制"进行了基于委托代理理论的分析，研究成果是《北大"中学校长实名推荐制"分析——基于委托代理理论》。我们认为北京大学"中学校长实名推荐制"本质上属于高考招生委托代理制度。这一制度有利于高校自主招生制度的深化和人才培养模式的改革，但也存在逆向选择和道德风险问题。

从整个链条来看，如果把北京大学作为初始委托人，委托学校的招生办，学校招生办再委托自主招生委员会，然后在自主招生委员会与中学校长间建立委托代理关系，最后是中学校长与推荐小组、班主任与学生之间的委托代理关系。经过层层委托、层层代理的过程，其间存在着一条极长的委托代理链，在初始委托人与最终代理人之间每个组织或个人都同时扮演着委托人和代理人的双重角色，既是上一级委托人的代理人，也是下一级代理人的委托人（见图13-2）。

第一层委托代理关系存在于学校与管理机构之间，北京大学要招收优秀的学生进来，将招生选择的权利委托给学校招生办，从而构成第一层委托代理关系，其中北京大学被称为"初始委托人"，招生办为"中间代理人"。第二层委

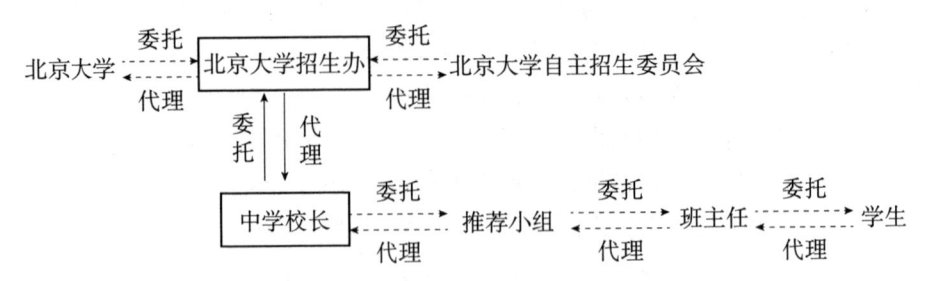

会通与范导：教育研究的方法论问题

```
                 委托                    委托
  北京大学 ◁┈┈┈┈▷ 北京大学招生办 ◁┈┈┈┈▷ 北京大学自主招生委员会
                 代理                    代理
                    委│代
                    托│理
                     ▽
                             委托          委托         委托
                  中学校长 ◁┈┈┈▷ 推荐小组 ◁┈┈┈▷ 班主任 ◁┈┈┈▷ 学生
                             代理          代理         代理
```

图 13-2　北京大学"中学校长实名推荐制"的委托代理链

注：图中实线表示显性的委托代理关系，虚线表示隐性的委托代理关系。

托代理关系存在于招生管理机构与专业的委员会之间，在这层委托代理关系中招生办从代理人的角色转变为委托人的角色，将通过校长推荐制招收的学生委托给自主招生委员会的专家来负责评定和录取。作为委托人的招生办分工将更加细致，而作为代理人的自主招生委员会的责任也更加明确。该制度中北京大学依赖中学校长为其推荐优秀的毕业生，二者之间的委托代理关系是非常明显的，从委托代理关系中双方的特点来看，具有信息优势的一方是代理人，具有信息劣势的一方是委托人。在该制度中中学校长肯定比北京大学要更加了解学生各方面的信息和真实的能力，所以在这里北京大学是委托人，中学校长是代理人。中学校长实名推荐制在真正的实施过程中并非是北京大学与中学校长的简单对接，一般有推荐资质的中学都纷纷成立了推荐小组，由校长、班主任、任课教师及考生等人组成，按照委托代理关系的定义和特征来判断。在中学成立的推荐小组中其实还有一个隐含的委托代理关系存在于中学校长和班主任之间。这里中学校长相对于更加贴近学生的班主任来说处于信息的劣势。因此校长是委托人，班主任是代理人，校长委托班主任为其提供推荐的名额。如果再深入下去，我们还会发现班主任和学生之间也存在委托代理关系。因此，中学校长实名推荐制包含一个较长的委托代理链，既存在个人与个人之间的委托代理关系，如大学校长与招生办主任、中学校长与班主任、班主任与学生的委托代理关系；也存在组织与组织之间的委托代理关系，如招生办与自主招生委员会之间的委托代理关系。不仅存在显性的委托代理关系，也存在隐性的委托代理关系。由于委托代理链过长，由于委托人和代理人之间的信息不对称，每一种委托代理关系中，都可能存在逆向选择和道德风险。而要避免委托代理问题，除了委托人和代理人目标函数一致外，还需要建立各种有效的激励和约束机制。我们在详细的分析后提出了要避免和解决这些问题的政策建议。应该以"为国选材，唯才是举"的导向，逐步建立社会的诚信体系，建立优秀中学校长激励机制，加强对推荐过程有效的监督和结果准确的评价，建立推荐人承诺制和问责制度。

3. 教育改革成本研究

现有的教育理论对教育改革的研究主要集中在对教育改革的价值、改革的必要性、影响因素等方面。少数研究关注到妨碍教育改革的制度因素、社会心理因素，但很少人关注到教育改革的经济逻辑。笔者从教育改革的经济逻辑角度对教育改革的成本问题进行分析，发表了《教育改革的成本问题研究》，并在《新华文摘》上摘登论点。我们认为任何一项改革都需要成本。而教育改革成本增加是教育改革深化中比较突出的问题。从主体角度划分，教育改革成本可以划分为政府改革成本、学校改革成本、教师个体改革成本等，要使各种成本最小化，就要建立合理的成本分担机制，避免不合理的成本产生。我们不仅提出了问题，而且分析问题，最后提出解决方案。这里重点阐释一下教育改革中为什么存在成本问题。

首先，支付成本是教育改革不可回避的问题。从改革本质看，任何一项改革，都必然会有成本。改革必然要耗费一定的人力、财力、物力。深入的改革必然涉及制度层面，在体制转换过程中，通常还有改革的摩擦成本，即新、旧体制下各自的权力结构、行为目标和运行机制在更替和交接中产生的成本。而且，改革作为一种利益的重新调整，在短期内不可避免地会出现一部分"受益"群体和一部分"受损"群体。其中，受损的那部分人，其积极性、主动性和创造性难以调动起来，甚至会产生严重的抵触情绪，形成改革的阻力成本。另外，因人们理性的有限性和决策的失误，也会产生代价。总之，付出改革成本是不可避免的。从教育改革的特殊性来看，教育改革是涉及面广、持续时间长的社会性变革，在决策方向、时机把握上，往往比其他改革更难，需要观念更新、制度变革、组织重构、办学模式以及教育教学方式创新，而没有相应的社会、政治体制，变革较难成功。这要求教育改革的规划和制度设计更加缜密，改革的时间、进度、步骤及与社会的"契合度"，须通盘考虑。而这一切，都需要付出成本。从教育改革的历史和现实来看，教育改革已经付出了许多代价，如在追求效益过程中，引发了公平问题；在追求数量过程中，忽视了质量问题；在追求现代化的过程中，丢失了一些传统的精神。特别是在基础教育领域，基础教育目标与国家发展目标、地方社会发展目标长期以来始终存在一些脱节现象，由于历史的惯性和现实的政策（包括教育评价体系和劳动人事制度）以及社会心理与社会舆论的维系，片面追求升学率使广大农村基础教育成为"离农教育"，教育发展与社会发展之间并不十分契合。当然，教育改革付出的成本和代价也有一定的合理性。但是，承认成本的合理性，并不表明所有成本都是合理的。要使教育制度安排转变为现实，关键在于从实施上确定预期成本的大小。

其次，成本增加是教育改革面临的突出问题。我们特别描述了改革试点的问题，为什么成本在继续增加而不被人们发现呢？我用经济改革的试点推广来解释，但"先试点后推广"的改革方式也有缺陷：（1）它有可能扭曲制度创新行为，带来虚假的制度创新成本和收益，盲目刺激"改革积极性"。例如，为了获得政府的专项投入支持而不顾具体客观条件的盲目并校、学科建设、学位点申报，为了政绩而推行的素质教育改革、课程改革等。这些行为并不是要真正破除旧体制，其带来的后果是局部试点取得成绩，推广效果却不佳。（2）它有可能带来试点地区、学校与非试点地区、学校的利益不均衡，增加改革的摩擦成本。例如，重点学校制度使拥有优先招生权、专业设置等自主权的学校有可能吸引好的生源，造成学校之间的利益摩擦，引发新的不公平问题。（3）受制于政治约束和财政约束，政府本该承担的试点成本和风险必然会转移到改革者身上。（4）改革试点在一定程度上又强化了行政审批制度。这些缺陷的存在，必然导致各种不合理成本的产生。而对教育改革政策的评价比较滞后或根本没有科学评估。

六、运用经济学进行教育研究的条件

第一，在观念上，要有运用经济学进行分析的意识或习惯。任何教育的经济行为决策及其行动都有其成本、收益、风险。因此，在分析教育的任何问题的时候都要有投入意识、成本意识、效率意识、风险意识。

第二，在思维上，要有用经济人的假设分析教育经济行为取向的定位。不管是个人还是组织，甚至政府，都可以被假设为是追求自身利益最大化的经济人。

第三，在知识上，要掌握经济学的基本原理。运用博弈理论分析教育主体之间的关系，教育改革过程是利益相关的主体之间利益重新分配的博弈过程，利益、权力以及偏好是主体博弈分析的基本要素。

第四，在行动上，要深入实践，调查研究，尽可能获得第一手资料。经济学研究要善于观察，以小问题切入，要具有敏锐的眼光，要联系实际问题，并且要全面收集信息。比如北京大学经济研究所的研究之所以具有很大的影响力，就是因为动用了大量的人力、财力来搜集大量的数据，因而具有说服力。

第五，在方法上，教育的经济研究者还要熟练掌握数理统计方法，定量与定性结合，用自己的建构理论假设或理论模型对数据进行合理解释。

总之，教育学术研究创新需要不断拓展自己的理论研究视野，要借鉴教育学现有知识以外的多学科研究范式，这样才能产生创新的教育学术成果。

（田汉族，首都师范大学教授，博士，首都教育政策与法律研究院副院长；全国教育经济学研究会常务理事，中国高等教育管理研究会理事，全国学习科学学会心理教育研究会副会长，北京市学习型城市建设评估组专家，全国教育扶贫和乡村振兴专家人才库专家，北京市中学名校长工程导师。主要研究领域有学校品牌与文化建设、优秀校长成长、教师专业化发展、教学理论与课程改革、中小学心理教育、区域教育体制改革等。）

第十四讲
教育学的跨文化比较与中国教育学的重建

一、中国教育学的反思与定位

二、西方教育学的两大传统与中国教育学

三、教育学若干核心概念的跨文化比较

四、重建 21 世纪中国教育学的思考

经过一百多年的引进、消化、中国化（本土化）、实践与发展，今日中国教育学已经基本形成了具有自身特色的学科体系，并融入了中国人文社会科学的大家庭。自世纪之交以来，我国教育学界对一个世纪以来的教育学科建设开始了系统、深入的反思，试图开始重建中国教育学（Chinese pedagogics）。

20世纪初期以来，我国在引进西方教育学的过程中，既引进了欧陆国家的教育学，也引进了英语国家的教育学，但是，长期以来我国教育学者对欧陆国家教育学与英语国家教育学很少加以区分，甚至将二者混为一谈。实际上，西方这两种教育学从学科名称到学科体系与内容都存在很大差异，反映了欧陆国家与英语国家两种不同的教育文化特征。中国教育学在不同的历史时期分别受到欧陆国家（包括苏联）和英语国家两种教育学体系的影响，深深地打上了这两种教育文化的烙印。比较教育学通过比较的意识、视角和方法反思中国教育学，对重建21世纪的中国教育学有着独特的优势。

一、中国教育学的反思与定位

（一）为什么要反思中国教育学

为什么要从比较教育学的视角反思中国教育学呢？我的理解是：学习和研究任何一个学科，比如哲学、数学、历史学、经济学等等，不仅仅要掌握某个学科知识和理论问题，更重要的是要学会和运用某种学科思维。也就是说，每个学科的研究都有自己的学科思维。英国教育学者布里奇斯（Bridges）引用著名教育哲学家彼得斯和怀特的话说："在学术界，研究这个术语是用来指'熟悉某种思维形式的人，为了回答某些具体的问题所进行的系统的、持续的探究。"[1] 彼得斯和怀特这里所说的"某种思维形式"也就是我想要表达的学科思维。

比如，哲学家看问题是用哲学思维，这与历史学家看问题是用历史思维有明显不同。康德主要是哲学家，他研究教育学主要是从哲学角度探讨人的教育问题。关于这一点，读一读康德的《论教育学》一书就能发现。同样，杜威也主要是一个哲学家，他探讨教育问题也是运用哲学思维，读一读他的《民主主义与教育》一书就能发现。再举一个中国的例子，清华大学经济管理学院前院长钱颖一教授是著名经济学家，但他近年来对中国教育问题十分关注，发表了

---

[1] Bridges D. The Disciplines and Discipline of Educational Research. Journal of Philosophy of Education, 2006, 40 (2): 263.

许多教育论文,其中有一篇在微信朋友圈中流传甚广,很受欢迎,题为《教育改革比经济改革更艰难》。在这篇文章里,他就是用他所熟悉的经济学统计分析框架,解释了为什么中国学校教育培养的人才在知识和技能上出现"高均值、低方差"现象,以及在培育人的素养和价值观上出现"低均值、高方差"的特点,讨论了中国学校教育如何培养真正的"人"的问题。当你发现不同学科的专家学者用不同的学科思维发现问题和分析问题时,你就会发现只重视学习和掌握学科知识是不够的,还需要学会不同学科的思维并运用这种思维去解决问题。我理解的学科思维一方面是指一个学科特有的学科意识、理论和方法,另一方面是指这个学科的专家所表现出来的学科意识、学术眼光及对学科理论与方法的运用。

比较教育学作为教育科学中的一门学科,也有它特有的思维方式,主要是教育比较的意识、视角和方法,以及某个比较教育学者所特有的学科意识、学术眼光及对比较教育理论与方法的运用。从比较教育学的思维反思中国教育学有着独特的优势,因为近代以来中国教育学是"舶来品",中国教育学的建立是从引进西方教育学开始的。

这里,需要区分欧陆国家的"教育学"(Pedagogics, Pedagogy, Pédagogie, Pädagogik)与英语国家的"教育学"(education, educational research, education studies)。前者是作为师范生为从事教育教学工作所应掌握的教育学,相当于我们现在所说的"教育学基础"或"教育学原理",在我国是教育学的二级学科(这在英语国家是没有的,只在欧陆国家才有)。而后者则是作为一个学门的"教育学"或"教育科学"(educational science)。

(二)中国"教育学"的界定与本讲讨论的焦点

石中英在《教育学的文化性格》一书中认为:"在汉语语境中,再没有比'教育学'这个译名更恰当的了。"[①] 他在该书中所研究的教育学"不是传统意义上的'教育学'(Pedagogy, Pédagogie, Pädagogik),也不是以某一门课程和教材形式存在的《教育学》……",而是"……要研究一般的理性的教育认识活动,研究形形色色的教育学活动之'一般'或'整体'"。[②] 也就是说,他所研究的教育学是"大教育学"。本讲所要探讨的"教育学"主要可以说是指"小教育学",即相当于我们在教育学一级学科下的"教育学原理"或"普通教育学"。但我是从比较教育学的视角来谈的,所以可以看作"教育学的跨文化比较"(cross-cultural comparison in pedagogies)。更准确地说,这里所谈的教育学在

[①][②] 石中英. 教育学的文化性格. 太原:山西教育出版社,2001:10.

范围上包括教学论、学科教学论、教学法、课程论、教学理论、学习理论、评价理论等与课堂教学有关的教育学理论与实践。

(三) 比较教育学与中国教育学的关系

在中国，比较教育学是从"外国教育"学科演变而来的，北师大、华东师大和东北师大在20世纪60年代中期都成立了外国教育研究机构，90年代以后外国教育才改为比较教育或比较教育学。20世纪初期，中国近代学制建立时期，许多教育学者都参与对外国教育的研究。当时引进教育学和教授学（didactics）、学前教育学、职业教育学等等，从事外国教育研究的学者都发挥了重要作用。20世纪30年代，美国比较教育学教授康德尔的《比较教育》一书就翻译成中文了，钟鲁斋教授就是从美国留学获得比较教育学博士学位的著名比较教育学家。改革开放以来，国内的外国教育研究对引进各国教育理论和学科也发挥了巨大作用。可以说，中国比较教育学对中国教育学的建立立下了汗马功劳。不过，笔者认为，我国教育学者对世界教育学的了解还不是很充分，还存在许多误解与盲点。

下面一起探讨西方教育学的两大传统，及其与中国教育学的关系。

二、西方教育学的两大传统与中国教育学

在西方，教育学不是一个统一的学科，甚至连学科名称都没有统一。长期以来，欧陆国家承认教育学是大学里的一个学科，具有自己的学科传统；但在英语国家，教育学不被承认是一个学科，而只是一个研究领域。这种状况在人文社会科学里是绝无仅有的。例如人类学，虽然不同国家的人类学有自己的特色，但总归是一个学科。比如，2008年，由挪威、奥地利、英国和美国的四位学者合撰的《人类学的四大传统——英国、德国、法国和美国的人类学》（*One Discipline, Four Ways: British, German, French, and American Anthropology*）。尽管四国人类学传统不同，但它是一个统一的学科。

(一) 西方教育学的两大传统

国内最先从跨文化比较角度关注欧陆教育学与英美教育学两种不同文化传统的学者，当推华东师范大学国际与比较教育研究所原所长黄志成教授。他在《教育学报》2007年第2期上发表了《教育研究中的两大范式比较："日耳曼式教育学"与"盎格鲁式教育科学"》。随后，笔者在《比较教育研究》2009年第

12 期、2011 年第 7 期上分别发表了《教学（理）论与课程论关系新探：基于比较的视角》《"教学论"与"教学理论"概念之辨》；笔者和王飞 2013 年在该刊第 1 期上发表了《苏联教学论与美国课程论：在中国的误读与误解》；2015 年，笔者在《教育学报》第 5 期上发表的《"教学论"与"教学法"的关系探析：(跨文化)比较教学论的视角》。此外，《教育研究》2013 年第 3 期上笔者的论文《比较教学论：21 世纪比较教育学发展的一个重要领域》也涉及英美的教育科学与欧陆教育学的差异，以及我国如何从国际教育学科两大传统中吸取理论资源尝试重建比较教学论的问题。

华东师范大学程亮教授对中外教育学也有深入、系统的考察与分析，发表了一系列关于教育学比较研究的论文，如在《教育研究》2016 年第 5 期上发表的《多元的传统与交互的生成——教育学知识建构的跨文化比较》以及在《华东师范大学学报（教育科学版）》2016 年第 3 期上发表的《教育学制度化的兴起与逻辑》。这两篇论文都可以看作以比较教育学的学科思维作教育学跨文化比较研究。

国际上，基于比较教育学的学科思维对教育学科进行研究的，当推维也纳大学教育学者霍普曼（Stefan Hopmann）和挪威教育学者甘顿（Bjorg Gundem），他们在 20 世纪 90 年代开展了一项关于欧陆教学论与英美课程论两大传统的比较研究，并于 1998 年出版了《教学论与课程论：一场国际对话》(*Didaktik and/or Curriculum：An International Dialogue*) 一书，随后他又与美国著名课程论学者伊恩·韦斯特伯里（Ian Westbury）和瑞士教学论学者库尔特·李夸特斯（Riquarts）主编出版了《作为反思性实践的教学：德语世界的教学论传统》(*Teaching As A Reflective Practice：The German Didaktik Tradition*，2000) 一书。这场西方内部不同文化传统的教育学科的比较，可以说是 19 世纪教育学科形成以来西方欧陆文化传统的教育学（包括教学论）与英美文化传统的教育（科）学（包括课程论）之间的第一次直接、深入的对话。另外，欧洲教育学者比斯塔（Gert Biesta）发表了《教育学术研究中的学科与理论：英美国家与欧陆国家建构教育学科的比较分析》(*Disciplines and Theory in the Academic Study of Education：A Comparative Analysis of the Anglo-American and Continental Construction of the Field*)。这篇论文是从西方两种不同文化传统的视角对英美教育学与欧陆教育学所做的深刻的比较分析。比斯特认为："这两种传统在一定程度上说是不可通约的（incommensurable），因为它们运作的基础是根本不同的假设和理念。"在比斯特看来："在英语世界，教育研究通常被理解为对教育过程与实践的交叉研究。因此，教育研究高度依赖一系列不同学科的理论输入。"① 其结果是，"在英美国家，教育领域的建构所缺乏的是教育学作为一门独立学科的观念"。与之相反，"在欧陆，尤其在德语世界，教育研究显然已发展成为一门独立的学科，有其自身的形式和建立理论的传统"。② 即使在西方，这两大源头虽时有交流，但迄今尚未会通。

（二）教育学是一门学科还是一个研究领域

对这个问题，国内教育学界有很多争论。仅仅从中国自己的学术立场来看，这个问题争论不休，两种看法似乎都有道理。但从比较教育学的学科思维看，现在来回答这个问题就比较好办了。从欧陆教育学科的发展历史来看，教育学无疑是一门独立的学术性学科，它跟哲学、心理学、社会学、人类学、经济学等一样，都属于人文社会科学。而且从德育科学一词的含义来理解，凡是系统的、专门的知识都可以算作科学或学科。而在英语国家，人文类的研究称为"人文学科"（humanities），不在科学之列，不算是社会科学。这与德国文化传统不同。例如，德国有精神科学（Geisteswissenschaft）或文化科学（Kulturwissenschaft）的概念。但是从英语国家的教育学传统看，教育学是依赖其他学科的理论与方法所进行的交叉研究，所以不是一门学科（discipline），而是一个交叉研究领域（field of study）。例如，美国著名教育学者舒尔曼（Lee Shulman）就认为："教育学本身并不是一个学科，而是一个研究领域。"

从我国教育学的发展历史来看，由于近代以来在学习德国教育学和俄国教育学的基础上形成了自己的教育学传统，教育学的确是一门独立的学科。尽管华东师范大学吴钢教授曾于 1995 年撰文认为，中国教育学终结了，③ 但许多其他的教育学者并不接受这一观点，郑金洲教授就曾撰文反驳。④ 今天来看，教育学在中国并没有终结，不仅继续存在，而且在深入发展。

三、教育学若干核心概念的跨文化比较

（一）英语中 "pedagogy" 和 "education" 的词义辨析及其中文翻译

"pedagogy" 在英语中是一个很复杂的概念。尽管我们一般翻译为"教育学"，但在不同的语境中，有时可以翻译为"教育学"，有时则只能翻译为"教学理论"。

---

①② Hopmann S. Restrained Teaching：The Common Core of Didaktik. European Educational Research Journal，2007，6（2）：175.
③ 吴钢. 论教育学的终结. 教育研究，1995（7）.
④ 郑金洲. 教育学终结了吗?：与吴钢的对话. 教育研究，1996（3）.

美国威斯康星大学麦迪逊分校华人教育学者梁国立在《教育研究》上发表专文，详细探讨了"pedagogy"一词的含义，他把"pedagogy"翻译为"教法学"。[1] 但是，当我们谈及"××学"时，是指一门独立建制的学科，而 pedagogy 在美国及其他英语国家尚未成为那样一门独立的学科。所以，我认为把 pedagogy 翻译为"教法学"似乎也不够贴切。

同样，"education"一词作为学科名称，也是一个容易混淆的概念，有些人望文生义地一律翻译为"教育"，其实有时应当翻译为"教育学"。下面列出几个包含"pedagogy"和"education"的句子进行翻译和对比。

1. Several of the leading Herbartians had studied pedagogy in Germany, particularly at Leipzig and Jena.[2]（几位重要的赫尔巴特学派的成员都在德国学习过教育学，特别是在莱比锡大学和耶拿大学。）

2. Never in my wildest dreams would I have imagined when I first read *Pedagogy of the Oppressed* in 1971 that, a decade later, would be engaged in a very close collaboration with its author, Paulo Freire.[3]（1971年我第一次读到《被压迫者的教育学》时，做梦也没有想到，十年后我会与其作者保罗·弗莱雷进行一次亲切的合作。）

3. The current constructivists' pedagogies draw on the writings of early 20th century Russian psychologist Vygotsky and the American philosopher/psychologist Dewey.[4]（当前建构主义者的各种教学理论都汲取了20世纪初期俄国心理学家维果茨基和美国哲学家、心理学家杜威著作中的思想。）

4. At the center of the new scientific pedagogy was the expert who could provide the efficiency of science. Thorndike argued that education should be based on sound scientific fact rather than opinion.[5]（占据新的科学教育学核心地位的，是能提供科学效率的专家。桑代克主张，教育学应基于正确的科学事实而不是意见。）

5. The well-known phrase that "knowledge is socially constructed" is reit-

---

[1] 梁国立. 教法学及其地位和意义. 教育研究, 2012 (10).
[2] Kliebard H M. Dewey and The Herbartians: The Genesis of A Theory of Curriculum//Pinar W F. Contemporary Curriculum Discourses: Twenty Years of JCT. New York: Peter Lang, 1981: 69.
[3] Macedo, D. Introduction in Paulo Freire's Pedagogy of the Oppressed (30th Anniversary Edition) (An Introduction by Donaldo Macedo). New York: Contiruum, 2000: 11.
[4] Popkewitz T S. Dewey, Vygotsky, and the Social Administration of the Individual: Constructivist Pedagogy As Systems of Ideas in Historical Spaces. American Educational Research Journal, 1998, 35 (4): 535.
[5] 同[4]545.

erated in discussions taking place in the disciplines of anthropology, philosophy, political science, psychology, sociology, as well as education.[①]（"知识是社会建构的"这一耳熟能详的话，在许多学科的讨论中都反复提及，如人类学、哲学、政治科学、心理学、社会学以及教育学。）

（二）欧陆教育学与英美教育学

欧陆国家的教育学学科源头一般都追溯到 17 世纪的捷克教育学家夸美纽斯（1592—1670）的《大教学论》（Great Didactics/Didactica Magna）的出版（1632，1657）。夸美纽斯被认为是"第一位真正的欧洲教育家"。[②] 他的这本书虽然名为《大教学论》（傅任敢先生 1939 年将其翻译为《大教授学》），但实际上根据芬兰教学论学者的考证，其书名中的"didactics/didactica"17 世纪时在欧洲语言里就是教育学的意思，[③] 难怪这本书的内容不仅限于教学论，也包括学校教育制度、道德教育等教育学的基本内容。教学论可以说是教育学的心脏；没有教学论就没有教育学。但是，夸美纽斯的《大教学论》被埋没了 200 余年，直到 19 世纪 40 年代才被重新发现，19 世纪下半叶才引起世人的重视。或许正是这个原因，我们在赫尔巴特《普通教育学》一书中看不到夸美纽斯的影子，第斯多惠的《德国教师培养指南》一书中好像也未提及夸美纽斯的名字。

欧洲教育学和教学论的另一个源头是德国。程亮教授指出："教育学的制度化最初在德国的发端，一方面与当时中等教育阶段文法学校需要训练有素的教师有关，另一方面深受卢梭发现儿童所激发的泛爱教育运动的影响，同时也离不开现代大学提供的自由土壤。"[④]

19 世纪德国教育学很快传播到其他欧洲国家，特别是受德国文化影响的北欧国家，后来又传到美国。特别是赫尔巴特教育学及其学派，对世界各国教育学都产生了很大影响。在赫尔巴特教育学里，教学论是其重要组成部分，是核心。赫尔巴特认为，教学就是通过内容进行的教育（instruction is education by content），据此他提出了教育性教学（德文：Erziehende Unterricht；英文：ed-

---

① Popkewitz T S. Dewey, Vygotsky, and the Social Administration of the Individual: Constructivist Pedagogy As Systems of Ideas in Historical Spaces. American Educational Research Journal, 1998, 35 (4): 547.

② Hopmann S. Restrained Teaching: The Common Core of Didaktik. European Educational Research Journal, 2007, 6 (2).

③ Kansanen P. The Deutsche Didaktik. Journal of Curriculum Studies, 1995, 27 (4): 347.

④ 程亮. 教育学制度化的兴起与逻辑. 华东师范大学学报（教育科学版），2016 (3).

ucative instruction/teaching)的概念。他的这一思想受到了德国另外一个重要的教育学概念，即"化育"（Bildung）（也译为"教化"或"教养"）的影响。"化育"是德国文化所特有的思想，很难翻译成英语或汉语。"化育"与德语中另一个词"Erziehung"（教育）有所不同，后者的英文对应词是"education"。化育既是一个人的发展过程——一个由内而外展开的过程和由外而内地"占有"世界的过程，又是指教育目的——民族国家强大的目的和个人成为自主、自由的人的目的。就后一个目的而言，化育或许正如爱因斯坦所言："教育（化育）就是当你把在学校所学的忘掉后所剩下的东西。"

这里，需要特别强调欧陆国家有一门普通教育学（general education, Allgemeine Pädagogik）。芬兰赫尔辛基大学教育学者迈克尔·乌廉斯（Michael Uljens）发表了《论作为一门学科的普通教育学》一文，提出"普通教育学是教育学的基础部分，从哲学上探讨化育（Bildung）与教育（Erziehung），并且在传统上是教育学科的核心部分"。普通教育学"是教育科学中一门基础学科"，"普通教育学传统上涵盖了英语国家的教育哲学理论"。[①]

德国和北欧国家的普通教育学（Allgemeine Pädagogik）不像美国和英国教育研究（educational research, education studies）那样，主要依赖其他学科的理论和方法进行。相反，德国普通教育学有自己的基本概念和理论，如"化育"、"教育"和赫尔巴特的"教育性教学"等等，都是普通教育学的核心概念，不是从其他学科借来的概念。这就是在德国和其他欧陆国家，教育学是大学里一门学术性学科，是一门人文学科的原因。

欧陆国家的教育学发展至今已形成了一个由许多分支学科构成的学科群。除了普通教育学，还有学前教育学、学校教育学、成人教育学、职业教育学、特殊教育学等等。在所有这些教育学中，普通教育学是基础、核心。德国从赫尔巴特的《普通教育学》（1806/2002）到当今本纳（Dietrich Benner）的《普通教育学》（2001/2006），普通教育学一直都是大学教育学系的学术性学科，是一门规范学科。特别是20世纪60年代处于鼎盛时期的精神科学教育学（Geisteswissenschaften Pädagogik），是一门典型的人文科学。这种格局我们比较好理解，与我国教育学的情形相似。我国20世纪初引进的西方教育学就是德国赫尔巴特学派的教育学，20世纪50年代学习的苏联教育学也与德国教育学传统关系紧密。

但是在英语国家的教育学传统里，没有形成像德国和其他欧陆国家那样作为一门独立的学术性学科的普通教育学，英语国家从20世纪初开始，试图把教

[①] Uljens M. On General Education As A Discipline. Studies in Philosophy and Education, 2001 (20): 291.

育研究确立为一门交叉领域的科学。但是，由于美国始终以自然科学的学科标准来要求教育学，他们认为教育学不是一门独立的学术性学科，他们的教育研究主要依赖于心理学、社会学、人类学、经济学、管理学、历史学、哲学等学科的理论与方法，形成了教育心理学、教育社会学、教育人类学、教育经济学、教育管理学、教育史学、教育哲学等等。作为美国大学教育学院里教师教育的一门课程（course），美国有"教育学基础"（foundations of education），这里的基础是指教育哲学、教育心理学、教育社会学和教育史等学科。[1]

美国教育科学中最核心的部分应当是兴起于 20 世纪初期的课程论（curriculum studies），这是对教育现象和问题本身的研究，实际上类似于欧陆国家的教育学和教学论。课程论与课程理论是两个有联系但有所区别的概念。课程论是学科名称，正如教学论在欧陆国家是学科名称一样，而课程理论则是指课程论这门学科里课程论学者所提出的各种理论。在欧陆国家教学论传统里，原先不使用"课程"和"课程论"，而是使用"教学内容"和"教学内容理论"（Theorie der Bildungsinhalte），它们属于教育学和教学论的研究范围。在苏联/俄罗斯，他们除了教学内容外，还使用"教养"的概念，也涉及对教学内容的研究。

英国的教育研究或教育学（education studies）与美国类似，以"基础学科"为支撑。[2] 早在 20 世纪 60 年代，英国著名教育哲学家彼得斯就明确地说："教育学不是一门自主的学科，而像政治学一样是一个领域，这个领域应用历史学、哲学、心理学和社会学等学科。"[3] 另两位英国教育学者对英国教育学的定位发表了如下看法："作为一个领域，教育研究不只是广泛，而且多样、复杂。它囊括了广泛而真实的课题和理论观点——从早期教育到终身学习，从教学理论到全球化，从神经科学到人类学——而且运用多种方法与实践。"[4] 例如，英国教育学者史蒂夫·巴特勒（Steve Bartle）等合著的《教育学导论》（*Introduction to Education Studies*）一书，内容涉及课程理论、学习心理学、教育社会学和政治理论等等，这与德国赫尔巴特的《普通教育学》和本纳所著的《普通教育学》不可同日而语。正因为如此，所以，英国教育史学者西蒙（Simon）认为，英国（指英格兰）没有教育学（pedagogy）。另一位英国教育学者汉密尔顿（Hamilton）也

---

[1] 奥恩斯坦，丹尼尔. 美国教育学基础（外国教育丛书）. 北京：人民教育出版社，1984.
[2] 程亮. 教育学制度化的兴起与逻辑. 华东师范大学学报（教育科学版），2016（3）.
[3] McCulloch G. "Disciplines Contributing to Education?". British Journal of Educational Studies, 2002, 50（1）：100.
[4] Lawn M, Furlong J. The Social Organization of Education Research in England. European Educational Research Journal, 2007, 6（1）.

认为，英国（指英格兰）没有教学论（didactics）。

（三）欧陆国家教学论①与英语国家课程论

教学论在欧洲国家，尤其是德语国家或受德国文化影响的国家，是大学教师教育的一门重要学科。我认为，德国教学论的本质不是教给师范生和教师一个如何教学的系统方法，而是赋予他们从事教育教学的专业化的知识基础（professional knowledge base），尤其强调首先让师范生理解"化育"思想。化育是德国特有的教育学概念。霍普曼指出，化育起源于中世纪的神秘主义和浪漫主义世界观，这个词有教育（education, Erziehung）、博雅（erudition）、形成（formation）、体验（experience），以及英语中所指的通过学习使个性展开的过程等诸多含义。他又说："化育超越了掌握内容和形成胜任力和能力（competencies and abilities），超越了知道某事和能够做某事。"用德国教育家洪堡的话说，化育是"尽可能多地掌握（grasp）世界，又是通过发展独特的自我对人类做出贡献"。"在化育里，无论做什么和学习什么，都是为了发展自己的个性，展现我的能力。按照这个观点，接受学校教育和教学的目的不是把知识从社会传递给学习者（那是课程所为），也不是把知识从科学或其他领域转化到课堂上，而是利用知识作为发展学生个性和社会性的转化工具。总之，就是通过教学使学习者得到化育。"

洪堡曾指出："如果我们以我们的语言来讲化育，那么我们以此意指某种更高级和更内在的东西，即一种由知识以及整个精神和道德所追求的情感而来的，并和谐地贯彻到感觉和个性之中的情操。"换句话说，"化育"乃是通过教育而使人"向普遍性的提升"，让人"脱离了直接性和本能性的东西"。② 哲学家伽达默尔指出："在化育概念里最明显地使人感到的，乃是一种极其深刻的精神转变。"③

当代德国教学论专家鲁道夫（Rudolf Künzli）对化育在教学论中的地位做了精彩的分析，他说："根据教学论的观点，化育是一个超越了知识和技巧本身的概念，是指通过主动参与到文化遗产中来并创造性地获得它们而形成个体的过程。其最初的任务不是要问学生如何学习或如何使学生接近知识，也不是确定学生应

---

① 教学论一词在欧洲各国语言，特别是拉丁语、英语、德语、法语、丹麦语、挪威语、荷兰语里，拼法与读音都相似，例如 Didactica, didactics, Didaktik, Didactique, Didaktik, Didaktikk, Didaktikkenma。

② Hopmann S. Restrained Teaching: The Common Core of Didaktik. European Educationed Research Journal, 2007, 6 (2).

③ 加达默尔. 真理与方法. 上海：上海译文出版社，2004：10.

当做什么或知道什么。相反，教学论专家最初的任务是追求文化所赋予的知识和技巧在形成品德上的意义。这才是考虑对象时所关注的焦点，而正是这一焦点决定了各种可能的教学方法及其情境与相互联系。教学论首要的基本问题是要追问：为什么学生要学习这个课题？如果不能至少间接地对化育有所助益，任何教学目标都是不值得的。所以，首要的任务是依据化育找出将要学习的对象的意义，然后才去追问它能够和应当对学生有何意义，以及学生如何能够自己体验这种意义。"①

这里，需要特别指出，教学论指导教师重视对学习内容及其意义（meaning, significance）的追问，以及某种学习材料对于不同学生而言有何种意义，学生是否能够自己体验这种意义。这让我们想起孔子在面对不同的学生问他"仁"是什么意思时，根据每个学生的特点予以不同解答。关于教材内容的意义及其对于不同学生的意义所在，是德国教学论最富有魅力的地方。

德国教学论除了高度关注学习内容及其意义，以及赋予教师专业知识基础外，还旨在使教师获得专业自主（autonomy），从而让教师有教学的自由，学生有学习的自由。教学论不是给教师开出教学的处方，而是提供一个理解教育和教学理论的框架，教师根据这一框架针对特定的教学内容和特定的学生提出教学的理由。② 教学论三角形以及欧洲各国大学中普通教学论与学科教学论教席情况分别见图 14-1、图 14-2。

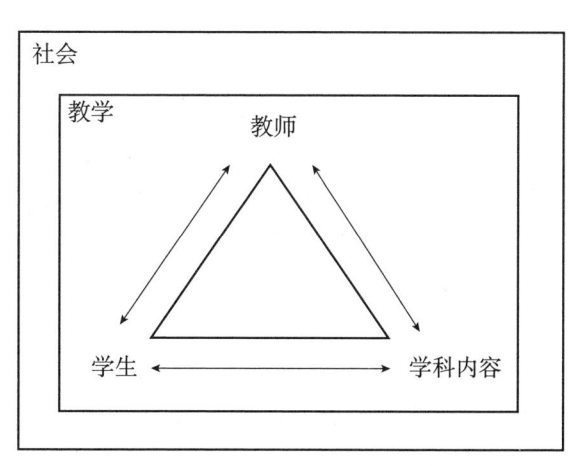

图 14-1 教学论三角形

---

① Künzli R. German Didaktik: Models of Representation, of Intercourse, and of Experience//Westbury I, Hopmann S, Riquarts K. Teaching as a Reflective Practice: The German Didaktik Tradition, 2000: 46.

② Hopmann S. Restrained Teaching: The Common Core of Didaktik. European Educational Research Journal, 2007, 6 (2).

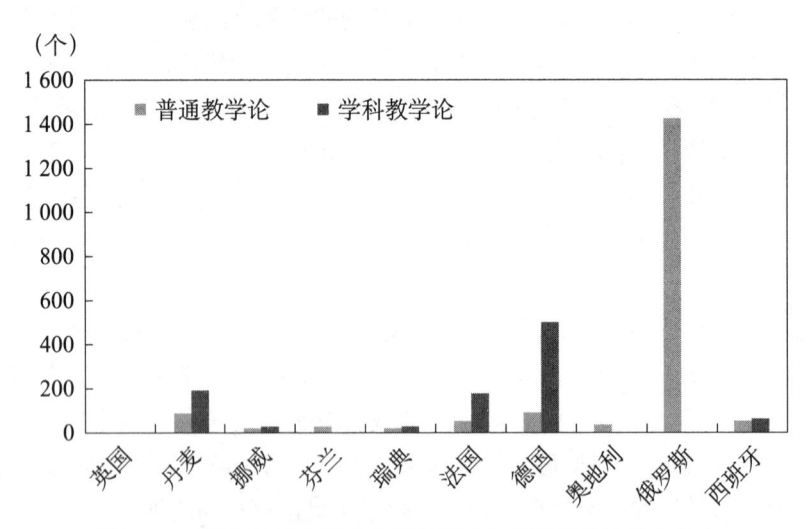

图 14-2 欧洲各国大学中普通教学论与学科教学论教席情况

反观我国教学论和教师教育，我们重视对教师教育专业知识的传授，而没有让学习过教学论的教师获得专业自主和教学自由，也很少让学生在教学中体验学习的自由。

（四）教育目的、教育目标与教学目标：不同教育文化传统的比较

教育目的（aims/purposes/ends of education）是所有国家学校教育学研究都不能回避的首要问题。在我国教育学中，过去大部分教育学教材都会专章讨论教育目的。早期的教学论教材（例如李秉德先生1991年主编的《教学论》）还论述了教育目的，可是，翻开近年来出版的教学论教材、课程与教学论教材，或者学科课程与教学论教材，大多只谈教学目标（objectives/goals of teaching/instruction），不再讨论教育目的或教学目的了。这在某种程度上，可以说是受美国课程论的影响，因为课程论里也只探讨课程目标，而不探讨教育目的或课程与教学的目的。

我对这个问题的关注，来自一线优秀教师的启发。有一次，我读到清华大学附属小学校长窦桂梅在《人民教育》2014年第2期上发表的《回到教育本身——整合思维下的〈皇帝的新装〉》一文，深受启发。窦桂梅在这篇文章里追问："我们的教育究竟怎样培养完整的人？"这个问题就是一线教育工作者对教育目的和价值的思考。她曾是一名小学语文特级教师，以往都是从学科教学的角度思考教学问题，但现在她站在校长的角度追问如何培养"完整的人"这一教育目的，这就使语文教学有了新的高度，她超越了知识传授和能力培养的学科本位思维，追求更高的教育境界。教育目的（包含教学目的，因为教学是教

育最重要的组成部分）与教育目标、教学目标是有区别的。教育目的是教育理想和价值的体现，它规定了教育活动的方向，而教育目标或教学目标则是具体的实现教育目的的手段和途径。

教育目的与教育目标既有区别又有联系。二者是抽象与具体的关系，而不是简单的线性关系。教育目的不可以测量，而教育目标可以测量。教育目的决定着教育目标的状态、内容和方向。例如，《学会生存》一书的作者认为："目的与目标根本不同，你能测量目标，但不能测量目的。一个最后的目的是一种哲学力量，它是我们行动的先验的本质。培养自由的人和创造思维，最大限度地挖掘每个人的潜力，这就是最后的目的。"[1]

以往对教育目的的研究主要是规范性研究或解释性研究，也就是理论研究。但也可以对教育目的进行经验性研究或实证研究。例如，对不同层次的学校教师和校长的教育目的观进行质性研究，打开教育目的研究的新局面。再如，可以采用质性研究的方法研究教师是如何看待教育目的与教学目标之间的关系的。又如，学校如何通过培养目标的达成以对教育目标开展质性研究也是可以尝试的。此外，对不同国家学校教育的目的开展比较研究也是很有价值的。

（五）欧陆国家的教学、教学论与英语国家的教学、教学理论

从跨文化比较教学论的视角看，"教学"这一概念在欧陆国家与英语国家语言之间是有较大差异的。在欧陆有教育学和教学论传统的国家，教学的概念虽然偏向教师的"教授"行为，但在教学论模式里（例如，教学论三角形里），教师的教（学）、教的内容以及学生的学习是一个整体，三者之间是彼此互动的。教学论理论研究如此，课堂教学实践也应当如此。例如，德文中"教学"一词写作"Unterricht"，根据《德汉学校教育学小词典》的解释，其意思是"有计划有组织地教与学的形式"（Geplante und InstitutionaLisierte Form des Lehrens und Lernens）。这与汉语中"教学"一词的含义是相通的，即教学是教与学的交互过程，而不仅仅是指教师的教。这与英语国家的 teaching/instruction/pedagogy 很不一样。在美国，教学理论对应的英文是"theory of teaching/instruction"，比如布鲁纳的一本书名为《教学理论建构》（*Toward A Theory of Instruction*），泰勒的名著叫作《课程与教学的基本原理》（*Basic Principles of Curriculum and Instruction*），这里的 instruction 虽然翻译为"教学"，但都单指教师教的一面，而没有包括学生学的一面以及教与学的互动。

---

[1] 联合国教科文组织国际教育发展委员会. 学会生存：教育世界的今天和明天. 北京：教育科学出版社，1996：183.

由于德国教学论对"教学"一词的理解与英语国家教育理论中对"教学"一词的理解范围大相径庭，教学论研究的范围与课程论或教学理论研究的范围也就存在很大差异。

从欧洲教学论三角形的观点看，教学论是对教学活动的整体的研究，包括教与学的目的、内容（课程）、方法、手段（媒体）、评价等等。教学论是直接对课堂教学的立体研究，是与教学实践紧密相连的学术研究。

从英语国家教育科学的观点来看，对"教学"的研究不是一个学科所能完成的，而是须由多个学科来完成的。课程论主要研究教学的内容及其组织问题；学习理论研究如何有效学习的问题；教学理论研究教师如何有效教学的方法问题；评价理论研究如何进行形成性评价和终结性评价的问题。这里就有四个学科，而且这些学科的理论知识与学校教学实践的距离比较远。例如，各流派学习理论主要是心理学对动物和人的基础性研究，课程理论也与课堂教学相距较远。

比较而言，德国的教学论比较适合中国的实际，也就是说，教学论是整体观念，与中国人认识事物的整体观念是相通的。这大概是20世纪初期我国教育界容易接受赫尔巴特教育学和教学论的心理原因之一。而且在英国和美国，学习赫尔巴特的热情很快就消失了，而在中国，赫尔巴特的教学思想一直或明或暗地流行着。

近30年来，美国的教育理论包括课程论、学习理论、教学理论和评价理论等，都对中国产生了很大影响。但是我们没有像英国、美国等英语国家那样抛弃教育学和教学论的学科框架，而是利用这两个学科框架吸收美国的课程论、学习理论、教学理论和评价理论。

（六）教学法与教学论：不同教育文化传统的比较

德文中教学法一词是"Methodik"，显然与教学论（Didaktik）有别。英文虽然有教学论（didactics）一词，但这只是对拉丁文教学论（didactica）或德文教学论的直接翻译，而没有形成教学论学科。在现代英语中，英美教育学者在表达"教学"概念时，除了使用teaching/instruction以外，也普遍使用"pedagogy"一词。英国伦敦大学教育学院设立了6个系，其中就有课程、教学与评价系（Department of Curriculum, Pedagogy and Assessment）。美国和加拿大一些大学教育学院的课程与教学系名称就是Department of Curriculum & Pedagogy（例如，加拿大的UBC教育学院就有一个Department of Curriculum & Pedagogy）。碰巧，笔者在查阅资料时，发现北京师范大学教育学部英文网站上课程与教学研究院的英文是"Institute of Curriculum and Pedagogy"，这个翻译与英美对"教学"的理解相符合，但与中国教育学传统不是很符合，因为中国有教育学和教学论传统。符合中国实际的翻译当为"Institute of Curriculum & Didactics"。

如前所述，德国现代教育学和教学论基本上是以人文科学的"化育"这一重要的新人文主义概念（construct）为基础的。教育学和教学论研究的基本问题是如何通过教育、化育和教学，从整体上培养"人"的问题。虽然不同社会和不同时代对人的要求不同，而且不同国家或同一国家在不同时代的教学论在规定教学内容上存在差异，但对于通过教育、化育和教学促进人的发展、人的解放和人的自由这一点上，教育学和教学论却具有一致的、内在的要求。这就是教育学和教学论所特有的研究范式，是教育学和教学论独特的魅力。

相反，美国早在19世纪末20世纪初就丢掉了欧洲的教育学和教学论传统，连"pedagogy"这个词在20世纪都曾经长期弃而不用。所以，美国著名的课程论学者伊恩·韦斯特伯里在2000年出版的《作为反思性实践的教学：德语世界的教学论传统》一书中坦率地承认："'教学论'（Didaktik）是思考教与学的（另）一种传统，这在英语世界里几乎无人知晓。"[①] 但是，课堂教学总是需要教学理论的，教师的教学也总是需要讲究方法的。所以，美国教育学者从19世纪开始普及义务教育运动以来，对教学理论和教学方法进行了大量探索和研究，形成了具有美国文化特色的教学理论和教学方法。

如果说德国的教学论偏重教师教的理论研究的话，那么美国的课程论教学理论、学习理论和评价理论则偏向学生如何学的理论研究。以德国为首的欧陆国家的教学论虽源远流长、流派纷呈，但根据霍普曼的观点，其共同的特征是"限制教授"（restrained teaching），德国各个流派的教学论的这一核心特征与夸美纽斯在《大教学论》中论述的教学论的目标是"探索一种教导的方法，使教员可以少教，学生可以多学"的思想是一脉相承的。而在美国，至少从杜威开始，课堂教学中更加强调学生主动学习，学会如何学习。所以，在美国，各派心理学都有自己的学习理论。学习理论在美国教育界和学术界的地位也高于教学理论。

（七）比较教育学与比较教学论

"comparative education"，我们一般翻译为"比较教育"，其实翻译为"比较教育学"更好，因为在教育实践领域，有幼儿教育、基础教育、中小学教育、

[①] Westbury I, Hopmann S, Riquarts K. Teaching as a Reflective Practice：The German Didaktik Tradition，2000.

高等教育等等，但没有比较教育。所谓的"比较教育"实际上只能指一个学术研究领域或学科，因此翻译为"比较教育学"更为贴切。国际上现在这个学科的完整的名称是"国际与比较教育学"（international and comparative education）。

最近 20 多年来国际与比较教育学界兴起了一个新的学术研究领域，即比较教学论的研究，在英美等英语国家的教育学文献中，对应的是"comparative pedagogy"，很容易译成"比较教育学"。但实际上，由于"pedagogy"一词内涵的限制，"comparative pedagory"的准确翻译应是"比较教学论"。另外，在英文中，"didactic"一词作为一个形容词基本上是个贬义词，容易引起误解。但在欧陆国家，由于"didactics"更符合他们的语言文化传统，所以他们更愿意表达为"comparative didactics"。20 世纪 90 年代以来，英美比较教育学者与欧陆比较教育学者正在开拓这一比较研究领域。英国剑桥大学罗宾·亚历山大（Robin Alexander）教授是这一领域的开拓者之一，2001 年他出版了《文化与教学：基础教育的国际比较》（*Culture and Pedagogy: International Comparisons in Primary Education*）一书，比较了英国、法国、印度、俄罗斯和美国的小学教育，尤其是这 5 个国家的教学理论与实践。另外，罗宾·亚历山大教授还在《国际比较教育指南》（*International Handbook of Comparative Education*）一书中撰写了"比较教学论建构"（"Towards A Comparative Pedagogy"）一章，深入探讨了比较教学论问题。在欧洲国家，对这一领域进行跨文化比较研究的学者中，德国学者霍普曼是主将，他发表了很多论文和著作，如与美国学者等合编的《作为反思性实践的教学：德语世界的教学论传统》。

四、重建 21 世纪中国教育学的思考

世纪之交，我国教育界对一个世纪以来的教育学建设开始了系统、深入的反思，并试图重建中国教育学和教学论。这既有对作为一个学门的教育学或教育科学的反思，也有对作为一个独立学科的普通教育学的反思。反思与重建 21 世纪的中国教育学成为当前和今后很长一个时期我国教育学者面临的研究任务。中华民族的伟大复兴和教育现代化建设需要新的教育学。

（一）"和而不同"的哲学理念与中国教育学的重建

在 21 世纪，我国教育学者需要以中国教育实践和教育问题为导向，重建中国教育学。所谓重建中国教育学，不是完全否定已有的教育学，而是在已经建立起来的教育学的基础上，面向未来进行教育学的智识生产，以适应培养 21 世

纪具有国际视野的现代中国人的需要。在国内，老一辈教育学家为我们树立了榜样，例如北京师范大学裴娣娜教授团队开创的主体教育研究和华东师范大学叶澜教授团队创建的生命实践教育学，都可以说是在不同程度上为中国教育学的重建做出了贡献。对于叶澜教授的生命实践教育学，新加坡南洋理工大学的邓宗怡教授在国际教育学界予以充分肯定和好评。[1] 在重建中国教育学的过程中，我们需要什么样的理论基础呢？我们认为，需要从中国文化传统中寻找中国教育学的理论根基。这种理论根基，我们认为可以温故知新，可以是"和而不同"的哲学理念。

"和而不同"是我国古代哲学中一个极为重要的理念，它实际上代表了中国人极高的认识论智慧。"和"的哲学理念体现在中国古代政治、军事、自然、人文等方方面面。"和实生物，同则不继"，"君子和而不同，小人同而不和"。在追求"和"的境界中，人的认识极具包容性和创造性。近年来，中外学者对"和而不同"的哲学理念进行了深入挖掘和创造性转换，使其与平等、自由、民主的现代观念融合起来。例如，王治河出版的英文专著《过程与多元：中国和而不同思想研究》（Process and Pluralism: Chinese Thought on the Harmony of Diversity），从和而不同的观点探讨了中国古代儒道释的成功经验。[2]

美国著名的比较哲学家安乐哲（Roger T. Ames）撰写了《和而不同：比较哲学与中西会通》（Seeking Harmony Not Sameness: Comparative Philosophy and East-west Understanding）一书，深入探讨了中国人"和"的思想和思维模式。首都师范大学王长纯先生发表了《"和而不同"：比较教育研究的哲学与方法（论纲）》，系统阐述了和而不同哲学理念对比较教育研究方法论的意义。这些研究都对我们进行教育学和比较教育学研究非常有启发。正如德国"化育"哲学思想是德国教育学和教学论的理论基础一样，中国"和而不同"的哲学思想也可以成为中国教育学研究的理论基础之一。

（二）今后我国教育学研究须重视的几个方面

1. 重视教育学研究的中国传统

教育学研究的中国传统是什么？笔者的理解是：第一，中国古代的教育文化传统和思想家与教育家们对教育目的、过程、内容与方法等方面的探索与思考。例如，教育重视培养"君子"的传统、社会教化的传统、道德教育的传统，

---

[1] Deng Zongyi. Bringing Curriculum Theory and Didactics Together: A Deweyan Perspective. Pedagogy, Culture & Society, 2016, 24 (1).

[2] Wang Zhihe. Process and Pluralism: Chinese Thought on the Harmony of Diversity. NJ: Traction Books, 2012.

强调知行合一的传统，尤其是强调"和而不同"哲学理念的传统，等等。第二，近代以来形成的教育研究传统，例如在教育学研究和教学中已经形成的教育学与教学论传统。提出这个问题，是因为在反思我国教育学研究与发展过程中，我们发现不同的历史时期，往往会出现一些偏向某种潮流的现象。例如，1919—1949年的30年间，我国教育学研究和实践片面地受美国教育理论和思潮的影响，忽视了中国自己的教育传统。1949—1979年的30年间，我国教育学研究和实践又完全抛弃了20世纪前半叶建立起来的教育学传统，一边倒地偏向苏联教育学，失去了自主探索中国教育学理论的机会。改革开放以来，我国虽然能够面向世界吸收各国教育理论和思想，但主要倾向是再次受美国教育思潮、理论和模式的影响，同时也忽视了中国教育学的研究传统。比如，在课程教学领域，我们把美国的教学理论不恰当地当成了"教学论"，既忽视了中国古代的教育文化传统，也忽视了中国20世纪初期以来建立起来的教育学和教学论传统。为何这样说呢？孔子的《论语》和体现儒家教育思想的《学记》，已经奠定了中国教育学的学术传统，即把学校教育当作教师的学术旨趣。为什么清末民初我国引进的德国赫尔巴特教育学深受当时教师的欢迎？一个重要原因是，赫尔巴特教育学契合中国人的教育传统，即重视完整的人的教育，重视人的道德教育，重视教育教学的统一性，重视知识的传授，等等。

2. 重视教育学自身的学科建设（借鉴欧陆传统）

这里提出的"重视教育学自身学科建设"，是指像德国及其他许多欧陆国家那样，把（普通）教育学当作一门独立的学术性学科来建设，而不是像英美那样不承认教育学是一门独立的学术性学科，只视之为一个跨学科的研究领域。一方面，我国从20世纪初期引进德国赫尔巴特教育学以来，就已经建立了教育学是大学一个独立学科的体制和传统，尽管受美国教育研究模式的影响，这种体制和传统受到了质疑与挑战，[1] 但是，国内多数学者还是认为教育学在我国并没有终结，也不应该终结。[2] 把教育学当作一个自主的、独立的人文社会科学来建设，就需要21世纪的中国教育学人以教育现象、过程和活动为旨趣开展教育学研究，就需要教育学人像其他人文社会科学学者一样，重视教育学智识的生产。[3] 近代以来，中国知识分子不像英美知识分子那样深受唯科学主义思潮的影响，因为中国有深厚的人文传统。比如，梁启超先生在20世纪20年代就反思过欧美文化，在强调学习欧美科学时，其科学观不是英美唯科学主义的，

---

[1] 吴钢. 论教育学的终结. 教育研究，1995 (7).
[2] 郑金洲. 教育学终结了吗？：与吴钢的对话. 教育研究，1996 (3).
[3] 梅棹忠夫. 智识的生产技术. 北京：商务印书馆，2016.

而是偏向德国人的科学观。梁启超先生在题为《科学精神与东西文化》的演讲中,用下面一段话批评当时的中国人:

> 把科学看得太呆了、太窄了。那些绝对的鄙厌科学的人且不必责备,就是相对的尊重科学的人,还是十个有九个不了解科学性质。他们只知道科学研究所产结果的价值,而不知道科学本身的价值;他们只有数学、几何学、物理学、化学……等等概念,而没有科学的概念。他们以为学化学便懂化学,学几何便懂几何,殊不知并非化学能教人懂化学,几何能教人懂几何,实在是科学能教人懂化学和几何。他们以为只有化学、数学、物理、几何……等等才算科学,以为只有学化学、数学、物理、几何……等等才用得着科学,殊不知所有政治学、经济学、社会学……等等,只要够得上一门学问的,没有不是科学。我们若不拿科学精神去研究,便做哪一门子学问也做不成。中国人因为始终没有懂得"科学"这个字的意义,所以五十年前很有人奖励学制船、学制炮,却没有人奖励科学;近十几年学校里都教的数学、几何、化学、物理,但总不见教会人做科学。或者说,只有理科、工科的人们才要科学,我不打算当工程师,不打算当理化教习,何必要科学?中国人对于科学的看法大率如此。
>
> 我大胆说一句话:中国人对于科学这两种态度倘若长此不变,中国人在世界上便永远没有学问的独立。①

在梁启超先生看来,"有系统之真知识,叫做科学"。这种科学观与德国人对科学(Wissenschaft)的理解是很贴近的,而与唯科学主义相去甚远。以这样的科学观来理解教育学,则没有必要像英美国家那样否认教育学是一门独立的学术性学科,尽管教育学确实是"一门捉摸不定的科学"②。

3. 重视教育学的跨学科研究(借鉴英美传统)

当我们说应当重视教育学作为一门自主的独立的学术性学科建设时,并不否定教育学理论研究需要借鉴其他学科的理论与方法。教育学是一门复杂的科学,既然承认它属于复杂科学,那么,借鉴英美教育学者的经验对教育学进行跨学科研究也就是必要的。从美国和其他英语国家近50年来教育科学发展的经验看,对教育学进行交叉学科研究,也确实提高了对教育现象和问题的认识,丰富了教育学科知识,提升了教育实践的水平。例如,神经教育学或学习科学的研究,对于我们深刻理解建构主义学习理论很有帮助。③ 另外,从我国改革

---

① 梁启超. 梁启超经典. 北京:当代世界出版社,2016:154-155.
② 拉格曼. 一门捉摸不定的科学:困扰不断的教育研究的历史. 北京:教育科学出版社,2006.
③ 布兰思福特,等. 人是如何学习的:大脑、心理、经验及学校. 上海:华东师范大学出版社,2013.

开放以来教育学学科发展的经验看，从不同学科（如社会学、人类学、经济学、法学等）视角研究教育学，对丰富教育学理论和实践都是有益的。

4. 重视教育学经验性研究

在反思我国教育学百年历程时，我们发现，我国教育学研究与欧美国家相比，一个重要区别是经验性研究（empirical research）的匮乏。所谓经验性研究，既包括量化研究也包括质化研究，即重视对教育现象和问题获取第一手数据而展开的研究。这是教育学知识生产的基本方式。笔者在英国和美国访学时曾经关注过很多种英文教育学期刊上的论文，发现经验性研究成果占大多数，而纯粹思辨的理论研究和分析性研究只占比较小的比例。多年前，美国威斯康星大学麦迪逊分校教育学院托马斯·波普科维茨（Thomas Popkewitz）教授应王本陆教授的邀请来北京师范大学讲学，笔者问他在美国教育科学研究项目和成果中，经验性研究占多大比例，他说占90%左右。可见，美国教育研究的主要类型是经验性研究。我国的教育学研究呢？经验性研究所占的比例近年来虽有所增加，但恐怕还占不到50%吧？希望年轻一代教育学人重视教育研究方法的学习，积极开展教育学经验性研究。

需要指出的是，做好教育学经验性研究不能轻视理论的作用。如果我们认真阅读质量高的经验性研究，就会发现它们的一个共同点就是有理论框架。经验性研究不仅注重经验事实和证据的作用，也强调理论的支持作用和理论之建构。在一篇开拓性教育学研究论文或报告中，我们可以看到理论框架部分和讨论部分尤其需要理论的视野和分析。所以说，经验性教育研究与理论研究是相辅相成的，而不是分离的。例如，美国著名教育学家舒尔曼提出的教师专业知识基础和知识类型的研究，尤其是他开拓的学科教学知识（pedagogical content knowledge）的研究，既有理论建构，又是很好的经验性研究。[①]

5. 重视中外教育学的比较研究

前面笔者谈到近年来对中外教育学进行比较研究时，已经提及石中英教授的《教育学的文化性格》一书，其中一个部分是对德国、美国和中国教育学所做的开创性比较研究。他比较了三个国家教育学不同的文化性格，提出21世纪教育学研究文化转向的观点。程亮教授曾对教育学制度化的兴起与逻辑做过深入探讨，对德国教育学、美国教育学、英国教育学和中国教育学的特征进行了跨文化比较分析，是中外教育学比较研究的力作。[②]

[①] Shulman L S. Those Who Understand: Knowledge Growth in Teaching. Educational Researcher, 1986, 15 (2): 4-14.

[②] 程亮. 教育学制度化的兴起与逻辑. 华东师范大学学报（教育科学版），2016 (3); 程亮. 多元的传统与交互的生成：教育学知识建构的跨文化比较. 教育研究，2016 (5).

近年来，对中外教育学进行跨文化比较研究引起国内外教育学者很大的兴趣。例如，山东师范大学教师教育学院王飞副教授在其博士学位论文的基础上出版了《跨文化视野下的教学论与课程论》一书，同时发表了多篇论文，对欧陆教学论、英美的课程论以及我国的教学论和课程论进行了比较深入的比较分析，深受教育学界同人的好评。[1]

邓宗怡教授近年来发表了关于重建中国教育学和教学论的系列论文，对中外教育学和教学论的差异及其如何融合进行了新的探索，为重建中国教育学和教学论提供了比较的视角。[2]

6. 重视基于教育实践和教育改革的研究

重视基于教育实践和教育改革的研究，可以说是近年来国际上教育学研究的一个趋势。在美国和英国，20世纪70年代以来，许多教育学者开展课堂研究，开发出课堂观察的研究方法。如美国著名教育学者菲利普·杰克逊（Philip Jackson）开创性的课堂研究。

最近20年来，教育学研究提倡所谓的基于证据或有证据支持的研究（evidence-based or evidence-informed research），这可以看作前面讲的经验性研究的一个延伸或发展。当代教育改革一波接着一波，效果如何？是否有效？需要开展基于证据和有证据支持的教育研究。比如，国际上许多国家对国际学生评估项目（PISA）测验结果进行系统分析，可以看作很好的基于教育实践和教育改革的研究，因为对从PISA测验获得的数据进行分析，可以为改进国家教育政策和教学实践提供有力依据。

中国有成千上万的优秀教师和校长，他们在教育教学实践中形成了自己独特有效的教育经验、思想和方法。通过研究他们的这些经验、思想和方法，如教师生活史研究、叙事研究、课堂观察研究等等，可以发现很多行之有效的教育教学理论和方法。比如，笔者认识一位叫王能智的老先生，他以前是北京石景山区一所普通中学的地理教师。他有很骄人的教育教学成就，又在教师教育和培训上

---

[1] 王飞. 德国"教育学-教学论"范式与美国"教育科学-课程论"范式的比较研究. 清华大学教育研究，2012（4）；王飞，丁邦平. 苏联教学论与美国课程论：在中国的误读与误解. 比较教育研究，2013（1）；王飞. 跨文化视野下的教学论与课程论. 济南：山东人民出版社，2014.

[2] Deng Zongyi. Constructing Chinese Didactics：(Re)discovering the German Didactics Tradition. Jahrbuch für Algemeine Didaktik (Yearbook for General Didactics)，2012（2）：108-128；Deng, Zongyi. The Practical and Reconstructing Chinese Pedagogics. Journal of Curriculum Studies，2013，45（5）：652-667；Deng Zongyi. On Developing Chinese Didactics：A Perspective from the German Didaktik Tradition//Forum Materials for Postgraduate Academic Forum：Sino-Germany Dialogue on Didactics. Shanghai，East China Normal University，September 13-14，2013；Deng Zongyi. Bringing Curriculum Theory and Didactics Together：A Deweyan Perspective. Pedagogy，Culture & Society，2016，24（1）.

具有十分丰富的经验与理论。过去，教育学者主要采用经验总结法对像他那样的一线教师进行研究，这种方法很不够，应采用质性研究方法开展对教育教学实践的深入研究。近几年这方面的研究已经产生了较大的影响。年轻一辈教育学者需要在这个园地深入下去。

（丁邦平，首都师范大学教育学院教授、博士生导师，首都师范大学国际与比较教育研究所所长，兼任首都师范大学科学教育研究中心主任。主要学术兴趣：科学教育国际比较研究、技术教育国际比较研究、教学论跨文化比较研究、基础教育与教师教育国际比较研究。）

第十五讲
教育研究的性别平等议题

一、国际发展潮流：对教育性别平等持续的关注

二、我国在妇女教育方面取得的主要进展与成就

三、有待改进的问题与面临的挑战

四、平等与赋权：未来发展的对策建议

五、结语

教育是所有妇女和女童平等享有的基本权利和发展基石。在教育领域内推进性别平等和赋权妇女，既是1995年第四次世界妇女大会关切的重大领域之一，也是我国执行男女平等基本国策的基础。第四次世界妇女大会召开后，尤其是2015—2019年，我国在保障女童和妇女的教育权益方面取得了很大进展，同时也存在一定问题和不足。因此，对妇女参与教育的情况进行梳理与分析并提出建议，将有利于促进教育领域的性别平等。

1995年在北京召开的联合国第四次世界妇女大会通过的《北京宣言》和《行动纲领》，对于中国及世界妇女发展具有里程碑意义。在这两个纲领性文件中，"妇女与教育"是世界妇女发展所关切的12个重大领域之一。《北京宣言》第27条和《行动纲领》第72条均有对"妇女教育与培训"主题独立而明确的表述，认为"教育是所有妇女和女童平等享有的基本人权和自由"。教育在促进以人为中心的可持续发展，以及经济的持续稳定增长方面发挥巨大作用。[①] 第四次世界妇女大会召开以来，我国积极践行男女平等的承诺，在教育领域不断推进性别平等，保障和维护妇女与女童受教育的权利，并且取得了卓越的成就。本讲将对我国妇女与女童在"教育与培训"领域的发展做一梳理和回顾，包括所取得的成就与进展、存在的不足与问题，以及对未来发展的建议和对策。本讲重点讨论2010年后有关内容。

一、国际发展潮流：对教育性别平等持续的关注

国际社会向来聚焦全球教育和性别的发展，无论基于人道主义，还是从经济发展方面考量，教育中的性别平等一直备受国际社会关注。1979年，联合国制定了在妇女发展史上具有重大意义的《消除对妇女一切形式歧视公约》(The Convention on the Elimination of All Forms of Discrimination Against Women)，该公约第10条明确保证妇女在教育方面享有与男子平等的权利。1990年，联合国教科文组织、联合国儿童基金会、联合国开发计划署和世界银行等机构共同举办了世界全民教育大会，大会通过的《世界全民教育宣言》指出，世界范围内的女童教育和妇女教育问题仍然严峻；并提出在"普及入学机会并促进平等"设想下，"最为紧迫之事就是要确保女童和妇女的入学机会，改善其教育质量，并消除阻碍她们积极参与的一切障碍。应该摒弃任何有关性别的陈规陋习"。教育性别平等问题开始得到空前关注，被提上全球教育发展的议程，并且

---

① 参见《北京宣言》第27条与《行动纲领》第72条内容，以及这两个纲领性文件的其他有关"妇女教育与培训"的内容。

在新千年后得到了迅速发展。

　　进入 21 世纪以后，2000 年，世界教育论坛通过的《达喀尔行动纲领》对实现全民教育提出了六项目标，有三项与女性教育相关，第五项目标更是明确提出到 2015 年要实现教育性别平等。① 随后，联合国大会起草并通过的《联合国千年宣言》不仅提出 2015 年底前实现教育性别平等的设想，同时提议通过促进性别平等和赋予妇女权能为教育性别平等营造支持性的环境。15 年内，国际社会在教育性别平等问题上取得了较大进展。然而教育问题并非朝夕就能解决，国际社会在吸取先前经验教训的基础上，一直坚持在促进教育性别平等的道路上积极作为。2015 年世界教育论坛通过了《仁川宣言》，该宣言再次强调："支持性别敏感的政策、规划和学习环境，使性别问题在教师培训和课程中实现主流化，消除校园性别歧视和暴力。"② 同年，联合国峰会正式发布联合国《2030 年可持续发展议程》，其中：第四个目标致力于到 2030 年底使所有男女儿童获得包容和公平的优质教育，并消除教育中的性别差距；第五个目标"实现性别平等，增加所有妇女和女童的权能"则为教育性别平等提供了外延性的背景支撑。③ 该问题俨然是国际社会在教育领域、性别领域乃至全世界的重点关注内容之一。

二、我国在妇女教育方面取得的主要进展与成就

（一）推动教育领域性别平等的教育政策的制定

　　妇女教育政策主要是指一系列保护妇女与女童平等受教育权的法律、法规和相关政策。20 多年来，中国政府在教育领域推动性别平等视为贯彻男女平等基本国策和践行第四次世界妇女大会两个重要纲领性文件的基础，加大了在该领域的政策建设力度。21 世纪以来，中国进入推动男女平等政策、法律、制度建设的密集阶段。2011 年国务院通过的《中国妇女发展纲要（2011—2020 年）》指出，教育工作全面贯彻性别平等原则，强调在教育法规、政策和规划的制定、修订、执行和评估中增加性别视角，落实性别平等原则；保证女性平等接受学前教育、义务教育、高中阶段教育、高等教育和职业教育；提高妇女终身教育

---

① UNESCO. The Dakar Framework for Action "Education for All: Meeting Our Collective Commitments". Paris: UNESCO, 2000.
② UNESCO. Incheon Declaration Education 2030. [2018-12-03]. https://en.unesco.org/world-education-forum-2015/incheon-declaration.
③ http://www.un.org/sustainabledevelopment/zh/education.

水平；促进妇女参与社区教育；继续扫除妇女文盲；加大女性技术技能人才培养力度；加强妇女理论研究和高等学校女性学学科建设；实施教育内容和教育过程性别评估；提高教育工作者的社会性别意识；均衡中、高等教育学科领域学生的性别结构，对贯彻男女平等基本国策和促进妇女全面发展起到了更加有效的指导作用。①

2012年，教育部在《国家教育事业发展第十二个五年规划》中，把全面提高教育服务现代化建设和人的全面发展能力包括两性协调发展规定为2020年教育事业的总目标。②

2019年9月，国务院新闻办公室发布的《平等 发展 共享：新中国70年妇女事业的发展与进步》白皮书指出，2012—2018年，全国30个省（区、市）已建立了法规政策性别平等评估机制，从理论到实践，在法规政策的制定、实施和监督各环节切实贯彻男女平等的观念，为男女平等提供了法治保障。③

（二）各级各类教育性别平等与女性教育的发展

1. 2015—2019年各级各类学校中女学生与女教师人数不断递增

从纵向来看，2015—2019年，我国大学（含研究生培养）、中学和小学中女学生人数总体呈现递增趋势，各年份之间的比重差距较小，仅存在一个百分点的浮动；从横向来看，2015—2019年，大学学段成人本专科的女学生占比最高，维持在56%～58%，第二比重梯度落在普通本专科和研究生阶段，第三比重梯度落在大学学段的网络本专科阶段、中学以及小学学段（见表15-1）。

就教育机会而言，"我国义务教育阶段教育自2006年起已基本消除了性别差异"；"中国于2011年实现了千年发展目标（MDG）中关于普及初等教育的目标，并提前实现了到2015年在各级教育中消除性别差异的目标"。④ 2019年，我国义务教育阶段男女童在学人数已经接近100%，而且在小学阶段基本实现了性别平等。

2015—2019年，我国不同学段专任女教师的数量总体呈稳步上升趋势，多

---

① 参见中华人民共和国国务院2011年7月30日印发的《中国妇女发展纲要（2011—2020年）》中"妇女与教育"部分相关内容。
② 参见中华人民共和国教育部2012年6月14日印发的《国家教育事业发展第十二个五年规划》。
③ 参见国务院新闻办公室2019年9月19日发布的《平等 发展 共享：新中国70年妇女事业的发展与进步》白皮书。
④ 国务院妇女儿童工作委员会，国家统计局社会科技和文化产业统计司．中国儿童发展指标图集2018．联合国儿童基金会，2018：104．

会通与范导：教育研究的方法论问题

表 15-1　2015—2019 年各级各类学校在校女学生人数与比例

年份	大学（含研究生培养）女学生人数及比例					中学女学生人数及比例			小学女学生人数及比例
	研究生	普通本专科	成人本专科	网络本专科	在职人员攻读硕士学位	高中	中等职业教育	初中	
2019	1 447 939 (50.56%)	15 679 080 (51.72%)	3 923 290 (58.68%)	3 879 772 (45.23%)	—	—	—	22 458 939 (46.43%)	49 407 487 (46.60%)
2018	1 355 745 (49.64%)	14 873 873 (52.54%)	3 508 787 (59.37%)	3 837 068 (46.47%)	—		40 348 556 (46.90%)		48 478 861 (46.56%)
2017	1 278 134 (48.42%)	14 468 508 (52.54%)	3 198 256 (58.78%)	3 483 796 (47.34%)	—		39 563 548 (46.96%)		47 284 593 (46.50%)
2016	1 003 110 (50.64%)	14 161 004 (52.53%)	3 375 366 (57.76%)	3 073 785 (47.66%)	212 459 (36.51%)		39 195 428 (47.07%)		46 443 491 (46.46%)
2015	950 163 (49.71%)	13 761 864 (52.42%)	3 619 728 (56.92%)	3 039 591 (48.37%)	212 902 (36.24%)		39 510 311 (47.13%)		45 386 530 (46.37%)

注：表 15-1 至表 15-7 是笔者根据教育部门户网站公布的 2015—2019 年《教育统计数据》和《全国教育事业发展统计公报》整理得出。

数阶段的占比超过50%。学前女教师所占比重在各个学段女教师中居于首位（见表15-2）。

表15-2 2015—2019年各级各类学校女教师人数与比例

年份	大学（含研究生培养）女教师人数及比例			中学女教师人数及比例		小学女教师人数及比例	学前女教师人数及比例
	普通高等学校	成人高等学校	民办/其他教育机构	高中阶段	初中阶段		
2019	883 138 (50.75%)	11 722 (56.79%)	4 424 (51.56%)	1 018 648 (54.73%)	2 166 957 (57.80%)	4 393 907 (69.98%)	2 702 111 (97.79%)
2018	841 680 (50.32%)	12 353 (56.39%)	4 750 (52.16%)	977 932 (53.89%)	2 067 674 (56.79%)	4 193 149 (68.71%)	2 525 667 (97.84%)
2017	813 837 (49.83%)	13 279 (55.35%)	5 058 (52.45%)	942 804 (53.07%)	1 975 108 (55.64%)	3 999 067 (67.15%)	2 378 291 (97.79%)
2016	788 558 (49.22%)	13 740 (54.49%)	5 280 (51.13%)	904 917 (52.13%)	1 901 611 (54.49%)	3 788 753 (65.31%)	2 184 795 (97.88%)
2015	764 577 (48.62%)	16 205 (53.58%)	5 597 (50.39%)	872 098 (51.34%)	1 861 877 (53.51%)	3 631 311 (63.70%)	2 008 462 (97.92%)

2. 2015—2019年不同层级教育中女性（童）教育发展稳定

（1）学前教育入学率持续快速上升，其中女童接受学前教育的比重不断提高。以2018年为例，学前教育毛入园率由2010年的56.6%提高到了81.7%，提前实现了《中国儿童发展纲要（2011—2020年）》中"2020年达到70%"的目标。女童接受学前教育的比重也稳步提升。2018年，女童在园比例为46.7%，比2010年提高了1.4个百分点。[①] 2014年，学前教育在园人数总共4 050.7万，其性别构成为：男53.7%，女46.3%。[②] 到2018年，幼儿在园总数4 656.4万，其男女比例为53.3%和46.7%，女童在园人数比例比2014年提高了0.4个百分点。

（2）基础教育阶段，女童接受教育机会增多，两性受教育机会基本实现平等。2015—2019年，平均每年小学学龄儿童的净入学率为99.92%。从纵向来看，自2015年起全国范围内学龄儿童的数量逐年上升，2018年更是突破了一亿人。普通小学中女生的数量呈上升趋势，并稳定维持在46%～47%，与男生数量间的差距较小。近年来，随着城乡一体化发展、政策的出台和相关法律法规的颁布，以及一系列公益项目的筹办，农村女童接受基础教育的机会增多，

---

① 参见国家统计局、联合国人口基金会、联合国儿童基金会联合数据项目《中国社会中的女人和男人——事实和数据（2019）》中相关数据报告。

② 参见国家统计局社会科技和文化统计司《中国妇女儿童状况统计资料（2015）》相关数据报告。

基本消除了教育上的性别差距（见表15-3）。

表15-3　2015—2019年基础教育学龄儿童与女童入学人数与比例

年份	全国学龄儿童数（万人）	已入学学龄儿童数（万人）	净入学率（%）	普通小学女学生数（万人）及比例（%）
2019	10 255.4	10 248.8	99.94	4 916.500 5（46.55）
2018	10 021.8	10 016.8	99.95	4 808.334 8（46.51）
2017	9 779.2	9 770.2	99.91	4 688.316 8（46.45）
2016	9 583.6	9 575.9	99.92	4 596.411 4（46.37）
2015	9 368.2	9 356.7	99.88	4 490.309 8（46.33）

随着我国不断加大义务教育的投入，国家将教育重点向偏远地区和农村地区倾斜，设立相应的助学金，出台扶助政策。在全国妇联支持下，中国儿童少年基金会于1989年发起并组织实施的"春蕾计划"已遍布全国，这一公益项目旨在帮助贫困地区失学女童重返校园，围绕"女童教育""女童安全""女童健康"等方面，开展了多种形式的资助活动，给数以万计的农村家庭带来活动，取得了显著的社会效益。截至目前，累计帮助春蕾女童373.4万人次，其中2019年新增4.4万人次。截至2019年10月，"春蕾计划"一共接受了社会各方面的爱心捐款21.18亿元，受助的农村女童超过369万人次。[①] 除了上述提及的"春蕾计划"，还有"希望工程"等扶助项目，这些项目增加了农村女童平等接受教育的机会。

（3）中等教育女学生占半数左右。2015—2019年，全国范围内高中女学生的数量占比略超过50%；我国在扩大普通中学办学规模的同时，也大力推动中等职业教育（普通中专、职业高中、技工学校、成人中专）的发展，多地实行教育分流的政策。2015—2018年，中等职业教育中女生数量占比平均约为43.29%（见表15-4）。以往我国中等教育以普通高中为主，结构单一，规模也参差不齐，但近年来有了明显变化，职业教育逐渐被社会重视，并开设了一部分与女性相关的专业以及女子中等职业技术学校（如湛江市女子中等职业技术学校、南昌市女子中等专业学校、韶关市女子中等职业学校等），女生数量明显增加，为社会培养了一批职业教育女性人才，为中等教育的发展增加了各方面的技术人群。

表15-4　2015—2019年中等教育女生在学人数与比例

年份	高中阶段教育		初中阶段教育	
	普通高中	中等职业教育	普通初中	成人初中
2019	12 265 048（50.71%）	—	22 408 314（46.42%）	50 625（49.15%）
2018	12 083 013（50.78%）	6 571 223（42.25%）	21 623 312（46.48%）	71 008（45.94%）

---

① 参见"春蕾计划"相关内容，http://www.cctf.org.cn/zt/cljh/。

续表

年份	高中阶段教育		初中阶段教育	
	普通高中	中等职业教育	普通初中	成人初中
2017	12 094 837 (50.85%)	6 810 275 (42.76%)	20 598 359 (46.37%)	60 077 (47.30%)
2016	11 995 579 (50.59%)	6 994 470 (43.74%)	20 085 705 (46.39%)	119 674 (42.72%)
2015	11 974 052 (50.29%)	7 355 968 (44.40%)	20 034 849 (46.46%)	145 442 (43.16%)

（4）高等教育阶段，普通本专科女学生数量在所有类别中最高，女研究生人数也在不断上升，女子学院发展迅速，高校女性学学科化进程取得重要进展。2015—2019 年，高等教育普通本专科女生数量持续增高，且每年所占比重均超过普通本专科总人数的 50%。1947 年，我国女大学生仅有 2.76 万人，占大学生人数的 17.8%，而截至 2019 年，这一比例达到 51.72%。此外，20 世纪 80 年代起我国开始恢复单独设立女子高等学校，逐渐招收女学生。中华女子学院是中华人民共和国成立以来第一所公办全日制本科女子普通高等学校。2010 年 3 月，湖南女子学院经批准升格为全日制普通本科院校，6 月加入世界女子教育联盟。同年，山东女子学院经批准改建为全日制普通本科高校，成为国家 3 所女子普通本科高校之一，2016 年接受教育部本科教学工作合格评估并顺利通过。这些女子学院适应地方经济社会和妇女儿童发展需要，强化女性综合素质教育，为我国培养了一批批专业基础扎实、业务应用能力强，具有创新精神、自主学习能力和社会性别平等意识，德智体美全面发展的高素质女性人才。随着我国教育事业的发展，中国妇女接受高等教育的机会越来越多，在校研究生总数不断上升的同时，女研究生的数量也在不断升高，2016 年女研究生数量甚至突破百万，2019 年女研究生比重与 1985 年相比，上升了近 33 个百分点，是一个比较明显的提升；在其他各类高等学历教育中，网络本专科女生的数量在 2017 年和 2018 年分别有较大的增长幅度，网络本专科的设立也为众多女性提供了接受教育、自我提升的新型渠道（见表 15-5）。

表 15-5　2015—2019 年高等教育女学生在学人数与比例

年份	研究生	普通本专科	成人本专科	其他各类高等学历教育	
				在职人员攻读硕士学位	网络本专科生
2019	1 447 939 (50.56%)	15 679 080 (51.72%)	3 923 290 (58.68%)		3 879 772 (45.23%)

续表

年份	研究生	普通本专科	成人本专科	其他各类高等学历教育	
				在职人员攻读硕士学位	网络本专科生
2018	1 355 745 (49.64%)	14 873 873 (52.54%)	3 508 787 (59.37%)	—	3 837 068 (46.47%)
2017	1 278 134 (48.42%)	14 468 508 (52.54%)	3 198 256 (58.78%)	—	3 483 796 (47.34%)
2016	1 003 110 (50.64%)	14 161 004 (52.53%)	3 375 366 (57.76%)	212 459 (36.51%)	3 073 785 (47.66%)
2015	950 163 (49.71%)	13 761 864 (52.42%)	3 619 728 (56.92%)	212 902 (36.24%)	3 039 591 (48.37%)

最近几年，高校女性学学科化进程取得重要进展。在中国妇女研究会的推动下，高校中的全国妇女/性别研究培训基地由 2013 年之前的 14 个增加到目前的 20 多个，同时建立了推选优秀硕/博士学位论文和学者优秀研究成果的机制，鼓励推出高质量的研究成果。在女性学课程开设方面，据不完全统计，开课的 120 多所高校中，从综合性大学和社会人文学科领域，向理工、农、林、医、艺术、体育等类院校扩展，从直辖市、省会城市等向边陲和中小城市推进，从硕士研究生到博士研究生提升。截至 2019 年，女性学课程面向本科开设 320 门，面向硕士研究生开设 134 门，面向博士研究生开设 51 门。在高校开设性别课程，不但提高了大学生的性别平等意识，也培养出了一批从事女性学研究的研究者和教育工作者，成为女性学发展可持续的人才保障。高校妇女与性别研究的一个新趋势是将其成果转化为立法政策建议，为国家和政府决策提供参考。

（5）成人专科教育中女性人数有所下降，其教育方式向多元化拓展。2015—2018 年我国成人本科女学生数量占比呈现上升趋势，超过成人本科学生总数的 50%。随着成人教育方式的拓展，如广播电视大学、高校设立的函授/脱产/业余教育、夜大（成人高考）、进修班、在职教育等的发展，女性有了更多选择的机会，来提高自身教育水平和知识技能（见表 15-6）。

表 15-6 2015—2019 年高等教育成人本专科女学生人数与比例

年份	成人本科女学生数量及比例	成人专科女学生数量及比例
2019	2 112 620 (61.90%)	1 810 670 (55.33%)
2018	1 855 421 (62.45%)	1 653 366 (56.26%)
2017	1 600 937 (61.82%)	1 597 319 (56.01%)
2016	1 615 588 (60.13%)	1 759 778 (55.74%)
2015	1 629 977 (58.35%)	1 989 751 (55.80%)

(6) 农村妇女培训初见规模，尤其是成年妇女扫盲工作见成效。国家积极组织和开展各类活动帮助广大妇女，尤其是农村妇女发展技能，包括配合全国扫盲行动的农村妇女扫盲学习，通过开展"成人小学"的方式，逐步改变一些农村女性"目不识丁"的现象。全国妇联与教育部联合开展"巾帼扫盲行动"、"双学双比"（在全国各民族、农村妇女中开展的"学文化、学技术、比成绩、比贡献"竞赛活动）、"巾帼建功"、"女性素质工程"、"百万新型女农民培训"、"农村妇女素质提升计划"、"创业创新巾帼行动"等活动，旨在提高妇女的科学文化知识及技能水平。[①]

2015—2019 年，在成人小学各类学校中农民小学注册学生的数量居于首位，其中女学生数量也最高，可见我国农村女性扫盲活动产生了一定效果，一方面为帮助农村女性脱盲提供了更多机会，另一方面也反映出农村女性在政策和活动的响应下积极参与其中，并获得较大发展；除此之外，注册农民小学的女学生逐年减少，也从侧面反映出随着我国妇女教育事业的发展，农村女性获取知识的途径和渠道增加，她们还可通过参与其他活动或短期培训等提高知识技能（见表15-7）。

表15-7 2015—2019年成人小学注册学生数量

年份	少数民族（其中：女性）	职工小学（其中：女性）	农民小学（其中：女性）	小学班（其中：女性）	扫盲班（其中：女性）	合计
2019	39 988 (24 432)	15 057 (9 185)	407 276 (233 297)	238 636 (129 554)	168 640 (103 743)	422 333 (242 482)
2018	99 459 (49 493)	14 888 (8 568)	717 575 (386 945)	488 434 (249 761)	229 141 (137 184)	732 463 (395 513)
2017	79 351 (40 897)	2 557 (1 553)	751 679 (399 872)	447 636 (241 435)	304 043 (158 437)	754 236 (401 425)
2016	64 124 (31 369)	4 439 (2 382)	828 244 (476 995)	494 043 (296 077)	334 201 (180 918)	832 683 (479 377)
2015	78 904 (37 913)	4 802 (2 493)	943 356 (480 939)	468 551 (220 767)	474 805 (260 163)	948 158 (483 432)

三、有待改进的问题与面临的挑战

近些年妇女在教育领域的发展，以及国家对于推进教育性别平等的行动，

---

① 新中国70年中国妇女教育的进步与成就．(2019-09-30)．https://m.thepaper.cn/baijiahao_4772173.

总体而言取得了令人瞩目的成绩；但不可否认，距离在教育领域实现赋权妇女、男女平等——从法律平等到事实平等、从机会平等到结果平等的目标，还有一定距离。

（一）教育政策中的性别平等意识亟待加强

从教育政策本身来看，尽管在我国义务教育阶段基本实现了男女受教育机会均等，但在实践中，这些利好的政策并没有全部得到行之有效的贯彻与落实。2013年5月教育部下发的《2013年普通高等学校招生工作规定》（第43条）规定：除军事、国防和公共安全等部分特殊院校（专业）外，高校不得规定男女生录取比例。事实上，该项规定落实情况却不尽如人意。同年"妇女传媒监测网络"发布的《还女生平等——2013年"211工程"学校招生性别歧视报告》中，统计了全国112所高校的本科生招生计划，发现除了国防军事类、公安类专业之外，其他专业仍旧存在"分性别划线"的现象，导致有些专业中女生分数明显高于男生，形成"女生扎堆"现象。[①] 第二类限制女性报考的是标榜"男性专业"的专业。[②]

（二）学前教育与义务教育阶段女童保护问题有待解决

中华人民共和国成立以来，我国关于学前教育的两个基本功能明确：第一，学前教育发挥着解放妇女劳动力的作用；第二，学前教育促进学龄前儿童身心健康发展。学前教育办园性质决定着学前教育功能的实现。目前，学前教育阶段的性别议题，主要体现在两方面：一是贫困家庭女童和残疾女童如何接受普惠性学前教育；二是如何通过学前教育解放妇女的生产和社会活力。办园和育儿资金投入被淹没在商业化的竞争中，给学龄前儿童的父母尤其是贫困家庭带来很大压力。学前教育的城市化、精英化以及母亲的时间和精力被裹挟的情况普遍化，其结果不利于普惠式的学前教育发展，也不利于妇女的社会参与。

在女童保护方面，我国出台了一系列法律法规和政策，如《中华人民共和国未成年人保护法》《中华人民共和国妇女权益保障法》《公安部关于打击拐卖

[①] 如：各高校官方网站的招生简章中规定播音主持、导演、声乐、舞蹈、模特等艺术类专业按男女比例录取的有中国传媒大学等11所高校。北京外国语大学提前批小语种专业（阿拉伯语、波斯语和印尼语）仍男女分别录取。

[②] 研究者从若干高校官方招生网站发现，大连海事大学、武汉理工大学航海类专业只招收男生，北京航空航天大学、南京航空航天大学的飞行专业只招收男生。青海大学和长安大学地质类勘察、测绘等相关专业也依男女比例录取，建议"女生慎报"。中国矿业大学等3所高校采矿专业不招收女生。此外，云南大学、新疆大学体育类部分专业只招男生。武汉理工大学招生办工作人员称，该校航海技术、轮机工程等专业招生条例已多年未变，"女生可能并不适合上船或出海的环境"。

妇女儿童犯罪适用法律和政策有关问题的意见》《关于做好预防少年儿童遭受性侵工作的意见》等，这些法律法规明确规定了儿童的受保护权利。但由于当前社会中性泛滥主义和商业主义所带来的负面影响，以及成年监护人的缺失和疏于照料，女童特别是一些贫困地区的留守女童性侵案件不时发生，女童人身安全问题日益突出。2013年，中国儿童少年基金会发布的《女童保护研究报告》显示，2012年县级以上妇联组织受理幼女受性侵的投诉超过500件，农村留守女童与流动女童则是主要的受害人群。2014年8月25日，全国人民代表大会常委会副委员长王胜俊在第十二届全国人民代表大会常务委员会第十次会议上，做了《全国人民代表大会常务委员会执法检查组关于检查〈中华人民共和国未成年人保护法〉实施情况的报告》，其中指出，2011年至2013年间，全国法院审结猥亵儿童、拐卖儿童、引诱幼女卖淫、嫖宿幼女、遗弃儿童等侵害未成年人人身权利犯罪案件共计12 281件，惩处罪犯14 349人，在侵害未成年人人身安全犯罪中，奸淫幼女、猥亵儿童、拐卖儿童犯罪较为突出。面对现实中儿童保护方面存在的突出问题，我国政府部门做出了积极的回应，全国妇联颁发了《关于进一步做好关注女童安全促进儿童保护工作的通知》，教育部、公安部、共青团中央、全国妇联联合颁发了《关于做好预防少年儿童遭受性侵工作的意见》，最高人民法院、最高人民检察院、公安部、司法部联合发布《关于依法惩治性侵害未成年人犯罪的意见》。然而目前这些法律与政策多为问题倒逼与补救型，即"出了问题，再补救"。对于女童的保护通常采取的是空间隔离的办法，即男女生宿舍隔离开，将男性都作为潜在的骚扰者看待。此外就是过度保护，即禁止女生与男同学、男教师接触，甚至有些学校取消了女生的体育课。无论是"隔离"还是"过度保护"，立法和制定政策的立足点都是有偏差的，没有对作为发展中的"人"的男生、女生的基本权利给予尊重和维护，而是一种变相的剥夺，这就使得作为权利受侵害者的一方的权益没有得到切实保护，并再次陷入新的限制发展困境。

（三）城市流动女童受教育机会不均等，少数民族女童受教育还显薄弱

在城乡二元格局背景下，经济的高速发展促使农村向城市流动的人口大幅度增加，但与此同时，部分居住在城市流动家庭里的女童却很难享受到与城市同龄女童相同的教育机会。由21世纪教育研究院编写的《流动儿童蓝皮书：中国流动儿童教育发展报告（2019—2020）》也提及了公办学校入读难、择校难以及异地高考存在高门槛等问题。以一线城市广州为例，每年到广州寻求工作机会的人员数不胜数。根据《广州流动儿童义务教育阶段入学状况数据报告

(2013—2016)》，在义务教育阶段，每 100 名学生中就有 46 名是流动儿童；然而据《广州市教育事业发展第十三个五年规划（2016—2020 年）》，2015 年来穗人员随迁子女义务教育阶段以积分入学等方式入读公办学校和以政府补贴民办学校学位的比例仅仅达到 42.33%，即 10 名流动儿童中只有 4 名能够享受到公办教育的资源；而"十三五"规划提出的目标是到 2020 年达到 70%。①

目前，我国虽然实行了一些倾向性的政策与措施以支持和完善民族地区的教育，但少数民族女童的教育仍较为薄弱。具体体现在：第一，少数民族女童的入学率低，辍学率高；第二，少数民族女童教育发展水平地区差异性较大，偏远落后的山区和贫困农牧区就学环境和质量还有待改进；第三，少数民族女童理科学习兴趣、环境、人数比例都存在不少问题，女童整体的文化素质较低；第四，民族地区学校环境、课程以及语言对女童缺乏应有的现实性和吸引力。总之，当前我国少数民族女童教育尚未形成较完备的体系，师资力量缺乏，真正意义上适合女童教育的教材尚未落实，这些问题成为少数民族女童乃至民族教育发展的瓶颈。

（四）职业教育中的性别困境与女性的不利处境

我国早在 1996 年即通过了《中华人民共和国职业教育法》（以下简称《职业教育法》），其对帮助妇女接受职业教育做出了详细规定。然而传统性别文化中的落后内容仍然在一定程度上制约着职业教育的发展，女性技能型人力资源开发面临着许多性别障碍，职业教育的性别问题充满复杂性。这主要表现在：

第一，职业教育与劳动力市场密切相连，职业教育专业的性别隔离与分工直接反映了劳动力市场的状况（见表 15 - 8），在 16 个专业类目中，性别区隔十分明显，而且在专业选择上，女性若选择倾向于男性的专业须跨越的专业壁垒远高于男性选择倾向于女性的专业。女性特质在职业教育过程中被过分关注，如驯服的态度、勤勉的精神等，与此相连接的劳动力市场将这些教育的"成品"进行分配，造成了性别分工的固化。

表 15 - 8　我国中等职业专业设置情况与性别取向对照表

专业类目（倾向于男性）		专业类目（倾向于女性）	
农林牧渔类	石油化工类	医药卫生类	体育健身类
资源环境类	轻纺食品类	休闲保健类	教育类
能源与新能源类	交通运输类	财经商贸类	司法服务类
土木水利类	信息技术类	旅游服务类	公共管理与服务类

---

① 广州流动儿童义务教育阶段入学状况数据报告（2013—2016）．（2018 - 01 - 15）．https：//www.sohu.com/a/216742926_100001871．

第二，职业教育中，女性教育学时、投入资源和成本普遍低于男性。以培训时间为例，男性较女性有更多机会接受较长时间的培训，特别是半年以上更为持久、系统的培训。

第三，职业教育类型与层级的多样化掩盖了女性在职业教育阶段的不利处境。目前，中等职业院校共分为四种，即普通中专、成人中专、职业高中和技工学校。前三类学校的女生入学率较高，男女生比例相差无几，而处于较低层次的技工学校，女生比例持续较低，职业教育这种类型与层级的多样化，事实上也掩盖了女性的不利地位。

第四，职业院校的女性在就业市场上面临着重重困境，她们既无法与本科院校的学生竞争，也难敌同是职业院校的男生，使得很多职业院校的女生在找工作时不得不退而求其次，接受更低层次和低回报的工作。

《职业教育法》中尚未有促进职业教育领域两性平等发展的条文。性别平等更无专门执行机制，多方监管常常是造成监管盲区，特别是对于层次较低的中等职业学校，缺少有效的管理机构为女性权益进行保护与申诉，使得她们毕业后进入劳动力市场的底层。另外，与劳动力就业市场密切挂钩的职业教育领域，性别平等的就业评估体系尚未健全，性别平等的课程标准和师资培训也较为缺乏。

（五）高等教育中仍存在性别不平等现象

第一，高等院校在招生上存在"男女有别"的现象。我国某些院校没有完全按照《2013年普通高等学校招生工作规定》执行，在个别专业的招生计划中没有设置女生的指标。而部分高校在小语种、播音主持等专业中，设置了男女生录取比例，低分录取男生，出现了录取分数"男女有别"的情况。虽然在《2013年普通高等学校招生工作规定》公布后，有院校取消了个别专业的男女生录取比例设置，但这种现象并没有完全消除。

第二，专业选择上存在性别隔离。根据中国高等教育研究数据库的统计数据，在高等学校本科阶段学科与专业选择上，2018年男生选择专业排名前三位的是工程力学、地矿类、材料科学；女生选择专业排名前三位的是外语、护理、教育。可见和传统社会的性别预期一致，男生多选择自然科学和理工科专业，而女生多选择人文和社会科学专业，造成学科专业上出现性别隔离现象。

第三，教育结果存在差别。受学科和专业选择的隔离与社会性别刻板印象等影响，女性在自然科学和科技领域边缘化的状况难以得到改善，在劳动力市场上无法获得公平就业的机会。许多用人单位依然提出"男生优先""只招男生"的条件，很多女生在实际求职过程中，遇到了显性或隐性的性别歧视。他们在就职后的收入、劳动条件、培训与发展机会等方面也存在性别差异。

第四，高校中女教师队伍虽不断壮大，但与男教师相比，女教师和女性研究人员职业发展受阻于"玻璃天花板"效应，发展动力不足。职称越低的教师中女性所占比例越高，女教师在科研上也处于相对弱势局面，高层管理人员女性更是少数。刘伯红2015—2016年的调查数据显示，京津沪渝四地272所高校共有领导1 892人（次），其中男性1 541人（次），约占总数的81.45%，女性351人（次），占总数的18.55%。[①] 与高校中女教师接近半数相比，女性领导比例还是较低的。

第五，高校女性学（妇女学）学科地位边缘化状况仍未得到根本改善。课程与教学作为社会性别平等意识的重要阵地，目前除了几所女子院校被批准招收女性学本科生并授予学位之外，其他高校只能在已有二级学科下招收硕士研究生，不能独立授予学位；博士培养机制中更少有系统的培养计划，更多是指导与女性和性别相关的论文而已。由此看来，作为课程的女性学进入高等教育还有学科体制和机制上的障碍。

（六）对农村女教师群体的权益缺乏关注，保护不足

近十年来，我国中小学教师队伍性别比例发生了很大变化，女教师数量持续增加，县镇、农村小学女教师占整个小学专任教师比重过半。从近期数据和趋势来看，十年内，随着年过50岁的男教师相继退休，中青年女教师将成为乡村学校的主体力量。以"特岗教师"为例，全国连续14年招聘的特岗教师中，女性占大多数，有些县高达80%以上。另外，农村学校代课教师也以女性为主。当前，由于性别和户籍的双重不利因素，在农村任教师，往往也是女大学生不得已的选择。她们工作在条件艰苦、人烟相对稀少的农村，甚至是高寒边陲村小和教学点，生活艰苦，社会交往机会缺乏，且存在人身安全隐患，这些都成为年轻一代乡村教师"留不住"的重要因素。此外，学校布局调整"撤点并校"以后，寄宿学生多，教师还承担着照顾学生生活、情感和学业的全方位责任，女教师压力巨大。婚恋问题日益突出，这也成为她们面临的最大困难之一，以"特岗教师"为例，她们普遍年轻，97%在30岁以下，其中超过65%的年轻女教师未婚。

[①] 此处的人次是按照岗位计算的，四地272所高校中有19位领导兼任了党委书记和校长，研究者就在两个岗位上各计算为1人次。19位"兼任两正职"的领导中有17位男性，2位女性，故四地272所高校实际有男领导1 524人，女领导349人，总计1 873人。

2010年，我国发布《国家中长期教育改革和发展规划纲要（2010—2020年）》，明确提出要以农村教师建设为重点。然而，农村教师待遇的提高相对缓慢，师资队伍的建设仍面临着复杂而艰巨的任务。我国尚缺少保障农村教师工资待遇的法律法规，农村教师整体待遇偏低，特别是对在偏远、高海拔等艰苦地区工作的农村女教师，尚未形成就住房、婚恋、生育、夫妻两地分居、育儿和子女教育等方面合理的补贴办法与机制。特别缺少针对农村女教师的关注和政策支持，在调岗、轮岗、培训等多方面，缺少对女性特殊需求的敏感性，农村女教师诸多权益得不到重视和保障。

四、平等与赋权：未来发展的对策建议

（一）赋予教育理论和政策研究以性别平等和妇女解放的视角

将社会主义性别平等立场纳入政策分析、理论研究及研究方法中，不断加强社会主义性别平等立场的学习，提高社科、人文、工程和自然科学研究者的性别平等和妇女解放敏感度。研究和实践中自觉地运用性别平等的分析视角。此外，审视和借鉴社会性别理论在教育领域的影响力，加快中国现实性别问题的研究，构建中国特色社会主义性别平等和妇女解放的教育理论，以更加有效地指导教育政策研究，从而更快地实现教育领域的性别平等。

（二）加强教育政策、法律和保障体系的建设，切实保障女性教育权益

加强教育政策、法律制定和保障体系的建设，以防止问题倒逼式、临时、零散的政策制定、执行和解决方案。政府和立法机构应从宏观角度加强立法和执法体系的建设，完善执法监测监督机制，以实现事实意义上的性别公平。

(1) 将女童的安全保护列入《教育法》等教育基本法中，明确学校、教师在保护女童中的责任和义务。另外，《中华人民共和国未成年人保护法》《学生伤害事故处理办法》等教育相关法律和规章制度中要明确规定保护女童的人身安全，有防止女童被性侵的制度与措施。

(2) 加强对农村教师队伍建设和女教师权益保护的政策研究力度。通过修订《中华人民共和国教师法》相关条款和内容，补充对偏远贫困地区教师待遇的具体规定，落实教育部七项提高农村教师待遇的规定，切实保证农村偏远地区教师的权益。

(3) 修订《职业教育法》，增补两性平等发展的相关内容，并通过制定相关

法规和制度，确保职业学校将社会性别意识纳入职教主流，制定统一的课程标准，开设性别平等课程，消除技术型人才培养中普遍存在的性别刻板印象和性别偏见。

（4）将性别平等议题明确纳入《中华人民共和国高等教育法》及其相关法规，如《普通高等学校招生工作规定》《中华人民共和国学位条例》《普通高等学校学生管理规定》等，在高校招生、培养和学生管理等方面增加促进两性平等的内容。同时，通过建立法规、制度对高校女性科技人才给予扶持，加大资金和政策支持力度，保障政策的有效执行和性别研究的良好发展。另外，要积极扶持女子院校的建设和发展。

（三）制定全国各级各类教育性别平等的课程标准，加强对教师的培训，消除学校教育的性别隔离

在幼儿教育阶段，国家层面修订《幼儿园教育指导纲要（试行）》等，将性别平等的目标和内容纳入其中，并详细解读实施原则与方法，对幼儿早期性别差异和"刻板印象"予以特别干预，并将家庭教育与学校教育结合，培养父母正确的两性平等观念，克服因"刻板印象"所带来的对不同性别幼儿早期能力差异的错误认知产生的负面作用。在其他层级的教育阶段，通过制定课程大纲和标准，加强对全国各级各类学校的管理者、教师的培训，例如，在教师职前、职中和职后培训与培养方面增加社会性别研究的相关内容，修订教师培训教材，将性别平等理念融入教师教育体系。将性别平等与教育领导力提升结合起来，以增强各级各类院校中高层领导干部性别平等意识和行动力。在职业教育中，增加对女性人数偏多的专业的教育成本投入，帮助女性树立正确和长远的职业规划意识，拓展职业和社会空间。整合政府、各大院校、私营企业和社会组织各自的力量与优势，扩宽女性的就业渠道。在高等教育阶段，政府和高校制定专门的政策，打破和消除高等教育中的性别歧视，积极保护女大学生、研究生免受身体与精神暴力。审视女教师和女性科研人员的评价机制，并在科研立项上对女性有所倾斜，设立女性科技人才扶持项目，鼓励女性学者积极投入和参与科研。

（四）推动高校与科研机构的女性学研究，以及女性学课程和机制建设

女性学学科兴起是高校两性平等教育历史性的进步，是现代社会彰显社会公正和关怀的需要，也是增强现代女大学生女性主体性的需要。为此，我国高校应积极推进性别课程的系统性，将其视为一个丰富的有机系列，该系列课程

应包含必修与选修、专业与通识、知识与行动多方面内容。女性学学科的建设需要打破学科设置和学位授予的体制性障碍，创新培养机制，例如可以培养跨学科和多学科的女性学博士、硕士研究生，并输送到社会和教育各个领域从事性别平等事业的推进工作。教育部门应建立性别平等的评估机制，组织专家学者和教育出版机构积极编写相关教材、大纲。对各高校性别平等课程、教学工作以及实践和社会成效加以评估，拓展女性的社会发展空间和社会发展的能动性。

（五）特别保护弱势女性群体，尤其是农村地区、民族地区妇女与女童以及残疾女童的教育权

教育是重要的赋权路径。大力发展教育事业，促进教育资源配置更趋公平，进一步缩小城乡、区域之间的教育差异，是实现包括性别平等在内的教育公平公正的最根本途径。针对处于弱势地位的女性群体，政府应采取特殊优惠的教育扶植政策，使其具有与其他女性和男性一样充分的发展机会。现阶段需要采取"双头战略"，对农村失学、辍学女童，留守和流动女童，以及中老年女性文盲等弱势群体，制定特殊的激励和保护性教育政策，积极实施赋权增能的教育教学方法。改善少数民族女童的教育环境和资源供给，即从课程设置、师资培训等方面切实改善少数民族女童的教育处境，使得少数民族女童能够真正享有平等的受教育权利，从而促进少数民族女童健康发展。残疾女童教育的保障可从以下方面入手：第一，完善残疾女童教育保障的法律法规，加大对其教育保障的投入力度；第二，在学校开展性别平等的教育，尤其要加强对残疾女童的关怀，保证其教育质量；第三，进一步加大对残疾女童教育保障工作的宣传和贯彻力度。

五、结语

第四次世界妇女大会之后，我国的妇女和女童教育权获得了充分的保障，取得了很大的成绩，这与国际社会教育平等理念的普及、我国社会主义妇女解放运动在教育权利上的坚守是分不开的。我国女性教育虽然取得了"数据上的平等"，推动了以平等为主旨的各类教育实践，但是距离真正实现"超越数字"的性别平等和社会发展还有很长一段路要走，教育中的性别偏好和性别角色分化还一直存在。在社会的快速发展中，面对市场经济带来的消费主义以及传统的性别文化的回潮，母职文化深度嵌入繁重的教育劳动中，如何通过性别平等的教育拓展女性的社会发展空间，将是更为长期和艰巨的任务。

会通与范导：教育研究的方法论问题

（郑新蓉，北京师范大学教育学部教育基本理论研究院教授，中国少数民族教育学会秘书长，北京师范大学中国民族教育与多元文化研究中心研究员。主要从事马克思主义教育学、农村教育、基础教育改革、多元文化教育、性别研究以及妇女教育的教学和研究。）

第十六讲
德育美学观与欣赏型德育模式

一、反思：基于对陶冶论和技艺论的超越

二、理论建构：德育美学观的"三论"

三、欣赏型德育模式的试验

人文社会科学的研究常常是与研究者的人生体验联系在一起的。没有深切的人生体验，很难做好真正的人文社会科学研究。人文科学意义上的学问，一方面是专业的，一方面是人生的。不同学科，带给你的不仅是专业知识，还有想象力、方法论上的启发和人格上的营养。美学的学习、审美体验、创美实践带给我的远非审美技艺那么简单，它们让我思考什么是最美好的人生、什么是最人道的教育。

一、反思：基于对陶冶论和技艺论的超越

之所以思考、研究、写作，主要有两个缘起或线索：一个是实践，一个是理论。

德育会发生实利主义意义上的功利主义倾向，而功利主义又可能导致一系列的症候，笔者称之为"功利主义综合征"。"功利主义综合征"具体表现为个人功利主义和国家功利主义两方面，但内在逻辑是统一的。例如，将德育视为工具，无视学习者的身心发展规律搞强制灌输，这些又都导致了德育的低效。

那么，如何消解这种功利主义呢？我认为一个路径就是借助美学、依靠美学。因为审美是非功利性的，具有超越功利主义的可能性。在此之前，德育研究者对付功利主义已有的、常规的做法是研究、宣传德育的规律，希望靠着捍卫和尊重德育内在、固有的规律来克服功利主义德育观。而笔者则将自己的研究重点放在了教育学和美学的交叉上。

研究工作的第一步当然是文献综述。笔者的文献综述工作开始得很早，从硕士生期间就开始累积资料，到南京读博士时又继续做。笔者还找出 1978 年到 1994 年的《教育研究》和人大复印报刊资料《教育学》，对含有美、艺术等关键词的教育论述进行分类：陶冶论（论述美育促进德性培养）的论文，占 70% 左右；技艺论（将审美看成是德育可以利用的工具、技术）的论文，占 30% 左右；超越论（认为美学精神可以帮助德育实现境界提升）的研究，占论文总数的 1% 左右，凤毛麟角。属于陶冶论的文章谈到了美育在德性上陶冶人的特殊作用，但一般是在美育之内谈德育，并且多是一些经验总结、宽泛的议论，多数在今天看来可能算不上严格的学术研究。技艺论范式的研究已经能够在德育范围之内谈论德育美，但涉及的多是审美技术的教育应用，缺少精神上的借鉴。超越论的研究成果非常少，从某种程度上来说正是我要努力的方向。

文献研究指明了前进的方向：既然陶冶论（审美育德）、技艺论（德育审美化）已有研究都有局限，本研究致力于建立审美精神借鉴的交叉研究路径，并且能够让审美精神反过来灌注到审美育德、德育审美化的研究中去。

二、理论建构：德育美学观的"三论"

《德育美学观探讨》针对以上三类文献展开批判、反思，从而形成自己的研究思路。故德育美学观的基本理论建构，也就是德育美学观的"三论"。

第一论是"审美育德论"。这主要是针对陶冶论类文章展开批判、超越的结果，我认为陶冶论类文章的最大问题在于泛泛而谈，没有把审美育德的具体机制讲清，解释也过于经验、粗糙。因此我要努力的方向，就是比别人解释得更为清楚、更有深度。也就是说，我要对审美为什么能够促进人的品德成长做出更具体、更深入和更有力的理论解释。

第二论是"立美德育论"。是针对"技艺论"的缺点来讲德育本身如何经过改造形成德育美的。德育美不能止于技术，但德育的审美化当然又有一个技术的层面。立美德育论就是要在如何落实审美精神的德育借鉴，从而应用审美技术实现德育活动的审美化改造这个问题上，吸收前人的营养，形成属于自己的解释系统。

第三论是"至境德育论"。笔者认为，自由道德是道德的最高境界，审美德育是德育的最高境界。也就是说，德育的审美化必须有一些审美精神的东西，灌注到前面那些教育所使用的审美技术中去，才能实现德育精神的根本超越。所以这一部分要讲清楚美学对我们教育学有什么精神启发，能对我们的道德、人生、教育的境界提升发挥怎样的作用。

所谓德育美学观的"三论"，其实对应的是美学、教育学交叉研究历程的三步。人文科学研究在方法论上有一个经典的说法，叫作"历史和逻辑的统一"。这也是辩证唯物主义一个非常重要的方法论。本研究就是这样一个"历史和逻辑的统一"过程。

（一）审美育德论

审美活动的育德功能，笔者将其表达为"审美活动的善性"。而善性又分为储善性、导善性和立善性三个方面。

1. 储善性

储善性中的这个"储"字，我做了两个解释，一个是名词的解释，一个是动词的解释。作为名词的"储"是什么意思呢？就是说，审美活动的一些要素如审美主体、审美对象里，有道德因素的储存。关于审美主体里道德储存问题，也是我主张的新性善论的一个最初渊源。在讨论德育问题，或者德育、教育的本质时，我发展了一个对人性论的解释——"新性善论"，即人有某种类似于善端和良知这样先天的东西，正是如此，德育才有可能。同样，我们作为审美主体时，头脑里先天已有很多储存，包括道德的储存。作为一个立体激活人的心理活动的审美，只是激活了我们的道德良知。

审美对象里的道德要素的储存，最好的说明是社会美。比如小说、电影、报告文学这些社会美的东西，都有道德的褒贬在里面。《钢铁是怎样炼成的》中主人翁那种百折不挠、冲锋陷阵的革命意志和精神气质，对孩子的人格发展的正面影响，就是德育。自然美或者形式美虽然没有社会美那样直接，但是间接来讲，其中也有一些道德的因素存在。例如自然美，中国一直有一个所谓"比德"的传统，如"岁寒，然后知松柏之后凋也"。这其实就是我们从大自然这个纯粹自然物里面看出了类似于道德的东西。我们中国人为什么喜欢兰花？为什么喜欢竹子？为什么喜欢松树？因为士大夫有精神寄托在里面。这是一种解释，即对纯粹的自然与纯粹的形式美的道德解释。例如，你在画廊里欣赏一幅画作——席卷一切的海浪，你会觉得非常壮美。但换一个情境，假设你不会游泳，又掉到了这个漩涡里，除了恐惧，你不会有美感。有没有美感的原因和差别在哪里呢？美学家的解释是，在前者即画作中你所看见的是人自身的力量，席卷一切的海浪象征了人类的力量；而在真实的被巨浪所席卷的情境里，你已经无法见证自己的力量了。所以形式美中，虽然不一定存在直接道德的要素，可是比较稀薄的道德是存在的。

如此，你就不难发现：审美主体和审美对象里面，都可能存有某种道德的元素。

作为动词的"储"的意思，就是你每一次进行审美活动的时候，都有一些东西会触动你的心灵，等于将前面所说的"善端"储存下来。在美育的研究中，人们有一个非常好的解释，就是审美活动对人的心理激活是整体性的激活。席勒把美育看成是一个非常重大的事情，能够使片面的人变成一个完整、自由的人。例如你去看了一场电影，看完以后你说"哎呀！人啊！"其实你是在感叹人或社会，可能是愤怒，可能是感伤，也可能是兴奋、幸福，这就意味着你开始把本来就有的那种所谓良知的东西（名词意义上的"储"）不自觉地拿出来，刺激了一下便储存进去了。这样的刺激日积月累，人的德性就会有所发展——这就是动词意义上的"储"。所以，这个动词和名词意义结合在一起就可以解释为：你不需要做任何事情，只要拿一个好的作品给学生看，他的道德水平就会自然地得到提高。所谓美育陶冶人格，就是指美育对人格有作用，可是它并不是用力去作用，人格是受熏陶、慢慢养成的。

2. 导善性

导善性也有两个解释。或者说，审美活动有两个特性。一个非常重要的特性就是非功利性,另外一个非常重要的特性是群性。

我先讲群性。还是以刚才讲的那幅画(席卷一切的海浪)为例。在画廊观画时,不会游泳的你还喜欢这幅画,是什么原因呢?因为在你看这幅画的时候,你是一个抽象的你,也是一个具体的你。当你进入审美状态,特别激动的时候,你已经忘记了你是一个不会游泳的具体的人,你实际上已经变成一个整体的人在面对一个审美对象。所以《文心雕龙》里才有"思接千载""视通万里"之说。在我进入审美状态的时候,有很多事情在我脑海里翻涌,这个时候,人是作为一个整体的人、作为一个群体的人(类)去思考的。又如,看《红楼梦》时,当我为贾宝玉感伤的时候,我会想到许多与这个事情有关的或类似的人和物,就像与千万个灵魂在对话。所以这里面有一个所谓的交流性或者群性。而我觉得这个交流性或者群性本身就有某种正向的道德价值。因为这个时候人的心灵比较开放,愿意从比较大的(类主体)角度去看问题,这在平时很难做到。

审美活动还有一个特性是非功利性。当我说这个杯子非常漂亮时,我们是在讲这个杯子的颜色、造型、质地、设计,绝对不是说这个杯子能装很多茶(实用价值)。当你讲这个杯子多好看的时候,你已经忘记了这个杯子装多少茶的功利的层面。所以,审美活动有一个非常大的好处是它消解了那个功利的视角。纯粹的审美活动一定会达到这个效果。

其实所谓的道德,本质上就是用非功利的关系去处理利害关系。我把人类处理利害关系的方式归结为两类。一种是经济手段,我把它叫作拔河的规则,即把利益往自己这里拽。例如,你去菜市场想买便宜菜,可是卖菜的人希望同样的菜卖的价更高。每个人都争取自己利益最大化,讨价还价、达到平衡就成交——这是经济的规则。道德规则不是这样。假设一对口渴的父子只有一杯水,按照经济规则,两人应该都会来争夺这杯水,这样就"父不父,子不子"了。但道德生活是什么样的呢?父亲让给儿子,儿子让给父亲,这才叫道德。实际上两种处理利益关系的方式最后的结果可能是一样的。父子礼让的结果可能是一人一半——就像卖菜的小贩,他说一块,你说八毛,最后九毛成交差不多。虽然最后的结果是一样的,可是两种利害关系处理的机理是完全相反的——一个争夺利益,一个礼让他人。

孟子有一个非常有意思的感叹,他说"人之所以异于禽兽者几希"。孟子这句话,可以从正反两方面来解释:可以是正面的解释——"几希"(形容少)非常重要;当然也可以是完全相反的解释,人与禽兽没什么区别……但是无论如何解释,这个"几希"都是有意义的,如果你只过经济生活,你就不是真正或者完整意义的人,就会产生马斯洛假定的所谓"超越性病态"——寂寞、无聊、生活无意义。人非得有点高尚的东西,比如说道德、审美、真善美。这是马斯洛讲的"超越性需要",也就是所谓"似本能"。审美能让人从那个比较俗气的物欲横流的世界里解放出来。审美让人不要那么功利地去考虑事情,我觉得虽然不等同于道德本身,也接近于道德——它引导我们朝道德方向走,所以叫导善性。

3. 立善性

所谓"立善",就是审美能让道德在我们心里真正地"矗立"起来。

立善性也有两层意思。第一层意思是立善性能够创造道德教育所必需的心理前提——心理自由。道德教育可以分别就价值教育层面和规范教育层面来讲。例如,你要孩子双手捧杯水给爷爷,孩子不这么做,你打了孩子,喝令孩子"用双手!",孩子只好这么做。但是此时此刻,你实在没办法让他用一颗真正的孝心去对待他的爷爷,因为此刻他除了愤怒、委屈以外不会有别的情绪。你可以在规范上、外表行为上用强制方法发挥作用,可你若要他有真正的爱心的话,肯定要用别的办法。比如让孩子觉得爷爷对他非常好,所以他也要对爷爷好一点之类。科尔伯格揭示的儿童道德认知的早期发展阶段中,就有功利主义取向的阶段。不同阶段可以用不同的办法,让儿童觉得遵守这个规则是对的。这时候他双手捧杯水给爷爷,才不会勉强!所以,有效的道德教育必须要为学习者创造一个心灵自由的前提;如果受教育者没有完全的心灵自由,你又希望有真正的德育效果,基本上是不可能的。因为真正有实效的道德教育,关键是要人在情感上自由地接受某个价值观念。价值观的接受需要有一个前提,那就是心灵自由。人的生活需要心灵自由。审美活动恰好能够创造这样的世界,就是至少让你的心灵在审美的此时此刻获得自由,就像蓝天那样完全湛蓝、纯粹起来。故审美活动虽不能直接教我们多少道德,但它能够创造一些心灵自由的空间,这一点对道德教育来讲非常重要。这样的瞬间越多,真正道德教育发生的可能性就越大,这就是德育前提意义上的"立"。

立善性的第二层意思是不破不立的"立",也就是直接的"立"德功能。道德教育实际上是希望推动个体或者整个社会的道德变革与进步的。道德教育首先希望的是个体的变革——个体的伦理观念要变革。而个体的伦理观念要变革的话,个体首先必须发现现有的伦理观念的局限性。发现局限性的方式有很多种,审美活动有时候会创造一个机会,让你发现现有道德规范的荒谬性。另外有一种情形,从表面上看是审美判断与道德判断的矛盾。借助于审美活动,人类有时会走到本来不属于他们那个时代的道德水平,超前于他们所处的时代(如奉行自由恋爱、婚姻自由的道德原则)。五四运动时期,在社会上就已经觉得自由恋爱是进步的道德了。有了这种矛盾,个体就有可能遇到一个机会——思考现行道德体系的荒谬性,然后产生两种可能性:一种是个体的变革——不再坚持"父母之命"。这就意味着，作为个体的道德建构已经发生变化了，不过他自己未必知道这些变化。当然，另一种情况是，假定这个人恰好是黑格尔、陈独秀那样的思想家，他可能会系统分析现行道德规范的荒谬性，并用他的系统理论去论证并推动整个道德范式发生变化。而伦理发生变化，整个社会也会发生变革。当然，这种机会会小一点，个体道德结构改变的可能性更大一点，这就是审美活动立善性的另外一种"立"的解释。

到此，本讲对整个审美活动的解释更系统，更有理论上的解释力。但是这里必须指出：我们固然应该承认审美活动有善性，可并不能直接推论说，美育可以完全取代道德、道德教育，这是两回事。因为陶冶与专门的时间讨论专门的人生话题是两回事。美的陶冶不可能解决一切，其育德功能是有阈限的。你只能说它自然会生发一些对道德的推动作用，但不能说它可以取代、等同于德育对道德本身的直接推动，那是两回事。

因此，"审美育德论"只是一个逻辑起点。我们只是从美育的角度来讲美的东西可以增进品德。如果承认这个逻辑起点，你就自然会推出一个结论：既然美育都能增进品德，若德育本身能得以审美化改造，它的能量就会更大。接下来，我们就开始讨论"立美德育论"。

（二）立美德育论

立美德育论实际上是立德育美的理论。德育之美到底有哪些呢？教育活动的基本要素只有三个：受教育者（学生）、教育影响、教育者（教师）。笔者认为德育之美的基本形态也只能是这三个：一个叫作品美（学生），一个叫形式美（德育影响），一个叫师表美（教师）。

1. 作品美

对德育来讲，指的就是我们的教育对象的道德面貌、道德成长之美。

作品美的形态可以有不同的划分。比如说可以有动和静的区别。我把动和静的区别称为成品美和成长美（情态美）的区别。

成品美是这样：你会为某一个学生在某一个道德实践中所达到的道德高度而惊叹，这个时候你会去欣赏他。当然，也有从其他角度看的老师，老师会觉得："我这个学生，再难的题目，他也会很容易就解出来了。"这是智育上的作品美。道德上也有这样的情况——某个小孩，面对有些成人都觉得很难处理的人际关系问题，不知道是出于他的天性、教养，还是道德智慧，他最终会处理得非常好。当我们对他观照、欣赏的时候，我们就把我们教育对象的道德美、道德成长之美叫作品美。当然，这个作品的创造者，可能是家长，可能是老师，也可能是学生自己，就是作品自身。

另外一种作品美是成长美（情态美）。你会发现某些孩子的身上常常洋溢着一股向上的"气"，这也是一种美。许多学生都有那种激情满满的学习状态、非常斗志昂扬的精神面貌。这种美不是一种静态的东西，它是一种欣欣向荣的发展趋势。我们把它叫作成长美或者情态美。

作品美当然还可以划分为作品的集体美和个体美。教育对象可以有集体美，比如说集体操所表现出来的和谐统一意义上的集体美。也有个体美，某一个学生，他在某一个瞬间、某一个场合表现得非常好。

所以，作品美这个词的出现，实际就是对同样的道德成长的客观事实做出美学意义上的观照、分析。而且，这个美学观照、分析具有非常重要的两个意义：一个是使我们的教育生活变得幸福起来，另外一个是暗示我们可以让学生成为教育的资源。所以在作品美的教育中，我特别希望教师能够挖掘多种对于作品美的欣赏关系，用作德育的资源。

有人问笔者，"你主张立美德育论，那你建议我们在实践中怎么办呢？"在作品美部分，笔者主要强调在教育过程中创设多重审美关系的必要性。这个必要性有哪些？我们以集体美和个体美为例。如果你有意识地去发现、发掘它们，你会发现其中会形成多种道德之美的欣赏关系。比如说，个人可以为他的集体感到骄傲，其实就是对集体美的欣赏；集体也可以为他们中间的某一个人的卓越感到自豪，其实就是对个体作品美的欣赏。个体可以为他同桌的那个个体感到自豪，可以为他自己感到骄傲，集体也是这样。这还只是学生之间，如果你再把教师因素加进去，会有更多组合！无疑，在每一种欣赏关系中，作品美都成为德育的资源。

审美的方法论是非常重要的。因为有了审美这个视角后，你会发现，这个德育本来可以不那样讨人厌。同时，审美这个视角还会贡献一系列的具体方法。好多人都说，德育活动没办法开展，其实还是没有认真动脑筋。比如说，以个体对自己的欣赏来讲，我们适当地发展学生的"自恋"，让他自身适当地成为发展的动力，德育就可以事半功倍。这只是一条线索，若你再考虑别的线索，你会发现德育美，包括德育作品美，这会给我们的德育生活带来许多生动、具体的教育实践的建议。

2. 形式美

形式美有两种形态。这两种形态，笔者特别推荐大家去看赵宋光老师的论文。他更多的是用数学教学案例讲数学美、数学教学美。赵宋光在论文里实际上展现了两种教育形式美。德育过程中也有这两种东西——一种就是德育内容本身怎么呈现出来，或呈现给我们欣赏的德育内容是怎样的，这个叫"呈示形式美"；还有一种就是教育活动的形式本身或者德育课程实践形式的展现，我们可以叫它"活动形式美"。

这是两种不同的形态。对第一种形态来说，道德内容要做些处理才能具有美感。因为道德教育所教授的道德，如果不做处理的话，实际上会外在表现为一系列行为规范、一系列"规律性"的东西。直接展示规律当然也可能是有效的，但是那样一种被强制教会的过程可能是一个很痛苦的过程。因为道德机制本身就是以限定的方式去调节利害关系，这刚好跟人的本能欲望是相反的。所以，一般来讲，我反复跟许多同行分享："做好人难。"做好人意味着要限制自己、要给别人提供帮助。这与人的生理本能常常是有矛盾的。因此，道德教育如果不做处理，天生就招人厌。这就需要把道德规范合规律性后面的合目的性展示出来。例如公益广告《宽容是一种美德》，这个广告自己当然没有说它运用了什么德育美学观，但是这个广告背后的"原理"却跟我们所倡导的是一致的。它微妙的地方就是它的道德要求已经变成了一个人生的智慧供你欣赏了。公交车上很挤，两个人吵来吵去。老人说："得了，得了，年轻人，把心放宽了，就不挤了。"本来的宽容是强忍着，可是在特定情境里，宽容的美德就变得自然、美好。它的奥秘就是把合规律性后面的合目的性给展示了出来！

教育活动的形式美，也可以是这样。前面我叫"呈示形式美"，讲的是德育内容的美怎么呈现出来；而教育活动本身的实践形式之美，我们叫它"活动形式美"——就是德育的教学、活动等教育实践本身怎么演绎下去，形成审美化的活动形式。德育活动和课堂教学都可能是有美感的实践。

从苏格拉底、黑格尔到今天，很多人都有对什么样的东西才具有形式美的解释。笔者比较信服的一家之言是，美是自由的形式，而所谓形式美，就是自由的形式——具体讲，就是所谓"合规律性与合目的性的统一"。康德、李泽厚等一直坚持这个命题，还是有一定的解释力的。

呈示形式美，是让学生从规律性中间看到目的性，而活动形式美，则是让学生在教师游刃有余的活动目的性中看到合规律性的一面。所以我认为，所有符合美的标准的教学，最重要的，就是具有挥洒自如的自由属性、主体自由的形式。以庖丁解牛为例——他要怎么解就怎么解（合目的性），因为他太熟悉牛的身体结构（合规律性）了。事实上所有的实践活动，不管多么日常，只要能够做到这点，就可能具有所谓的活动形式美。

教育的形式美，尤其是活动形式美，是具有非常重要意义的概念。一方面，如果你真的觉得你的教学形式是美的，你反复观照你这个教育形式美，就有益于促进你在教学过程中沉淀、形成、改进自己的教育风格。现在讲德育，其实对所有教育活动都适合。另一方面，倘若教育内容本身比较有趣、活动形式本身也比较美，教育活动就会变得有生命意义。很多老师问怎么克服教师职业倦怠，最根本的办法只有一个：从师德的角度来讲，让教师发现自己职业生活的意义；从日常教学的角度来讲，让教师发现、体验自己日常教学生活的美好或美感。这样的瞬间越多，教师职业生活意义的体验越多，对教师来说就越人道；否则的话，职业就变成了一个苦役，那是不人道的。

当然，形式美的创造、呈现，可能没有作品美的创造和呈现那么简单。比如说怎么能够使道德规范背后的合目的性展示出来？德育活动形式美怎么创造，也是一个比较复杂的问题，抽象地描述能够起一些作用，但是真正的形式美的创造跟技术性因素相关，比如说课堂节奏、板书、教学语言、着装等因素的审美化处理。具体的形式美的创造办法很多，但也是很难的一件事情。在做"欣赏型德育模式"实验的过程中我们就发现，有时候立美、审美会流于形式，一旦流于形式，就与美的自由的本质相抵触了。没有主体自由，当然就没有形式美（美是自由的形式）的可能性。美的本质没有了，何来美感呢？所以没有主体自由，就没有教育活动的美。这是形式美最重要的规定性之一。

3. 师表美

教师的劳动非常有意思，它有很多特点，其中一个就是劳动工具、劳动主体的统一。教师在道德上的身教之所以成立，就是这个原因。"师表"，就是教师的形象，从美学的角度来讲，就可能是师表美。当然在中国文化里，"师表"概念本身就是自带美感的。

对师表美的形态，可以将其分成三类进行分析。一个是从外表去分析，我们把它叫作"表美"；一个是从精神上去分析，我们称之为"道美"；一个是"表"与"道"结合起来，从德育活动的整体风格上去分析，我们称之为"师表美"（狭义的）。这个表达里面，当然有一定的逻辑问题——广义的师表美包括三种：表美、道美、师表美。这里有两个师表美，但笔者一直找不到合适的形式来表达它，就只能这样凑合了。

表美，字面的意思就是外表美。如果你希望你的教育活动符合教育美的规律，这个"表"还是很重要的。这个"表"，首先包括那些我们最肤浅的理解，比如着装。这里面有一些很难处理的东西。教师的"表"，可细分为两种，一种是讲台形象，另外一种是日常生活形象。这两个是有区别的。讲台形象，相对来讲保守一些是合理的，但也不能过于保守。因为从教育学的角度来讲，讲台形象前卫，会分散学生的注意力。故教师的着装要相对保守一些、有文化涵养一些。但太过保守就会变成一个学生不愿亲近的"老古董"，也不是一个好的榜样！讲台形象是一个方面，而教师的日常生活形象是另外一个方面。有人说，我在家里面，又不是在学校，形象是不是就不那么重要？这也不对。脱离了课堂，当然可以相对随便一点，但是由于你是教师，即便是日常生活，也还是要稍微注意一点的。因为教师的身份很特殊，就像公务员在澳门不能够进赌场一样。有时候一些"规矩"会以法律的形式规定下来，有时候不一定是法律的形式，但是公众在社会文化上仍然会对教师的形象有所期待。所以师表美要求教师既要注意课堂形象，也要注意社会形象。

道美，是精神人格之美。苏联美学家克留科夫斯基在分析人的精神之美的时候，有一个非常合理的解释。他说，人格美平时是看不出来的，只有在利害冲突的时候才能发现。人格美有优美人格，有崇高人格，有悲剧人格，也有喜剧（幽默）人格。比如说，国家、集体、家庭利益这种大利益和个人利益这些小的利益发生矛盾的时候，假设两个利益都合理，这个时候人怎么处理，就会分出人格的不同类型。比如说，侵略者打进来了，你家里有八十岁的老母，在忠、孝不能两全的情况下你怎么办？你有很多种选择。第一种情况，有的人会选择奔赴战场，实现崇高的价值。第二种情况是，假如你明明有八十岁的妈妈要牵挂，在并非是非去不可的情形下冲锋陷阵，失去生命，尽管你是为了（国家）大的利益，可是你完全无视家庭和孝义，酿成了个人悲剧。第三种情况是所谓优美。优美是什么？优美就是他找到了一种非常优雅的形式，他的道德生活是平衡的，他既抗战，但他所在的部队就在家乡，又能时不时抽空回来照看一下老母亲。这样他就会很好地照顾到两方面，这个时候你就会觉得他优美——做到"合目的性和合规律性统一"了！既选择了保卫祖国，又照顾了个人生活。如果大、小利益取舍时是小于关系——小的利益考虑得多一点，大的利益考虑得少一点的话，那就是第四种情况了。大、小利益取舍时是小于关系，一开始可以叫幽默，或者喜剧。但这个小算盘打得太多、过于自私的话，就是卑劣，就是一种人格上的丑了。一般人可以在崇高、优美、幽默这三种中做选择，但从精神人格来讲，教师的道德人格选择，或许是三种都应选择。

所谓"道美"，要求教师做优美、崇高的人。普通老百姓可以在三种（优美、崇高、喜剧）人格中自由选择。若你是普通老百姓，你属于喜剧人格，无伤大雅。比如你说某某人很好玩、很好笑的时候，是没有关系的。可是如果同学们私下里讲"××老师，很好玩！"——精神人格意义上的"很好玩"的时候，那个老师已经没有办法在道德上对学生产生正面教育意义了。因为学生都已经"登泰山而小老师"了。他在居高临下看你，你还想影响他？那是不可能的。所以，教师人格若要有正面的德育意义，最好是选择优美人格，因为不是谁都可以像优美人格那样娴熟地展示道德的优雅。就像公益广告中那位老先生所讲的："把心放宽了，就不挤了。"彼此只需宽容一些，大家的生活就都温文尔雅起来了。但笔者不建议选悲剧人格。因为道德教育最大的悲剧，就是一个愁眉苦脸的老师用自己的悲苦形象告诉自己的学生——"我很道德，但是我活得很痛苦!"这样他就是在告诉学生道德似乎是个不人道的东西。其结果是即使你的学生觉得你是对的,但是也会觉得"虽然那是道德的生活,但我不要像老师那样过,那太苦了"。道德在两个意义上是功利的。一是在发生学意义上的功利性。从根上追问,我们要道德干吗?道德不是用来加害我们自己的,而是有了道德之后,我们的整体利益可以放大——家庭利益可以得到保障,集体利益可以得到保障,社会利益可以得到保障,国家利益可以得到保障,因而每一个个体的利益亦在其中得以保障。所以,我们要道德不是为了要道德而道德,这就是在发生学意义上有功利的解释。二是行为结果意义上的功利性。道德规范作为人生的智慧,是建议我们做出对自己、对他人最有利的智慧选择。所以,道德教育不一定非得做苦行僧。事实上,如果教师以生活中的悲剧人格面貌出现在学生面前,会吓跑学生,德育效果反而会是很差的。

从德育实效角度考虑,我的建议是,教师选择崇高或者优美的人格。这就是我对"道美"的解释。其结论是:从精神意义上讲,教师要么做道德上崇高的人,要么做道德上优美的人。所谓"道美",即教师精神人格上的优美与崇高。

前面解释过,狭义的"师表美"主要是考虑"表美"跟"道美"关系。这虽然可以将教师的人格形象之美分为"表美"与"道美",可是实际生活中教师的"表美"与"道美"是两者合一的,不过这两者合一是很有趣的,需要具体分析几种关系。

一种关系是"表美"与"道美"完全等同或者统一,就是教师的精神人格("道美")能够百分之百地在他的外在形象("表美")中表现出来。这种教育的风格,我们称之为"优美",即"表美"等于"道美"。这是最好的教育风格。"优美"意味着德育上"身教"的最高效率。

若"道美"大于"表美",在一定范围之内,我们把它叫作"崇高"。在这一教育情境里,学生会感觉到教师在精神上是很伟大的("道美"),虽然平时不善言语、不张扬、不善表现("表美"),可是仍然使人感觉他的人格是有分量的。当然,如果"道美"无穷大于"表美"的话,对教师来讲就是悲剧了。因为教师的身体、形象就是他的教育工具,如果你一点都不能让学生发现你的"表美",那你就有德育实效低的问题,这就叫悲剧的风格。

那么反过来呢?如果是"表美"一开始稍微大于"道美",我们可称之为喜剧或幽默。但如果我讲的和我做的是完全背离的话,这就是一种丑(虚伪、卑劣)了。

有了以上这些具体解释以后,我们再来说德育意义上的"师表美"建设——从整体的教育风格上讲,德育美学观的建议是什么呢?教师的教学风格可以是优美、崇高与幽默（或者喜剧）。为何这里加上了幽默？因为教育风格（师表美）与前面讲的精神人格（道美）不同。就教育风格而言，幽默和喜剧有时候教育效果很好。我做不到，但我可以"虽不能至，心向往之"，热情鼓励我的学生向往、追求道德上崇高的境界。这是指教学的风格，与前面讲"道美"时的精神人格是不同的。在精神人格上教师只能选择优美、崇高两类，但在教学风格上却可以选择优美、崇高、幽默三类。

讨论师表美已经是"立美德育论"的最后一个方面了。师表美的德育意义也十分重大，因为学生只有"亲其师"才能"信其道"。师表美及其欣赏不仅有益于学生的德育，对于从教者来说也很重要。教师应该有所"自恋"。如果他无视自己美好的层面，他的日常活动就会显得非常枯燥，非常没有趣味，职业生活就会黯然失色，就不人道了。教师对自己不人道，会影响到学生和他人。

（三）至境德育论

至境德育论，讨论的是德育的境界。

这里的境界存在于两个维度：一个维度是道德（生活），一个维度是德育（道德教育）。无论道德、德育，都有三种境界。

第一种境界，是功利的道德与感性的德育。功利的道德是指有一种道德生活完全是用功利（实际利益）来说服个体去遵守的。你这样做或那样做是因为有某种好处，功利主义的伦理学经常是这个逻辑。感性德育是这个道德生活逻辑在教育层面的反映：你做一件好事，老师就给你加一分，看得见、摸得着，这叫感性德育。这种道德或者说这种德育，主要用感官刺激人——你道德，我就许诺给你"快乐"——当然，这种快乐是感官意义上的、是纯粹感官的物质欲望上的快乐。这种教育生成的结果，是使人成为"庸人"或者"俗人"——一种人格上的丑。庸人在美学意义上讲，就是所谓的丑。按照前面讲的合规律性与合目的性的统一的美的规律去分析，庸人用于在实际功利计较里久了以后就只知道一个生物学意义上的规律性。按照科尔伯格的理论，这种人永远处于三水平六阶段的比较低的他律阶段。你要用合规律性与合目的性的统一来分析的话，他有合（生物学）规律性的一面，但是他始终无法体现马斯洛讲的人的超越性需要——欠缺人之为人的目的性。这样的人格当然是丑。从德育美学观的角度来说，健全的人格绝不能是这样的人格。所谓量化德育，也就是这个逻辑。量化了好像很科学，其实更可能培养"庸人""俗人"。由于这不符合德育美的规律，实际上是不科学的。

第二种境界，是社会的道德和理性的德育。整个社会用一些抽象、"神圣"的东西片面地去注释道德，所以我们把这种道德叫作社会道德。所谓理性德育是讲德育单靠理性说服人——"人之为人"就是为人父要做什么、为人子要做什么、为人夫要做什么、为人妇要做什么、作为一个国家的公民要做什么，如此等等。道理似乎讲得很"理性"，但其实只执一端。实际上真正的理性不应只考虑社会利益一个层面，可是有一个历史阶段我们就是这样过来的，所以这种道德、德育所承诺的不是一个快乐的人生。比如鲁迅先生笔下的祥林嫂——她是活着的，但其实她没有生趣了，与感性的生活没有关系。这也是一种人格的丑，可以称之为"死人"人格。这种人格似乎有合目的性的一面，但只是一个虚假的目的性。故"死人"有目的性，可是由于这个目的性是虚假的，它与这个人作为肉身的、感性的（生物学意义上的）规律性一点关系都没有。我们可以将这种"死人"人格和"庸人"做比较："庸人"有生物学意义上的合规律性，却没有伦理学意义上的合目的性。"死人"有虚假的合目的性，却完全没有合规律性的一面。从境界上讲，这两种道德生活、道德教育都违背美的规律，所以它们所产生的人格无论是"庸人""死人"，都只能是一种人格的丑。

　　真正好的道德与教育所要培育的应该是一个"真人"——真实的人。这个"真人"不是道家意义上的（"超凡脱俗"的）真人，而是陶行知先生说的"千学万学，学做真人"的"真人"。人们在真实的道德生活中发现了道德智慧的必要性——就像公益广告教育我们的，"把心放宽了，就不挤了"。拥挤的车厢其实是一种隐喻，我们整个社会生活是不是都这样？在一个拥挤的车厢里，我们应该过什么样的日子？天堂或是地狱，主要取决于人是否拥有宽容等美德。在生活里面，我们发现了道德的优越性，而后有了遵守道德的自觉；有了这一道德自觉，人会更自由，也更幸福。道德上的"真人"一定是幸福的人——正是在这里，我们开始发现了合目的性、合规律性的完全统一的可能性。所以德育美学观认为，这种发现了自由的道德生活境界最高。要实现这一自由之境，德育就必须具有美感，让人们有机会体验、体会道德智慧之美、道德人格之美、道德人生之美——通过道德与教育之美的欣赏去施行的德育，才是最人道的教育，这种德育才是德育的最高境界。自由的道德和实现这一自由道德的审美的德育是道德、德育的第三种境界，也是最高的境界。联系我前面在立美德育论里所说的美是自由的形式、德育内容与形式之美等都是自由的形式（合规律性与合目的性的统一）的实现等等，就不难得出一个结论：德育美学观的核心主张，其实就是一种（审美意义上的）自由的德育观！

　　综上所述，道德、德育都有三种境界：第一种境界，是功利的道德与感性的德育。第二种境界，是社会的道德和理性的德育。第三种境界，当然就是自由的道德和审美的德育了。审美的德育境界最高。下文继续谈德育美学观的应用——建构欣赏型德育模式的努力。

三、欣赏型德育模式的试验

若分析一下全世界德育种种毛病，我们就不难发现这些毛病大致可以归纳为两个极端：一个叫绝对主义，灌输的方式；一个叫相对主义，放任的方式。灌输是没有实效的，放任等于取消。所以只剩下一个中间道路，就是我既教你，做所谓价值引导，又不招你烦。所谓德育，应当是帮助个体自主建构而不是窒息个体的自主建构。因此德育美学观、欣赏型德育模式恰好是这个中间路径。

欣赏型德育模式有一个最基本的理论假设就是：道德教育的内容与形式，如果可以经过审美化改造，可以成为一幅美丽的画、一首动听的歌的话，那么与这幅画、这首歌相遇的人就会在欣赏中自由地接纳这幅画、这首歌及其内涵。道德教育的价值引导与道德主体的自主建构这两个相互对立的方面就会在自由的欣赏中得以统一和完成，绝对主义和相对主义的矛盾就会随之消解。

是否我们的德育也像一幅画挂在那儿一样，当你走过它的时候，因为它太漂亮了，非看它不可。这为德育内容的审美化提供了可能性，讨论由此开始。

首先，道德智慧可以是审美的对象。所有的道德其实是一种生活的智慧。比如《论语》有云"恭近于礼，远耻辱也"。你对长者的恭敬若能保持在一定的分寸之内，你就会远离傲慢导致的耻辱，或者阿谀导致的耻辱。所以"礼"或者待人接物的分寸实在是可以参悟的人生智慧也。这就是所谓的道德智慧美。

道德人格也可以成为审美对象。"颜渊喟然叹曰：'仰之弥高，钻之弥坚。瞻之在前，忽焉在后。夫子循循然善诱人，博我以文，约我以礼，欲罢不能。"（《论语·子罕》）这段话可以让我们看到学生眼里孔子的"人格"之美。仔细琢磨"循循然"这三个字，我们可以想象孔子是个什么样的人——一个绅士，一个仁爱、宽容、有智慧的人，总之是非常美好的翩翩君子。"循循然"是什么，就是师表美。这时候道德人格就已经成为审美对象了。

道德生活的境界也可以具有美感。"贤哉，回也！一箪食，一瓢饮，在陋巷，人不堪其忧，回也不改其乐"（《论语·雍也》），讲的就是人格，也是境界。而"'莫春者，春服既成，冠者五六人，童子六七人，浴乎沂，风乎舞雩，咏而归。'夫子喟然叹曰：'吾与点也。'"（《论语·先进》）这一段则讲了教育生活的美。

以上都是德育的内容审美化的可能性。从教育内容上看，道德教育教人的无非就是道德规范、价值，以及道德人格、人生的境界，等等。若这些内容要素都能审美化，欣赏型德育模式当然就没有问题了。再来看教育形式审美化的可能性，我们可以从教育技术、教育境界两个维度展开分析。

教育技术之美，可以"兴于诗，立于礼，成于乐"（《论语·泰伯》）为例。"兴于诗，立于礼，成于乐"，讲的都是教育活动在手段、技术上的审美化。用诗歌起兴、用音乐养成人格，自不待言。需要说明的是，"立于礼"里的"礼"与我们现在说的"礼"略有不同。孔子小时候就以演周礼为乐。那个时候的"礼"是可以"操练"的。在"操练"的过程中，人们对于"礼"会更有效地学习、恪守，所以叫作"立于礼"。故"立于礼"也是一种教育的美感形式。这样看来，我们可以说，中华儿女天生就有德育美学观的思维。

以上我们从教育内容、教育形式两个方面讨论了欣赏型德育模式或者德育审美化的"可能性"，下面我们再看欣赏型德育模式的"现实性"。所谓现实性，就是我们在试验中已经做到的。在此以两个案例来说明。

比如"美丽的校园，有你一份功劳！"这个小标语，我就觉得特别好——符合德育美学观、欣赏型德育的原理。我们许多学校都把"不要乱扔垃圾"之类的硬性提示改成了类似的德育提示。我们可以对"美丽的校园，有你一份功劳！"做一个简单分析，看其中暗含多少种对于德育美的欣赏关系：第一种，美丽是源于你的一份功劳，当然是欣赏道德"智慧美"。第二种，强调"美丽的校园"，其实是让学生欣赏自己的劳动成果。第三种，欣赏劳动成果之美，其实也是欣赏自己的人格之美——是"作品美"的欣赏。所以前面说的作品美、呈示形式美等都涵盖了。

还有一个例子就是苏联教育家苏霍姆林斯基"在地图上旅行"的德育案例。当然，他自己并没有做我们这样的系统的美学分析，他只是做了一个德育实践的成功探索。新学期，教师在黑板上挂上一幅苏联地图，告诉孩子们：这学期我们计划"在地图上旅行"，然后布置任务，让大家做好准备：如果去莫斯科"旅行"，大家回去找材料看看在莫斯科我们能参观访问什么。到了讨论的时候，大家就会七嘴八舌地发言：有人说莫斯科有多少战斗英雄，有人说莫斯科有多少科学家在为祖国工作，有人说莫斯科有多少好的工厂正在生产好的产品供应城市……一节课很快就结束了。老师只需说：莫斯科好的东西太多了，我们的"旅行"时间是有限的，所以我们要赶紧回到火车上！下一周，我们到列宁格勒"旅行"。以此类推。

这就是苏霍姆林斯基的爱国主义教育。显然，这种爱国主义教育与常规的爱国主义教育相比具有完全不同的气质，那就是所谓的美感。当然，尽管这种德育的审美化追求在苏霍姆林斯基时已经有了，但他没有做过我们这样系统的理论分析。实际上所有规律在没有被发现之前，都是存在的。比如，在我们没有发现重力之前，我们还是知道下坡比上坡容易。未发现某个规律，并不妨碍我们去使用这个规律，只不过自觉程度有所差异而已。德育美学观也是如此。

例如杭州市某小学的"小博士考察杭州"活动。实验班分为七个小组，七个小组的小朋友是自愿报名的，每个小组的小朋友都可以在学校内任意挑选一个他们最喜欢的老师做他们的"博士生导师"，然后在老师的指导之下去考察一个有关杭州城市的主题。一个月以后大家聚在一起，每个小组都选择用一种形式，呈现他们的考察发现。比如，有小组表演了弘一法师，有小组呈现西湖风光，有小组汇报了杭州的民歌、土特产……总之城市之美，精彩纷呈。"小博士考察杭州"，没有取"在地图上旅行"这个名字，但是两者的精神实质是完全一致的。而"小博士考察杭州"对德育审美化的追求更为自觉。

好的德育，如欣赏型德育，一定能通过让孩子有更多的精气神而在成长道路上事半功倍，好的德育也一定能帮助孩子取得更好的成绩。

总之，德育美学观的理念、欣赏型德育模式不仅具有可能性，而且有现实性。美学，首先是一种哲学、一种方法论。德育美学观也首先是一种教育哲学、德育哲学。你可以用美学的视角做德育的研究，当然也可以将其迁移到教育学任何一个领域做交叉研究，比如用美学视角、方法做数学教学、外语教学、语文教学，做教学论、课程论、教育管理、教育技术等领域的研究。美学的参与，会让教育更生动、有趣、有境界、人道。一句话：美学是未来的教育学。

（檀传宝，北京师范大学教育学部教授、学术委员会主席。兼任中国音乐学院特聘教授、全国德育学术委员会荣誉理事长等职。主要研究领域包括德育原理、教育基本理论、教师伦理学、美育理论、公民教育以及劳动教育等。）

参考文献

安乐哲. 和而不同：比较哲学与中西会通. 北京：北京大学出版社，2002.
奥恩斯坦. 美国教育学基础. 北京：人民教育出版社，1984.
巴比. 社会研究方法. 北京：华夏出版社，2010.
巴赫金. 诗学与访谈. 石家庄：河北教育出版社，1998.
巴特，金格里希，帕金，等. 人类学的四大传统：英国、德国、法国和美国的人类学. 北京：商务印书馆，2008.
巴特. 叙事作品结构分析导论//张寅德. 叙述学研究. 北京：中国社会科学出版社，1989.
柏拉图. 理想国. 北京：商务印书馆，1994.
鲍道宏. 教育叙事研究：批判与反思. 教育理论与实践，2007 (5).
本纳. 普通教育学：教育思想和行动基本结构的系统的和问题史的引论. 上海：华东师范大学出版社，2006.
波珀. 科学发现的逻辑. 北京：科学出版社，1986.
伯恩斯坦. 教育、符号控制与认同. 北京：中国人民大学出版社，2016.
布迪厄，华康德. 实践与反思：反思社会学导引. 北京：中央编译出版社，1998.
布尔迪厄. 区分. 北京：商务印书馆，2015.
布尔迪约，帕斯隆. 再生产：一种教育系统理论的要点. 北京：商务印书馆，2002.
布兰思福特，等. 人是如何学习的：大脑、心理、经验及学校. 上海：华东师范大学出版社，2013.
布列钦卡. 教育科学的基本概念：分析、批判和建议. 上海：华东师范大学出版社，2001.
布鲁纳. 教学论. 北京：中国轻工业出版社，2008.
曾庆伟，杨克瑞. 走出微观视野的教育学. 教育理论与实践，2007 (7).
陈明. 中国哲学合法性危机：学科还是意义. 读书时报，2004-06-02.
陈曙光. 谈谈"问题"与"理论". 湖湘论坛，2008 (4).

程亮．多元的传统与交互的生成：教育学知识建构的跨文化比较．教育研究，2016（5）．

程亮．教育学制度化的兴起与逻辑．华东师范大学学报（教育科学版），2016（3）．

崔允漷．听评课：一种新的范式．教育发展研究，2007（9B）．

戴维斯，帕克．没门．北京：中国社会科学出版社，1992．

德里达．胡塞尔哲学中的发生问题．北京：商务印书馆，2009．

迪尔凯姆．社会学方法的规则．北京：华夏出版社，1999．

迪尔凯姆．自杀论．北京：商务印书馆，1996．

丁邦平．"教学论"与"教学法"的关系探析：（跨文化）比较教学论的视角．教育学报，2015（5）．

丁邦平．比较教学论：21世纪比较教育学发展的一个重要领域．教育研究，2013（3）．

丁邦平．反思教学论研究：基于比较教学论的视角．课程·教材·教法，2012（9）．

丁邦平．教学（理）论与课程论关系新探：基于比较的视角．比较教育研究，2009（12）．

丁邦平．教学论与教学理论概念之辨．比较教育研究，2011（7）．

丁东红．人之解读：现代西方人本哲学研究．石家庄：河北教育出版社，2001．

丁钢．教育经验的理论方式．教育研究，2003（2）．

丁钢．教育叙事：接近日常教育"真相"．中国教育报，2004-02-19．

董志强．身边的博弈．北京：机械工业出版社，2007．

窦桂梅．回到教育本身：整合思维下的《皇帝的新装》．人民教育，2014（2）．

杜威．人的问题．上海：上海人民出版社，2006．

杜威．哲学的改造．合肥：安徽教育出版社，2006．

范寿康教育文集．杭州：浙江教育出版社，1989．

冯友兰．中国哲学史．北京：中华书局，1961．

弗莱雷．被压迫者的教育学．上海：华东师范大学出版社，2001．

福柯．规训与惩罚：监狱的诞生．北京：生活·读书·新知三联书店，2003．

伽达默尔．伽达默尔集．上海：上海远东出版社，2003．

高尔，等．教育研究方法导论．南京：江苏教育出版社，2002．

格尔茨，马奥尼．两种传承：社会科学中的定性与定量研究．上海：格致出版社，2016.

古德，布罗菲．透视课堂．北京：中国轻工业出版社，2017.

郭元祥．论教育研究的历史意识与逻辑意识．华东师范大学学报（教育科学版），2000（1）.

哈同，李其龙，等．德汉学校教育学小词典．上海：华东师范大学出版社，1990.

海德格尔．存在与时间．北京：生活·读书·新知三联书店，2006.

海德格尔．在通向语言的途中．北京：商务印书馆，2004.

何齐宗．简论教育科学的历史意识．教育评论，1989（2）.

赫尔巴特．普通教育学 教育学讲授纲要．北京：人民教育出版社，1989.

黑格尔．精神现象学．北京：商务印书馆，2017.

胡大平．日常生活的时间意识与历史意识的时间性．江海学刊，2000（2）.

胡塞尔，黑尔德．生活世界现象学．上海：上海译文出版社，2002.

胡塞尔．纯粹现象学通论．北京：商务印书馆，1992.

胡塞尔．欧洲科学的危机与超越论的现象学．北京：商务印书馆，2011.

胡塞尔．现象学的构成研究．北京：中国人民大学出版社，2013.

胡塞尔．现象学的观念．北京：人民出版社，2007.

华勒斯坦，等．学科·知识·权力．北京：生活·读书·新知三联书店，1999.

华勒斯坦．开放社会科学．北京：生活·读书·新知三联书店，1997.

黄济，劳凯声．王焕勋教育文集．南京：江苏教育出版社，2011.

黄欣荣．大数据对科学认识论的发展．自然辩证法研究，2014（9）.

黄欣荣．大数据哲学研究的背景、现状与路径．哲学动态，2015（7）.

伽达默尔．真理与方法．上海：上海译文出版社，2004.

贾中海．哈贝马斯对罗尔斯事实与价值关系二元论的批判．学习与探索，2005.

江怡．走向新世纪的西方哲学．北京：中国社会科学出版社，1998.

焦宝聪，陈兰平．博弈论．北京：首都师范大学出版社，2013.

金生鈜．教育研究的逻辑．北京：教育科学出版社，2015.

景天魁．现代社会科学基础：定性与定量．北京：中国社会科学出版社，1994.

卡西尔．人论．上海：上海译文出版社，1985.

康德．论教育学．上海：上海人民出版社，2005.

康纳利，克兰迪宁．教师成为课程研究者：经验叙事．杭州：浙江教育出版社，2004.

康绍言，薛鸿志．设计教学法辑要．上海：商务印书馆，1922．

柯里．后现代叙事理论．北京：北京大学出版社，2003．

柯政，田文华．对叙事和叙事研究的另一种叙述．当代教育科学，2007（14）．

孔德．论实证精神．北京：商务印书馆，1996．

孔德．论实证主义精神．北京：商务印书馆，1996．

库恩．科学革命的结构．北京：北京大学出版社，2012．

夸美纽斯．大教学论·教学法解析．北京：人民教育出版社，2006．

拉格曼．一门捉摸不定的科学：困扰不断的教育研究的历史．北京：教育科学出版社，2006．

劳丹．进步及其问题．北京：华夏出版社，1999．

劳凯声．人文社会科学研究的问题意识、学理意识和方法意识．北京师范大学学报（社会科学版），2009（1）．

李国杰，程学旗．大数据研究：未来科技及经济社会发展的重大战略领域．中国科学院院刊，2012（6）．

李泽厚．美学四讲．北京：中国人民大学出版社，2024．

联合国教科文组织国际教育发展委员会．学会生存：教育世界的今天和明天．北京：教育科学出版社，1996．

梁国立．教法学及其地位和意义．教育研究，2012（10）．

梁启超．梁启超全集：第2册．北京：北京出版社，1999．

梁启超．欧游心影录．北京：商务印书馆，2014．

梁启超．梁启超经典．北京：当代世界出版社，2006．

林丹．学科性质、学科体系抑或学科功能？：理性审思教育学学科地位的独立原点．教育学报，2007（3）．

林定夷．问题与科学研究：问题学之探究．广州：中山大学出版社，2006．

林毅夫．论经济学方法：与林老师对话．北京：北京大学出版社，2005．

刘复兴．实质与形式：两类基本的教育法价值//劳凯声．中国教育法制评论：第1辑．北京：教育科学出版社，2002．

刘良华．改变教师日常生活的"叙事研究"．全球教育展望，2003（4）．

刘良华．教育叙事研究：是什么与怎么做．教育研究，2007（7）．

刘述礼，黄延复．梅贻琦教育论著选．北京：人民教育出版社，1993．

罗钢．叙事学导论．昆明：云南人民出版社，1994．

罗素．西方哲学史：及其与从古代到现代的政治，社会情况的联系．北京：商务印书馆，1977．

马丁．当代叙事学．北京：北京大学出版社，1990.

马斯洛．人性能达到的境界．昆明：云南人民出版社，1987.

曼海姆．意识形态和乌托邦．北京：华夏出版社，2001.

梅棹忠夫．智识的生产技术．北京：商务印书馆，2016.

米尔斯．社会学的想像力．北京：生活·读书·新知三联书店，2005.

莫兰．复杂性理论与教育问题．北京：北京大学出版社，2004.

默顿．社会理论和社会结构．南京：译林出版社，2006.

默顿．社会研究与社会政策．北京：生活·读书·新知三联书店，2001.

倪梁康．现象学及其效应．北京：生活·读书·新知三联书店，1994.

倪梁康．意识的向度．北京：北京大学出版社，2007.

诺丁斯．教育哲学．北京：北京师范大学出版社，2008.

彭宇，庞景月，刘大同，等．人数据：内涵、技术体系与展望．电子测量与仪器学报，2015（4）.

彭正梅．德国教育学概观：从启蒙运动到当代．北京：北京大学出版社，2011.

皮亚杰．发生认识论原理．北京：商务印书馆，1981.

普利高津．确定性的终结：时间、混沌与新自然法则．上海：上海科技教育出版社，1998.

帕特南．事实与价值二分法的崩溃．北京：东方出版社，2006.

邱瑜．教育科研方法的新取向：教育叙事研究．中小学管理，2003（9）.

瞿葆奎．元教育学研究．杭州：浙江教育出版社，1999.

舍勒．知识社会学问题．北京：华夏出版社，2000.

沈剑平．美国教育学概念的演进及其意义//郑金洲．教育的意蕴．福州：福建教育出版社，2008.

石中英．教育学的文化性格．太原：山西教育出版社，1999.

石中英．知识转型与教育改革．北京：教育科学出版社，2001.

斯宾格勒．西方的没落：第1卷．上海：上海三联书店，2006.

斯科特·普劳斯．决策与判断．北京：人民邮电出版社，2004.

孙波．徐梵澄文集．上海：上海三联书店，华东师范大学出版社，2006.

檀传宝．德育美学观．北京：教育科学出版社，2021.

檀传宝．让德育成为美丽的风景：欣赏型德育模式的理念与操作．合肥：安徽教育出版社，2024.

檀传宝．时代与逻辑．上海：华东师范大学出版社，2023.

唐伟胜．国外叙事学研究范式的转移．四川外语学院学报，2003（2）.

唐莹．事实/价值问题与教育学研究．华东师范大学学报（教育科学版），1994（1）．

唐莹．元教育学．北京：人民教育出版社，2002．

田国强．现代经济学的基本分析框架与研究方法．经济研究，2005（2）．

田汉族，孙一伟．学区房热对学区制政策实施的影响及其治理．教育经济评论，2019（4）．

田汉族，杨柳．教育消费者、学校与政府之间的博弈：中小学择校现象及治理研究述评．中国教育学刊，2009（3）．

田汉族．教育服务理论提出及其实践价值．大学教育科学，2005（5）．

田汉族．教育改革的成本问题研究．教育发展研究，2008（11）．

田汉族．中国教育经济学研究与教育观念创新．教育经济评论，2021（4）．

涂尔干．教育思想的演进．上海：上海人民出版社，2006．

谢林．冲突的战略．北京：华夏出版社，2006．

汪丁丁．探索面向21世纪的教育哲学与教育经济学．高等教育研究，2001（1）．

汪晖．中国现代思想的兴起：上卷第一部．北京：生活·读书·新知三联书店，2004．

汪行福．历史意识与历史的公用：哈贝马斯的历史哲学．学海，2004（6）．

王炳照．人文社会科学研究的历史意识．北京师范大学学报（社会科学版），2009（3）．

王飞，丁邦平．苏联教学论与美国课程论：在中国的误读与误解．比较教育研究，2013（1）．

王飞．德国"教育学教学论"范式与美国"教育科学课程论"范式的比较研究．清华大学教育研究，2012（4）．

王飞．跨文化视野下的教学论与课程论．济南：山东人民出版社，2014．

王鉴．课堂研究概论．北京：人民教育出版社，2007．

王陆，李瑶．课堂教学行为大数据透视下的教学现象探析．电化教育研究，2017（4）．

王陆，马如霞．基于教育大数据的知识发现方法与技术．北京：北京师范大学出版社，2019．

王陆，彭玏．2015－2019年中小学课堂高阶问题特征图谱．电化教育研究，2020（10）．

王陆，张敏霞．基于课堂教学行为大数据的教学反思方法与技术．北京：北京师范大学出版社，2019．

王澍．批判与超越：论中国教育学的理论范式．东北师大学报（哲学社会科学版），2007（3）．

王天一，夏之莲．外国教育史：上册．北京：北京师范大学出版社，1993．

王元卓，靳小龙，程学旗．网络大数据：现状与展望．计算机学报，2013（6）．

王枬．关于教师的叙事研究．全球教育展望，2003（4）．

威利斯．学做工：工人阶级子弟为何继承父业．南京：译林出版社，2012．

韦伯．社会科学方法论．北京：商务印书馆，2013．

韦伯．新教伦理与资本主义精神．桂林：广西师范大学出版社，2004．

韦伯．学术与政治．桂林：广西师范大学出版社，2004．

维尔斯曼．教育研究方法导论．北京：教育科学出版社，1997．

维果茨基．维果茨基教育论著选．北京：人民教育出版社，1994．

维特根斯坦．哲学研究．上海：上海人民出版社，2005．

文德尔班．哲学史教程：特别关于哲学问题和哲学概念的形成和发展．北京：商务印书馆，1997．

吴钢．论教育学的终结．教育研究，1995（7）．

席勒．审美教育书简．上海：上海人民出版社，2022．

夏之莲．外国教育发展史料选粹．北京：北京师范大学出版社，1999．

肖条军．博弈论及其之用．上海：上海三联书店，2004．

熊义杰．现代博弈论基础．北京：国防工业出版社，2010．

休谟．人性论．北京：商务印书馆，2016．

徐超．科学研究第四范式对信息分析的挑战与应对．情报资料工作，2017（4）．

严霄凤，张德馨．大数据研究．计算机技术与发展，2013（4）．

杨念群．杨念群自选集．桂林：广西师范大学出版社，2000．

杨玉东．"课堂观察"的回顾、反思与建构．上海教育科研，2011（11）．

于述胜．论自然的合理性与文化的合理性：以鲁迅论父子关系为中心．河北大学学报（哲学社会科学版），2004（2）．

余治平．哲学的中国话语：自闭与开放．读书时报，2004-05-12．

费伦，拉比诺维茨．当代叙事理论指南．北京：北京大学出版社，2007．

张迪．大数据时代科研新方法研究．北京：北京理工大学，2015．

张能为．理解的实践．北京：人民出版社，2002．

张汝伦．良知与理论．桂林：广西师范大学出版社，2003．

张祥龙．海德格尔思想与中国天道．北京：中国人民大学出版社，2010．

张燕南. 大数据的教育领域应用之研究：基于美国的应用实践. 上海：华东师范大学，2016.

张莹，田汉族. 北大"中学校长实名推荐制"分析：基于委托代理理论. 河北师范大学学报（教育科学版），2010（12）.

赵敦华. 现代西方哲学新编. 北京：北京大学出版社，2000.

赵汀阳. 没有世界观的世界. 北京：中国人民大学出版社，2003.

郑金洲. 教育学终结了吗?：与吴钢的对话. 教育研究，1996（3）.

周彬. 课堂现象学论纲：兼论课堂教学研究的路径选择. 教育研究，2012（5）.

周勇. 教育叙事研究的理论追求：华东师范大学丁钢教授访谈. 教育发展研究，2004（9）.

朱红文. 人文精神与人文科学. 北京：中共中央党校出版社，1994.

Alexander R J. Culture and Pedagogy: International Comparisons in Primary Education. Oxford: Blackwell, 2001.

Alexander, R. (2009). Towards a Comparative Pedagogy. In: Cowen, R., Kazamias, A. M. (eds) International Handbook of Comparative Education. Springer International Handbooks of Education, vol 22. Springer, Dordrecht.

Bartlett S, Burton D, Peim N. Introduction to Education Studies. London: Paul Chapman Publishing, 2001.

Bell J S. Narrative Inquiry: More than Just Telling Stories. TESOL Quarterly, 2002, 36 (2).

Bienkowski M, Feng M, Means B. Enhancing Teaching And Learning Through Educational DataMining and Learning Analytics: An Issue Brief. Washington, D. C. Office of Educational Technology, U. S. Department of Education, 2012.

Biesta G. Disciplines and Theory in the Academic Study of Education: A Comparative Analysis of the Anglo-American and Continental Construction of the Field. Pedagogy, Culture & Society, 2011 (19).

Bridges D. The Disciplines and Discipline of Educational Research. Journal of Philosophy of Education, 2006, 40 (2).

Cizek G J. Granola and the Hegemony of the Narrative. Educational Researcher, 1995, 24 (2).

Cochran-Smith M, Lytle S L. Inside/Outside. Teacher Research and Knowledge. New York: Teachers Press, 1993.

Connelly F M, Clandinin D J. Stories of Experience and Narrative Inquiry. Educational Researcher, 1990, 19 (5).

Connely M & Clandinin J. Telling Teaching Stories. Teacher Education Quarterly, 1994, 21 (1).

Deng Zongyi. Bringing Curriculum Theory and Didactics Together: A Deweyan Perspective. Pedagogy, Culture & Society, 2016, 24 (1).

Deng Zongyi. Constructing Chinese Didactics: (Re) discovering the German Didactics Tradition. Jahrbuch für Algemeine Didaktik (Yearbook for General Didactics), 2012 (2).

Deng Zongyi. The Practical and Reconstructing Chinese pedagogics. Journal of Curriculum Studies, 2013, 45 (5).

Denzin N K, Lincoln Y S. The SAGE Handbook of Qualitative Research. SAGE Publications, 2005.

Elliott J. Using Narrative in Social Research. SAGE Publications, 2005.

Fayyad U, Piatetsky-Shapiro G, Smyth P. Knowledge Discovery and Data Mining: Towards A Unifying Framework. International Conference on Knowledge Discovery & Data Mining, 1996, 7 (4).

Freire P. Pedagogy of the Oppressed. New York: Continuum, 2003.

Goodson I F, Sikes P. Life History Research in Educational Settings. Buckingham, Philadelphia: Open University Press, 2001.

Goodson I, Water R. Biography, Identity & Schooling: Episodes in Educational Research. London, New York, Philadelphia: The Falmer Press, 1991.

Gundem B B, Hopmann S. Didaktik and/or Curriculum: An International Dialogue. New York: Peter Lang, 1998.

Hamilton D. The Pedagogic Paradox (or Why No Didactics in England?). Pedagogy, Culture & Society, 1999, 7 (1).

Hopmann S. Restrained Teaching: The Common Core of Didak-tik. European Educational Research Journal, 2007, 6 (2).

Hudson B, Meyer M A. Beyond Fragmentation: Didactics, Learning and Teaching in Europe. Opladen & Farmington Hills: Barbara Budrich Publishers, 2011.

Kansanen P. The Deutsche Didaktik. Journal of Curriculum Studies, 1995, 27 (4).

Kaplan T J. Reading Policy Narratives: Beginnings, Middles, and Ends//Fischer F, Forester. The Argumentative Turn in Policy and Planning. Durham, NC: Duke University Press, 1993.

Kazamias A M, Unterhalter E. International Handbook of Comparative Education. London: Springer, 2009.

Kliebard H M. Dewey and the Herbartians: The Genesis of A Theory of Curriculum//Pinar W F. Contemporary Curriculum Discourses: Twenty Years of JCT. New York: Peter Lang, 1981.

Kuhn, T S. The Structure of Scientific Revolutions. Chicago: The University of Chicago Press, 1970.

Künzli R. German Didaktik: Models of Re-presentation, of Intercourse, and of Experience//Westbury I, Hopmann S, Riquarts K. Teaching as A Reflective Practice: The German Didaktik Tradition, 2000.

Lagemann E C. An Elusive Science: The Troubling History of Education Research Chicago: University of Chicago Press, 2002.

Lawn M, Furlong J. The Disciplines of Education in the UK: Between the Ghosts and the Shadows. Oxford Education Review, 2009, 35 (5).

Lawn M, Furlong J. The Social Organization of Education Research in England. European Educational Research Journal, 2007, 6 (1).

Leach J, Moon B. Learners and Pedagogy. London: Paul Chapman Publishing Ltd. , 1999.

Liew A. Understanding Data, Information, Knowledge and Their Inter-Relationships. Journal of Knowledge Management Practice, 2007, 7 (2).

Macedo D. Pedagogy of the Oppressed, 30th Anniversary Edition. New York: Continuum, 2000.

McCulloch G. "Disciplines Contributing to Education?" Educational Studies and the Disciplines. British Journal of Educational Studies, 2002, 50 (1).

Menck P. Looking into Classroom: Papers on Didactics. Stanford, CT: Ablex Publishing Corporation, 2000.

Meyer M. Keyword: Didactics in Europe. Zeitschrift fur Erziehungswissenschaft, 2012 (15).

Mortimore P. Understandin Pedagogy and its Impact on Learning. London: Paul Chapman Publishing Ltd, 1999.

Nisbet, J. Early Textbooks in Educational Research: The Birth of A Discipline. European Educational Research Journal, 2002, 1 (1).

Onega S, Landa J A G. Narratology: An Introduction. London: Longman, 1996.

Patton M Q. Qualitative Evaluation and Research Methods. Newbury Park, CA: SAGE Publications, 1990.

Peters R S. The Concept of Education. London: Routledge, 1967.

Popkewitz T S. Dewey, Vygotsky, and the Social Administration of the Individual: Constructivist Pedagogy as Systems of Ideas in Historical Spaces. American Educational Research Journal, 1998, 35 (4).

Scheffler I. The Language of Education. Springfield: Charles C Thomas Pub Ltd, 1960.

Shulman L S. Those Who Understand: Knowledge Growth in Teaching. Educational Researcher, 1986, 15 (2).

Simon B. Why No Pedagogy in England? //Leach J, Moon B. Learners and Pedagogy. London: Paul Chapman Publishing Ltd., 1999.

Stake R E. Qualitative Case Studies//Denzin NK, Lincoln YS. The SAGE Handbook of Qualitative Research. Newbury Park, CA: SAGE Publications, 2005.

Uljens M. On General Education as a Discipline. Studies in Philosophy and Education, 2001 (20).

Van Manen M. Researching Lived Experience. Ontario: The Althouse Press, 1997.

Van Manen M. The Tact of Teaching. Ontario: The Althouse Press, 1993.

Wang Zhihe. Process and Pluralism: Chinese Thought on the Harmony of Diversity. Piscataway, NJ: Traction Books, 2012.

Westbury I, Hopmann S, Riquarts K. Teaching as A Reflective Practice: The German Didaktik Tradition. Mahwah, NJ: Erlbaum, 2000.

图书在版编目（CIP）数据

会通与范导：教育研究的方法论问题/劳凯声，蔡春，康丽颖主编． ——北京：中国人民大学出版社，2025.1
（当代中国教育学人文库）
ISBN 978-7-300-31202-6

Ⅰ．①会… Ⅱ．①劳… ②蔡… ③康… Ⅲ．①教育研究-研究方法 Ⅳ．①G40-034

中国版本图书馆CIP数据核字（2022）第203381号

当代中国教育学人文库
会通与范导：教育研究的方法论问题
劳凯声　蔡　春　康丽颖　主编
Huitong yu Fandao：Jiaoyu Yanjiu de Fangfalun Wenti

出版发行	中国人民大学出版社		
社　　址	北京中关村大街31号	邮政编码	100080
电　　话	010-62511242（总编室）		010-62511770（质管部）
	010-82501766（邮购部）		010-62514148（门市部）
	010-62515195（发行公司）		010-62515275（盗版举报）
网　　址	http://www.crup.com.cn		
经　　销	新华书店		
印　　刷	北京宏伟双华印刷有限公司		
开　　本	720 mm×1000 mm　1/16	版　次	2025年1月第1版
印　　张	20.75 插页1	印　次	2025年1月第1次印刷
字　　数	349 000	定　价	78.00元

版权所有　侵权必究　印装差错　负责调换